Ulrich Steinhilper

...UND GOTT LENKT!

Ulrich Steinhilper

...UND GOTT LENKT!

Heimwärts aus kanadischer Gefangenschaft

Mit Fotos und Karten

© 1991 Ulrich Steinhilper, Stuttgart
Alle Rechte vorbehalten
Umschlaggestaltung: Richard Geiger, Keston-Kent
DTP-Belichtung: 10/11 Times, Macintosh
Druck: Bechtle-Druck, Esslingen
Binden: Buchbinderei Sigloch, Künzelsau
ISBN: 3-7628-0505-9
Bechtle Verlag

INHALT

Als DANK und MAHNUNG den Menschen gewidmet, die helfen, das Leben Kriegsgefangener aller Nationen erträglicher zu gestalten.

Meine besondere Erkenntlichkeit gilt Herrn Wolfgang Wüstefeld, Oberst a. D., Freudenstadt und Herrn Dr. Paul Huppert, Ibbenbühren, Bergwerksdirektor i. R. Sie haben mich mit ihren schriftlichen und mündlichen Beiträgen besonders hilfreich unterstützt.
Viele Photos stammen von Herrn Wüstefeld, er und mein POW-Stubenkamerad und späterer IBM-Kollege, Rudolph Theopold, haben engagiert mitgeholfen, meine eigene Sammlung zu ergänzen.
In Telefonaten, Gesprächen und Briefen wurden längst vergangene Zeiten im Gedächtnis aufgebessert von:

Hubert Grissling, Warmbronn/Leonberg,
Herbert Mann, Neustadt/Weinstraße,
Rolf Niehoff (Radiobastler und Karteiführer), Fürstenfeldbruck,
Peter Roettig, Hamburg,
Peter Schierning, Hamburg, mit seinem ehemaligen Flugzeugführer
Günther Schmidtborn, Nellingen/Stuttgart,
Dr. Anton Stangl, Rothenberg/Odenwald,
Walter Stirnat, Gernsbach,
Hans Strehl, München,
Eckehard Priebe, West Vancouver, British Columbia, Canada

Den namentlich nicht aufgeführten Freunden – Kameraden, an dieser Stelle meine Anerkennung für vielfach erfahrene Unterstützung!
Besonders danken möchte ich meiner Frau Lore und Sohn Dr. Rolf Steinhilper für geduldige und vielseitige Unterstützung bei der Gestaltung und Ausstattung dieses Buches.

Stuttgart, im März 1991.   Ulrich Steinhilper

7

Wieder in sicherer Verwahrung

So saßen wir denn fest, in der Zentrale der amerikanischen Border Police in Watertown, mein Freund Hinnerk und ich, wir beide Oberleutnante der Luftwaffe, ehemalige Jagdflieger in der 3. Staffel des J.G. 52, abgeschossen in der „Schlacht über England", und so in englische Gefangenschaft geraten. Hinnerk im September, ich am 27. Oktober 1940. Die Engländer, die damals ihre eigenen Versorgungsprobleme hatten, brachten im Januar 1941 alle deutschen Kriegsgefangenen, die transportfähig waren, nach Kanada.

Manchmal alleingelassen, teilweise immer wieder in Gesellschaft der Grenzpolizisten, wunderten wir uns trotz der Mitternachtszeit immer noch, wie wir am Abend dieses 22. Februar 1942, einem Sonntag, in Watertown, nahe des Lorenzstromes, den wir drei Tage zuvor überquert hatten, wieder von zwei amerikanischen Polizisten festgenommen worden waren. – Bei mir war es schon der dritte Fluchtversuch, – wir hatten uns ausgezeichnet vorbereitet, und noch war es rätselhaft, wie sie uns überfallartig aus den Fußgängern heraus, auf dem Gehsteig einer Hauptstraße „herausgepickt" hatten.

Es war nicht mehr zu ändern, und wieder einmal war man als Prisoner of War (POW) dazu verdammt, den Dingen ihren Lauf zu lassen. — Es war schon Mitternacht vorbei, aber noch waren wir nicht müde genug, um den Ärger über diese neuerliche, schicksalhafte Gefangennahme wegzustecken.

Bei der nicht nachlassenden Befragung nach dem genauen Fluchtweg immer wieder wollten sie wissen, wie wir bei unserer Flucht, so schnell und ohne ins Eis einzubrechen, über den Lorenzstrom gekommen seien. Uns wurde immer klarer, daß hinter diesen Fragen die Vermutung steckte, daß wir schon bald nach Verlassen des kanadischen Lagers Bowmanville, auf der anderen Seite des Ontario Sees gelegen, von seiten der „fünften Kolonne" (so wurde die deutsche Untergrundorganisation in USA und Kanada bezeichnet), geheime Hilfe bekommen hätten. Den „Officers" der Border Patrol mußte eine besondere Belohnung winken, so hartnäckig blieben sie.

Manchmal führten wir mit diesen Leuten eine ganz angenehme Unterhaltung, doch plötzlich lenkten sie das Gesprächsthema „völlig unauffällig" wieder auf diese wichtige Frage. – Doch dazu waren wir „alten" POWs inzwischen viel zu hartgesotten. Die Ausfragerei die nach dem Fallschirmabsprung in England begonnen hatte, und in den englischen

ABSPRUNG VON GÜTERZUG – Flucht # 3 – Siehe „Noch 10 Minuten bis Buffalo" (ISBN 3-7628-0465-6) – Seite 302. – 19.Feb. 1942, ca 2.30 ... „Mallorytown oder Lyn abwarten ... ?" Mitten in Hinnerks Satz sah ich, daß unter uns, aus dem Bahndamm heraus, ein Weg in das freie Feld führte. Er war nur an der steinernen Ummauerung zu erkennen ... ! Nach der Unterführung sprang ich ab! Hinnerk folgte, wo heute der helle Metallbehälter steht. 1987 photographiert – Kartenmaßstab damals 1: 1 Million, Stoppzeit von der Armbanduhr!.

Verhörlagern ihren Höhepunkt fand, war dafür die beste Vorschule. Gegen diese damaligen Profis, waren das hier Amateure.

Um die uns ansonsten angenehme, abwechslungsreiche Unterhaltung nicht völlig zum Erliegen zu bringen, wichen wir diesen Versuchen meist höflich aus. Nur wenn es zu plump wurde, sagten wir ihnen auf den Kopf zu, daß die Absicht nun doch wieder einmal zu deutlich würde. – Wenn es in diesem Stile weiterginge, müßten wir diese „intelligente" Plauderei total abbrechen.

Nach inzwischen eineinhalb Jahren POW-Zeit, betrachteten wir uns sowieso schon gewissermaßen als wache Gesprächsphilosophen. Der „Altgefangene" hatte nämlich inzwischen durchaus gelernt, den Mund nur aufzumachen, wenn wenigstens etwas einigermaßen Neues dabei herauskommen würde.

Es wurde uns bald die Erkenntnis zuteil, daß man im Lager nur dann einigermaßen friedlich zusammenleben konnte, wenn nicht jeder tagtäglich seinem „Herz und Mund" freien Lauf ließ. – Eine sinnvolle Beschäftigung war zu diesem Zeitpunkt bei den wenigsten gegeben und wer konnte schon, – einige waren schon zwei Jahre POW, – bei dem Gleichmaß des Tagesablaufes innerhalb des Zaunes, – etwas Neues erzählen? –

Alle kannten sich und man wußte, daß der folgende Tag so ablaufen würde, wie der vergangene. Im Lager war es am besten, wenig zu reden. Dann störte man seine Mitmenschen am wenigsten.

Nachdem es allmählich selbst dem „Boß", so nannten die anderen Dienstgrade den Chef der Dienststelle der Border Police in Ogdensburg, klar geworden war, daß selbst die „raffiniertesten" Fragen kein Ergebnis brachten, wurde unsere Nachtruhe so gegen zwei Uhr langsam akut.

Aber Hut ab vor dem Boß, bevor wir uns hungrig niederlegen mußten, ließ er von außerhalb noch ein paar Sandwiches und Cola besorgen. – Das Geld dazu allerdings, mußte er sich von seinen „Officers" besorgen.

Bevor wir uns auf die Matratzen hauen konnten, wurden wir noch darauf aufmerksam gemacht: – Die Border Patrol könne gut mit dem Colt umgehen, deswegen sollten wir heute Nacht besser keinen Fluchtversuch unternehmen. Daran hatten wir sowieso mit keinem Gedanken gedacht. Was wäre es für ein Unsinn, ohne Ausrüstung in den kalten Winter mit dem vielen Schnee hinauszulaufen. – Bei unseren Bewachern spukte eben immer noch der Gedanke an die „fünfte Kolonne"!

Diese Bewachung mit dem Colt gefiel uns besser, als die vor ein paar Stunden erst nach Protest wieder abgelegten Handfesseln! – Das entsprach der Behandlung von Kriegsgefangenen. Wie oft wurden wir in diesem Kontinent in der Behandlung mit Verbrechern, oder Strafgefangenen gleichgestellt. – Dabei in Gefängnisse und Zellen gesperrt und mit „zweifelhafter" Behandlung bedroht, für den Fall, daß wir die Freiheit wiedergewinnen wollten.

Wir wurden zwei Stockwerke höher geführt. Dort wurden uns in einem großen, sauberen Raum, zwei Stahlbetten zugewiesen. Neben uns sollte auf einem weiteren Bett ein „Officer" liegen, der sich mit einem zweiten Grenzpolizisten, in der schönen Uniform; mit breitkrämpigem Hut, Uniformjacke, Breeches, braunen Lederstiefeln, Patronengürtel mit Colt und glänzenden Messingpatronen, in unserer Bewachung ablösen sollte.

Wir wurden als Gefangene erster Klasse behandelt. – Das war aus einem hektographierten Anschlag an der Wand zu ersehen. Die „illegalen Grenzübertreter" waren da in verschiedene Klassen eingeteilt, die je nach Einschätzung zugeordnet wurden. – Da war zu lesen: Unerwünschte Einwanderer, desertierte Seeleute, Soldaten auf Fahnenflucht, Steuerflüchtlinge, Arbeiter ohne Genehmigung, Diebe, Mörder, Taschendiebe, Schmuggler, jeder hatte seinen Platz auf der Liste gefunden. Für jede Klasse waren Zellen, Toiletten, Waschgelegenheit und zuständige Verpflegung, fein abgestuft, vorgeschrieben!

Wir konnten uns über die Waschanlage mit Brause, die mit dunklem Marmor verkleidet war, nicht beklagen. Wir waren unerwünschte Einwan-

*WO IST DIE UFERSTRAS-
SE? (Buffalo Seite 304/305)
Hinnerk fand das ge-
wünschte! Ein Schild mit
der Aufschrift „Highway
2" (Photo Mai 1987)*

derer und damit erste Klasse, wie uns erklärt wurde. Damit hatten wir
nicht den schlechtesten Lebensstandard getroffen.

Den beiden Grenzern machte es sichtlich Freude, uns jedes Detail zu
erklären. Sie glaubten, solche Brauseanlagen gäbe es wohl in Deutschland
nicht, und sie müßten uns genaue Anweisung zu deren Benutzung geben.
Das war ihnen sehr wichtig und sie zeigten uns, wie man die Mischung
von heiß zu kalt veränderte. Sie waren dann etwas enttäuscht, als wir
ihnen sagten, daß wir die Bedienung einer ähnlichen Anlage, schon als
Rekruten in der Fliegerkaserne gelernt hätten.

Darüber hinaus waren beide aber sehr wißbegierig und wollten die
Gelegenheit nützen, um sich mit uns zu unterhaltenn. Sie waren sehr stolz
auf ihr freies Land und seine Errungenschaften. Obwohl wir uns selbst
nicht für „Nazis" hielten, wurden wir trotzdem alle damals so genannt. –
Und da die Wahrheit siegen sollte, verteidigten wir vor allem die sozialen

12

Einrichtungen unseres Staates, wie z. B. keine Arbeitslosen, die „Kraft- durch- Freude"- Fahrten, das Gesundheitswesen und vieles mehr, was sich in den wenigen Jahren wirklich gebessert hatte. – Von „Politik" meinten wir, würden wir nichts verstehen, aber das seien doch Dinge die sich sehen lassen könnten. Und natürlich hatten wir dabei immer aufmerksame Zuhörer.

Wegen solcher Diskussionen galten wir als politisch gefährlich, und alle deutschen Offiziere wurden während des Krieges in Kanada, auch nicht auf freiwilliger Basis zu irgend einer Arbeit außerhalb des Lagers zugelassen. Man wollte verhindern, daß wir mit der Bevölkerung in Berührung kamen.

Wir plauderten ziemlich lange, erst langsam flaute unsere innere Span- nung ab, und trotz der vorausgegangen Strapazen dauerte es lange, bis wir auf den Matratzen unseren Schlaf fanden.

Zu Dienstbeginn am nächsten Tage erschien nur noch ein Officer. Aus einer benachbarten Snack Bar brachte man uns ein ordentliches Frühstück und bis zur Ankunft des „Boß" verschwatzen wir die Zeit mit diesem neuen Mann.

Er hatte eine gute Schulbildung genossen, war ein „Southerner", der sehr langsam und deutlich sprach. Er hatte gute Manieren und nicht nur seine Uniform sah gepflegt aus.

In der U.S Navy hatte er gedient, sprach etwas spanisch und franzö- sisch. Vorher war er an der texanisch/mexikanischen Grenze gewesen und betätigte sich als Amateurflieger. Gerade hatte er seinen Grundflugschein erhalten und war vom Fliegen ungewöhnlich begeistert. Er hegte eine besondere Bewunderung für die „German Luftwaffe". Doch, wie alle Engländer und Amerikaner hielt er die „Spitfire" für das beste Jagdflug- zeug der Welt. Das wollten wir so nun auch nicht wahrhaben und wären darüber beinahe ins Streiten geraten. Ja mit dem neuen Motor konnte sie höher fliegen, in den Kurven war sie besser, aber Geschwindigkeit.... Bewaffnung ... aber ... aber ...

Inzwischen war der Boß eingetroffen. Offensichtlich liebte er es, thea- tralisch aufzutreten! – „Also Gentlemen, ich habe Ihnen eine sehr traurige Mitteilung zu machen. Sie sind kanadische Kriegsgefangene, die ohne Erlaubnis dieses Land betreten haben. Nachdem Sie von der Polizei fest- genommen wurden, haben Sie sich mit falschen Papieren ausgewiesen. Den USA wäre der unerlaubte Grenzübertritt gleichgültig, aber wegen der gefälschten Papiere werden Sie vor ein Zivilgericht gestellt und abgeur- teilt werden. Nach Verbüßung der Haftzeit schicken wir Sie dann nach Kanada zurück!"

Wir wurden einzeln vorgeführt. Hinnerk war vor mir drangewesen. Jetzt wußte ich, warum er mit so betrübtem Gesicht zurückgekommen war. – Das war ja ein harter Schlag! – Als verdächtige Zivilperson hätte ich jede Gefängnisstrafe oder auch Zuchthaus gerne auf mich genommen. Damit wäre man gleichzeitig für geraume Zeit aus der Reichweite der Suchaktionen herausgekommen und vielleicht würde man im Laufe der Zeit sogar in Vergessenheit geraten, – aber so?

Hinnerk und ich waren innerlich einigermaßen vorbereitet, nicht als Kriegsgefangene anerkannt zu werden und wegen der gefälschten Papiere und Urkundenfälschung eingesperrt zu werden. – Vor uns gab es zu diesem Thema noch keine Erfahrung über die Reaktion der amerikanischen Behörden.

Das wurde nun spannend: Polizei und Grenzpolizei hatten unsere falschen Papiere entlarvt, wußten aber gleichzeitig daß wir Kriegsgefangene waren. – Wie würden sich die kanadischen und amerikanischen Behörden verhalten? – Schon auf Grund des über die Grenze hinweg verschickten Steckbriefes gab es keinen Zweifel, daß beide Staaten wegen uns schon jetzt in Verbindung stehen mußten.

Zuerst Gefängnis, dann wieder Gefangenenlager, das klang nicht gut! – Dagegen mußten wir uns mit allen zur Verfügung stehenden Mitteln wehren!

Ich erklärte, daß ich sofort einen Vertreter der Schweiz, unserer Schutzmacht, sprechen wolle. – Der Boß freute sich, daß sein Hieb Wirkung zeigte. – Eine Schutzmacht kenne er nicht. Für die USA sei ich Zivilperson mit falschen Papieren.

Ich sagte ihm, daß es für meinen Fall aber einen entsprechenden Paragraphen in der Genfer Konvention gäbe. „Gilt für die United States nicht! – Haben wir nicht unterzeichnet!" – Das stimmte zwar auch nicht, aber er ließ sich nicht beikommen.

Nochmals wurde ich unter Druck gesetzt! – Wieder wollten sie nur wissen, wie ich über den Strom und weiter nach Watertown gekommen sei.

Die Tatsache, daß v. Werra, Manhart, und wir, den fast gleichen Weg über die Grenze und den Lorenzstrom, hier in der Gegend gesucht hatten, bestärkte die Behörden in der Vermutung, daß uns hier eine Untergrundorganisation durchschleuste.

Der wahre Grund war aber der, daß nach unserer Berechnung hier der Lorenzstrom so langsam floß, daß er mit einigem Glück auf einer Länge von mehreren Kilometern bei entsprechender Kälte total zufror. Außerdem war er hier nicht mehr allzu breit, sodaß die Überquerung zu Fuß nicht Stunden dauern würde.

Auch der Hinweis, daß uns eine bessere „Cooperation" im Prozeß helfen würde, nützte nichts. Meine Antworten zu den Themen Ausbruchszeit und Fluchtweg, sagten nichts aus.

14

Nach dem Ablauf von fast einer Stunde klingelte das Telefon. Das Gespräch wurde leider im Slang geführt und ich konnte nichts verstehen. – Nach Beendigung erklärte der Boß nun ohne Umschweife, wir würden ohne Prozeß und ohne weiteres und zwar sofort an Kanada ausgeliefert.

Noch heute habe ich den alten Schlauberger im Verdacht, daß er uns den Prozeß nur angedroht hat, um uns weich zu machen. – Die Androhung eines solchen Prozesses hatte uns sehr bedrückt, und mit dieser Mitteilung fiel mir ein großer Stein vom Herzen.

Die Unterhaltung konnte nun wieder zwangloser geführt werden. Ich bekam außer dem Boß nun auch wieder weitere Zuhörer, für die „Officers" der Border Patrol war das genau so viel Abwechslung, wie für mich.

Er kannte die „deutsche Wehrmacht", wie er sie richtig nannte, aber er meinte, wir heutigen Nazi-Offiziere seien nicht mehr die alte Schule, die er im Felde 1918 und danach bei der Besetzung des Rheinlandes kennengelernt habe. – Ich war erstaunt! – Ja! – Wir hätten keinen ordentlichen Haarschnitt! Außerdem, wie wir uns in solcher Kleidung wohlfühlen könnten, und dann auch noch die Unordnung in unseren Packtaschen!

Ein bißchen stolz machte das doch: So weit reichte also die „Berühmtheit" des deutschen Komißhaarschnittes und der deutschen Ordnungsliebe! – Trotzdem konnte ich das nicht auf uns sitzen lassen! – Ob er sich denn nicht denken könne, daß wir gar nicht wie Offiziere aussehen wollten? – Wir wären doch „sailors". – Und für die Unordnung in unseren Taschen könne er sich bei der Polizei in Watertown bedanken, die hatten all unser Zeug wahllos in die Taschen zurückgestopft und mitgeschickt.

Doch schon wieder hatte er was! – In meiner Tasche hatte er das Nähzeug gefunden. Den verräterischen Aufdruck „Kameradenhilfe", hatte ich mit meinem Pseudo-Namen überklebt. Er schüttelte den Kopf: – „Wo hast Du bloß diesen fürchterlichen Namen „Paul Sumser" her? – Es gibt doch so viele schöne, deutsche Namen!" – Ich mußte grinsen. Wenn ich ihm erklärt hätte, für wieviele Länder und was für Sprachen sich dieser Namen eignen sollte, wäre er sicher von dessen Güte und Eignung mehr beeindruckt gewesen.

Er erzählte eigene Erlebnisse von seiner europäischen Zeit. Mit Stolz verwies er auf eine an der Wand hängende Urkunde, die von der Verwundung des Korporals „David Benjamin" im letzten Weltkrieg berichtete: „Das war ich! – Zweimal verwundet!"

Ich sollte wegen des Namens nicht denken, er sei Jude! – Nein! Im Gegenteil! Ein sehr wunder Punkt in der amerikanischen Politik, sei die Haltung gegenüber den Juden, und nun würden sie auch noch alle diese

Emigranten aus Deutschland dazubekommen! – Ja, das sei ein Punkt, wo er Hitler verstehen würde, aber sonst ...

Überhaupt meinte er, hätte er die Deutschen früher sehr geliebt: „Es gibt nichts Besseres, als die „Gemütlichkeit" (diese Worte sprach er deutsch aus) und den „Biergarten". Aber das arme deutsche Volk würde jetzt von den Nazis regiert. Die würden das ja alles unterdrücken. Selbst die kleinen Kinder wären bei uns schon Soldaten und müßten exerzieren. Ich sah das damals noch in vielen Punkten etwas anders, widersprach und erzählte wieder von „Kraft durch Freude" und dem schönen deutschen Familienleben. Aus meiner Sicht sei sowieso klar, daß wir den Krieg gewinnen würden. Deutschland würde Europa einschließlich England, einigen und stark machen, dann würden wir der Welt zeigen, was unser Volk wirklich könne.

Obwohl Mr. Benjamin noch 1936 die olympischen Spiele in Berlin besucht hatte, verließ er seinen Standpunkt kein Jota. Die US – Presse hatte ihr Volk inzwischen mit Erfolg überzeugt, daß wir in allem Ernst ein Volk seien, das sich mehr oder weniger, vorwiegend im Paradeschritt bewegte, wo auch Essen und Trinken, selbst Tanzen oder Fröhlichkeit – auf Befehl – in einexerzierten Formen ablief. Seine Haltung war teilweise so vereinfachend falsch, daß seine Argumente über die Gefahren unseres politischen Systems, keinen fruchtbaren Boden fanden.

Er fuhr seinerseits fort, die Vorzüge, der ehemals nach Amerika ausgewanderten Deutschen zu schildern. – Warum wir denn jetzt so unterschiedlich zu diesen Menschen geworden seien? – Ein deutscher Einwohner von Ogdensburg habe sich noch gestern Nacht bei ihm erkundigt, ob er etwas für uns tun könnte. – So gutwillig seien die amerikanischen Deutschen!

Irgendwo fanden wir doch einen gewissen Konsens, als wir über die Rolle der Deutschen, auch der Generäle in den amerikanischen Befreiungskriegen sprachen. – Wir waren uns auch einig, daß die Deutschen beim wirtschaftlichen Aufbau der USA eine wichtige Rolle gespielt hatten ... Aber was für ein Unglück, daß wir uns heute als Feinde bekämpften...Ich wollte einen besonderen Punkt machen, indem ich darauf hinwies, daß wir durch unsere jetzige Flucht gerade den vielen Deutschen in der Gegend von Ogdensburg zeigten, daß wir nicht nur Mut und Pflichtgefühl auf Befehl besäßen.

Er war nicht beeindruckt, sondern bezog jetzt auch noch das japanische Volk mit ein. – Jetzt habe Amerika wirklich angefangen aufzurüsten, jetzt gäbe es kein Halten mehr bis zum bitteren Ende. Die Japaner und die Deutschen würden nun von der ungeheuer starken amerikanischen Kriegsmaschine einfach ausgerottet. – Ob ich etwa glaube, daß Amerika nochmals ein so großzügiges Herz, wie 1918 zeigen würde?

Damals hielt ich das eindeutig für eine falsche Einschätzung der Kräfteverhältnisse. – Ich war nicht zu überzeugen, was wäre wohl auch meine Alternative gewesen?

Die Tür ging auf, in Begleitung eines Grenzpolizisten trat ein Mann ein, der mit einer seltsam bunten Lederjacke bekleidet war. Auf einer Seite der Brust trug er einen riesigen Adler, der in gelber Seide aufgestickt war.

Der Boß war nicht so überrascht wie ich. Er hatte diesen Mann erwartet und stellte ihn formell vor: „ Mr. Evans (Name geändert), der Besitzer der Privatflugzeugführerschule von Ogdensburg." – Ich nannte meinen Namen und reichte dem Herrn erstaunt die Hand. – Es wurden Zigaretten angeboten, dann kamen wir bald zum Thema.

Ja! – Fing der Mann in der Lederjacke an, er hätte ganz neu angefangen und sich erst vor kurzer Zeit einige Schulflugzeuge zugelegt. Er sei noch sehr unerfahren. Gestern habe er nun zufällig gehört, daß hier zwei deutsche Flugzeugführer säßen. Er bitte – frei heraus gesagt – um einige gute Ratschläge. Ich hätte doch sicher die entsprechende technische und fliegerische Ausbildung genossen und könnte ihm vielleicht auch noch aus eigener Erfahrung einige Ratschläge geben.

Ich roch schon wieder einen neuen Braten! – Das hörte sich fast genau so an, wie die cleveren Einleitungen der raffinierten englischen Verhöroffiziere in den Lagern in Kent und London. – Da war Vorsicht geboten!

Zwar war es nun schon 1 1/2 Jahre her seit wir abgeschossen worden waren, aktuelle Feindnachrichten konnte ich also nicht mehr ausplaudern, aber man konnte nie wissen. – Der Fluglehrer merkte sofort mein Unbehagen und sagte schnell er wolle wirklich keine militärischen Geheimnisse erfragen. – Ich sollte nur dann antworten, wenn ich Lust dazu hätte. Besonders Mr. Benjamin war über mein Mißtrauen sehr betrübt.

Sie hatten nach ihrer Ansicht tatsächlich nichts „Geheimes" erfragen wollen. Als Inhaber einer Privatflugzeugführerschule, hatte er einen staatlichen Kontrakt für die Grundausbildung von amerikanischen Militärpiloten abgeschlossen und war natürlich an diesem offenbar lukrativen Geschäft sehr interessiert, hatte aber wenig eigene Erfahrung.

Ich hielt mich aber an meine Befehle bezüglich Geheimhaltung und schwieg. Offensichtlich waren die gestellten Fragen für einen unerfahrenen „Militärausbilder" interessant. Aber es war nicht nur der Wille zur Verschwiegenheit, zum Teil kannte ich die Anworten, die sich vorwiegend auf Schulflugzeuge bezogen, auch nicht mehr genau. – Er wollte z. B. wissen, wie oft seine Motoren überholt werden mußten, wie oft abgeschmiert werden sollte, wie oft er ungefähr mitfliegen sollte bis er seine Schüler allein fliegen lassen könne. – Es war geradezu verblüffend, wie unerfahren er war, aber das Geschäft wollte er machen!

Beide sahen aber bald ein, daß es mir allmählich peinlich wurde, immer wieder nein sagen zu müssen. – Aber ich konnte nicht anders handeln!

Der Fluglehrer hatte selbst noch keinerlei stärkere Maschinen geflogen, aber immer wieder merkte man, dieses Geschäft mit dem Krieg würde er machen.

Wir wechselten das Thema und sie sprachen über amerikanische Jagdflugzeuge. – Etwas wußte ich über die Curtiss P36 und P40, die in wenigen Exemplaren in Frankreich und über England im Einsatz gewesen waren, konnte aber nur vom Hörensagen berichten und ließ ihnen ihre Vorzüge.

Dann aber kam was kommen mußte, – aber der einmaligen „Spitfire" hätten wir nichts entgegenzusetzen, und die übliche Debatte ging wieder los. – Diesmal konnte ich es mir aber nicht verkneifen festzustellen, daß ich trotz all der technischen Überlegenheit der englischen Jagdflugzeuge, sowohl eine Hurricane als auch drei Spitfire abgeschossen hätte, und zwar über englischem Gebiet.

Davon hätten sie nun gerne mehr gehört, aber weiter wollte ich das nicht treiben.

Der Mann in der schönen Lederjacke verabschiedete sich bedauernd aber höflich und endlich entließ der Boß auch mich.

Anschließend traf ich wieder mit Hinnerk zusammen, und man machte von uns Aufnahmen, nicht nur für Steckbriefe, sondern auch für das Privatalbum von Mr. Benjamin, wie er stolz erklärte. Besaß er doch eine wirklich sehenswerte Sammlung von Photos und Artikeln über die bei ihm „durchgeschleusten" deutschen POWs.

Besonders stolz war er über die Photos und Berichte von Franz v. Werra. – Dieser hatte ihm nämlich, wie versprochen, – damals waren die USA ja noch nicht im Krieg mit Deutschland, – nach gelungener Rückkehr, eine Postkarte aus Groß-Deutschland geschrieben. Diese Rarität durften wir auch bewundern. Auf Manharts Bild machte er aufmerksam, weil Manni in seinem abgeänderten Uniformrock geflohen war. Nach seiner Wiederergreifung, hatte er das EK.I, das er notfalls zur Identifizierung bei sich führte, wieder angelegt. So „prangte" er jetzt mit Orden im Fotoalbum. Und auf das Foto war Mr. Benjamin besonders stolz.

Es war erstaunlich, mit welcher Hochachtung, die aus dem ersten Weltkrieg stammte, der Boß von dem Eisernen Kreuz sprach.

Auch Fingerabdrücke wurden von uns genommen. Es war klar, daß wir ab jetzt voll in die amerikanische Verbrecherkartei aufgenommen waren.

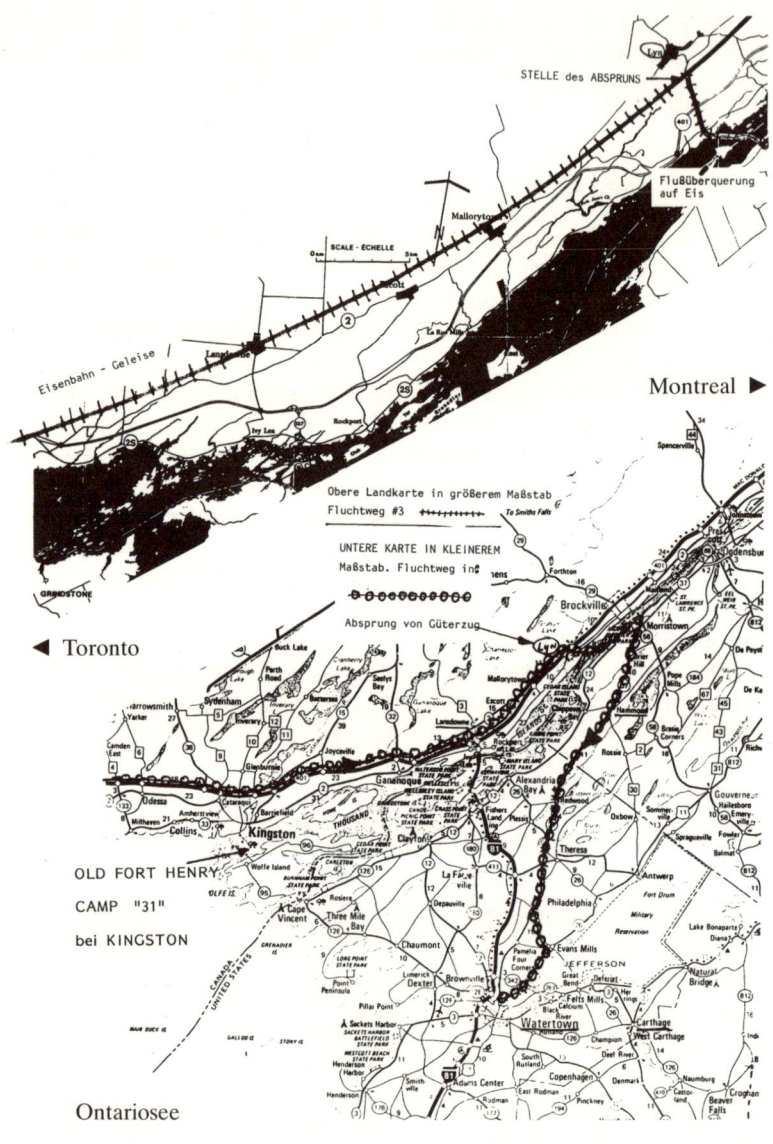

ENDPHASE DER FLUCHT # 3: – Siehe „Noch zehn Minuten bis Buffalo" (ISBN 3-7628-0465-6) Seite 303 – Wir überquerten den St. Lorenz, der zugefroren war.

Zurück nach Kanada ...? Wohin?

Am Montagnachmittag, dem 23. Februar 1942, schien es tatsächlich zurückzugehen.

Ein wahrer Hüne an Gestalt, der mit lässigem Stolz den grünweißen „football-sweater" seines ehemaligen College trug, begleitete uns zum amerikanischen „Immigration Office". – Dort wurden wir nach der gesetzlich vorgeschriebenen Prozedur formell aus den Vereinigten Staaten „ausgewiesen"!

Dazu mußten wir einen Eid leisten und wurden selbst nach unserem Großvater gefragt.

Der diensthabende Beamte hieß Hermann Kull und spielte sich auf, als wenn er nur noch gebrochen deutsch sprechen könnte. – Von Manni her, der hier im Januar einsaß, wußte ich aber, daß er seine Heimatsprache noch fließend beherrschte, wenn er nur für einige Augenblicke sein gespielte Rolle vergaß. – Wir gaben ihm aber gar keine Gelegenheit, eine Schau abzuziehen und sprachen gleich nur englisch mit ihm. – Nicht sehr sympathisch, dieser Mann!

Eine freundliche Sekretärin, die diese theatralische Verhandlung mitzuschreiben hatte, schenkte zum Schluß jedem von uns ein „Ausweisungsdokument". Ganz richtig – bezeichnete sie es als „Souvenir". – Was für eine Bürokratie!

Als das dann alles erledigt war, wurden wir von unserem lockeren Hünen zum Anlegesteg der Fähre, die von Ogdensburg nach Prescott fuhr, und dabei sowohl den Lorenzstrom, als auch die amerikanisch-kanadische Grenze überquerte, begleitet.

Das wartende Reisevölkchen fraß uns beinahe mit den Augen auf, natürlich wußte jedermann, daß wir die „escapten" German Officers waren. Als wir an Bord gingen, wurde der „Sportsmann" von Hermann Kull abgelöst. Den würdigten wir jedoch weder eines Blickes noch sprachen wir mit ihm.

War doch außerdem unsere ganze Aufmerksamkeit von einer Gruppe junger Mädchen in Anspruch genommen, die samt ihrem Omnibus, auf die Fähre gefahren waren, und eine Riesengaudi veranstalteten. Sie versuchten auch mit uns zu sprechen, – aber Herr Kull hielt uns streng separiert.

Auf der anderen Seite angekommen, nahm uns ein Sergeant der Mounted Police in Empfang und brachte uns gleich in das kanadische Zollhaus.

Draußen sprach sich schnell unsere Identität herum, und zunehmend wurden die Mädchen aus dem Bus etwas mutiger, drängten sich an unser Fenster und winkten aufmunternd zu uns herein.

Jetzt wußten wir wirklich wieder, was wir für arme Würstchen waren. – Aber wir zeigten unsere besten „Montagsgesichter", obwohl uns innerlich fürchterlich elend zu Mute war.

Der Zoll-Vorsteher war ein gemütlicher alter Herr in grauem Haar, der großen Spaß daran fand, die Mädchen bei der Ausweiskontrolle sehr genau zu prüfen. – Vor unserer Tür herrschte eine laute fröhliche Schäkerei. – Wir konnten nichts anderes tun, als abzuwarten, welch weiteres Schicksal auf uns wartete.

Nachdem der Ansturm vorüber war, trat der Alte in den Raum. Bald stellte sich heraus, daß er ein gutmütiger Ire war: „I don't blame you for escaping, I blame those who let you escape!" – war sein Standpunkt, und er ließ uns sogar Zeitungsartikel über unsere Wiederergreifung lesen.

Darin erfuhren wir endlich die wahren Zusammenhänge: „Der Patrolman" John A. Berow, Polizist in Watertown, erhielt Samstag das „heiße" Fernschreiben, in dem die beiden „escapten" deutschen Luftwaffenoffiziere Waller und Steinhailer gesucht wurden. – Am Sonntagabend begab sich Berow auf den Weg zu seinem Dienstbeginn um 8 Uhr. Dabei sei er von zwei „tramps" angesprochen worden. Diese hätten zuerst ihn, dann später zwei Jungs gefragt, und seien durch einen starken Akzent aufgefallen."

So blöd war das also gewesen! – So lange hatten sie unsere Puppen mitlaufen lassen. – Von Mittwoch bis Samstag, hatte es keinen Suchalarm gegegeben, und dann war er doch noch zu früh gekommen, wir waren noch im Grenzbereich und waren wieder im Netz hängen geblieben. – Zu blöd auch dieser Zufall ... – warum mußten wir ausgerechnet diesen Polizisten nach dem Weg nach Karthago, so merkwürdig – „Cärßitsch" ausgesprochen – fragen?

Welche Ironie des Schicksals! – Da sollte man nicht verzweifeln. – Waren wir doch mit dieser frechen Anstreichertour aus dem Lager gekommen, hatten wir auf dem Güterzug die richtige Absprungstelle erwischt, kamen mit viel Glück über das krachende Eis des Lorenz. – Fanden den richtigen Weg, marschierten 3 Nächte durch die eisige Kälte und den Blizzard, um dann schlicht und einfach den Polizisten nach dem Weg zu fragen, der am Vortage unseren Steckbrief, – auch noch persönlich – am Fernschreiber empfangen hatte!

Mit einer Lupe betrachtete der Ire unsere falschen Papiere, einen kompletten Satz hatten ihm die Amerikaner ausgehändigt, teils Ausweis, teils Empfehlungschreiben und Zeugnisse. – Auf seine Frage, wo wir solche Papiere herhätten, sagte ich ihm die Wahrheit. Erstens um keinen falschen Verdacht aufkommen zu lassen, und außerdem, würden sich unsere „Experten" im Lager sowieso nicht entdecken oder stoppen lassen. Nach eingehender Betrachtung mit der Lupe kam er zu dem Schluß: „Wenn Ihr das selbst gemacht habt, war das eine ausgezeichnete Arbeit" – Schade, daß Hannes Kauter, unser hervorragender Tuschezeichner und Hans Berthel unser Druckexperte das nicht hören konnten.

Deswegen war es auch kein Wunder, daß wir in der Zeitung auch lesen konnten, daß sich die amerikanische Polizei in Boston noch bemühe, dort den ersten Schiffsoffizier der „S.S. Filey Bird" von der Cunard-Red-Star-Line zu finden. Von ihm wollte man erfahren, wie wir in den Besitz dieser Papiere gekommen seien. – Schade, daß man diese Berichte in den Zeitungen, die ins Lager herein kamen, nicht zu lesen bekam. In der Beziehung wurde bald streng zensiert. – Aber es war klar, wir hätten daraus lernen können, was man noch verbessern konnte.

Aber trotz allem war es erstaunlich, wie schwierig es für die andere Seite war, den von uns frei erfundenen Schwindel aufzudecken.

Nach einiger Zeit traf ein Polizei-Korporal ein, der uns in seinem Patrol Car nach Brockville bringen sollte.

Er erzählte, daß er erst kurze Zeit in dieser Gegend sei. Vorher habe er in einem Städtchen Dienst getan, wo viele Deutsche und Italiener wohnten. Während dieses Krieges, hätte er die unangenehme Aufgabe gehabt, manche dieser Leute in ein Internierungslager einzuliefern.

Er kannte auch Kitchener, das im 1. Weltkrieg von Berlin auf den jetzigen Namen umgetauft worden war. Er sagte, von den 35 000 Einwohnern der Stadt, seien fast 30 000 Deutsche. Dort könne es leicht vorkommen, daß er durch die Straßen gehe ohne auch nur ein Wort zu verstehen.

Die heulende Alarmsirene unterwegs war imponierend. Der Fahrer brauchte das Ding nur einzuschalten und wir hatten überall freie Bahn. Ich sagte dem Korporal, so eine Hupe würde mir zu Hause in meinem eigenen Auto gerade noch fehlen.

Die Polizisten in Brockville waren ein ruppiges Volk. Sie sperrten uns einfach und sofort in eine Gefängniszelle. Das Mobiliar war nicht mehr verwendungsfähig. Unser „Vorgänger" hatte es gründlich ruiniert. Der Kerl muß Bärenkräfte besessen haben, selbst die Rahmen des eisernen Bettgestells waren verdreht und auseinander gerissen.

In der Zelle nebenan stieß einer alle Viertelstunde furchtbare Verwünschungen aus. Er fluchte und heulte ungefähr zwei Minuten lang, dann schaltete er schlagartig um, – sang ein Lied, oder pfiff einen Schlager, um dann nach genügender Wiederholung, plötzlich wieder wie ein gestochenes Tier loszubrüllen. – Die Polizisten, im vorliegenden Wachraum, mußten Nerven wie Eisenbahnschienen haben, sie unterhielten sich ruhig weiter und „ignorierten" den Mann noch nicht einmal!

Auf der anderen Seite, konnten wir durch das Schlüsselloch in die angrenzende Zelle sehen. Dort stand ein Jüngling von höchstens 16 Jahren in Kakhi-Uniform. Er sah noch fast wie ein Kind aus. Doch er betrieb mit seinem Zellengenossen, lautstark eine zackige militärische Ausbildung. Der Andere war zwar in Zivil, aber er hielt einen Besen in den Händen und mußte Griffe klopfen. Dabei entwickelte der „junge Marschierer" eine Stimmgewalt, daß er sicher die Paradeaufstellung eines Regiments durchdrungen hätte. In dieser Umgebung machte diese Lautstärke einen drolligen Eindruck. – Der Junge sah ganz sauber aus, während sein „Exerzierer" ganz den Eindruck eines verkommenen Subjektes machte. Ihm hingen die Haare in die Augen, und die Vorderzähne fehlten – wahrscheinlich ausgeschlagen. – Wir befanden uns in „feiner" Gesellschaft.

Plötzlich flüsterte es durch das Schlüsselloch. Der Junge war es: „Where are you from?" – Ich fand Spaß an dieser seltsamen Unterhaltung, sagte aber nur: „Aus Bowmanville!" – Er sei aus Toronto und sei eingesperrt, weil er schon 5 Tage über den Urlaub hinaus geblieben sei. Die verdammte Polizei hätte ihn ohne Urlaubschein hier aufgegriffen. – Ob wir nicht etwas zu rauchen hätten? – Nein! Sagte ich, wir seien deutsche Kriegsgefangene und man habe uns alles abgenommen. – Er verschwand vom Guckloch, drüben entstand ein aufgeregtes Getuschel und die Unterhaltung war leider zu Ende.

Da wir nichts zu essen bekamen, fragten wir nach den Resten von Schokolade und Feigen, die sich noch in unseren Taschen befunden hatten. Aber man ließ uns bis abends 22.00 warten, dann erst ging die Tür auf.

Herein trat der kanadische Leutnant Chin aus Bowmanville in Begleitung von zwei Sergeanten der Veterans Guard. – Alle waren sie bis an die Zähne bewaffnet, und wie nicht anders zu erwarten, benahmen sie sich uns gegenüber so ruppig, wie nur irgend möglich.

An ihrer Stelle wären wir sicher auch nicht freundlicher gewesen. Das war bei mir nun das dritte Mal innerhalb eines Vierteljahres, daß ich „unterwegs" war. – Insgeheim fürchteten wir uns beide noch vor mehr. Was waren doch nach dem letzten Fluchtversuch im anschließenden Arrest für Drohungen durch die Posten ausgesprochen worden. – Sie hätten es satt, wegen mir dauernd alarmiert zu werden, und nächtelang die Gegend abzusuchen.

Wir hatten schon Angst, ob nicht die Möglichkeit bestehen würde uns „auf der Flucht" zu erschießen, oder uns einfach verschwinden zu lassen. – Unbequem genug, waren wir für sie.

Beide waren wir froh, in der Zeitung unsere Festnahme gelesen zu haben. Damit wußte die Öffentlichkeit auf jeden Fall, daß wir lebend aufgegriffen worden waren.

24

Aber immer noch bestand die Möglichkeit, daß man auf dem Rücktransport einen neuerlichen Fluchtversuch konstruierte. Damit konnte gegebenenfalls auch die Schutzmacht ausmanövriert werden, wie wir in Camp „W" und „X" erlebt hatten.

Mit Hinnerk sprach ich offen über diese Gedanken. Wir wollten äußerst aufmerksam sein, und jede verdächtige Bewegung beachten.

Leutnant Chin sah in der Tat furchterregend aus. Er war ein Klotz von einem Menschen, gute 2 Meter groß und wog sicher seine zweieinhalb Zentner.

Völlig ohne Grund fuchtelte er sofort mit dem Trommelrevolver vor unseren Nasen herum: „You see this! If you try anything, you never see Germany again!" – Daß er trotz allem selbst Angst hatte, daß ctwas Unvorhersehbares passieren könnte, war ihm ins Gesicht geschrieben. Nachdem er schon das Rauhbein herausgehängt hatte, fragte er ob wir für den Transport das Ehrenwort abgeben würden? Wir erklärten, er habe seine Pistole ja schon gezogen, da bedürfe es von unserer Seite keines Ehrenwortes mehr!

Daraufhin erteilte Chin seinen Sergeanten weitere Anweisungen und sie zogen ebenfalls ihre Pistolen. – Wenn diese Männer bloß eine normale deutsche Pistolenausbildung gehabt hätten! – Aber so! – Sie hielten die Mündung überall hin, nur nicht auf den Boden! – Die Dinger waren sicher alle durchgeladen, und bei diesem wilden Hin- und Hergefuchtel, konnte man nie sagen, wer wohl getroffen würde, wenn so ein Eisen losging. – Wie häufig hatten wir schon beobachtet, daß den kanadischen Wachen bei der Postenablösung ein Schuß entwetzte. Das einzig gute an der Sache war, daß sie sich gegenseitig genau so in Gefahr brachten, wie uns.

Unsere gegenseitige Einschätzung war ausgesprochen feindlich. Uns erschienen ihre Gesichter eher auf Mord als auf sichere Rückkehr in ein POW Lager eingestellt. Wir wollten uns in jeder Hinsicht in Acht nehmen.

Draußen vor der Polizeistation fanden sich schon wieder zwei Reporter ein. Aber auch hier blieb Ltn. Chin energisch. Er blies sie kurz und militärisch an, und jagte sie davon.

Bei Dunkelheit stiegen wir in einen uns nun schon bekannten Station Wagon und fuhren los. Mit keinem Wort wurde uns erklärt wohin die Fahrt gehen sollte, alles war wirklich unheimlich. – Ltn. Chin und der Fahrer saßen vorne, Hinnerk und ich auf der mittleren Sitzbank und hinter uns die beiden Sergeanten, die den Revolver auch während der Fahrt nicht aus der Hand legten.

Die „geladene" Atmosphäre fand ihren Höhepunkt, als wir ohne vorherige Ankündigung, in stockfinsterer Nacht, so gegen 21 Uhr mitten in einem Wald hielten. – Lt. Chin stieg als erster aus. Leise flüsterte ich zu

Hinnerk: „Höchste Wahrschau!" – Wir wollten uns teuer verkaufen, und notfalls mit den Fäusten kämpfen, hatten wir vorher ausgemacht. – Fast hätten w i r losgeschlagen! – Gerade noch rechtzeitig erkannten wir unseren Irrtum! – Es handelte sich nur um eine Pinkelpause! – Das hätte gründlich schief gehen können!

Nachdem von unserer Bewachung diese „günstige Gelegenheit" nicht wie befürchtet genutzt worden war, beruhigten sich unsere Nerven. Von jetzt an waren wir fast sicher, daß diese Burschen keine Gelegenheit suchten, uns heimlich zu beseitigen.

Trotz der Finsternis konnten wir an den Straßenschildern erkennen, daß wir durch Gananoque fuhren. Und wenig später kurz vor Kingston bogen wir links ab! – Oha! – Jetzt wurde klar, warum aus dem Slang des Lt. Chin mehrmals das Wort „Fort Henry" zu hören gewesen war. Dahin wurden wir also gebracht!

Wie wir dort wohl aufgenommen werden würden? Wir hatten gerüchteweise gehört, daß dort jetzt Zivilinternierte untergebracht seien. – Ob wir wohl dauernd da bleiben würden? – Was waren Zivilinternierte für Leute? – Aber genau so hatte es Gerüchte gegeben, daß in diesen Wochen ein neuer Offizierstransport aus England ankommen würde, vielleicht hatten die hier schon Einzug gehalten?

Kurz vor Mitternacht trafen wir ein. Mit dem Station Wagon durchfuhren wir ein dickes Steingemäuer, das in die Festungsbauten hineinführte. Nachdem sich ein schweres Tor hinter uns geschlossen hatte, fuhren wir auf einen großen von Scheinwerfern beleuchteten Platz. Ringsherum hohe Steinmauern, die ebenfalls grell bestrahlt waren. In seltsamem Gegensatz zu diesen harten Wänden und eckigen Aufbauten, rieselten sanfte Schneeflocken aus der schwarzen Nacht in den gleißenden Lichterschein.

Noch ein Tor und wir hielten an. Ein Sergeant Major, der gleich anfing zu schreien, wies dem Offizier Chin das Quartier zu, und wo er zu schlafen hätte. Danach ging es im gleichen Ton mit den beiden Sergeanten weiter. – Auf uns war er besonders gut vorbereitet. – Herr Foresight, seinen Namen erfuhren wir bald, erklärte uns sofort, daß er für Deutsche nur Haßgefühle aufbringen könne, entsprechend würde er uns auch behandeln.

Er nahm uns für die Nacht alles ab. Wir durften nur den Schlafanzug behalten, den wir als Unterwäsche angezogen hatten. Er erlaubte noch nicht einmal, daß wir unsere eigene noch immer mitgeführte Schokolade essen durften, obwohl uns die „Nasenlöcher rauchten", – hatten wir doch seit dem Frühstück bei der Border Patrol in Ogdensburg, nichts mehr zu essen bekommen. Für jeden wurde eine Decke in die Zelle auf die Holzpritsche geworfen, und die Posten erhielten von ihm die ausdrückliche

26

DAS ALTE FORT HENRY – CAMP – 31 – KINGSTON: Von Juli bis November 1941 diente das Fort als Offizierslager. Von November 1941 bis November 1943 war es Lager für Zivilinterniete und Handels-Seeleute. – Bildmitte, links von dem kleinen Bogen, war die Kasematte für Hinnerk und mich. (1. Stock).

FORT HENRY: Am hinteren Ende befanden sich 1942 die Arrestzellen. Davor standen Holzbaracken, in denen Wasch- und Toilettenräume, Küche samt Speisesaal untergebracht waren. Heute finden im Fort jährlich historische Vorführungen statt. Die abgebildeten Männer sind Studenten, die mit Begeisterung mittelalterliche Soldaten darstellen.

27

Weisung, nur sehr wenig zu heizen. Es wäre gut, wenn wir etwas kühl gehalten würden. Damit verschwand er.

Im Schlafanzug wurden wir noch kurz auf den Hof zu einer Tonne geführt und dann konnten wir die ganze Nacht hindurch frieren, aber noch waren wir das gewöhnt.

Schon am frühen Morgen wurden wir mit fürchterlich falsch geblasenen Hornsignalen an unsere vergitterten Zellentüren gelockt.

Über den Wachgang im oberen Stock der Festung hinweg, konnten wir aus den Türfenstern den Innenhof der Befestigung einsehen. Auf den Wehrgängen und im Hof rannten viele Männer mit roten runden Flecken auf dem Rücken und roten Streifen an den Hosen hin und her. Sie schienen zusammengedrängt wie ein Bienenschwarm. Das Gewimmel sah beängstigend aus.

Sie rannten alle sehr schnell, es mußte schneidend kalt sein: „Mensch Uli!" rief Hinnerk durch die Wand: „Guck Dir das an. Die armen Kerle! Mit den Zivilinternierten machen sie anscheinend was sie gerade wollen!"

Draußen ging einer ungefähr 10 Meter vor dem Fenster des Ganges vorbei. Um uns bemerkbar zu machen brüllten wir hinaus: „Wir sind auch Deutsche!" – Erstaunt blieb er stehen und guckte von draußen durch die Gitterstäbe am Fenster: „Wo kümmt jü denn her?" – Er sprach platt, Hinnerk war nicht mehr zu halten! – Ich verstand kaum noch etwas.

Der Mann konnte auch nicht viel antworten, sofort kam ein Posten herbeigestürzt und drängte ihn ab.

Hinterher wich der Posten nicht mehr vom Fenster und eine weitere Verständigung war ausgeschlossen.

Hinnerk rief durch die Wand, daß er dem Mann erzählt habe, daß wir Luftwaffenoffiziere aus Bowmanville seien, die auf der Flucht in Watertown geschnappt worden seien. Mehr sei er leider nicht losgeworden. – Wir hatten nicht mal eine Bestätigung, ob er die hastigen Sätze verstanden hatte. – Von sich aus hatte er hereingerufen, daß sie größtenteils Seeleute von Handelsdampfern seien.

Aus den uns bewachenden Posten war auch nichts herauszubringen, sie stellten sich entweder dumm, oder waren tatsächlich „in the dark".

Trotzdem sprach sich unsere Anwesenheit schnell bei den Internierten herum. Sie stellten sich im Innenhof in einiger Entfernung vor die Arrest-Kasematte, und wir konnten uns gegenseitig aus der Entfernung mit dem „deutschen Gruß" erkenntlich machen.

Wenig später erschien draußen vor den Zellen ein netter junger Bursche, in der Kleidung mit der häßlichen roten „Markierung" und lieferte der Wache zwei Tabletts ab. – Unser Frühstück!

Die Posten reichten es in die Zellen herein. Das hätten uns die Gefangenen geschickt. – Es war das beste Frühstück in der gesamten Gefangenschaft!

Hinnerk und ich aßen alles radikal auf, obwohl es sich um unglaubliche Mengen handelte. Später sollten wir dann die Hintergründe dieser famosen Küche genauer kennenlernen.

Als wir Besuch vom Lagerdolmetscher bekamen, versuchte Hinnerk ihn zu überreden, den Internierten einen von uns geschriebenen Zettel mit Dankesgrüßen zu übermitteln, aber dafür gab es kein Verständnis.

Ohne weiteren Kontakt mit den Lagerinsassen, ging es am Vormittag so gen 9 Uhr weiter. Draußen trafen wir auf prächtigen Sonnenschein, der die Luft angenehm erwärmte. Wie wir den Highway # 2 von Kingston bis Bowmanville zurückfuhren, hätte kein Mensch, der nur europäische Verhältnisse gewohnt ist, glauben können, daß hier vor wenigen Tagen die schlimmsten Schneestürme gewütet hatten. Damals waren wir per Güterzug und zu Fuß unterwegs gewesen, jetzt saß man bei herrlichem Wetter im geschlossenen Station Wagon.

Jürgen hatte recht gehabt, es wäre doch besser gewesen, auf den Sommer zu warten. Aber hätte es nicht auch gelingen können? War dieses schicksalhafte Pech unausweichlich gewesen? – Und der Fluß war gefroren gewesen!

Ehrlich versuchte ich mit mir abzurechnen. Wir hatten vielleicht am Anfang beim Übersteigen des Zaunes mehr Glück beansprucht, als uns zustand. Vielleicht mußte das auf diese Weise aufgewogen werden! Solch Aberglaube war einziger Trost und diente vor mir selbst als Erklärung.

Etwa um 14 Uhr trafen wir in Bowmanville ein. Auf den glatten Straßen konnte nicht schnell gefahren werden. Im Lager lag aber überhaupt kein Schnee mehr. Nach den starken Schneefällen hatte es gleich anschließend wieder alles weggetaut. Fast unfaßbar: Auf Entfernungen von einigen hundert Kilometern größte Wettergegensätze.

Wir wurden sofort zu einem Kommandanten gebracht, der uns völlig unbekannt war. Dieser bestrafte uns beide auf der Stelle mit vier Wochen Arrest und gleich anschließend wurde zuerst unsere Kleidung gründlich, dann aber auch „der nackte Mensch“ so untersucht, daß von menschenwürdig nicht mehr zu sprechen war.

Ruhige Tage

Im Arrestbau fanden wir schon zwei Zellen besetzt. Obltn. Lüderitz und Obltn. Siegfried Schmidt.

Als wir unsere Zaunpfosten pinselten und dabei so „nebenbei" überstiegen, waren als unangenehme Überraschung, zwei kanadische Arbeiter direkt neben uns damit beschäftigt, außerhalb des Zaunes das Ende eines entdeckten Tunnels auszugraben. Die beiden Zelleninsassen waren Verursacher dieser Graberei.

Der Tunnel hatte beste Aussichten gehabt. Er war aus dem Hohlraum des Windkessels der Belüftungsanlage unterhalb des Hauses „2" gestartet und gegraben worden. Der Einstieg in diesen völlig abgeschlossenen Raum geschah mittels eines Seiles durch einen Luftschacht, der in einen Wohnraum im 1. Stock mündete. Beim Ein- und Aussteigen gab es also keine Gefahr, entdeckt zu werden. Der Erdtranport entfiel, da der Luftkessel groß genug war, um alles ausgegrabene Material aufzunehmen. – Eigentlich ideale Voraussetzungen.

Die einzige Entdeckungsgefahr bestand darin, daß der Luftkessel mit einer Blechwand in unseren Waschraum im Keller ragte. Leider entstand beim Transport und dem Aufschütten der Erde, die mit Steinen vermischt war, innerhalb des Waschraumes immer wieder Gepolter. Deshalb hielt sich im Waschraum dauernd ein Mann des Grabungsteams auf, der lauerte ob sich ein kanadischer Innenposten annäherte. War dies der Fall, brachte er die „Erdarbeiten" durch Klopfzeichen sofort zum Stillstand.

Da unser Haus „2" leider als Haus der „bad boys" bekannt war, verkehrten dort in sämtlichen Stockwerken viele Kanadier. Damit war natürlich die Gefahr gegeben, daß diesen kanadischen Innenposten, – dazu waren die klügsten auserwählt – mit der Zeit diese Dauer-Rasierer oder Handwäscher wegen solch übertriebener Reinlichkeit auffallen würden.

Doch es ging gut, bis der Tunnel schon unter den Zaun hindurchgetrieben worden war und damit schon eine Länge von 14 Metern erreicht hatte.

Doch dann nahm das Unglück seinen Lauf. Es ging Schlag auf Schlag. – In unserem Haus „2" wurde zuerst das so wichtige „Lager–Radio" gefunden.

Die Konstruktion und Bau dieses Radios war eine technische Meisterleistung, die die Kanadier nur mit Bewunderung und Kopfschütteln quittierten. Die Einzelteile, außer Röhren, die per Diebstahl von unserem

30

deutschen Postoffizier aus einem Verstärker außerhalb des Zaunes besorgt wurden, hatten wir alles andere in Handarbeit hergestellt.

Aus blechernen Zigarettenschachteln wurden mit Nagelscheren und Nagelfeilen Drehkondensatoren hergestellt. Die Spulen wurden aus geklautem Draht mühsam gewickelt. Kopfhörer hatten eine Membran auch aus dünnem Schachtelblech.

Diese Meisterleistung stammte von den Luftnachrichtenoffizieren „Tönnes" Noewer und Rolf Niehoff, die sowohl berechneten als auch bauten. Variable Widerstände waren z.B. Porridge Schalen, die mit Salzwasser gefüllt waren. Zwei Zimmermannsnägel waren darin mit plus und minus verbunden, die wechselnde Entfernung in der Salzlösung änderte den Widerstand

„Tönnes" hatte bereits drei Exemplare gebaut, die jedesmal entdeckt wurden. – Aber immer wieder fand er die Kraft, die Ausdauer und das Material, um ein neues verbessertes Modell herauszubringen. – Bekannt war er durch seinen Ruf: „Ich werde verfolgscht!" – Was auch sehr oft der Fall war. Er befand sich dann – meist tatsächlich – auf der Flucht vor den Innenposten. Und trotz der unmittelbar drohenden Entdeckung gelang es ihm wenigstens, die Röhren zu retten.

Was uns diese Apparate bedeuteten, kann nur der ermessen, der selbst in Gefangenschaft, weit fort von der Heimat gewesen ist. Dieses Gerät wurde bei einer überraschenden Hausdurchsuchung dadurch entdeckt, daß unser „Radiowarndienst" einfach überrannt worden war. Damit erhielt unser Haus noch größeren Zulauf.

Ganz schlimm wurde die Sucherei, wie man entdeckte, daß im Haus „4" alle WCs mit Lehm verstopft waren. Die Erde stammte zwar aus einem Tunnel, der im Haus „4" gestartet worden war, aber die Kanadier waren sich einig, daß diese Erde aus unserem Haus nach dort geschafft worden war.

Es stand für sie fest: Im Lager wurde gegraben. Haus „2" stand am nächsten beim Zaun, dort wohnten die „bad boys", damit war klar, wo gegraben wurde!

Leider war dieser falsche Schluß, kein Trugschluß, – auch bei uns wurde gegraben.

Das „Reinlichkeitsbedürfnis" des Tunnel – Wachdienstes hatte seinen Teil beigetragen! – Auf jeden Fall erschienen eines Tages mehrere „Frettchen", so nannten wir die grabenden Innenposten, unter Führung des bekannten Staff Sergeanten Rule und stießen mit einer schweren eisernen Rammstange in sämtliche Wände.

Dabei wurde nichts geschont! Sogar die Abwasserleitung wurde durchstoßen,womit der ganze Keller baden ging. – Aber nach viertägiger Suche fanden sie frische Erde, und dann bald auch den zugehörigen Tunnel.

Nicht gefunden wurde die Einstiegsart. Die Idee, daß im 1. Stock per Seil ein- und ausgestiegen wurde, war ja auch nicht naheliegend.

Die Kanadier begnügten sich nach der Entdeckung erst einmal damit, nachtsüber einen Posten vor das eingestoßene Mauerloch im Keller zu stellen um so zu verhindern, daß jemand einsteigen würde.

Schmidt und Lüderitz wollten nun einen letzten gewagten Versuch unternehmen: – Einsteigen durch den Luftschacht von oben um zu erforschen, ob es möglich wäre, am Ende des Stollens in einer Nacht an die Oberfläche zu graben.

Sie waren auch gut reingekommen und arbeiteten rund 4 Stunden. Sie erreichten aber nicht das Freie. Der Boden wurde nach oben immer härter. Sie hätten etwa 2 1/2 Meter zu durchstoßen gehabt.

Bei ihrer schweren Arbeit war ein gewisser Lärm unvermeidlich. Der kanadische Posten im Keller hatte schließlich doch Wind bekommen, Verstärkung herbeigeholt und ein Sergeant unternahm dann die gefährliche Mission, selbst in den Gang zu kriechen. Die Beiden befanden sich plötzlich im Schein einer Taschenlampe und hatten keinen anderen Weg zur Wahl, als den in den Arrest!

Als wir eingeliefert wurden, mußten sie von ihren 4 Wochen nur noch 16 Tage absitzen, das andere lag schon hinter ihnen.

Natürlich versuchten die Posten im Arrest anfänglich, jegliche Unterhaltung zu unterbinden, aber nach einigen Tagen legte sich das. Befehle dieser Art haben wohl überall meist nicht lange Wirkungsdauer.

Es gab ja wirklich gegenseitig viel zu erzählen. Sie schilderten das aufregende Rendezvous „unter Tage". Wir unsererseits konnten ihnen erstmals berichten, wie es im Lager bezüglich des Tunnels weitergegangen war, nachdem sie in die Arrestbaracke auf der anderen Seite des Lagers gebracht worden waren.

Sie konnten ja nicht wissen, daß die Kanadier anschließend versucht hatten, den Tunnelaustritt außerhalb des Zaunes, von oben durch Sprengschüsse einzudrücken. Dabei waren sämtliche Fensterscheiben an der Zaunseite von „2" geplatzt, der Stollen blieb aber unversehrt.

Sie wollten natürlich vor allem wissen, wie wir diesmal das Lager verlassen hatten, doch wir blieben vorsichtig. – Es war fast mit Sicherheit anzunehmen, daß uns die Kanadier solche Posten in den Arrest abgestellt hatten, die deutsch verstanden. – So war vielleicht sogar zu erklären, warum wir auf einmal so ungestört, von Zellentür zu Zellentür reden durften, auch beim Auslauf gab es keine Probleme mehr bei der Unterhaltung.

So leichtsinnig wollten wir den Bewachern unsere „neue Tour" nicht preisgeben. – Daher vertröstete ich beide auf ihre Rückkehr ins Lager, sie würden es dann schon erfahren und es sei etwas Besonderes.

Beiläufig kommentierten sie erst einmal, daß wir, vor allem ich, wieder „verdammt viel Glück" gehabt hätten, schon wieder hinausgekommen zu sein. Aber als sie dann hörten wie unsere Flucht weiter verlaufen war und vor allem, wie wir festgenommen worden waren, kamen sie doch zu dem Schluß, daß wir „verdammtes Pech" gehabt hätten.

Ansonsten war jetzt die Bewachung im Arrestgebäude erheblich verstärkt. Im Gang vor den Zellen standen zwei Posten. An der Außenseite war die Arrest-Baracke jetzt auch mit Stacheldraht umgeben und bei Nacht zogen vorne und hinten ein Außenposten zusätzlich auf. – Jede Nacht um 23.30 Uhr erschien der kanadische Lageradjutant, leuchtete uns an, sprach mit uns mindestens einen Satz und überzeugte sich somit von unserer wirklichen, lebendigen Anwesenheit.

Zum Teil war dies Verhalten verständlich, die Kanadier hatten auch jetzt noch keine Ahnung, wie und wann genau wir das Lager verlassen hatten. Es ging nicht lange, da hörten wir eines abends wieder mal die Alarmsirene. Wir im Arrest hatten leider keine Ahnung, was gespielt wurde. Die Posten verrieten uns auch nichts.

Doch schon am nächsten Vormittag fand das Rätsel seine Lösung, in der Einlieferung von Obltn. Fritz Oeser (schon wieder) und Obltn. Fiebig. Sie hatten ihre Sache wirklich mit Schneid gemacht.

Obwohl nach meinem letzten „Zaununternehmen", der Stacheldraht geradezu haufenweise ergänzt worden war, hatte Fritze dieses Geknäuel durchgezwickt und war durchgekrochen. Dabei mußte er vor den Augen eines Turmpostens eine hellbeleuchtete Straße überkriechen. Obltn. Fiebig hinterher! Eine tolle Leistung! Wie so etwas – zu zweit – glücken konnte, grenzt fast an Wunder. – Oder waren die Posten doch manchmal gelangweilt und paßten einfach nicht auf?

Leider waren beide schon wieder aufgegriffen worden. Ihr Ziel war der Flugplatz bei Oshawa gewesen. Sie hatten sich aber in der Nacht verloren. Nach ihrer Schilderung hatte sich das Wetter geradezu unglaublich verschlechtert, die ganze Nacht hatte es in Strömen gegossen. Deswegen sahen sie auch bei ihrer Einkehr in den Arrest aus, als ob man sie gerade frisch aus einem Schlammtümpel gezogen hätte.

Fiebig war am frühen Morgen in der Nähe von Oshawa erwischt worden, aber Fritz Oeser hatte sich listig in den Flugplatz eingeschlichen. Dummerweise hatte man ihn dabei ertappt, wie er gerade die Kombination eines Fluglehrers anprobieren wollte.

Allein der Umstand, daß er in die Geheimnisse eines kanadischen Militärflugplatzes eindringen konnte, veranlaßte die Presse wieder einmal, nach mehr Sicherheit vor den deutschen Kriegsgefangenen zu rufen. – Natürlich war auch dieser Fluchtversuch den gewieften Reportern sofort bekannt geworden.

Wir waren also jetzt zu sechst im Arrest. Nach dieser kurzen, starken Besatzung, verließen uns bald Schmidt und Lüderitz. Daraus bezogen Hinnerk und ich Vorteile, wir bekamen die beiden einzigen verfügbaren Zellentische.

Wichtiger war aber, daß wir über die beiden die Nachricht ins Lager vermitteln konnten, daß die Kanadier von uns nicht herausbekommen hatten, wie wir das Lager verlassen hatten. Inzwischen hatten wir eine Bestätigung dafür, daß man auf kanadischer Seite „nischt" wußte, wie wir escaped waren.

Die Posten im Arrest hatten uns nämlich erzählt, daß der kanadische Offz. v. Dienst, der an dem „verdächtigen" Freitag, bevor wir in Watertown wieder geschnappt worden waren, die Wache leitete, degradiert worden sei. Er hätte versäumt den Müllwagen, der das Lager verließ, genau untersuchen zu lassen. Man sei sich inzwischen sicher, daß wir auf diesem Wege das Lager verlassen hätten.

Die Posten meinten sogar, jetzt könnten wir es ihm ja zugeben, nachdem er seine Strafe schon bekommen hätte. – Menschlich fiel es uns gar nicht so leicht, aber wir konnten doch nicht zugeben, daß wir einfach ganz frech am hellen Tag, die Zaunpfosten angestrichen hatten, und so schon Tage vorher, am Mittwoch den Zaun mit unseren „Malerleitern" überstiegen hatten. – Wir ließen ihm aber ausrichten, daß er mit Sicherheit unschuldig bestraft worden wäre.

Oeser erzählte uns noch immer amüsiert aber leise, daß die Puppen zu vielen Zählungen unter dem Arm mitgenommen wurden, und daß man sie erst nach unserem „so großen Vorsprung" auf Grund besonderer Vorgänge eingezogen habe.

Die Puppen seien den Kanadiern völlig unbekannt geblieben. Alles Nähere und Weitere würde ich nach unserer Rückkehr ins Lager von Manhart erfahren.

Darauf wurde ich nun immer neugieriger, das Aussenden der Suchmeldung hatte uns ja wirklich ganz dumm erwischt.

Damit mein Verlangen nicht allzu lange auf die Folter gespannt wurde, taten uns die Kanadier ausnahmsweise einen Gefallen. – Manni hatte schon wieder einmal etwas ausgefressen und kam zu uns in den Arrest.

Hinnerk und ich hatten gerade noch 5 Tage vor uns, da traf er eines schönen nachmittags, völlig überraschend, auch noch in bester Uniform, im Arrestlokal – außerhalb des Zaunes ein. – Im Gegensatz zum Wetter, war seine Stimmung saumäßig.

Ein kanadischer Innenposten hätte beim morgendlichen Roll-Call, in seiner Abwesenheit, unter seinem Bett ein „geschärftes Küchenmesser" gefunden. – Dies sei heimlich festgestellt worden! – Manni wurde sofort nachmittags zum Kommandanten befohlen und auf der Stelle mit 14

Tagen Arrest bestraft. – Er kam direkt von dieser Verurteilung, zu der er sich die gute Uniform angezogen hatte.

Obwohl dieses „Küchenmesser" völlig „legal" als Schnitzmesser über den Eaton Katalog gekauft worden war, gab es für ihn keine Einwände vorzutragen. – Er hätte deutlich bemerkt, daß der Kommandant unter Druck stehe, und diese Bestrafung einfach erzwingen mußte. Manni meinte, da müsse etwas Besonderes im Hintergrund sein. Er vermutete, die Kanadier wollten gerade uns fünf, Oeser, Fiebig, Waller, Manhart, Steinhilper, hübsch beieinander haben und dann ein Sonderunternehmen starten. Ich zweifelte daran.

Manni wurde in die Zelle direkt neben mir, am Ende des Ganges eingeliefert und wir konnten uns diskret unterhalten. So erfuhr ich nun zuerst einmal die Schilderung unseres „Starts" – wie das von „innen" ausgesehen hatte.

Als lustige Tatsache nahm er gleich vorweg, daß unsere auserwählten Pfosten, noch immer im Glanze der gelben Farbe strahlten, die wir beim Übersteigen so reichlich aufgepatzt hatten. Zwei Tage nach unserem, damals noch unbekannten Verschwinden, seien ein kanad. Offz. und mehrere Posten anerkennend vor dieser Neuerung gestanden und sie sorgfältig kommentiert: Es sei eine „very good idea", daß dieser „vulnerable spot" endlich so besonders auffällig hervorgehoben sei.

Das ganze Lager schmunzelte noch immer über diese Tatsache und auch ich konnte meine Freude über dieses gelungene Spiel kaum zurückhalten.

Zurück zum Start: Unsere ganze Stube hatte mit „fiebernden Nerven" zugesehen, wie wir die Leitern anstellten. Dann sei es aber gleich so aufregend geworden, daß sich alles vom Fenster weggebegeben habe und nur er, seiner Rolle als pflichtbewußter Retter unserer wertvollen Taschen folgend, noch zugesehen hätte.

Immer wieder seien sie aufgestanden und hätten einen Blick durchs Fenster riskiert. Das habe ja ewig gedauert. Sie seien bald verrückt geworden, wie lange wir da herumhantiert hätten! – Fast eine Stunde! – Wie der Innenposten zu mir getreten sei, war er, Manni, schon auf dem Sprung. Die Stubenkameraden seien kaum zu bändigen gewesen und seien in hellen Schweiß ausgebrochen. Ahnungslose Spaziergänger, die uns Anstreicher beim Rundendrehen erkannt hatten, seien ganz bestürzt aufs Zimmer gekommen. Was denn da bloß los sei?

Kurz und gut, das ganze Lager hatte aufgeatmet, wie wir auf der anderen Seite davontrollten. Auch ihnen sei die Sache wie im Traum vorgekommen. Es erschien kaum glaubhaft. Kurz vorher hatte man uns auf der Stube und nun sah man uns außerhalb des Lagers mit den Leitern über der Schulter, durch die Obstgärten ziehen.

Kamerad Fehske sei sofort aktiv geworden und hätte die Puppenköpfe mit dem faltbaren „Unterbau" versehen. Die so entstandenen Kerle seien prima geworden, man hätte sie einfach unter den Arm genommen, und sie wären beim Roll-Call gute Zählkameraden gewesen, auch bei Tageslicht.

Mein „body guard" sei allerdings bereits dann am Donnerstag, schon einen Tag nach unserem Übersteigen, auf der Stube erschienen, um nach mir zu fragen. Dann am Freitag hätte der Staffsergeant Rule ihn, Manhart, angesprochen: Ich könnte zur Wache kommen, um dort die Taschenuhr abzuholen, die mir in Montreal abgenommen worden war. Als Manni sie für mich holen wollte, sei das abgelehnt worden.

Am Nachmittag erschien wieder der „body guard": Ich solle doch endlich die Uhr abholen. Diesmal sagten sie ihm, ich sei zum Geburtstagskaffee eingeladen. Aber er hätte gleich gefragt, ob ich wohl schon wieder escaped sei.

Sie hätten eine Falle gewittert, vielleicht hatten sie uns doch schon wieder geschnappt und wollten nun nur noch hinter die Täuschung beim Roll-Call kommen. Und wenn nicht, dann waren wir – mein früheres „Reisetempo" zu Grunde gelegt – schon über alle Berge, heraus aus dem Grenz- und Alarmgebiet.

Auf jeden Fall wollte man den Kanadiern unsere Puppen nicht in die Hände fallen lassen. – Jetzt wo Manni bekannt wurde, was für Folgen das gehabt hatte, bedauerten wir natürlich alle zusammen. Aber das half nun auch nichts mehr.

Unser einziger Trost war, daß die Kanadier dadurch mit keinem Gedanken ahnten, wie wir schon 3 Tage vor dem Samstag entkommen waren. Wir fehlten seit Samstag und das war das Datum der Flucht. Gut so! Damit war die „Leitertour" wiederholbar.

Manni erzählte weiter, daß Oberstltn. Gruber mir, als dem „Erfinder", diese Fluchtart reserviert halte, obwohl jetzt schon einige andere Paare die gleiche Sache durchführen wollten.

Erstens hatte ich ja Reini Pfundtner im Falle des Gelingens für seine Hilfe schon vorher zugesagt, er könnte der Nächste sein, wenn wir so „ohne Unfall" hinauskämen, und außerdem ...?

Wir hatten unsere Chance gehabt, sollte diese Methode nochmals glücken, dann würde ich mich mit den Glücklicheren freuen. Selbst hatte ich vorläufig sowieso von der Reihenfolge: Vorbereitung, Flucht, Arrest... die Nase voll. – Doch es würde ja nur noch 5 Tage dauern, dann konnte ich selbst im Lager alle diese Fragen klären.

Die letzten Tage der vier Wochen kamen wir vor Langeweile und Sehnsucht nach der Rückkehr zum normalen Gespräch mit den Kameraden schier um. Nur der, der selbst einmal in „Einzelhaft" gesessen hat, kann ermessen, wie langsam da die Zeit vergeht.

Unser Entlassungstag war Sonntag. Hinnerk hatte erreicht, daß unsere Arrestzeit vom Augenblick der Festnahme zählte.

Auf einem Schmuggel – Zettel meldeten wir dies rechtzeitig ins Lager und freuten uns schon auf den Empfang der Kameraden.

Es war Samstagvormittag. Wie üblich wollten wir uns einer nach dem anderen zum „Auslauf" fertigmachen. Doch die Posten erklärten plötzlich, wir sollten uns noch eine Weile gedulden, wir würden vorher noch von einem kanadischen General in unseren Zellen einer Besichtigung unterzogen. – Dies wäre nicht das erste Mal gewesen, daher warteten wir geduldig.

Damit waren aber die Posten nicht ganz zufrieden, sie brachten uns unsere besseren Uniformen, die in einem speziellen Raum aufbewahrt wurden, und forderten uns auf, sie anzuziehen. Sie meinten wir wollten doch sicher auch „nicely dressed" sein, wenn der General erscheine.

Daran waren wir nun nicht interessiert. – Auch seither schon, waren wir von allen möglichen höheren Dienstgraden im Trainigsanzug und Turnschuhen besichtigt worden.– Dabei könne man es jetzt auch belassen!

Der General war eine Finte. Überraschend erschien an seiner Stelle um 10 Uhr der kanadische Offz. v. Dienst und meldete, daß wir sofort verlegebereit zu sein hätten. – Unsere Habseligkeiten im Lager seien schon verpackt worden, wir hätten nur noch die Kleidung, die wir nicht anziehen würden, zu bündeln und mitzunehmen. Die Bücher, die in die Lagerbücherei gehörten, sollten wir zurücklassen.

Da man uns nicht viel in den Arrest hatte schicken dürfen, waren die paar Siebensachen schnell gepackt und die „Reise" konnte losgehen.

Manni hatte Recht! – Was die Burschen bloß mit uns vorhatten? – Im Lager wäre es wahrscheinlich schwer gewesen, uns auszusondern, so hatten sie uns ganz beiläufig im Arrest gesammelt. – Und hier befanden wir uns schon außerhalb des Lagers und seiner Umzäunung. Man hatte uns fest in der Hand, und konnte Maßnahmen treffen, ohne daß uns die große Zahl der Lagerinsassen helfen konnte.

Meinen Pijama, die Toilettesachen und einige Schreibutensilien stopfte ich zusammen in einen Kopfkissenüberzug. Mit diesem Bündel unter dem Arm, die Uniform vollständig und wohlangezogen, voll der Neugierde, verließen wir das Arrestgebäude.

Zuerst wurden wir unter außerordentlich starker Bewachung zum Kommandanten gebracht. – Schon wieder saß ein neues Gesicht hinter dem Schreibtisch. – Die letzte Flucht hatte sich schon wieder ausgewirkt!

„Die Internment Operations in Ottawa haben beschlossen, Sie alle fünf in ein besonderes Lager zu schicken, da es sich gezeigt hat, daß Sie die Vorzüge dieses Lagers nur dazu benützen, um dauernd auszubrechen!" Teilte er uns mit.

Manni platzte! Er schrie ihn an: „Das ist also der wahre Grund, warum Sie mich eingesperrt haben!" Es war verständlich, daß er wütend wurde. – Einmal hatte man ihn unter nichtigem Grund eingesperrt, und nun wurden wir auch noch „verschleppt"!

Wir wollten wissen wohin es gehe. Laut Genfer Konvention hatten wir das Recht, vor einer Verlegung unseren Bestimmungsort zu erfahren, das wußten wir inzwischen.

Zu unserem Erstaunen wurde uns sofort geantwortet: – „ Lager 31 Fort Henry!" – Die Wagen standen samt unserem Gepäck außerhalb des Lagers abfahrtbereit, wir brauchten nur noch einzusteigen. Die Operation war perfekt vorbereitet!

Natürlich schimpften und protestierten wir lautstark und wüst, aber das hatte keinen Erfolg. – Hinnerk und ich hatten ja dieses Fort noch in genauer Erinnerung, und wußten was da auf uns zukam. Die anderen Kameraden hatten von den früher dort inhaftierten Offizieren manch „rosige" Schilderung dieses vollständig abgeschlossenen Gemäuers bekommen. Damit wußten wir was uns bevorstand. Daß diese Festung für Kanada ein historisches Bauwerk war, konnte uns kaum trösten.

Allerdings waren besonders Hinnerk und ich darauf gespannt, ob dort noch Zivilinternierte eingesperrt waren, oder ob inzwischen tatsächlich der neue Offizierstransport aus England eingetroffen war.

Fort Henry – Bei den Zivilinternierten

Wie die Schwerverbrecher wurden wir fünf in einem geschlossenen Sanitätswagen – außen deutlich das rote Kreuz aufgepritzt – durch das Land gefahren. – Hinter uns folgte ein Staff-Car, der mit sechs Mann Bewachung besetzt war, die mit Maschinenpistolen, Gewehren und ausreichend Munition gut gerüstet waren. Voraus fuhr ein Wagen der „Provincial Police", der mit zwei Polizei „officers" besetzt war. Sie hatten dafür zu sorgen, daß wir überall ohne Halt durchfahren konnten. – Es war ganz eindeutig, – man fürchtete eine Unterstützung durch die „fünfte Kolonne" (Untergrund), von der in allen Zeitungen zu lesen gewesen war.

In unserem Wagen saß neben dem Fahrer ein Mann mit Maschinenpistole und bei uns im fensterlosen Kasten, der nur Durchblick nach vorne gewährte, paßten zwei unbewaffnete Soldaten auf.

Den Abschluß der Kolonne bildete ein kleiner Lastwagen mit unserem Gepäck. Darin saß der leitende Offizier des Unternehmens. Er war als oberste Instanz dafür verantwortlich, daß auch ja nichts „auf dem Wege" blieb. – Raubmörder konnten sicher nicht besser bewacht werden, dachten wir. – Auf uns fünf POWs kamen 4 Fahrer, 1 Offizier, 1 zusätzlicher Polizist, 9 Mannschaften als eigentliche Bewachung. – Dabei diente der Sanitätswagen noch zusätzlich als Tarnung. Die Furcht vor der in der Presse so sehr hochgespielten 5. Kolonne zeigte ihre Wirkung.

Unterwegs wurde nicht ein einziger „Austrete" Stop genehmigt. Einmal wurde auf freier Strecke für die Bewachung angehalten, aber wir konnten unser dringendes Bedürfnis nicht erledigen. – Einer von uns bekam solche Schmerzen, daß er einfach auf den Wagenboden pinkelte, was ihm natürlich fürchterlich peinlich war.

Die ganze Geschichte wirkte lächerlich! – Unsere Begleitung benahm sich, als hätten sie den Kaiser von China inkognito zu transportieren. – Durch die Stadt Kingston fuhren wir nur auf Nebenstraßen, damit wir auf der belebten Hauptstraße ja in keine Verkehrsstockung gerieten.

Gegen 15 Uhr am Nachmittag fuhren wir durch die verschiedenen Festungstore, die Hinnerk und mir schon bekannt waren. Diesmal ging es gleich ohne Halt in den Innenhof. Einige überraschte Internierte, mit den roten Punkten auf ihren Jacken, staunten uns entgegen. Der Anblick deutscher Offiziersuniformen war Anlaß zu großer Freude. – Mit lautem Halloh wurden wir begrüßt, hatten aber dabei keinerlei Gelegenheit jemand näher kennenzulernen, oder die sonstige Umgebung wahrzunehmen.

Schon nach wenigen Schritten schlug die Tür der Arrest-Kasematte hinter uns zu. Es wurde klar! – Wir mußten weiter absitzen! Hinnerk und ich hatten nur noch einen Tag vor uns, und wir freuten uns auf die interessanten Beziehungen, die wir unter den Internierten finden wollten. Wir hofften sehr darauf, daß wir nicht von ihnen abgesondert werden.

Der Arrest spottete jeder Genfer Konvention. Es waren die Dunkelzellen der ehemaligen Festung! Doch wir ließen uns die Stimmung nicht vermiesen, sahen wir doch von vornherein die Aufgabe, den Internierten guten Mut und eine gerade Haltung gegenüber den Kanadiern vorzuleben.

Noch im Arrest erhielten wir Besuch von Herrn Freudenthal, der sich als „Arbeitsminister" des Lagers vorstellte. Er war „clever", und unterrichtete uns in Kürze über das Nötigste. – Zwei von uns kämen morgen schon raus! Sie selbst seien darauf gut vorbereitet. Derzeit gäbe es aber im Lager große Schwierigkeiten mit den „Emigranten"!

Damit mußte er uns wieder mit unseren Gedanken allein lassen. Bei dem Begriff „Emigranten" stellten sich bei uns die wildesten Vorstellungen ein. – Plötzlich kamen Bedenken auf. – Was das wohl für Menschen sein sollten? – Im Offizierslager war man mit so etwas nicht in Beziehung gekommen.

Um die Erlebnisse möglichst real zu schildern gebe ich am besten einen Bericht wieder, den ich schon während der Gefangenschaft niedergeschrieben habe:

Bericht:

Die Internierten setzen sich zusammen aus Seeleuten der Handelsmarine, (ohne Unterschied der Stellung an Bord), aus Auslandsdeutschen, die z. B. aus Südafrika, Südamerika und England kommen.

Aus ihren Erzählungen ist zusammenfassend zu berichten: Die Seeleute stammen zum größten Teil von Schiffen, die im Herbst 1939 versuchten nach Deutschland durchzubrechen. Ihre Dampfer wurden vor Irland, vor der afrikanischen Küste, oder in der Nähe Norwegens aufgebracht. Alle Mann waren sie ursprünglich in englischen Lagern festgesetzt gewesen.

Nach dem Norwegenfeldzug erhielten diese Lager Zustrom durch neue Handelsseeleute, deren Schiffe beim Norwegenfeldzug verloren gingen. In die gleichen Lager kamen Deutschstämmige, die in England wohnten und arbeiteten. Größtenteils wurden diese erst von März bis Mai 1940, aus Furcht vor Spionage und Sabotage erfaßt und anschließend interniert.

Unter diesen Internierten befanden sich auch viele ehemalige deutsche Juden und Emigranten, die aus dem „Reich" geflohen waren. Natürlich hatte diese unterschiedliche Zusammensetzung schon in den englischen Lagern Anlaß zu groben Reibereien gegeben. Vor allem „wirtschaftliche" Interessen und ungezügelter Egoismus in Kantinen und Krankenstuben seien vom Gewahrsamsstaat, den Engländern, nicht erkannt worden und hätten zu Schlägereien geführt.

Im Herbst 1940 wurde der größte Teil aller in England Internierten nach Kanada verlegt. Der erste Transport erfolgte gemeinsam mit den Offizieren des nachmaligen Lagers „F" (Fort Henry).

Der zweite Transport bestand aus zwei Schiffen. Hierbei wurde die „Andorra Star" torpediert. – Die Überlebenden dieses Schiffes seien nach England zurückgebracht und später, sobald sie wieder transportfähig waren, nach Australien verschifft worden.

Was in Kanada aus diesem Transport ankam, gelangte zuerst ins Lager „Red Rock" an der Nipigon Bay. Dort müssen anfänglich unglaubliche Zustände geherrscht haben. – Unter anderem mußten die Leute ohne Ausnahme in abgeschlossenen Baracken ausharren. Sie lagen dabei auf dem Fußboden und erhielten nicht einmal genügend Decken, so daß pro Mann ein Stück vorhanden war. – Dabei ist zu bedenken, daß der älteste Internierte, Herr Pastor Wehrhan aus London, über 70 Jahre alt war. Die jüngsten Lagerinsassen waren Schiffsjungen von kaum 14 Jahren.

Die Bedingungen im Lager besserten sich nur langsam, je nach Wohlwollen des Kommandanten. Die deutsche Lagerführung lag ursprünglich in den Händen von Kapitän Scharf, der vor dem Kriege bei der Loyd die „Bremen" als Kapitän fuhr. Im Norwegenfeldzug war er auf dem Wege nach Narvik mit der „Alster" geschnappt worden.

Das Lager „Red Rock" hatte etwa 1000 Insassen. Dort lebten die ehemaligen deutschen Juden, „Emigranten", internierte England-Deutsche, Deutsche aus aller Welt und Seeleute in bunter Mischung zusammen. Auch dort kam es mehrmals zu Schlägereien. Vor allem unterschiedliche Auffassungen über Arbeits- und Dienstleistungen für die Kanadier klafften auseinander und führten zu ständigen Reibereien. Diese Zustände lassen sich überhaupt nicht mit einem Kriegsgefangenenlager vergleichen, wo solche Schwierigkeiten durch die vorhandene Disziplin und den immer noch gültigen Befehl verhindert werden.

In diesem Lager hatte ein „aufmunternder" Aufruf der Lagerleitung, der sich angeblich auf Aussagen des Schweizer Vertreters der Schutzmacht stützte, fast zu einem Aufruhr geführt.

Nach diesem Auruf am „schwarzen Brett", halfen deutsche Offiziere freiwillig in Kanada beim Kanal- u. Straßenbau! Schon damals hatte sich der tatsächliche Sachverhalt – man wagte es nicht einmal, uns mit der Bevölkerung zusammenzubringen – bis zu den Internierten herumgesprochen. Wir konnten nun den wahren Sachverhalt bestätigen!

Die Erzählungen über dieses Lager klangen in jeder Beziehung unbefriedigend. Im September 1941 wurde neu organisiert. Ein Teil der Internierten zusammen mit den nicht freikommenden „Emigranten" kamen in das Lager „Q". Einige der jüdischen Insassen und zuverlässige „Emigranten" wurden vom Kanadier in „Refugee Lager" gebracht. Diese dienten als Umschulungslager. Nach umlaufenden Gerüchten werden diese „Refugees" gelegentlich nach England zurück gebracht, um dort Aufräumungsarbeiten in zerstörten Städten zu leisten.

Lagerleiter Scharf blieb vorübergehend mit ca 600 Mann in Red Rock zurück.

Die 350 Internierten einschließlich der ca. 35 verbliebenen Emigranten, die nach „Q" verschickt wurden, kamen sich zuerst als „Ausgestoßene" vor. – Bald aber erfreuten sie sich einer Lagerleitung mit klarer Linie. Zuerst konnten sich die 35 Emigranten absondern. Sie zogen eine Trennungslinie damit, daß sie eine Erklärung unterschrieben, nach der sie auf jeden Schutz des deutschen Reiches verzichteten und sich gleichzeitig bereit erklärten, für die Briten zu arbeiten.

Der in „Q" neu gewählte Lagerleiter Witt soll Reserveoffizier und SS-Angehöriger sein. Er besäße Autorität und handele entsprechend.

Die Kanadier befahlen ihm gleich zu Anfang, das Lager zu einem großen Kriegsgefangenenlager auszubauen. Witt bestand, wie in der Genfer Konvention vorgesehen, auf entsprechender Bezahlung und ähnlichen Bedingungen. Davon wollten die Kanadier lange nichts wissen.

Die Folge waren Schikanen vielfacher Art, einschließlich Tabaksperre. Aber die Mannen folgten Witt`s Anweisungen und hielten über zwei Monate durch.

Am Ende wurde der kanadische Kommandant abgelöst, die Forderungen erfüllt und als Gegenleistung wurde das Lager ausgebaut. Mitte November 1941 wurde es fertig und war zur Aufnahme von kriegsgefangenen Soldaten bereit.

Als diese dann eintrafen, fast nur U-Bootsbesatzungen und fliegendes Personal, wurden die Zivil-Internierten neuerlich in andere Gruppierungen aufgeteilt. Allem Anschein nach sitzt Witt heute mit ca. 700 Mann in unserem früheren Lager „W".

Herr Mayer, jetzt Lagerleiter von Fort Henry, zog am 23. Nov. 1941 mit ca. 300 Leuten, darunter die 35 Emigranten, in Fort Henry ein. Er ist von Beruf Obersteward, wurde gewählt, obwohl sich im Lager 6 Handelsschiffskapitäne befinden.

Lagerleiter Mayer hat keine leichte Aufgabe übernommen, aber er ist mit den Anforderungen gewachsen. – Anfänglich waren die Schwierigkeiten vielfacher Art: Der Anblick der Unterbringung; feuchte Kasematten, das Gefühl vom früheren Lagerführer strafversetzt zu sein, die unerfreulichen Kriegsnachrichten aus Rußland! Alles kam zusammen um den bunt zusammengewürfelten Haufen zu entmutigen.

Anfänglich war noch nicht einmal Lust zum Kochen vorhanden. Keinerlei Initiative zur Verbesserung der mißlichen Lage kam auf.

Die Emigranten hielten seit dem Stillstand der Rußlandoffensive ihre Zeit für gekommen und taten das Ihre, um diese Depression zu fördern. Herrn Mayer blieb nichts anderes übrig, als erst einmal Zwiegespräche mit ihnen zu verbieten. Das änderte sich dann erst wieder nach dem Kriegseintritt Japans. Ganz langsam aber stetig gelang es, den „verlorenen Haufen" wachzurütteln.

Unterrichtskurse wurden eingerichtet. Der Boxclub „Condor" lebte wieder auf. Die Küche kam unter die Fuchtel des Chefkochs eines Passagierdampfers, der übrigens erzählte, daß er schon für Hitler auf Aviso „Grille" gekocht hätte.

Als Waller und ich aus dem Arrest entlassen wurden, machte das Lager auf uns einen ausgezeichneten Eindruck. Von diesen schlimmen Anfängen war kaum noch etwas spürbar.

Um uns richtig einzufügen, besprachen wir uns nach unserer Entlassung ins Lagerleben sofort mit Herrn Mayer. Unsere anderen 3 Kameraden mußten vorerst einmal weiter „brummen"!

Wir erläuterten gleich zu Anfang, daß wir hinsichtlich der kanadischen Behörden, gegen die willkürliche Verlegung kriegsgefangener Offiziere in ein Interniertenlager protestieren müßten, obwohl unsere persönlichen Gefühle ganz anders seien. Er möge das bitte seinen Leuten erklären, wenn dieser Protest bekannt würde. Wir würden uns auf das persönliche Kennenlernen sehr freuen.

Er erfaßte die Lage sofort und bat uns sogleich, in unseren Protest aufzunehmen, daß besonders das „Zusammensperren" mit Emigranten unehrenhaft sei. Vielleicht gelänge es im Lagerinteresse, auf diese Weise diesen „Fremdkörper" loszuwerden. Wir machten in unserem Protest, den wir gemeinsam schon im Arrest vorbereitet hatten, sofort eine entsprechende Ergänzung.

Damit war das erste Kennenlernen schon abgeschlossen und eine gegenseitige Wertschätzung nahm Platz. Man merkte, daß Herr Mayer sich freute, uns im Lager zu haben. Er versprach sich (nicht umsonst), daß das Lager durch uns aufgemuntert werden konnte.

Die ersten Tage vergingen wie im Flug, wir kamen kaum zur Besinnung. Die Lagerinsassen verehrten in uns den deutschen Offizier. Wir hatten noch nie vorher in dieser Form erlebt, was eine Uniform bedeuten kann. Die hier jahrelang Abgeschnittenen hatten damit plötzlich wieder eine bessere Beziehung zur Heimat.

Wir waren uns sehr wohl dieser Verantwortung bewußt und taten unser Möglichstes um die vielen Freundlichkeiten zu erwidern. Natürlich vergaßen wir dabei die Kameraden im Arrest auch nicht ganz.

Innerhalb unserer Zeit erlebten wir zwei Boxabende, einen bunten Abend, und wir selbst veranstalteten einen Hausmusikabend. Unsere Kriegserlebnisse faßten wir an zwei Vortragsabenden zusammen.

Ein mitgebrachtes Exemplar unserer Bowmanviller wöchentlichen Lagerzeitung gab den Anstoß zu einer Monatszeitschrift, die mit wenigen Lagermitteln ausgezeichnet gelang. Unter Zivilinternierten gibt es da vielseitige Talente!

Täglich wurde lediglich der deutsche Wehrmachtsbericht aus der kanadischen Presse übersetzt und vorgelesen.

An dem Samstag an dem wir in die Festung gebracht worden waren, hatte es mit den Emigranten mal wieder eine Prügelei gegeben. Dahinter stand, daß man sie mit jedem Mittel, auch unerlaubten, loswerden wollte. Doch es gelang nur, daß diese bedauernswerten Menschen auch innerhalb des Lagers unter die bewaffnete Bewachung der Kanadier gestellt wurden. – Vor ihren Kasematten standen nun Posten. Zum Waschen, Essen und Kinovorführungen wurden sie jeweils von 6 Kakhi Soldaten eskortiert.

Der geistige Führer dieser sehr uneinheitlichen Gruppe war ein Prof. Putzi Hanfstaengl*, von dem wir früher nichts gehört hatten. Es wurde uns aber sehr bedeutungsvoll erzählt, auch von den Kanadiern, daß es sich bei ihm um den früheren Lieblingspianisten von Hitler handele. Er hätte sich mit Hitler entzweit und sei danach emigriert.

Diese Gruppe bestand aus Seeleuten, Auslandsdeutschen, Varieteakrobaten, auch ein 17 jähriger Austauschschüler war dabei. Und nach Schilderungen, versuchten sie je nach Stimmungslage die „Seite" zu wechseln, was die Kanadier aber nicht gelten ließen. Für sie war die früher gegebene Unterschrift bindend.

Als wir im Lager auftauchten, wollte man auch mit uns Verbindung aufnehmen – aber wir wollten das vorhandene Hick Hack nicht noch durch unsere Stellungnahmen bereichern.

Unsere eigene Unterbringung war geradezu komfortabel. Für Hinnerk und mich war eigens eine gute Kasematte, ein eigener Waschraum und kleiner Speiseraum vorgesehen. Also kein Vergleich mit dem was die früheren Offiziersinsassen von Fort Henry in Erinnerung haben.

Die Internierten ließen es sich nicht nehmen, unseren Speiseraum und unsere Kasematte besonders auszuschmücken.

---

*) „Putzi" Ernst Hanfstaengl – Lieblingspianist, war lange Zeit auch Hitlers politischer Weggefährte. – 1923 beim Hitler/Ludendorff Putsch, ab 1931 Hitlers Auslands-Pressechef, dann Zerwürfnis und Flucht nach England 1937. – „Putzi" war früher auch Schulkamerad zu Präsident Roosevelt, suchte aus der Internierung heraus Kontakt zu Roosevelt zwecks politischer Beratung. – Bücher: 1957, „The missing Years". 1970, „Zwischen Weißem und Braunem Haus"

Dies freute uns besonders deswegen, weil diese guten Vorbilder dazu führten, daß ebenfalls der große Speisesaal ausgemalt, mit Bildern versehen wurde und auf die Tische Wachstücher gespannt und an die Fenster Vorhänge kamen. Die Kanadier lieferten sogar gute Farben um alle anderen Kasematten innen zu streichen.

Es war nicht nur der Frühling und die immer wärmer werdende Sonne, die halfen, die Stimmung im Lager zu bessern. Lagerleiter Mayer freute sich mit uns!

Die Sportler im Lager brauchten nicht der besonderen Aufmunterung. Das Essen war inzwischen sehr gut geworden und die körperliche Verfassung verlangte geradezu nach sportlicher Betätigung. – In einer Festung nicht gerade leicht!

Die Küche leistete wirklich hervorragendes, größten Verdienst hatte in erster Linie das Fachpersonal der Passagierdampfer. Selbst deutsche Würste wurden von einem Metzger aus Ulm gemacht. Die Räucherei war ein altes Holzfaß!

Während unserer Anwesenheit kamen aus England zwei Transporte von jeweils etwa 30 Mann ins Lager. Sie stammten zum Teil von einem Schiff, das auf der Heimreise von Japan im Juli 1941 aufgebracht worden war. Die anderen waren Besatzungsangehörige von Versorgungsschiffen des Schlachtschiffes „Bismarck".

Sie waren insgesamt guter Stimmung und brachten frischen Wind mit, allerdings litten sie an der Unternährung, die sie in England durchgestanden hatten. Die U-Bootblockade war nicht ganz ohne Wirkung.

Zur Zeit unserer plötzlichen Abkommandierung wurde außer dem täglichen Spaziergang zum Sportplatz, eine neue große Wiese außerhalb des Forts am Ufer des Ontario Sees in Betrieb genommen. Sie soll für die Zukunft – nach Aussagen des kanadischen Kommandanten – ganztätig zur Verfügung stehen. Die Lagerinsassen, die sich auf Wunsch beteiligen, sollen nur zum Essen ins Lager kommen. Das wäre zur Erhaltung der Gesundheit unbedingt wünschenswert.

Faustballturnier, Boxturnier, Schachturnier und Vortragsreihen waren gerade in vollem Schwung, als einziger Klavierspieler im Lager hatte ich mich in die Hausmusik gut eingelebt, da mußten wir innerhalb einer Stunde alle unsere Sachen packen und wurden so aus einer wertvollen Aufgabe herausgerissen.

Der Abschied war sehr herzlich. – Unser abschließender Eindruck:

Wir haben geholfen diesen Leuten neue Zuversicht zu geben. Dies ist wahrscheinlich der wichtigste Grund warum wir aus der Gemeinschaft der Zivilinternierten entfert wurden.

Wir glauben nicht, daß es in erster Linie unserem Protest zu verdanken ist, daß wir wieder hierher zurückkehrten, sondern wir haben dort ein

neues Selbstbewußtsein geschaffen, was sicher nicht vom Gewahrsamstaat vorgesehen war. Wir würden uns wünschen einen solchen Gedankenaustausch nochmals wahrnehmen zu können.

Ende des Berichts

Es wäre einfach ungerecht, von einigen während dieser Zeit uns liebge-
wordenen Menschen nicht auch noch persönlich zu erzählen. Vielleicht
versteht man aus dem Folgenden, warum die Zeit im Fort bei uns als
„Erholungszeit" in Erinnerung bleibt.

Da war der „Arbeitsminister" Herr Freudenthal, einer der wenigen
„Gedienten" unter den jüngeren Jahrgängen. Er hatte es vor der Internie-
rung zum Obergefreiten und Bordmechaniker in der Luftwaffe gebracht.
Danach war er Schiffsingenieur. Aus dieser Vergangenheit leitete er eine
Sonderberechtigung ab, uns Protektion angedeihen zu lassen.

Schon am ersten Sonntag, noch im Arrest, überbrachte er uns einen
prachtvollen Erdbeerteller mit Schlagsahne samt zugehörigem Kaffee.
Was nicht zur Annahme führen darf, daß das „alltäglich" war!

Zu diesem Punkt möchte ich ausdrücklich feststellen: Man konnte über
vieles klagen, was uns die „Internment Operations" in Kanada antun wollten, jedoch nach deutschen Maßstäben war die Verpflegung – solange der
Krieg noch nicht entschieden war – immer sehr gut!

Jetzt kommt vor allem „uns Kurt" dran! – Er war Heizer auf einem
Handelsdampfer gewesen und hatte sich freiwillig als unser „Bursche"
gemeldet. Wer auf die Idee „Bursche = Putzer" in einem Gefangenenlager
kam, weiß heute noch keiner!

Natürlich war es uns anfänglich unangenehm, weil er bedeutend älter
war als wir, und wir versuchten möglichst viel selbst zu machen. Aber da
kamen wir schlecht an! Wie er mich einmal beim Sockenstopfen erwischte, stellte er sich ganz traurig vor mir auf: „Herr Oberleutnant! Haben Sie
kein Vertrauen zu mir?" Ich sah ihn erstaunt an. Er meinte es tatsächlich
ernst. „Warum denn?" – „Weil Sie Ihre Strümpfe selbst stopfen! Ich kann
das bestimmt auch gut, wenn ich auch nicht bei „die Preußens" war!" –
So war er!

Wir durften keinen Finger rühren um unsere Kleidung oder gar unsere
Kasematte in Ordnung zu halten, wie wir es gewohnt waren. Schon damit
machte er unser Leben zur Erholung.

Wie fast alle Seeleute, hatte er seinen Teil von der Welt schon damals
gesehen. Er stammte aus Berlin und war jetzt in Hamburg verheiratet:
„Wenn ich man bloß wollte, würde ich mir in Afrika ne Kaffee Pflanzung
anschaffen, ich kann gut mit die Negers umgehen!" Meinte er; „wenn ich
wollte, könnte ich da schnell Millionär sein! Aber wissen-se, alles wat

46

außerhalb Deutschland liegt sind Kanakerländer, da möcht ich nicht mein Leben lang wohnen!"

Nur eines hat Kurt uns nie verziehen. Im Lager war er im Turnverein und wir gingen zu den „Boxern"! – „Nee" sagte er, „dat is nichts, Sie müssen turnen! Sehen-se wat ich for ne Brust hew!" Boxen sei was für Rowdies, wir sollten doch da wegbleiben!

Jawohl, zur Erhaltung unserer Kondition nahmen wir bei Herrn Schulz, dem Trainingsleiter des Boxclubs „Condor" an seinen Übungsstunden teil. Er selbst war ein zierlicher, kleiner Mann von ungefähr 45 Jahren, dem man nicht so schnell zugetraut hätte, innerhalb eines Interniertenlagers einen sportlich orientierten und disziplinierten „Haufen" von jungen Leuten zuerst zu sammeln und dann straff zu führen. Wir waren fest überzeugt, daß wir später zu Hause, zurück in Deutschland, den einen oder anderen dieser jungen Sportler in der Spitzenklasse wiederfinden würden. Wenn das gelungen ist, dann wurde errreicht, was Herrn Schulz schon damals vorschwebte. Er hätte es verdient!

Die Vorraussetzungen für ein intensives Training waren ideal. Die Burschen hatten nichts Wichtigeres vor Augen, als sich körperlich auf Höchstleistung zu bringen. Weder Alkolol noch Frauengeschichten konnten ablenken. Zigaretten und Kaffee wurden von Schulz zugeteilt.

Wenn man so mitten unter diesen Leuten lebte, dann mußte man erzählen. So war es für sie als Seeleute, oder auch Schiffsjungen ein sehr wichtiges Thema, wie wir nach Kanada gelangt waren. So machten wir auch eine Art Bericht, in dem wir über unsere Überfahrt erzählten.

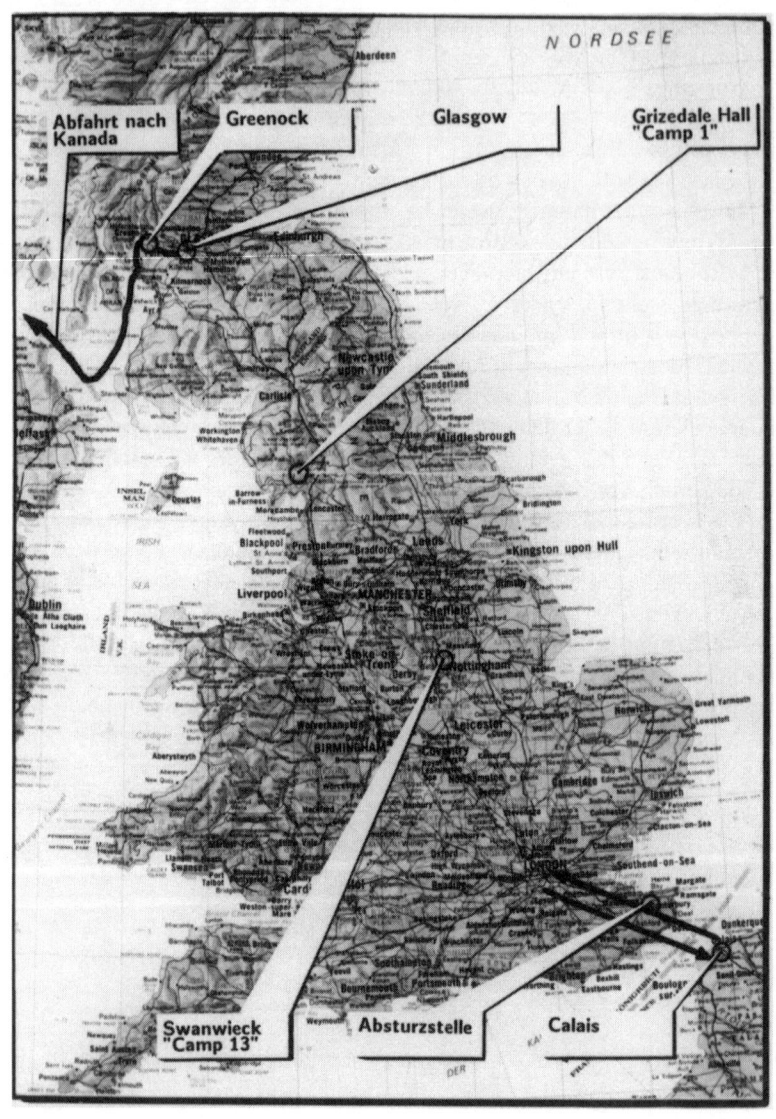

ÜBERFAHRT VON ENGLAND NACH KANADA: Vom Lager Swanwieck per Eisenbahn nach Greenock, dem Hafen von Gasgow, von da weiter mit dem Schiff nach Halifax in Canada.

Zu einem anderen Kontinent? – Nach Kanada?

Wenige Tage bevor es losging „kauften" wir im engl. Lager 13, in „Swanwiek", die lange erwarteten Klamotten: Warme Unterwäsche, Pullover, Socken und Mäntel. – Preisfrage: – Woher in England stammte ein solcher Haufen Konfektions Ladenhüter. Es konnte sich dabei nur um „Ausverkaufs – Überreste" handeln, allerdings schienen die Sachen mit dem Alter auch an „Seltenheitswert" gewonnen zu haben. Die geforderten Preise waren hoch!

Nach diesem Verkauf glich das Lager eher einer Modeausstellung, Motto: „Was trugen unsere Väter an kühlen Herbsttagen!" als einem Gefangenenlager von Fliegern und U – Bootleuten!

Manche hatten wirklich ein gutes Stück erworben. Sie trugen es mit einem geradezu pfauenartigen Stolz durchs Lager. Man konnte wirklich sehen: „Kleider machen Leute!" – Solche Mäntel kosteten bis zu 20 engl. Pfund (damals ca 20 RM das Pfund) und manch einer bezahlte von seinem Soldgeld noch ein halbes Jahr lang an diesen Dingen ab.

Andere wiederum, denen die Sachen ziemlich um den Leib schlotterten, trösteten sich damit, daß das seltene Stück, aus so gutem englischen Stoff hervorragend geeignet sei, um später daraus eine Kostümjacke für die Teuerste zu Hause schneidern zu lassen. In der Zwischenzeit würde man entsprechend schonend damit umgehen.

Für die Verlegung wurden von den Engländern genaue Vorschriften erlassen. Unter anderem war es merkwürdigerweise verboten Streichhölzer mitzunehmen. Das löste bei unseren Rauchern schwerste Bedenken aus. Erstaunlich mit welchen Mitteln sie vorzubeugen wußten.

Bevor wir das Lager verlassen konnten, wurden wir und unser bißchen Habe mehrfach unter- und durchsucht. Ohne Streichhölzer wäre das für uns und die Wachen sehr langweilig gewesen! – So aber war es ein spannendes Spiel. – Rocknähte, Mützenränder, Strümpfe, die Haare, alles mußte durchsucht und abgesucht werden.

Doch je weiter sich die Durchsuchung dem Buchstaben Z näherte, um so geringer wurden die Chancen, einige Zünder durchzubekommen. Nur, wenn man gleich ganz frech volle Schachteln in der Hand behielt, und diese anschließend in die Hosentasche steckte, lohnte es sich noch. Wurde man erwischt, konnte man ohne weiteres sagen, daß man die Schachtel schon in die Hand genommen hätte, um sie abzuliefern. Dabei konnte man bei einigen gewissermaßen eine natürliche Begabung zum „Hokus – Pokus – Verschwindibus" feststellen. – Die Spiel war sehr kurzweilig und wir besaßen hinterher genügend Streichhölzer, um den größten Dampfer anstecken zu können. Nach Vermutungen unserer Seeleute war dies nämlich der Grund für das Verbot.

Mit Omnibussen ging es zum Bahnhof. Ein Sonderzug brachte uns ohne viele Stops durch das Land.

Etwa morgens um 10 Uhr stiegen wir ein und ohne Essen ging es bis abends 17 Uhr. Die Fahrtstrecke wurde geheimgehalten, was nicht hinderte, daß wir bald Karten besaßen und wußten, daß wir Richtung Glasgow fuhren. Trotz der Karten war die Orientierung nicht ganz einfach, Ortsnamen gab es auf der ganzen Strecke nicht, die waren alle wegen der „Invasion" abmontiert. Allerdings begrüßten wir mit Riesenhalloh immer wieder die nächste Station: – Alle hießen sie „Guiness"! – Die Schilder dieser englischen Biermarke waren nämlich nicht abmontiert.

Als wir in Glasgow (Navy- und Bomber-Experten kannten sich aus) einfuhren und langsam an den Bahnhofsrampen ausrollten, bot sich ein tolles Bild: Auf den Bahnsteigen stand ein Spalier von Vollbartträgern! Es berührte zuerst ganz merkwürdig, daß sie uns zuwinkten. Erst bei genauem Hinschauen entdeckte man bekannte Gesichter unter den Bärten. Richtig! Das waren die Unteroffiziere und Feldwebel aus unseren eigenen Verbänden! Was die wohl mitgemacht hatten, unter den Bärten sahen sie bleich und verhärmt aus! Ob sie schlechter behandelt worden waren?

Solche Bedenken wurden beim Zusammentreffen auf der Hafenfähre nur teilweise bestätigt. Sie waren erheblich schlechter als wir untergebracht, aber die Bärte waren eine Art Sport. Wie wir dann zusammen wie die Raubtiere, bar jeglichen Eßgerätes, ein großes Stück Weißbrot und eine Büchse Corned Beef verdrückten, trafen bald die richtigen Leute zusammen und man merkte, daß auch sie den Humor nicht verloren hatten.

Bis wir auf die Fähre kamen, wußte keiner so recht, was und wie ihm geschah. Vom Bahnhof ging es im Zick Zack durch dunkle Gassen, bis wir plötzlich an der Kaimauer standen und im Hafen unzählige Riesendampfern auf Reede liegen sahen.

Die hoch hängenden Sperrballone wirkten wie eine Aufforderung. Das mußte doch für unsere Kampfflugzeuge ein lohnendes Ziel sein! Die Feststellung, daß dies hier so völlig ungestört vonstatten ging, wirkte erneut recht deprimierend. Das sah nicht nach einem bald gewonnenen Krieg aus! Doch man hatte auf der Fähre so viele zu begrüßen, zu schauen, zu fragen, daß diese Überlegung schnell in den Hintergrund trat.

Bald hatte sich herumgesprochen, daß wir auf den großen grauen Dampfer in der Mitte der Bucht zusteuerten. Es war der 24.000 to große Passagierdampfer „Duchess of York".

Auf der „Durchness of York" befanden sich etwa 1100 deutsche Kriegsgefangene, meist Flieger und U-Boot-Besatzungen. – Außerdem 1500 Angehörige der RAF, der englischen Luftwaffe, die ab 1941 ihre Ausbildung in Kanada erfuhren.

Nachdem wir längsseits festgemacht hatten, erschien in einer der Luken des Dampfers schon wieder ein bekanntes Gesicht: „Hallo!

Uli! Da bist Du ja auch! Freut mich, Dich lebend wieder zu sehen!"

Er rief ganz laut und ungeniert herunter! „Freut mich!" sagte er! – Es war Obltn. Hans Berthel, aus unserer 2. Staffel. Wir hatten manch gemeinsames Erleben. Er war einige Wochen vor mir über Kent abgeschossen (gerammt ?) worden, und hatte dieses Zusammentreffen nicht ahnen können. Er war im Lager „1" (Grizedale Hall) gewesen.

Es war Tatsache, wer die „Battle of Britain" lebend überstanden hatte, fand sich hier in englischer Gefangenschaft wieder. Kein kleiner Teil der besten Leute aus der deutschen „Friedensluftwaffe". Noch mehr waren gefallen und nicht mehr unter uns. Etwas wurde immer wieder gefragt. – Wieviele wären wohl n i c h t hier, wenn England keine Insel wäre!

Hans Berthel rief mir auch die Namen der Unteroffiziere unserer Staffel herunter, die er an Bord wußte. Er nannte einen Namen, bei dem mir ein Stein vom Herzen fiel. Uffz. Wolf, ihn hatte ich am 30. Sept. verloren, als ich die Staffel führte. Wir hatten eine zahlenmäßig überlegene Hurricane – Einheit angegriffen, die dann plötzlich von oben von einer zweiten Feindstaffel unterstützt wurde. Wolf wurde dabei so unglücklich getroffen, daß ich bei ihm nicht auf Überleben gehofft hatte.

Die Hurricanes, die wir bei diesem Angriff abgeschossen hatten, waren mir bis zu diesem Augenblick sehr auf dem Magen gelegen.

Aber schon hatte auch dieses Intermezzo sein Ende. Wir wurden geschoben und vorwärts gepreßt. Beim Gang über den Laufsteg, drückte uns ein englischer Offizier, der uns gleichzeitig zählte, eine Art Platzkarte in die Hand. Und schon nahm uns ein Labyrinth von Gängen und eisernen Treppen auf. Für mich war das ein neues Erlebnis. Es war das erste Mal, daß ich ein so großes Schiff betrat.

Drinnen ging es um Ecken, Winkel, Treppen und Gänge, endlos lang, schon wieder Treppen, bis man endlich in dem Gang mit der Kabine ankam, die auf der Platzkarte stand. Die Einschiffung war gut organisiert. Nur Kohldampf schoben wir immer noch. Hinnerk und ich hatten es verstanden zusammenzubleiben, sodaß wir miteinander in einer 4 Mann Kabine landeten. Wir befanden uns in der Touristenklasse, die sehr ordentlich eingerichtet war. Zur besseren Bewachung waren allerdings sämtliche Türen ausgehängt.

Die Betten waren mit weißem Bettzeug überzogen, übereinander, mit prima Matratzen. Waschbecken waren auch vorhanden. Im Nebenraum gab es sogar eine Badewanne, in der gleich ausgiebig im heißen Salzwasser gebadet wurde. Leider ertönte als erster Ruf an Bord, daß es unter allen Umständen verboten sei, die Bullaugen zu öffnen. Wir hatten so ein Guckloch in der Kabine, das aber so verschraubt war, daß man kaum ahnen konnte, was sich draußen abspielte. Das Abfahrtsdatum war nicht bekannt, daher war man doppelt neugierig, irgend etwas zu erfahren.

Es war nicht möglich die einzelnen Sektionen zu verlassen. Überall standen Tommies mit ihren flachen Stahlhelmen und aufgepflanzten Bajonetten herum. Sie hatten Befehl jede „Bewegung" zu unterbinden. Also richtete man erst einmal die „Buden" gemütlich ein ... schon wieder wurde gezählt.

Die Zahl stimmte nicht und es wurde gezählt und gezählt ... bis es endlich stimmte. Nach viel Abwechslung und Hunger, waren auch wir müde geworden und dachten nun gerne ans Schlafen.

Das leise Wiegen des Riesen war angenehm und ich schlief meinen ersten Tag an Bord ganz ausgezeichnet.

Entsprechend früh wachte ich auf. Die anderen Insassen schliefen noch. Zu solch günstiger Zeit konnte ich die Verschraubung des Bullauges näher betrachten. Das war ja gar nicht so schwer! Mit etwas Kraft konnte man die Schrauben lockern und den Deckel einfach herausnehmen. Draußen war es noch dunkel.

Rings um uns lagen viele riesige Schiffe. Alle bewegungslos und wie schlafend. Mitten im Krieg ein Bild ungestörten Friedens. Nur die Ballone hoben sich als drohende Silhouetten vom Nachthimmel ab. Das Wasser war schwarz und wogte sanft in zäher, öliger Dünung.

Ich weckte Hinnerk, er sollte diesen Anblick auch genießen. Dabei wurden die anderen ebenfalls wach. Doch wir bezähmten uns bald, schlossen die Öffnung bevor jemand von außen Laut gab.

Beim Frühstück, im gemeinsamen Speisesaal, versuchten alle Freunde sich zu treffen. Ein Riesendurcheinander – bei ca 1100 Gefangenen. Bald wurde eine Lösung gefunden. Zu Mittag würde man sich so zusammenfinden, daß die Staffeln sich auf andere Gänge und Kabinen schleußen und einsperren ließen. Diesen Austausch würde man dann beim Abendessen wieder korrigieren.

In den Kabinen war es langweilig, man mußte einfach ab und zu ein Bullauge öffnen. Das taten aber bald zu viele! Immer wieder ertönte die Warnung, die Luken geschlossen zu halten.Ein Mechaniker der Besatzung erschien und knallte auch unsere Schrauben so zu, daß man glauben konnte, sie seien bis zur Versenkung dieses Schiffes fest. Er war ein kleiner Mann, hatte aber ein Riesentrum von einem Schraubenschlüssel. Doch – nichts ist findiger, als ein gelangweilter POW. Wir schraubten einen Messing-Kleiderhaken ab, Kraft hatten wir, benützten ihn als Schraubenschlüssel und bald waren unsere Schrauben wieder locker.

Das Abendessen kam und wir waren immer noch nicht abgefahren. Es gingen Gerüchte um, die von einem Generalstreik der englischen Handelsmarine wissen wollten. Allzuviele Schiffe würden versenkt. War das nun schon wieder „wishful thinking", oder war es Wahrheit? Sollten wir doch nicht mehr nach Kanada kommen? Keine amtliche Verlautbarung klärte diese Warte- und Liegezeit. Die Nacht kam und wir schliefen zum zweiten Mal an Bord. Meist ohne Erfolg.

Bloß gut, daß wir unser Bullauge öffnen konnten! Bei Nacht wurde das offene Loch nicht so leicht entdeckt. Fast ununterbrochen spähte ich auf die Reede. Lange, lange Zeit tat sich nichts.

Doch was war das nun auf einmal? – Ohne Licht und ohne Lärm, ganz heimlich, in der Stille sogar unheimlich, ganz nahe, schoben sich die Ozeanriesen durcheinander und an uns vorbei. Es wurde offensichtlich, sie ordneten sich.

Ich weckte die anderen. Gemeinsam warteten wir auf etwas Neues. Aber nur die geräuschlosen Verschiebungen dauerten an. Sonst nichts. Auf unserem riesigen Kahn blieb alles ruhig, wir schienen an dieser Geschichte unbeteiligt zu sein. Wir blieben liegen!

Man versuchte wieder zu schlafen – und wachte plötzlich auf, als ein Singen durch das Schiff ging – und schon ging auch ein unglaublich lautes Geratter los.

Wir stürzten ans Bullauge! Der Krach mußte von unserer eigenen Schiffsschraube stammen! Tatsächlich, wir selbst fingen an Fahrt aufzunehmen. Und nun konnten wir in der fahlen Morgendämmerung sehen, daß ganz erheblich etwas los war. – Da glitt ein Zerstörer nach dem anderen an uns vorbei. Draußen war eine wahrer Aufruhr von sich bewegenden Schiffen. – Alles spielte sich völlig lautlos ab und war ungeheuer imponierend in seiner massierten Ordnung.

Da hätte man beinahe geschlafen, während ein so entscheidender Abschnitt unseres Lebens begann. Das Singen im Schiff wurde immer höher und doch lief die Maschine noch lange nicht auf vollen Touren.

Es war kein Wunder, daß langsam gefahren werden mußte, bei dieser Anhäufung von Transportern und Begleitfahrzeugen. Außerdem wurde die Bucht immer enger, wir bewegten uns in einem schmalen Schlauch durch hügeliges Land. Vorsicht war geboten, nur die wendigen Zerstörer konnten es sich leisten, zwischen den anderen Fahrzeugen durchzuschlüpfen.

Wir freuten uns, daß man uns so ungestört hinaussehen ließ. Irgend jemand schien ein Einsehen zu haben. Es war klar, daß wir nicht die einzigen waren, die die Luke aufhatten, und aus den vorbeigleitenden Kriegsschiffen konnte man das einwandfrei feststellen. – Sie fuhren ja ganz dicht an uns vorbei!

Am nächsten Tag, nach dem Mittagessen, durften wir erstmalig an Oberdeck. Welch riesige Ausmaße hat so ein 24 000 to Schiff!

Wir hatten viel Platz zum Auslauf. Auch hier galt zuerst noch eine scharfe Trennung zwischen Offizieren und „other ranks". Doch nur durch Seile getrennt, fanden sich bald die Gruppen zusammen. Es gab noch immer viel zu erzählen. Mancher, den man tot geglaubt hatte, tauchte auf, Besatzungen fanden zusammen. Es war ein freudiger Trubel, den die Wachen gar nicht unterbrechen konnten.

Derweilen glitt zur Linken Irland und zur Rechten England an uns vorbei. Wir fuhren nach Norden. Einige U-Boot Leute kannten die Gegend. Das Wetter war freundlich, wir hatten gute Sicht, ein erfreulicher Beginn!

Jetzt bekam man einen Überblick über den Konvoi. Ein riesiger Verband von ca. 24 Transportern, kaum einer wurde unter 20 000 Tonnen geschätzt. Auf deren großen Decks war immer Bewegung. Es wimmelte von Soldaten, die immer Sport machten oder exerzierten. Wir 1100 POWs waren auf unserem eigenen Schiff nur der kleinere Teil der Belegung. Vorwiegend war die „Duchess" mit RAF Soldaten, ca. 1500 Offizieren und Mannschaften belegt. Fluglehrer, technisches Personal, alles war vorhanden. Den Vermutungen nach, wurden sie zur zukünftigen Ausbildung von fliegendem Personal nach Canada gebracht.

Das ältere „Schlachtschiff Ramilles" blieb in ständiger Begleitung der „Duchess of York".

Das Geleit was sehr stark. 11 Zerstörer, mehrere Torpedoboote, ein Flakkreuzer und das ältere Schlachtschiff „RAMILLES" (ca 40 000 to) bildeten unseren Schutz.

Das gab Stoff zu Spekulationen! So ein Geleitzug kommt niemals ungerupft über den Atlantik, behaupteten die U-Bootsleute. Auch die Seeaufklärer waren sich einig, daß ein so großer Verband „beschattet" würde, zumindest mit der FW 200 der „Condor". Die Ängstlichen trösteten sich damit, daß unser Schiff dem roten Kreuz in Genf gemeldet sei und daher bei Nacht mit Beleuchtung fahren würde. Die Realisten waren sich allerdings einig, daß wir weniger wichtig seien, als diese riesige Zahl englischer Truppen. Es gab aber auch welche, die nachts nicht aus der Hose stiegen und nie ohne Schwimmweste gesehen wurden.

Mir war das egal. Ich war guter Schwimmer, vielleicht wurde man sogar von einem deutschen Verband gerettet! Sollte unsere Spionage gut sein, würde womöglich ein Verband großer deutscher Kriegsschiffe versuchen, uns herauszuhauen. Auf diesem Schiff reiste eine gesamte Garnitur erfahrenen, fliegenden Personals, ein guter Teil der deutschen Frontluftwaffe! Eine gesunde Mischung von Nah- und Fernaufklärern, Stukas, Bombern und Jägern.

Was da alles diskutiert und spekuliert wurde! Der weitere Fortgang des Lebens war wieder einmal ungewiß geworden und konnte nicht mehr an den Fingern abgezählt werden. – Wo ging es hin? – Im „verbotenen

Gespräch", an der Reling-Grenze, hatten wir von den RAF Leuten erfahren, daß ihr Ziel Kanada sei. Vielleicht war das aber nur ein Trick, um alle irrezuführen! Es war doch ganz und gar unmöglich, daß diese riesige Truppenansammlung, die sich auf den anderen Schiffen befand, nach Kanada ging! – Dort herrschte doch tiefster Frieden, gerade deshalb wollte doch die RAF dort ihre ungestörte fliegerische Ausbildung durchführen.

Man kam vom Hundertsten ins Tausendste. Immer neue Theorien kamen auf. Es wurden neue Kriegsschauplätze geschaffen. Da hatte wieder einer etwas über das „Schiffsradio" gehört. Offiziell hörten wir vom Kriegsgeschehen nur, was unser Verbindungsoffizier von den englischen Radionachrichten mitbrachte. Aber wer wußte? – Ob die nicht extra für uns fingiert wurden? – Die Zeiten im Verhörlager mit den eingebauten Mikros, hatten uns alle sehr mißtrauisch gemacht.

Ursprünglich trennten uns an Oberdeck noch Seile von den Staffelkameraden, aber bald wurden die Uniformröcke bei schönem Wetter ausgezogen und Unteroffiziers- und Feldwebeljacken mit Offiziersröcken vertauscht. So waren die Unterhaltungen an Deck und in den Kabinen bald kein Problem mehr. Ich traf mich mit Fw. Lothar Schieverhöfer, Fw. Adolf Zieger, Uffz. Wolf und auch meinem ehemaligen Rottenhund Fw. „Siggi" Voss, der von meiner Seite weg am 12. Okt. abgeschossen worden war. Ich hatte „Ladehemmung" – erst am Boden, nach Rückkehr stellte sich heraus, daß ein engl. Geschoß bei meiner Me 109 das Kabel, das den Abzug auslöste, durchtrennt hatte.

Eigentlich war gut, daß es von keiner Seite Vorwürfe gab. Auch mit Wolf's Abschuß wurde ich versöhnt, als er selbst erklärte, daß er auch heute noch anerkenne, daß wir damals den Angriff geflogen hätten. Alle versicherten mir, daß sie „später" gerne wieder in „meiner" Staffel fliegen wollten.

Bald wurde uns gestattet, abends in einem größeren Saal zum Singen und Musizieren zusammenzutreffen. Dort stand in einer Ecke ein halbwegs gestimmtes Klavier. Es fand sich auch der Klavierviruose Hänschen (Ltn. LW) Poser: Er war ein wahrer Könner! Er spielte „klassisch" sowohl, als auch Schlager „auswendig" und nach Wunsch. So wurde zum Beispiel nach seiner Begleitung „Hänschen klein" (er hieß ja Hans) oder „Fuchs Du hast die Gans gestohlen" gemeinsam gesungen. Anschließend spielte er diese Lieder als Foxtrott oder Tango, wie es ihm eben gerade in den Sinn kam.

Durch Zufall wurde auch noch ein Akkordeon und eine Gitarre gefunden. Damit ließ sich noch besser improvisieren und mit dieser Musik kam etwas Abwechslung in die langweilige Seereise. Wir bekamen keine Stühle und saßen immer nur auf dem Fußboden.

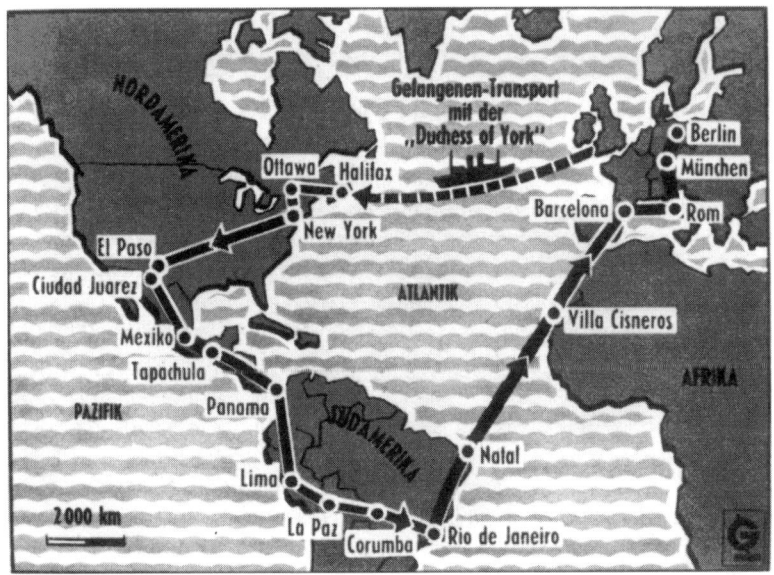

Der Weg des Franz v. Werra von England nach Canada (mit uns). Nachdem er aus dem Zug gesprungen war, floh er über Ogdensburg, New York, Mexiko bis zurück nach Deutschland. Siehe auch „Buffalo" Seite 75, oder zur Erinnerung: Es gibt darüber das Buch und den Film „Einer kam durch!"

Später konnten wir POWs „mit Erlaubnis" im Speisesaal abends ein Programm mit Musik und Vortrag zusammenstellen, das dann öfters über die Bretter (Fußboden) ging. Am meisten wurde natürlich dann gelacht, wenn die anwesenden englischen Gäste (auf Stühlen) mit geschliffenen „humorigen Verbalspitzen" bedacht wurden.

Einen ganz anderen Sport betrieb Franz v. Werra. Er hatte sich schon nach kurzer Zeit eine englische Matrosen Uniform besorgt und bewegte sich im ganzen Schiff, sowohl auf der RAF-Seite, als auch bei uns. Ganz tief unten im Bauch des Schiffes, bei den Maschinen, hatte er eine Luke gefunden, wo er „durchwechseln" konnte.

Bald war ihm das Schiff bekannt und er brachte von seinen „Entdeckungsreisen" alle möglichen Dinge mit, soweit sie durch „seine" Luke paßten. Da war eine Kiste mit engl. Instruktionen für Army, Navy und RAF dabei. Das nächste Mal brachte er dann eine Kiste Apfelsinen, die natürlich für die Allgemeinheit von größerem Interesse war. Wir hatten auch Glück mit dem Wetter, bald klagten nur noch wenige über Seekrankheit.

Im Verhältnis zu den englischen Truppen an Bord der anderen Schiffe erging es uns sehr gut. Wie wir von Oberdeck beobachten konnten, mach-

ten die da drüben den ganzen Tag Gymnastik, Gewehrübungen und mußten sogar Exerzieren. Im engen Geleit konnte man das sehr gut beobachten.

Vergeblich warteten wir auf einen deutschen Seeangriff! Nur einmal
ertönte das Alarmsignal und wir mußten in Schwimmwesten auf Oberdeck antreten. Aber es ist nie klar geworden, ob es sich dabei um eine
Übung gehandelt hatte, oder ob tatsächlich eine Focke Wulf „Condor" in
der Nähe gewesen war, wie einige „Unterrichtete" genau wissen wollten.

Nach etwa 5 Tagen wurde das Klima erheblich wärmer, ein Zeichen
dafür, daß wir einen südlichen Kurs steuerten.

Bald gab es doch klare Anzeichen für unser Ziel. Wie ein Wunder!
Über Nacht waren sie alle verschwunden! – Transporter, alle Kreuzer,
Zerstörer und die übrige Begleitung. Nur wir, die „Duchess of York" und
das begleitende Schlachtschiff „Ramilles" fuhren allein weiter auf hoher
See!

Schon während der Überfahrt und später halboffiziell, erfuhren wir,
daß dieser Riesenkonvoi Südafrika zu umrunden hatte, um durch den
Suezkanal von Süden nach Alexandria/Kairo zu laufen. Die Truppen
seien zur Verteidigung von Nordafrika gegen Rommel vorgesehen.

Nun tauchten sofort neue Hoffnungen auf! – Jetzt mußte ja endlich ein
deutscher Kriegschiffsverband auftauchen. Die alte Ramilles war kein
schwerer Gegner. – Manche wußten sogar, daß unsere U-Bootsleute die
Kommandoplätze bereits verteilt hätten, wenn die „Duchess" von uns
übernommen würde! Die Vorstellung war nicht übel. Wenn nur endlich
die Ramilles verschwinden würde! Vielleicht könnten wir es sogar wagen,
ohne fremde Hilfe dieses ganze Schiff im Handstreich zu nehmen?

Dieser Plan fand Nahrung. In der Zwischenzeit hatte ein tosender
Sturm eingesetzt, bei dem viele seekrank wurden. Am schlimmsten waren
die englischen Posten in den schlecht belüfteten Gängen betroffen. Da
konnte man Bilder sehen!

Sie stützten sich mit Mühe auf ihr Gewehr. An dem aufgepflanzten
Bajonett hing der flache Stahlhelm. Er diente sozusagen als Spuckschüs-
sel.

Alle Augenblicke wurde da mit einer neuen Ladung nachgefüllt. So
ging das bequemer! Sie mußten sich dabei nicht bücken! Wir meinten, die
armen Kerle wären froh gewesen, wenn wir sie von ihren Gewehren
befreit hätten. – Und scharf geladen waren diese!

Aber noch immer war da das elendige Schlachtschiff! Es hatte aber
unter dem Sturm weit mehr zu leiden als wir. Seinetwegen mußten wir
tagelang auf der Stelle liegen. Da es so tief im Wasser lag, schnitt sein
Bug laufend unter Wasser und verschwand von einer Sturzsee in die
andere.

Auch die schweren Geschützrohre wurden dauernd durchflutet und es sah recht traurig aus, wie das Seewasser aus den dicken Rohren lief, wenn die „Ramilles" wieder auftauchte. Aber sie blieb Tag und Nacht in Sichtweite und wechselte dauernd Blinksprüche mit unserem höher im Wasser liegenden Dampfer.

Trotzdem wurde unter uns besprochen, daß die „Übernahme" am besten beim Auslauf an Oberdeck stattfinden sollte. Dort waren zwar außer den Posten mit ihren Gewehren noch zusätzliche Maschinengewehre vor der Kapitänsbrücke „in Stellung". Das würde Verluste bedeuten, aber die Kommandobrücke mußte erobert werden, das würde im gleichen Handstreich geschehen.

Aber mit dieser Ramilles machte das einfach keinen Sinn! Auch wenn unsere Übernahme Erfolg hätte, die würde uns anschließend spielend „wegputzen"!

Am 10. Januar waren wir abgefahren, am 22. hieß es dann „Land in Sicht"! – Und die „Ramilles" war immer noch bei uns. Vielleicht war auch das ein Wink des Schicksals, daß wir diese Verzweiflungstat nicht wagen mußten!

Wir kamen „safe" und unversehrt in Halifax (Nova Scotia) in Kanada an! Das Rätsel war gelöst, sobald unsere Seeleute diesen Hafen erkannt hatten.

Escapade mit sesshaftem Ende!

*FLUCHTVERSUCHE – begonnen in Halifax – Ende in CAMP „W": Nach Anlegen der
„Duchess of York" 20/21. Jan. 1941, entwischten insgesamt 8 deutsche POWs,
im Hafen und aus den Zügen. – Außer v. Werra wurden alle wieder gefangen. Vier von
ihnen „landeten" im Arrest von Camp „W". Hans-Peter Schierning hat gezeichnet, wie
Erich Böhle und Walter Stirnat aus dem Zug springen und auf Schienen wandern. Nach
einem Vesper versank der kleine Stirnat, so tief im Schnee, daß Böhle ihn an den Hosenträ-
gern herausziehen mußte. Total erschöpft hielten sie einen Schlitten an, die Herren im Pelz
entpuppten sich dann als Beamte der Royal Canadian Mounted Police.*
*Unten von rechts im „Täng": Hauptm. Brückmann, (an Bord hatte er sich zivile Kleidung
„organisiert"). Er sprach „King's" Englisch, hatte aber mit den eingehandelten engl.
Pfund an Land Schwierigkeiten. Er suchte ein chinesisches Hotel auf, wo er geschnappt
wurde. – Böhle in der letzten Zelle sieht zu, wie Stirnat gerade Tee bekommt. Schierning
wartet bis er an die Reihe kommt. (Er war entlang einer Schiffskette an Land geklettert). Die
vier hatten einen Vorteil: – Sie mußten den Hungerstreik nicht mitmachen!*

Einmal hin und retour – (Fort Henry)

Wenn wir so erzählten – wir mußten ja auch über unsere Fluchtversuche berichten, hatten wir immer begeisterte Zuhörer.

Aber wir wollten für uns selbst auch etwas tun. Herr Schulz trainierte mit seinen „Boxjungs" täglich 2 Stunden, womit er sie wirklich auf Kondition brachte. Hinnerk und ich nahmen täglich 1 Stunde teil und waren damit voll „ausgelastet".

Was wir an den beiden Kampfabenden sahen, war Box-Sport bester Form: Keine verbissene Wut, keine Schlägereien, sondern beherrschte Kämpfe. Herr Schulz hielt dabei auf strenge Aufsicht über die Zuschauer, wahrscheinlich nirgends so wichtig, als beim Boxsport, nur meist nicht möglich: – „Wer die Jungs auslacht, soll entweder selbst in den Ring steigen und es besser machen, oder aber wegbleiben!" Sagte er.

Später sollte ich selbst die Erfahrung machen: Nichts kann einen Kämpfer mehr zum Zorn reizen, als wenn er einen harten Schlag wegstecken muß und dazu auch noch Hohngelächter der Zuschauer erntet.

Man konnte dabei feststellen, daß den zuschauenden Kanadiern, Offizieren und Mannschaften der „Veteran Guards", einmalig klar wurde, was sportliches Boxen ist.

Kann man sich vielleicht vorstellen, wie entrüstet Herr Schulz war? – als ihm einmal der zusehende Kommandant den Vorschlag machte, wie man das Boxen interessanter gestalten könnte: – Es gäbe eine prächtige Kampfart: Man stelle 5 Boxer gleichzeitig in den Ring, verbinde ihnen die Augen und lasse sie so lange um sich schlagen, bis nur noch einer stehen bleibe! – Das sei „funny!". Als Schulz mir diese Sache nur wiedererzählte, geriet er aufs neue in Erregung. Aber er habe dem Manne Bescheid gestoßen!

Der Vorfall war nicht umsonst. Nachdem die Kanadier einige Zeit nicht mehr eingeladen worden waren, baute der Kommandant von sich aus eine Brücke: Er stiftete dem jeweiligen Sieger eine Autorundfahrt durch das hübsche Städtchen Kingston. Natürlich wurde danach wieder eingeladen.

Einen Gegensatz zu dem leutseligen Kommandanten bildete der Sergeant Major (Spieß) des Lagers. Wo immer Mr. Foresight, eine Schikane erfinnden konnte, spielte er sie aus. Allerdings Herr Freudenthal kannte ihn allmählich – wurde Herr Foresight nämlich mit „Sir" angesprochen, dann schwoll seine Brust und dann wußte er seine „privilegies" zu verteilen. Freudenthal holte so manches heraus, was dem Lager nützte.

Nach den noch abzusitzenden 9 Tagen, kam auch Manni aus dem Arrest und zog zu uns in die Kasematte. Platz gab es reichlich, aber er sollte nicht lange bei uns bleiben.

Obtln. Fiebig, der während seiner Arrestzeit erfahren hatte, daß er in Deutschland zum Hauptmann befördert worden war, kam genau wie „Fritze" Oeser gar nicht erst zu uns ins Lager. – Vielleicht sollte ich hier einmal erwähnen, daß zu Hause in Deutschland unsere Beförderungen normal weiterliefen. – Wenn es klappte, bekamen wir das offiziell über das rote Kreuz mitgeteilt und das angenehme war dann, daß sich unser kanadischer POW Sold verbesserte.

Gerade als wir die „Empfangsfeierlichkeiten" für die Entlassung aus dem Arrest vorbereiteten, traf für Manhart, Fiebig und Oeser der Verlegungsbefehl – zurück nach Bowmanville – ein. Ihre Sachen wurden in aller Eile gepackt und innerhalb von zwei Stunden fuhren sie aus Fort Henry ab.

Nun waren wir nur noch zu zweit bei den Internierten. Ich nahm die Gelegenheit wahr, Manni den Auftrag zu geben, Oberstltn. Gruber im Lager Bowmanville zu melden, daß ich für die nunmehr erprobte „Zaunübersteigung mit Hilfe von zwei Leitern" keinen Anspruch auf ein „Patent" stellte. Wer es auf diese Art versuchen wollte, könne es mit allen meinen guten Wünschen wiederholen.

Man muß dazu wissen, daß ein Ausbruchversuch sowohl früher im Offizierslager „W", als auch in Bowmanville, oder auch später, nur mit Genehmigung des zuständigen Gremiums möglich war. Dieser Rat höherer Offiziere, war von unserer eigenen Lagerführung eingesetzt, um zu entscheiden, wer den nächsten Fluchtversuch durchführen durfte und mit welcher Unterstützung durch die Gesamtheit des Lagers er rechnen konnte. Auch daraus kann man erkennen, welche Disziplin wir bewahrten.

Kein Ende würde ich finden, wollte ich alle Namen aufzählen, die mir vom „Fort" her in guter Erinnerung bleiben: Da war der gute Turner „Sepp", Bayer, der erzählte, wie er seinen Eltern einmal einen „Affen" heimbrachte. – Um Zweifel zu beseitigen; dabei handelte es sich um ein Tier, das er in Curacao gekauft hatte, das dann in der Heimat seinen Vater so beschäftigte, daß er kaum mehr Zeit fand, in die Kirche zu gehen.

Oder der alte Luz, der nur noch am Stock gehen konnte. Er war vor 40 Jahren in England seßhaft geworden. Nach seiner Aussage hatte er früher innenpolitisch gegen Winston Churchill gekämpft nun sei er wohl deswegen hier?

Die Brüder Scheuerle (englisch „Skuerli" ausgesprochen!), drei an der Zahl, waren für den Fortbestand des Lagers unentbehrlich. In Edinburgh waren sie Inhaber einer Goldschmiede Firma gewesen, sie stammten aus Pforzheim, fühlten sich immer noch als Württemberger.

Der Älteste hatte sich zum Lagerschreiner entwickelt. Der Mittlere, zeichnerisch sehr begabt, stattete viele Räume und Freunde mit Zeichnungen und Aquarellen aus. Der Jüngste, in unserem Alter, gab auch uns Englischunterricht. Sonst arbeitete er an der einzigen Lagerschreibmaschine. Mit ihnen verbrachten wir angenehme Stunden. Sie wußten sehr anschaulich über englische Verhältnisse zu berichten.

Natürlich gab es auch unerfreuliche Typen: Einen Mann kannte man nur als „King-Kong". Er war Kapitän eines Handelsdampfers gewesen und man erzählte sich, daß er während der Prohibition Alkoholika, als Fracht getarnt, nach New York gebracht habe. Er hätte dabei ein kleines Vermögen gemacht, habe aber eines Tages sein Schiff samt Besatzung hochgehen lassen, womit er sich dann eine ausgesetzte Belohnung erwarb. Die Besatzung sei eingesperrt worden. – Ob die Erzählung stimmte? – Im Lager war er isoliert.

Für uns auch traurig: Ein älterer Herr aus der engeren Heimat erzählte seelenruhig: „Ja Herr Oberleutnant, vo miar aus, kas geha wias will, I hab mei Schäfle im Trockena! Wenn mir den Krieg verliaret, hab ich in Edinburgh a feines großes Hotel, verlieret de Engländer, no geh e noch Darmstadt, do ghört mir a schöns Anwesa mit Landwirtschaft!" – So was gab es! – Für uns kaum faßbar!

Eine besondere Persönlichkeit im Lager war der über 70 jährige Pastor Wehrhan aus London. Noch früher hatte er Kirchendienst in Petersburg getan, später in Italien. Zuletzt, vor der Internierung, war er in London tätig. Seine Frau mit zwei Töchtern seien in einem englischen Lager zurückgeblieben.

Eine Tochter sei nicht interniert worden, drei Söhne stünden an der Ostfront. Er wehrte sich mit Macht gegen das Älterwerden und wünschte nichts sehnlicher, als daß wir diesen Krieg bald gewinnen würden, damit er seine Familie wiedersehen könnte.

Eines Tages kam ein Lagerangehöriger mit einer kanadischen Zeitung zu uns in die Kasematte. Die kanadische Lagerzensur, hatte nicht aufgepaßt und er konnte uns Bilder seines Onkels in Detroit zeigen: Da stand zu lesen, daß in Bowmanville wieder zwei deutsche Fliegeroffiziere ausgebrochen seien: Ltn. Peter Krug und Ltn. Erich Boehle. Boehle sei in Toronto auf dem Güterbahnhof wiedergefangen worden, während Krug getrennt von ihm, bis nach Detroit gekommen sei.

Dort habe er bei Herrn Stephan, einem Gastwirt, der im ersten Weltkrieg deutscher Unteroffizier gewesen sei, Unterstützung gefunden. Danach hätte man Stephan, dem man auch heute noch den Dienst in der „kaiserlichen Armee" ansehe, mit einer Haussuchung überrascht. Peter Krug sei schon verschwunden gewesen, hätte Dollars bekommen und sei mit dem Omnibus weitergefahren.

Herr Stephan war der Onkel dieses Lagerangehörigen, eines einfachen „Schauermanns", wie sie hier genannt wurden. Man kann sich den Stolz des Mannes vorstellen, als er die Photos seines Onkels im Lager vorzeigte. Dieser Stephan hatte immer schon Pakete in POW- und Interniertenlager geschickt. Auf diese Art war Peter Krug wohl zu der Adresse gelangt. Auf gut Glück hatte er Kontakt gesucht und tatsächlich gefunden.

Wir hielten die „Sache Krug" so gut wie schon gelungen. Endlich sollte wieder einer heimkommenm, damit würden die defaitistischen Argumente über die „unsinnigen" Fluchtversuche entkräftigt.

Dieser Schauermann konnte zu Recht auf seinen Onkel stolz sein! Der ehemalige Uffz. Stephan entschied sich nicht nur tapfer für Peter Krug und dessen Unterstützung. Auch bei den Vernehmungen durch amerikanische Polizei war nicht viel von ihm zu erfahren. So stand es in der Zeitung.

Leider konnten wir in der Folge Peter Krug's Schicksal nicht weiter verfolgen. Während der nächsten Tage schnitt der kanadische Dolmetscher alle diesbezüglichen Nachrichten aus den Zeitungen. Erst später erfuhr ich mehr darüber.

Herr Dunkel, ein Internierter, der aus Nürnberg stammte, schilderte unseren „Einzug" ins Fort, in Gedichtform:

21. 3. 1942. Fort Henry   (Motto: Nimm den Geist für Worte)

1.) Wir sind beim ersten Faustballspiel,
das uns das Wetter gönnte.
Wir dachten sonst gerad nicht viel,
dieweil die Meute höhnte!

2.) Seit langer Zeit ein warmer Strahl,
fällt in den Steinbaukasten,
in den wir durch Geschickes Wahl (Geschick = Scharf)
uns fielen selbst zu Lasten.

3.) Da tat das große Tor sich auf,
in der rohen, kalten Mauer.
Es halten inne in dem Lauf,
die P.o.Ws auf Lauer.

4.) Jungfräuliche Gesichter sinds,
mit lachend Mund und Blicken.
Ein freieres „Willkomm" sie grüßt,
als oft sich wollte schicken.

5.) Und erst des Feldgrau's muntre Farb,
die wirkt wie neues Leben. (Grau – wie Fliegerblau)
In den Gestalten: „Rot und blau"
wirkt wieder neues Leben.

6.) Die Jungs die dem verlog'nen Brit
das Fell versohlen halfen,
„Die" bringen uns den Frühling mit,
über Mauer, Wall und Graben.
POW Dunkel/Auslandsinstitut Stuttgart.

Wir nahmen uns vor, nach dem Krieg ein Wiedersehen zu arrangieren. Dann ist Dr. Lachmann zu erwähnen. Im ersten Weltkrieg war er Fliegeroffizier. Vor seiner Internierung war er jahrelang in England Flugzeugkonstrukteur gewesen. Ohne Möglichkeit in Deutschland seinen Beruf auszuüben, hatte er englische Kriegsflugzeuge konstruiert. Nie hätte er geglaubt, daß es zu einem Konflikt zwischen England und Deutschland kommen könne!

Nun hatten ihm die Engländer Werkspionage vorgeworfen. Unter anderem stammt von ihm der „Lachmannsche Spaltflügel", der auch die „109" auszeichnete. Eine Vorflügelklappe, die den Luftabriß am Vorflügel bei langsamen Geschwindigkeiten vermindert, z. B. bei der Landung.

Für uns war es sehr interessant zu hören, daß er an der Konstruktion der Spitfire wesentlich mitgearbeitet hatte. Auch die hydraulischen Heckstände mit den 4 MG's, die schon früh bei den englischen Kampfflugzeugen eingebaut waren, stammten von ihm, erzählte er uns.

Leider verließ er bald nach unserem Eintreffen das Lager. Es war ihm geglückt, die Rücksendung in ein Lager in England zu erreichen. Das Bekanntwerden dieses Vorgangs wurde ihm von den anderen Internierten sehr verübelt. Wir verstanden ihn, hatte er doch Frau und Kinder in England. Er versicherte uns, er würde während des Fortgangs dieses Krieges nicht mehr in der englischen Rüstungsindustrie arbeiten.

Eine weitere „interessante" Persönlichkeit war ein Schmuggler, wie er sich selbst stolz bezeichnete. Vor diesem Krieg hätte er zwischen den Staaten und Kanada Alkohol und Zigaretten in seinem Wasserflugzeug geschmuggelt. Er war dabei aufgeflogen und kam nach der Untersuchungshaft gleich in ein Interniertenlager. Das erspare der Regierung einen langen Prozeß, behauptete er.

Der Bursche hatte die ganze Welt gesehen und war mit allen Wassern gewaschen. Er hatte schon zwei Fluchtversuche hinter sich! Sein Ziel lag näher und doch hatte er es noch nicht erreicht. Er hätte nach wie vor gute Beziehungen in den USA, viel Bargeld sei aber unerläßlich!

So äußerte er uns gegenüber auch: „Wenn ich einmal genügend Geld und die Unterlagen beisammen habe, werde ich einen hiesigen Offizier der Bewachungsmannschaft schwer unter Druck setzen. Dessen Vater kenne ich von meiner früheren Tätigkeit! Er war unser Mittelsmann in Kanada, heute sitzt er als hoher Offizier in Ottawa.

Irgendwie mußten wir diesem „Typ", der aus Frankfurt am Main stammte, Eindruck gemacht haben. Er ließ sich herab, uns einige Tips zu geben. Vor allem gab er uns Hinweise auf Bahnstrecken, die besonders gut zum „Trampen" geeignet seien. Wenn Hinnerk und ich auch immer noch „die Schnauze voll" hatten, man konnte ja nie wissen, wem solche Informationen nützlich sein konnten.

Während des abendlichen Besuchs im Lagerkino „durchsuchten" die Kanadier unsere Kasematte. Dabei erlitt ich einen herben Verlust: Alle meine POW-Post, Aufzeichnungen und Zeitungsabschnitte, die ich gesammelt und fein säuberlich in Hefte geklebt hatte, waren von den Wachen geklaut. Alles Protestieren am nächsten Tag half nichts: – Geklaut „, niemals „, und niemand „, wiederholten sie vor dem Kommandanten! – Für den „Konfiskator" waren diese Hefte einmalige Souvenirs.

Der Abschied traf uns plötzlich. Kurt half uns beim Packen, was hieß: Er packte unsere gesamte Habe und schenkte jedem von uns ein winziges, wunderhübsches „Bottleship". Als er uns abziehen sah, standen ihm die Tränen in den Augen. Er war uns so sehr verbunden, daß er später sogar eine seiner POW Karten opferte, um sie an meine Mutter zu schreiben. So viel freundschaftliche Verbindung! Nicht nur zu Kurt! Obowhl wir insgesamt kaum zwei Monate in Fort Henry waren.

Das Packen und der Abschied waren deswegen besonders aufregend, weil wir dabei unter Aufsicht des kanadischen Dolmetschers und zweier Innenposten standen.

Im Lager waren noch Restbestände von echten kanadischen und amerikanischen Dollars vorhanden, sonst gab es auch hier nur Lagergeld. Es war dann sehr aufregend, wie wir bei der letzten Verabschiedung und mehrmaligem Händedrücken noch einige davon mitbekamen.

Vorher hatten wir schon je drei kanadische Dollar in die Uniform eingenäht. Beim Händedruck kamen dann plötzlich nochmals 5 einzelne kanadische Dollar und ein Schein von 20 US Dollar in unseren Besitz.

Bei unserem Auszug spielten die Lautsprecher des Lagers deutsche Märsche, eine schöne, abwechslungsreiche Zeit war zu Ende. – Nach wenigen Schritten schlugen die Festungstore hinter uns zu. Erst außerhalb stiegen wir in einen Staff Car.

Trotzdem wir Wehmut und Abschiedschmerz empfanden, freuten wir uns doch auf ein Offizierslager. Wir wußten zwar nicht wohin sie uns verfrachteten, Angaben wurden wie üblich nicht gemacht. Aber von den neu aus England angekommenen Internierten hatten wir erfahren, daß auch der Offizierstransport, der mit ihnen aus England kam, nach Bowmanville geleitet worden sei. Dementsprechend gab es bisher nur ein Offizierslager in Kanada – nämlich Bowmanville.

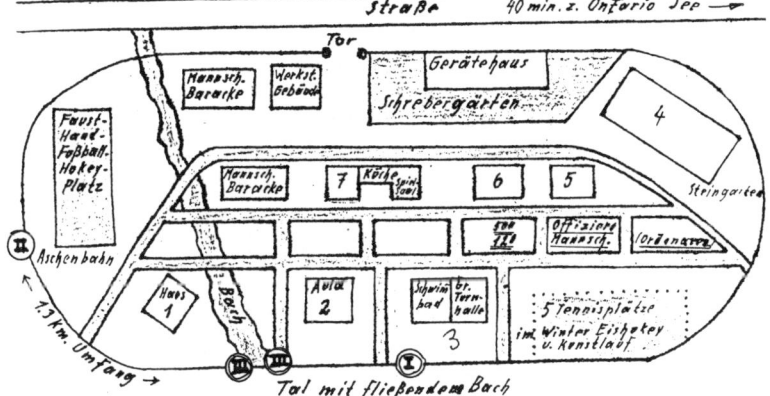

Das Lager Bowmanville Camp „30" – Umlauf, 1,3 Kilometer.
Insassen 1942: Ca 500 Offiziere, 120 Unteroffiziere und Mannschaften.
I = Fluchtversuch # 1 mit Holzstäben zwischen Stacheldraht. (23. November 1941)
II = Fluchtversuch # 2 Stacheldraht mit Beißzange durchgezwickt. (17. Dezember 1941)
III = Fluchtversucht # 3 mit Hinnerk Waller Zaunpfosten gelb angemalt (18. Februar 1942)

Mit Spannung verfolgten wir die Richtung, die der Wagen hinter Kingston einschlug.

Erst einmal fuhren wir auf dem inzwischen gut bekannten „King`s Highway # 2". – Wir hatten also guten Mut!

Bowmanville würde viele Neuigkeiten bedeuten. Hatten wir doch gehört, daß die Überlebenden der Bismarck und der bekannte U-Boot Kapitän Kretschmer dort eingetroffen seien.

Es gab bald keine Zweifel mehr! Der Weg blieb bekannt, es ging zurück nach Lager „30" – Bowmanville.

Unterwegs hielten wir zum Auftanken in der großen kanadischen Fliegerschule Trenton, die ich schon einmal vom Güterwagen aus gesehen hatte, aber wieder durften wir nicht einmal aussteigen. Wo wir doch so gerne ein paar Flugzeuge gesehen hätten! – und auch ein WC dringend gebraucht hätten.

Stark beeindruckte der klimatische Unterschied auf der Strecke. Je näher wir Bowmanville kamen, umso grüner wurde die Landschaft. Wir hatten April in Kanada! Manche Bäume hatten schon Knospen getrieben. In Bowmanville selbst konnte man grüne, frische Bäumchen erleben. Welch Unterschied zu Kingston. Dort fingen die Wiesen gerade erst an, grün zu werden. Wie mochte es da am Lake Superior, in „W" aussehen? – Wie ungeheuer groß, dieses Kanada!

Als wir dann das Lager von außen betrachten konnten und sahen, wie sich unsere Kameraden schon an der Sonne ergötzten, wußten wir, daß wir uns hier wieder einleben würden.

Unseren frohen Gefühlen wurde gleich ein „Dämpfer" aufgesetzt! Oberstltn. Gruber war von unserer Ankunft komplett überrascht. Das Lager sei überfüllt. Der neue Englandtransport mit über 150 Offizieren, hätte jede vorhandene Lücke beansprucht. Es sei sehr fraglich, ob wir auf unseren alten Stuben unterkommen würden.

Doch als wir dort ankamen, war sofort großer Empfang. Mein Stubenältester zimmerte mir persönlich ein Bett, das einfach zusätzlich mitten in den Raum gestellt wurde. Und dann ging gleich das Erzählen los!

Auch Hinnerk kam in seinem alten Haus und Zimmer unter, er wurde genauso beschlagnahmt wie ich.

Von Haus zu Haus wurden wir zum Kaffee, den es immer reichlich gab, eingeladen und erfuhren überall große Gastfreundschaft. Wir mußten erzählen „, erzählen „, und nochmals erzählen. Wir hatten schließlich etwas erlebt!. – Über die Flucht und die Internierten war zu berichten.

Wir konnten auch nachträglich noch etwas für die Internierten tun. Unsere Bücher hatten wir sowieso dortgelassen, aber nun wurde von der deutschen Lagerführung eine Sammlung veranstaltet, die eine Sendung von über 500 guten Büchern für Fort Henry ergab.

Außerdem, auch wenn es für manche ein schweres Opfer war, konnten wir noch eine gute Mischung von Musikinstrumenten, Geigen, Trompeten und was sonst in einem Lagerorchester nützlich ist, sammeln und mitschicken. Wir hätten sie in Bowmanville auch gebrauchen können, aber in Fort Henry waren sie weit notwendiger.

Die „Story" wurde bestätigt, Peter Krug und Erich Boehle, beides Kameraden aus „W", Peter mir gut bekannt von der Eisenbahnfahrt nach Bowmanville (Buffalo), waren erfolgreich mit zwei Leitern über den Zaun und „auf den Weg" gekommen!!– Sie hatten mit neuen Leitern, die diesmal leichter und professionell hergestellt waren, wieder unter Aufsicht eines „kanadischen Sergeanten" – elektrischen Draht und eine Zusatzlampe am Zaun verlegt. So waren sie ebenfalls „nebenbei" übergestiegen.

Man sollte sich aber keinem Zweifel hingeben: Obwohl die „Tour" von Hinnerk und mir gewissermaßen erprobt war. Es gehörte nach wie vor Mut dazu, am hellen Tage, mit der Hilfe von zwei Leitern und einem verkleideten (als Kakhi Sergeant) Kameraden über zwei Zäune, die über 2.50 m hoch waren, hinauszusteigen. Nach wie vor gab es im Abstand zu diesen Zäunen einen Warndraht, hinter dem ohne Warnung geschossen werden konnte!

68

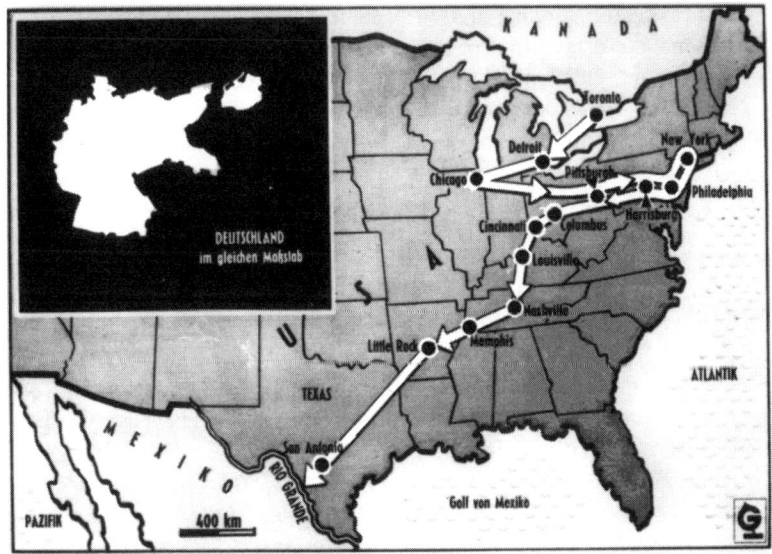

Einen „Rekord" stellte Ltn. Peter Krug auf, im April 1942 brach er aus dem Lager Bowmanville aus, bekam Kontakt mit dem „deutschen Untergrund" in USA und reiste unerkannt über 5000 km weit durch die Vereinigten Statten, bis er in San Antonio an der mexikanischen Grenze geschnappt wurde.

Boehle saß inzwischen im Arrest, der seit Neuem innerhalb des großen Lagerzaunes eingerichtet worden war, während Krug in den USA noch immer fieberhaft gesucht wurde, wie man den Zeitungen hin und wieder entnehmen konnte, wenn eine entsprechende Meldung dem kanadischen Lagerzensor entgangen war.

Schon mehrmals war über die Festnahme von Krug berichtet worden, aber immer wieder stellte sich heraus, daß es eine Falschmeldung gewesen war. Sie hatten zwar immer wieder Leute festgesetzt, aber nachher stellte sich dann heraus, daß die amerikanische Polizei wieder einmal den Falschen geschnappt hatte. An diesem Spiel erfreute sich das ganze Lager! Ich war so optimistisch, daß ich glaubte, Krug hätte schon Mexiko erreicht, das ja zu dieser Zeit immer noch als neutral galt.

Die von Hinnerk und mir mit gelben Ringen angestrichenen Zaunpfosten strahlten nach wie vor im Schmuck ihrer gelben Farbe! „Gute Farbqualität" dachten wir! Bei jeder Lagerrunde, die immer an ihnen vorbeiführte, erweckten sie nicht nur bei uns, sondern auch bei anderen Lagerangehörigen ein freundliches Schmunzeln. Nach wie vor, hielten die Kanadier diese Kennzeichnung einer „gefährlichen Stelle" am Zaun für eine gute Sache. Sie ahnten noch immer nicht, daß dieser Anstrich von mir und Hinnerk stammte und wir nebenbei das Lager am hellichten Tag verlassen hatten.

Leider war Peter Krug doch noch nicht in Sicherheit. Nach einer ungeheuren Leistung, er war bis San Antonio an die Grenze von Texas und Mexiko gelangt, spürte auch er die „Ironie des Schicksals": Es war reiner Zufall daß er in San Antonio, in einem billigen Hotel in eine Razzia geriet. Auf Anraten hatte er sich vorsorglich für den „Grenzübertritt" einen Revolver gekauft. Bei der nächtlichen Hoteldurchsuchung durch die Polizei fiel er damit auf! – Er wurde festgenommen, identifiziert und später zu uns zurückgebracht.

Dem tapferen Herrn Stephan, der leider im deutschen Klub in Detroit und damit der amerikanischen FBI (ähnlich unserer Kriminalpolizei) schon bekannt war, wurde der Prozeß gemacht. Ursprünglich zum Tode verurteilt, wurde er später von Präsident Roosevelt zu lebenslänglich begnadigt, starb aber nach Jahren doch im Gefängnis.

Peter Krug wurde zu diesem Prozeß wiederholt nach USA gebracht. Weil er als „gefährlich" galt, geschah das in Hand- und Fußfesseln.

Da auch Krug und Boehle ihre Leitern weit weg vom Lager getragen hatten, gelang der „Steinhilpersche Leitertrick" noch einmal: Schon im April vermaßen Ltn. (Reserve) Dr. Wagner, früher und später Rechtsanwalt in Wien und mein ehemaliger Staff Sergeant Reini Pfundtner nur noch Höhe und Breite des Zaunes. – Die „Verweilzeit" am und über den Zaun wurde immer kürzer!

Leider fanden die Kanadier nach diesem dritten Versuch die beiden Leitern. Das war das Ende dieser cleveren Art des „Escapens".

Anschließend gab es große Schwierigkeiten in der Lagerschreinerei und Schneiderwerkstatt. Inzwischen waren sowohl die Leitern als auch die Kleidung dort in Handwerksqualität hergestellt.

Dr. Wagner und Pfundtner hatten über organisierte Kanäle Dollars erhalten. Sie fuhren per D-Zug durch Kanada. Zuerst nach Niagara Falls, dort war für sie die Grenze aber unüberwindlich, – also zurück nach Ottawa. – Dort versuchten sie ihre Glück beim französischen Gesandten (Vichy). Der ließ sie aber hochgehen.

Von Peter Krug hörten wir nachträglich, daß ihn Stephan mit der in USA tatsächlich bestehenden deutschen Untergrund-Organisation in Verbindung gebracht hatte. Immer wieder war er weitergereicht worden, es gehörte auch viel Geschick dazu, wiederholt – oft im letzten Augenblick, dem Zugriff der Polizei zu entkommen. Sein Weg hatte ihn, meist im Omnibus, kreuz und quer durch die Staaten geführt, bis er dann das Ziel vor Augen – an der mexikanischen Grenze geschnappt wurde.

70

Der LEITERTRICK: Hinnerk und Uli als Zaunanstreicher: – Die Zeichnung illustriert gut, wie beide bei der 3. Flucht als Maler verkleidet die Zäune überquerten. Ihre Gesichter stammen von Photos. Sie trugen Mützen mit Erkennungsmarken und die Leitern waren primitiver. Die Stangen waren aus 5 X 10 cm Balken zusammen genagelt, die Quersprossen aus rohen Dachlatten. – sie waren sehr schwer! Die bei den folgenden, ähnlichen Fluchtversuchen verwendeten Leitern sahen aus, wie auf der Zeichnung. Der Wachturm mit Posten war näher ... in Sprechweite!
(Buffalo S 278)

Unsere „Puppen", oder „faltbaren Pappkameraden" hatten bei jedem dieser Fluchtversuche jeweils bei den „Roll Calls" (Zählungen), immer wieder „ihren Mann" gestanden, beziehungsweise im späteren Stadium, marschierte (gut gestützt) jeweils einer in der Mitte der Fünferkolonnen.

Und trotzdem, vorläufig hatte ich „die Nase voll", jetzt sollten erst einmal andere ihr Glück versuchen.

Irgendwann später fiel eine der Puppen doch in kanadische Hände. Das folgende etwas verbleichte Photo zeigt, wie „echt" diese Kameraden aussahen, wenn sie voll „entfaltet" waren.

So sahen die „Puppen" aus, wenn sie voll entfaltet und angezogen waren. Dieser lehnt an der Türe, beim „Vorbeimarsch" wurden sie mitgeführt.

„Bad Boys" nach Gravenhurst

Es ist nicht salopp ausgedrückt: Ich hatte „die Nase voll" von dem wiederholten, rätselhaften Pech, das meine Fluchtversuche stoppte. Ich war enttäuscht, wie meine Versuche, der soldatischen Pflicht auch als POW nachzukommen, immer wieder fehlschlugen.

Dazu ist es angebracht aus meinen damaligen Heimatbriefen zu zitieren. Das ist möglich, weil meine Eltern alle POW-Post, monatlich 4 Karten und 3 Briefe, aufbewahrt haben.

Brief vom 26. Februar 1942 (aus dem Arrest Bowmanville, zurück von Watertown/USA, vor der Verlegung zu den Zivilinternierten in Fort Henry) an meine Mutter: „...Ich habe mit Fleiß u. Sorgfalt und allem was ich aufbringen konnte, gegen mein Schicksal hier angekämpft. Wenn die

72

Vorsehung gewollt hätte, wäre es möglich gewesen. Ich glaube nun, daß ich auch hier meine Pflicht getan habe; es hat nicht sein sollen; vielleicht ist ein anderer glücklicher als ich. Ich schreibe Dir das jetzt, nachdem es hinter mir ist, um Dir zu zeigen, daß ich weder weich noch unvernünftig bin oder werde! Dein Uz".

Obwohl Bowmanville überfüllt war, hatten mich die Stubenfreunde gut aufgenommen. Nun wollte ich mit „gutem Gewissen" dies Lager mit all seinen Vorteilen nutzen. Es sollte eine gute Mischung von Sport und Unterricht werden. Möglichkeiten vieler Art gab es: Unser Hungerstreik, hatte sich langfristig ausgezahlt.

Da war der große Sportplatz, die Schwimmhalle, auf dem Gelände des Eishockeyfeldes entstanden Tennisplätze. Räumlichkeiten für viele Unterrichtsarten waren da, die Bücherei wurde umfangreicher, man konnte musizieren. Meine Absicht war es, körperlich und geistig gut vorbereitet zu sein, wenn wir wieder in Freiheit sein würden. Was in England bescheiden begonnen hatte, im Wildnislager „W" am Lake Superior mit Büchern und Musikinstrumenten weiter wuchs, kam in Bowmanville zur Entfaltung. Der Schweizer Bürger, Prof. Böschenstein, in Toronto tätig, war ständig bemüht, sowohl über den YMCA (CVJM), als auch über das rote Kreuz, Sportgerät, Bücher, Unterrichtsmittel und viele Musikinstrumente einzubringen.

Meine Freude wurde jedoch schon nach wenigen Tagen gedämpft: Ende April waren Hinnerk und ich aus Fort Henry zurückgekehrt. Jetzt erfuhren wir Anfang Mai, es sei geplant, das Lager „30" zu entlasten. Die erste Verlegungsliste, mit unseren Namen, neues Lagerziel wieder unbekannt, kursierte bereits. Wenn man die Liste studierte, gab es keinen Zweifel mehr: Die „unliebsamen Elemente" sollten abgeschoben werden!

Fast alle „escaper" waren dabei, solche die „getunnelt" hatten, oder durch andere Vorfälle aufgefallen waren. Sicher hatten die Innenposten, die deutsch verstanden, manchen Namen auf diese Liste befördert. Peter Krug blieb vorläufig in Bowmanville, er sollte in dem laufenden Gerichtsverfahren gegen Herrn Max Stephan immer noch in die USA gebracht werden, um dort als Zeuge vor den Gerichten auszusagen, Bowmanville in der Nähe Toronto's lag verkehrsgünstig.

Es war klar, warum ich auf der Liste stand. Etwas wollte ich vor der Verlegung noch wahrnehmen! In dem Transport, der Anfang April aus England eingetroffen war, befand sich ein Offizier der Bismarck. Nach allem, was wir – unvollständig und oft zensiert – über dieses Schiff in der kanadischen Presse gelesen hatten, wollte ich, wenn möglich persönlich von Kapitänltn. Freiherr von Müllenheim-Rechberg hören, was wirklich geschehen war.

BOWMANVILLE: Ein „Wunschkonzert" des „Tanzorchesters" im Lager „30". Kulisse gestaltet von Hans Berthel, Orchesterleitung, Musik zum Teil Eigenkomposition; Hans Poser, später Musikprofessor in Hamburg.

Bald fand ich seine Unterkunft, ein Haus vorwiegend mit kleinen Zimmern und wollte ihn sprechen. Sein Zimmerkollege, Major der Luftwaffe, sie wohnten in einem recht komfortablen Zweibettzimmer, sagte mir, daß der „Kaleu" unterwegs sei, er wäre wahrscheinlich in der Nähe des Küchengebäudes zu finden.

Dort traf ich ihn, stellte mich vor und fragte ob er mir über die „Bismarck" erzählen würde, ob er bereit sei mir einen Termin zu nennen. Meine etwas drängende Haltung begründete ich: Kaum aus Fort Henry gekommen, würde ich schon wieder abgeschoben. – Damals erschien mir die Abfuhr, die ich bezog, unerklärlich. Er ging von mir weg und murmelte etwa; er habe schon mehrmals erzählt und sei dabei, sich auf einen umfassenden Vortrag vorzubereiten. Dringlich versuchte ich, meine Bitte mit der drohenden Abreise zu begründen, er ließ mich einfach stehen!

Viele Jahre später, (mein Buch entsteht 1990) werden mir die Augen geöffnet: Etwa 1988 erfuhr ich, daß das Buch „Schlachtschiff Bismarck" von Freiherr von Müllenheim-Rechberg erschienen war. Ich erwarb ein Exemplar und las: Jetzt wollte ich erfahren, was geschehen war.

Je mehr ich las, je mehr verstand ich: – Da stellte sich ein Mann dar, der schon 1929 in die deutsche Kriegsmarine eingetreten war, immer wieder seitenlang begründete, wie sehr er das Nazi Regime haßte. Nichts anderes sei ihm geblieben, als in die „innere Emigration" zu gehen.

Für mich seltsam, weil ich von 1933 bis 1940 einen Onkel erlebt hatte, der in den 20iger Jahren zum Freundeskreis des späteren Bundespräsidenten, Prof. Heuss, gehörte. Dieser Onkel hatte einen Weg gefunden, um die für ihn schwierige NSDAP Zeit als aufrechter Mann durchzustehen. – Er war Beamter bei der deutschen Reichsbahn und hatte keinen Eid auf die deutsche Führung geschworen.

V. Müllenheim, hatte zweifellos beste Informationen über politische Entwicklungen. Er berichtet im Buch „Bismarck", wie er 1938 als Kapitänleutnant Gehilfe für Presseauswertung beim deutschen Marineattaché in London war und dort mit vielen einflußreichen Persönlichkeiten in Kontakt stand.

Seine besonderen Erkenntnisse und die inneren Konflikte zwischen soldatischer Verpflichtung und politischer Gesinnung beschreibt er auf vielen Seiten. Auch mit dem Versailler Vertrag beschäftigt er sich auf seine Weise. – Nach vielen Jahren wird erkenntlich, was dieser Mann wohl über „Escaper" gedacht haben mag. Heute jedoch besteht erst recht die Frage, warum hat er nicht wenigstens in meinem Fall den Versuch gemacht, mit einem dieser „jungen Draufgänger", wie er sie später nennt, zu sprechen, um sie vor Schaden zu bewahren.

Mit großem Abstand vom damaligen Geschehen: Wenn jemand so „klar sah", warum ist dieser Mann, nach 11 Jahren aktivem Marinedienst, Adjudant beim Kommandanten der Bismarck geworden? – Wohin hätte man ihn versetzt, hätte er sich dem Kapitän Lindemann anvertraut? Wie stolz präsentiert sich „der Verfasser" auf den Buchphotos mit der Silberschnur des Adjudanten. – Merkwürdig, „alles gewußt und geahnt" zu haben, ohne Konsequenzen zu ziehen.

Vom 18. bis zum 27. Mai 1942, 9 Tage, stand der Kapitänleutnant mit der Bismarck im Einsatz; Auslaufen, die Versenkung der HOOD, der Untergang der BISMARCK, das schlimme Ende des großen deutschen Schlachtschiffes, das ist präzise berichtet, gut recherchiert.

Da wird geschildert,„die Überlebenden, viele schwammen im Wasser, (v. M. schätzt über 800 Seeleute), – schwammen im Öl! – Das Photo, – wie die Männer verzweifelt um die heruntergelassenen Taue der „Dorsetshire" kämpfen, kann man nie vergessen! – Wie viele mehr dieser deutschen Seeleute hätten von der „Dorsetshire" gerettet werden müssen! Warum hat die englische Navy keine großen Schiffe zu Hilfe geholt? Sie hatte die weit überlegene Flotte vor Ort. – Der Untergang der BISMARCK geschah am Vormittag um 10.39 Uhr. Es gab also am hellen Tage viele Stunden Zeit, um die armen Kerle aus der öligen Brühe zu retten ... Aber die „Dorsetshire" fuhr ab!

Fünf Tage vorher, am 22. Mai retteten vor Kreta – umgeben von der überlegenen britischen Navy – kleine deutsche Motorsegler über 500 englische Seeleute des Kreuzers „Gloucester". Selbst deutsche Seenotflugzeuge wurden zur Hilfe gerufen!

BOWMANVILLE: Gebäude 4, das schönste und größte im Lager „30".

Nur einhundertzehn von den über zweitausend Mann der Bismarck wurden gerettet. V. Müllenheim an Bord der „Dorsetshire" hat verzweifelt in Ohnmacht nachgedacht: „ „, da waren noch hunderte von Ihnen!..." Er war der dienstälteste gerettete Offizier der Bismarck. – Der Abdruck des Briefes des Captain Martin, Kapitän der Dorsetshire, vom Morgen nach der Versenkung läßt erstaunen: .."I hope you slept well and feel none the worse, for your swim." v. M. übersetzt das:.."Ich hoffe, daß Sie gut geschlafen haben und daß Ihr Schwimmen Ihnen nicht geschadet hat." – Ist Verwunderung über Gefühle angebracht? – Nein, gut, daß das so geschrieben steht!

Auch der Versuch des Autors eine Erklärung zu finden, warum die Dorsetshire und der Zerstörer Maori ablaufen mußten, soll einer nachfolgenden Generation helfen, eigene Beurteilungen zu finden.

Die englischen Verhörlager schildert er so, als ob die Verhöre und Methoden für einen listigen Fuchs wie v. Müllenheim kein Problem waren. Eigentlich alles ganz plausibel und normal, man mußte die Engländer nur richtig auf „die Schippe nehmen".

Spätestens an dieser Stelle erhalte ich neue Motivation, den Bericht über eigene Erlebnisse fortzusetzen. Schon in meinem Buch „Noch 10 Minuten bis Buffalo" (ISBN 3-7628-0465-6) berichte ich, wie die Mehrzahl fliegender und U-Bootsbesatzungen die englischen Verhörlager durchstehen mußten. Nach Lektüre des Buches BISMARCK wird es

76

Pflicht zu schildern, wie die POW Zeit von normalen Kriegsgefangenen erlebt und zu Ende gebracht wurde.

Leute wie v. M. finden bisher wenig Widerspruch. Gleich nach dem Kriege konnte niemand den „heimlichen Widerständlern" antworten. Kein Medium hätte sich gefunden (noch von den Besatzungsmächten kontrolliert) in dem dies möglich gewesen wäre. Außerdem wurden solche Leute im neuen Staate schnell mächtig genug, um keine anderen Meinungen aufkommen zu lassen.

Die Karriere auf der Bismarck haben den Verfasser ins Rampenlicht gebracht. Seine 9 Tage im Einsatz haben sich gelohnt! Er hat erkannt, wo für diesen Abschnitt des Seekrieges Interesse bestand: Englands bedeutenstes Schlachtschiff, die HOOD, war mit wenigen Volltreffern von der BISMARCK versenkt worden! Ob es nötig ist, diese dramatischen Ereignisse mit politischer Münze zu verbrämen?

Von seiner Ankunft im kanadischen Lager Bowmanville erzählt v. M: ,,, daß ich mich jetzt in einem Lager befand ,,, das „unstreitig schönste diesseits und jenseits der Ozeane" genannt werden sollte ,,, ich würde, solange überhaupt in Kanada gefangen, freiwillig keiner Verlegung in ein anderes Lager folgen ..." Er erwähnt vorher nebenbei, daß es vor dem „schönen" Bowmanville Auseinandersetzungen zwischen der deutschen und der kanadischen Regierung gegeben hatte, was zur Androhung von Repressalien deutscherseits führte. Der Hungerstreik (siehe BUFFALO), der bei unserer Ankunft in Kanada im Januar 1941 unter Führung von Obstln. v. Wedel (der letzte Ritter! wie wir ihn nannten) durchgeführt wurde, kommt bei ihm mit keinem Wort vor.

Erst dieser Hungerstreick, hatte zu diesem „schönsten Lager" geführt! Sicher wurde ihm nie bewußt, daß er zu dieser für die Gefangenschaft in Kanada entscheidenden Zeit noch die Heimat genoß, zum Urlaub und Schifahren in den Alpen war. Noch übte er auf der Bismarck und litt unter seinem Haß gegen das Regime.

In Bowmanville einmal angekommen, waren wir für ihn: ... „ein repräsentativer Teil der soldatischen Blüte unserer Nation, junge Männer im Frühling des Lebens, Marine-, Luftwaffen- und Heeres- Offiziere, viele von ihnen Draufgänger, dekoriert, einige hoch- dekoriert – sie alle in den Jahren 1939 bis 1941 herausgerissen aus Feindfahrt, Feindflug und Landkrieg" ... – Daß wir auch als Gefangene „draufgingen" – auch zu seinem Vorteil – ob er sich diese Frage jemals gestellt hat?

Auch er befand sich auf der Transferliste, wußte aber sofort Abhilfe! Erst wenige Wochen im Lager „30", hat der kluge Mann schon seine Verbindungen: ... „Ich bat die deutsche Lagerführung, bei den Kanadiern zu intervenieren, da ich mittlerweile in einem wissenschaftlichen Lehrgang fortgeschritten sei ..." – So schreibt er im „Buch Bismarck"! ... „Für die

Kanadier mußte nur die Zahl der zu Verlegenden stimmen. Freiwillige gab es für solche Fälle ja immer" „, berichtet v. Müllenheim nach 45 Jahren! Wer wagt es heute, solcher Logik zu widersprechen? Keine Zweifel gibt es daran: Das Zweibettzimmer blieb erhalten!

Schade, daß ich dem Mann im Rahmen der „Kanadiertreffen" nicht begegnet bin. Die „Ehemaligen" treffen sich auch heute noch alle zwei Jahre. Ob ein Gespräch etwas gebracht hätte? Nachdem sein Buch vorliegt, gibt es Gelegenheit, sich schriftlich zu äußern.

Mit einem anderen POW-Kanadier, den v. M. in seinem Buch öfters als Gesinnungsfreund nennt, war ich im Gespräch. Vor einigen Jahren, bevor ich das Buch BISMARCK kannte, bewunderte ich an diesem Manne vorwiegend seine tiefe Religiosität, die ihm während der Gefangenschaft sehr geholfen hatte.

In unseren Unterhaltungen wurde deutlich, daß ich mit einem Mann sprach, der auch schon seit 1933 „alles kommen" sah!

Zur Übung und um eine Beziehung zu den gegenwärtigen Problemen herzustellen, sprach ich mit ihm über die leidigen Unruhen und Kriege mit religiösen Hintergründen, wie Irland, Iran/Iraq oder auch Beirut. Zweck der Übung war, von einem Mann, der alles „vorausgeahnt hatte" zu lernen, wie er heute, in der Gegenwart, prophezeien würde.

Wir hatten große Schwierigkeiten, selbst bei unbedeutenden Festlegungen. Würden damit nüchterne Zweifel bezüglich seiner retrospektiven Präzision entstehen? – Nicht bei meinem gebildeten Gesprächspartner!

Vor 40 Jahren hätte er sich festgelegt und nun Recht bekommen. „Offen" hätte er sich erst nach dem verlorenen Krieg äußern können. Ob es in den Sinn kam? – Zum Nutzen der Karriere? Er war „damals" Reserveoffizier, als Beobachter August 1940 in einem Bomber abgeschossen worden, schwer verbrannt. „Damals" war auch er im gehobenen Staatsdienst, diente schon vor dem Krieg in einem ihm verhaßten Staat und Regime. Warum eigentlich schweigt bei diesen Leuten heute auch nicht das Gewissen?

Bei allen möglichen Gelegenheiten, natürlich im „vertraulichen Gespräch" mit bestimmten Personen, habe er vor dem Krieg gewarnt und vor allem dann in der Gefangenschaft rechtzeitig Weichen gestellt, auch nur mit den rechten Leuten und „vertraulich". Warum er denn nichts, aber auch gar nichts unternommen habe? Fragte ich immer wieder, um meine ursprüngliche Hochachtung vor dem Mann zu retten.

Diskussionen, wie die besseren Bedingungen in Kanada zustande kamen, waren fruchtlos. Er wollte nicht wahrhaben, daß unser Hungerstreik nur erfolgreich war, weil die Engländer damals höchstens 2000 deutsche Kriegsgefangene verwahrten, während die deutsche Seite seit dem Frankreichfeldzug und Dünkirchen mehr als 35 000 Engländer in Gewahrsam hielten. Es sei die Angst vor Repressalien gewesen! – stellte ich fest.

Nach jeder Unterhaltung unverändert behauptete er, daß unsere gute Kost auf seine Gespräche mit einem englischen Pater zurückzuführen sei. Erst danach sei sie nicht mehr von U-Bootköchen, sondern von Köchen der deutschen Handelsmarine gekocht worden. Dabei kam er erst im April 1942 nach Kanada. Er ist so von seiner Bewertung überzeugt, daß er mir auch erzählte; selbst der bekannte Kardinal Frings habe sich bei einem Englandbesuch bei diesem Pater bedankt. Von wem der Kardinal wohl vorbereitet wurde?

Genau so bestimmt: In dem englischen Lager habe er als Jurist von dem englischen Kommandanten ein Exemplar der Genfer Konvention verlangt und danach strikt darauf bestanden, daß diese erfüllt werde. So sei eine gute englisch/kanadische Behandlung entstanden.

Nicht alle Unterhaltung war umsonst. Beim letzten Versuch, mit ihm eine reale Betrachtung der Gefangenschaft herzustellen, hörte ich, daß ihm in England ein Angebot gemacht worden war, bis zum Ende dieses unseligen Krieges in einem englischen Kloster zu studieren. Er habe abgelehnt, weil ihm die seelische Betreuung seiner Mitchristen im Lager wichtiger gewesen sei.

Wenn man weiß, was nach dem verlorenen Kriege mit den POWs in Deutschland, USA, England, Frankreich und auch Kanada geschah, als deutsche Repressalien nicht mehr zu befürchten waren, sollte man bei diesen Leuten wenigstens „Nachdenken" erwarten. – Umsonst: „Ihre Verdienste" wollen erhalten bleiben.

Diese Themen sind bei diesen Leuten auch deswegen nicht fruchtbar, weil sie als der Krieg verloren war, in ein spezielles Demokraten – Lager verlegt wurden, wo sie die eingetretene Willkür nicht so erlebten, wie der Durchschnitt.

Ein Morgenthau Plan, bei dem deutsche Offiziere nur Handarbeit leisten sollten und der weit schlimmere Ideen enthielt, wird von ihnen einfach übergangen. – Je reifer an Jahren diese Menschen werden, umso weniger sind sie bereit, nochmals – jetzt mit Abstand – nachzudenken. Es gibt jedoch immer noch lebende Zeitzeugen, die mithelfen, daß nicht nur die Version vom schlechten Deutschen und dem untadeligen Gegner überliefert wird.

Es muß deutlich werden: Die große Mehrzahl der Mannschaften, Offiziere und Unteroffiziere, die in kanadischen Lagern saßen, zählen nicht zur Kategorie von abwartenden Zaungästen.

Die große Mehrheit verhielt sich nach ihrer Gefangennahme so, daß kein Engländer auf die Idee gekommen wäre, ihnen ein Studium außerhalb des Lagers anzubieten. Auch sind sie in London nicht in Bars oder zum Dinner geführt worden, in Erwartung, sie würden „abspringen". Da darf es in der kommenden Generation keinen Zweifel geben: Wenn der damalige Feind, jetzt mit uns in der NATO, Hochachtung vor den deutschen Soldaten hat, dann auch wegen der inneren und äußeren Disziplin, die in den kanadischen Lagern noch nach dem verlorenen Krieg bewahrt wurde. Mit einer tapferen Haltung, wurde die Genfer Konvention und auf lange Dauer die soldatische Anerkennung erreicht.

Dabei darf nicht vergessen werden, wie von allem Anfang an die vielen englischen Kriegsgefangenen in den deutschen Lagern behandelt wurden. Die Genfer Konvention war Leitschnur, ohne Androhung von Repressalien der anderen Seite.

In dem Bismarck-Buch kommt der Verfasser auch zu Ausführungen über den Kapitänleutnant Hans Rahmlow. – Der Kommandant von U 570 war in Gefangenschaft von den deutschen Marineoffizieren geächtet worden, weil er sein Boot fast unbeschädigt den Engländern übergab. Das hatte schlimme Folgen für die gesamte deutsche U-Bootswaffe.

Von einem „Ehrenrat" von U-Bootoffizieren wurde schon in England beschlossen, daß mit Rahmlow bis nach dem Kriege niemand sprach. Zu Hause sollte er vor ein Kriegsgericht gestellt werden. – Sein erster Offizier, Obltn.z. See Berndt, machte in England einen gewagten Fluchtversuch bei dem er erschossen wurde. Auf diesem Weg stellte Berndt sicher, daß seine Ächtung wegen: „Feigheit vor dem Feinde" ausgelöscht war. Berndt liegt in dem kleinen englischen Ort Hawkshead begraben.

V. Müllenheim wußte von der „Ächtung" Rahmlows, und schreibt dazu: ... „Es hatte mich innerlich durchaus gedrängt, im Gespräch mit ihm näheres zu erfahren, Anteil zu nehmen ... persönlich hätte ich da keine Hemmungen gehabt ... Aber ich unterließ es im Interesse des Lagerfriedens ... Da war es einfach vernünftiger, den Gedanken an ein Gespräch mit Rahmlow aufzugeben." – Vernunft? – Eine andere Art von innerer Emigration?

Im Buch „Bismarck" steht auch, daß die Kanadier v. Müllenheim nach dem Kriege „bestätigten", daß er innerhalb des Lager „gefährdet" war! Trotzdem berichtet er so, als ob er Verständnis, sogar Stolz über die Aktivitäten wie Tunnel, Flucht, „Battle of Bowmanville" und ähnliches empfindet.

Zum Radio in Bowmanville habe ich berichtet. Auch hier erzählt v. Müllenheim wie ein „Insider". Dazu ist festzustellen, daß er bei diesem Thema wenig eingeweiht war. Die Radiobastler im Lager hatten genügend andere Helfer.

Schade, daß ein um die Kriegsgefangenen so verdienter Mann wie Professor Boeschenstein nach dem Kriege in Kanada seine Auszeichnung von Freiherr v. Müllenheim-Rechberg überreicht bekam! Dieser war seit 1968 deutscher Generalkonsul in Toronto und durfte ihm das große Verdienstkreuz der Bundesrepublik Deutschland überreichen.

Viel zu viele Nazis seien in die neue deutsche Regierung gekommen, schreibt v. M. am Schluß. – Bemerkenswert – am Schluß des Buches mit dem Titel „Schlachtschiff Bismarck".

Ob der umfangreiche, politische Teil daran Schuld ist? – In dem Buch ist kein Platz, wie nach Kriegsende kanadische Gerichte in dem Mannschafts- und Uffz.-Lager Lethbridge deutsche Feldwebel zum Tode durch den Strang verurteilt haben und diese Ende des Jahres 1946 aufgehängt wurden.

Damit sollten die in diesem Lager an Mitgefangenen vollstreckten „Kriegsgerichtsurteile wegen Feigheit" (1944) gesühnt werden. Der Tod durch den Strang bei diesen Kriegsgefangenen ist auch heute noch in Kanada sehr umstritten. Professor Böschenstein hatte damals gegen die Urteile und deren Vollstreckung vergeblich mündlich und schriftlich protestiert. – Das ist nachzulesen in „Behind Canadian Barbed Wire", David Carter, Canada. Dort steht auch, daß Prof. Böschenstein die Verurteilten vor ihrem Tode durch Hängen besuchen durfte.

Im gleichen Buch sind in Listen erwähnt: Der erschossene Obltn. Martin Müller, Tod am 30.6.41, G.S.W. (Gunshot wound) while resisting arrest. Shot in back of head. Guards drunk. (Schußwunde – wegen Widerstand bei der Festnahme. Schuß in Hinterkopf. Wachen betrunken.)

Dort sind auch aufgeführt – auf der Flucht vom Lager „X" erschossenen: Am 20. 4. 41: Alfred Miethling und Herbert Loeffelmeier. Über diesen großen Fluchtversuch im April 1941 erschien im „Weekend Magazine", Canada 1964, Hefte 4, 5 und 6 ein langer Fortsetzungsbericht.

Dort werden die Erschießungen vom 20.4.41 – erst nach genauen Recherchen bei den Überlebenden in Deutschland – geschildert und kritisiert. Konnte dem deutschen Generalkonsul in Toronto all dies entgehen? Die erweiterte Neuausgabe der BISMARCK erschien 1987.

Es geht nicht darum alte Wunden aufzubrechen, aber wenn in einem Buch über den Untergang der Bismarck, die Geschichte der deutschen POWs in Kanada mit politischer Verbrämung versehen wird, dann soll hier die Version geschrieben stehen, wie sie von der Mehrzahl erlebt wurde.

V. Müllenheim führt immer wieder aus, über die damalige englische Politik besonders gut informiert gewesen zu sein. Warum läßt er die geplante Invasion Englands weg. Könnte sich hier besseres Nachdenken über Englands Verhalten einschleichen? Ist das der Verzicht auf politischen Ausblick?

KRIEGSGEFANGENENGRÄBER: Auf dem Friedhof Angler, neben dem Lager „X" lagen bis zur ihrer Umbettung begraben: Hintere Reihe, von links: Martin Müller, 30. 6. 1941, Alfred Miethling, 20. 4. 41, Herbert Löffelmeier, 20. 4. 41, alle Tod durch Schußwaffe. – Vorne rechts, Walter Uenk, gestorben an Cerebro Spinal Meningitis, 18. 5. 1941.

Es ist nicht verständlich warum in einem Polit-Buch, benannt Schlachtschiff BISMARCK, sowohl die geplante Invasion, als auch der Flug von Rudolf Heß nach England im Mai 1941 nicht einmal vorkommt. Nachdenkliche Engländer wundern sich, warum die bekannt umfangreichen Heß-Protokolle, die mit hoher Wahrscheinlichkeit deutsche Vorschläge zur Verständigung mit England enthalten, auch heute noch nicht freigegeben sind. Warum der Autor alles vermeidet, was Deutschland – die Deutschen, in besseres Licht rücken könnte? Aber verlassen wir diese Themen!

Zurück zum Mai 1942: Von Bowmanville wurden wir per Lastwagen in kleineren Gruppen nach dem ca 150 km nördlich liegenden Lager Gravenhurst, # „20" transportiert.

Erst nach der Ankunft in „20" war klar, was uns geschehen war! Dieses Lager hielt den Vergleich mit Bowmanville nicht aus.

Es war früher Lungenheilanstalt gewesen. Aber inzwischen war es verlottert und verkommen, reif zum Abbruch. Die Zimmer, auf drei Stockwerke verteilt, waren eng und verbaut. Speiseraum und Küche befanden sich in einer Baracke. Für das Personal der Stabskompanie, die „Ordonnanzen" war ein Holzgebäude im Bau.

Wo waren die Unterrichtsäume? Wo konnte hier Sport getrieben werden? – Es gab kaum Bücher, nur wenige Musikinstrumente waren vorhanden.

GRAVENHURST, Lager „20": The most beutiful fence – der schönste und sicherste Zaun Kanadas. Trotzdem – fast genau an der Stelle, wo sich der Laufsteg zwischen den Zäunen befindet, hat Uli Steinhilper 1944 seinen 5. Fluchtversuch gewagt.

Kein Zweifel, die Kanadier hatten uns einen „übergebraten"! Für sie war nur wichtig, daß dieses Lager den „most beautiful fence", den schönsten Zaun von ganz Kanada besaß. Es war ein Maschendraht, gut 3 Meter hoch, bestehend aus einem Geflecht von 5 mm Stärke, das von keiner Beißzange zu knacken war. – Noch wichtiger: Das Lager war auf felsigem Grund am Ufer des Muskoka Sees gebaut. Die Gegend sah für Kenner wie die felsigen norwegischen Schären aus.

Zwar war genügend Boden vorhanden, daß Gras und Bäume wachsen konnten, aber „tunneln" konnte man hier nur an wenigen Stellen. Und dort im Boden steckten schon bei unserer Ankunft die ominösen, senkrechten Balken, die täglich von den Wachen kontolliert wurden.

„Escapen" war erst mal kein Thema, unsere Stimmung war auf null. Selbst die Lagerführung blieb für einige Zeit ungeklärt, das machte die Zimmerbelegung nicht einfacher! – Zuerst herrschte Unmut, bald wurde uns aber klar, daß Selbsthilfe nötig wurde. Wir zogen im 3. Stock des Gebäudes zusammen, in eine vier bis fünf Mann Bude. Ein sehr kleines Eckzimmerchen, aber mit einem Balkon und Sicht zum Muskoka See. Dieser Balkon war allerdings mit dem anschließenden Zimmer zu teilen. Das war mit vier Afrika-Korps-Offizieren belegt, Stubenältester Oberleutnant Dr. Paul Huppert.

Wir: Stubenältester Hauptm. Peter Döring, Fernaufklärer. Er war schon vor dem Frankreichfeldzug in Belgien in Gefangenschaft geraten, hatte bei der Evakuierung in Dünkirchen schreckliche Erlebnisse. Die Engländer mußten, wie bekannt, viele eigene Leute am Hafen und Strand zurücklassen, aber die wenigen deutschen POWs nahmen sie alle mit, selbst unter riskantesten Bedingungen. Peter hatte unter dem Angriff der eigenen Stukas im abgeschlossenen, verlassenen Güterwagen um sein Leben gebangt. Als das gut gegangen war, wurde er noch im Hafen von Dünkirchen von einem brennenden Schiff zum anderen transferiert und nach England gebracht.

Er war befreundet mit unserem Stubenkameraden Hptm. Eberhard Wildermuth. Sie hatten lange vor Kriegsbeginn und dem Wechsel zur Luftwaffe gemeinsam im Heer gedient. Eberhard stammte aus Bad Cannstatt, war also schwäbischer Landsmann. Als Flugzeugführer eines Ju 88 Kampfbombers war er am 12. August 1940 bei einem großen Angriff des KG 51 (Edelweißgeschwader) auf den Hafen von Portsmouth abgeschossen worden. Bei diesem Angriff, wurden trotz Jagd- und Zerstörerschutzes, 10 Ju 88 des Geschwaders durch englische Hurricane und Spitfire abgeschossen. Der Kommodore des Geschwaders, Oberst Dr. Fisser, ist bei diesem Angriff gefallen.

Außer mir kam auf die Stube, unser lang gewachsener „Benjamin", Leutnant Rudolf Thepold. Ihn hatte es als Flugzeugführer eines He 111 Bombers am 16. August erwischt. Sein Geschwader, das KG 55 (Greif Geschwader) hatte Hafenanlagen an der Küste von Sussex in der Nähe von Brighton angegriffen, dabei erwischten die englischen Jäger 6 Maschinen des KG 55.Später kam dann der Reserveoffizier, Ltn. Vater noch zu uns. Als gelernter Studienrat stand er den „jungen Dachsen" immer mit freundlichem Rat und Tat zur Seite.

Gottseidank waren die Stubenbelegungen sehr zeitraubend. Sie beschäftigten die Sinne. Das half zur Überbrückung der ersten Wochen. Trotzdem, was waren das doch für Buden! Was hatten wir für miese Kojen! Und es sollte lange dauern bis wir herausfanden, wo sich die vielen Wanzen versteckt hielten.

Eine Notiz, die wir in einer Zeitung fanden, bestätigte dann, wie unsere „Auswahl" zustande gekommen war: Unter dem Datum vom 19. Mai war zu lesen:

GRAVENHURST: Hauptgebäude vom See aus – es handelt sich um eine Aufnahme nach dem Kriege, als die Anlage wieder als Hotel benutzt werden konnte. Später brannte alles bis auf die Grundmauern ab.

Anstifter von Fluchtversuchen in ein neues Lager verlegt

Von H.R. Armstrong, Ottawa, Ont. Den 15. Mai.

Als Ergebnis wiederholter Ausbruchsversuche aus dem deutschen Offizierslager in Bowmanville, wurde eine Gruppe von Gefangenen in ein anderes Lager verlegt, ist bekannt geworden.

Als offizielle Begründung für die Abschiebung in ein nördlicher gelegenes Lager in Ontario wird „Überfüllung" in Bowmanville angegeben. Jedoch ist bekannt geworden, daß es sich bei den Verlegten um Anführer bei Ausbruchsplänen handelt.

Die Verlegung wird als eine Art Maßnahme angesehen, um die Wahrscheinlichkeit weiterer Ausbruchsversuche aus dem Lager Bowmanville zu verringern. „Eine geringe Anzahl" wurde verlegt, lautet eine halboffizielle Meldung.

Verständlich war es schon, daß die Regierung in Ottawa irgend etwas unternehmen mußte, um die durch die wiederholten Presse – Meldungen aufgebrachte Bevölkerung zu besänftigen.

ESCAPE RINGLEADERS SENT TO NEW CAMP

By H. R. ARMSTRONG

Ottawa, Ont., May 19—As a result of repeated escapes from the German officers' prison camp at Bowmanville, a group of prisoners has been transferred to another camp, it is learned.

The official reason given for removal to a more northerly Ontario camp is "overcrowding" at Bowmanville. It is learned, however, that those moved are considered to be ringleaders in escape plans.

The transfer is considered to be one means of reducing the likelihood of further breaks from the Bowmanville camp. "A small number" has been moved, according to semi-official statement.

Der wahre Grund für unsere Verlegung nach Gravenhurst.

Metropolitan Edition

The Globe and Mail

Forecast – Cloudy; Cold

VOL. XCIX, NUMBER 28,764.   TORONTO, MONDAY, FEBRUARY 23, 1942   3 Cents Per Copy   28 PAGES

Russ Kill 300,000 Nazis in 5 Weeks;
Churchill Ousts 5 in Cabinet Shake-Up;
Allies Still Hold Bali, Repel Java Raid

Drops Margesson From War Office; Greenwood Out | War Minister | **Australia to Send All Possible Help To Allies in Indies** | **SPIRIT OF HUN ARMY BROKEN, MOSCOW SAYS**

NAZIS und HUNNEN wurden wir in der Presse genannt. – Konnte man da von der Bevölkerung Verständnis für die Genfer Konvention erwarten?

Auch ich wurde nach der Gefangennahme bei der zweiten Flucht in Montreal als „Hunnen – Gefangener" bezeichnet. Siehe die Abb. des „Sudbury Daily Star". Die „Watertown Daily Times" vom 23.Febr. 1942 spricht nur von „Nazi Airmen" und „Nazi Prisoners".

Irgendwie paßte das alles nicht zusammen: Auf der einen Seite wurden kämpfende deutsche Soldaten, genau wie Kriegsgefangene in der kanadischen und amerikanischen Presse immer wieder als „Nazis" und „Hunnen" tituliert und wurden dann eigentlich in den Kriegsgefangenenlagern viel zu „sanft" angepackt. – Auch noch bei der Bevölkerung Verständnis zu erwarten, daß es für den gefangenen Soldaten Pflicht ist, die Freiheit wieder zu erlangen, wäre für einen kanadischen Reporter der Entlassung gleichgekommen. Keine der kanadischen Zeitungen hätte sich getraut, etwas von der Genfer Konvention, oder gar von der guten Behandlung der englischen, kanadischen und der wenigen freiwilligen amerikanischen Flieger zu berichten, die in deutsche Gefangenschaft geraten waren.

Ein Bericht in der Zeitung „Toronto Daily Star" vom 23. Februar 1942, wird von mir als Beispiel übersetzt. Dieser Artikel wurde ausgelöst durch die Gefangennahme von Waller und mir in Watertown U.S.A. (siehe „Buffalo").

U.S CHEF IST SICHER, NAZIS ERHALTEN ORGANISIERTE HILFE BEI DER FLUCHT.

Two Escaped Nazi Airmen Captured by City Police; Are Sent Back to Canada

Two Ober-Lieutenants Who Fled Bowmanville, Ont., Prison Are Caught Here

SUSPICIONS OF PATROLMAN JOHN BEROW RESULT IN THEIR ARREST

DETECTS THEM FIRST IN ARSENAL STREET, AT SOUTH MASSEY STREET

ARRESTS MADE AT POINT OF GUN

Two Fliers, Otto Ulrich Steinhaller, 23, and Albert Henrick Waller, 25, at First Claimed They Were Shipwrecked Sailors —Crossed River on Ice Near Hammond.

Two Nazi ober-lieutenants, prisoners of war who fled the Bowmanville, Ont., Canadian prison camp Friday afternoon, were captured in Arsenal street, near Public Square, at 7:30 Sunday night after Patrolman John Berow, off duty, detected them talking to a small boy near the Arsenal-South Massey street intersection.

The German fliers, Otto Ulrich Steinhaller, 23, and Albert Henrick Waller, 25, were turned back to Canadian authorities by United States immigration men today for re-internment. It marked Steinhaller's third escape attempt.

Sees Men in Arsenal Street.

Officer Berow knew of their escape from Bowmanville Friday and his suspicions were aroused when he saw the men, clad in blue dungarees, talking to a small boy in front of Mannie's ice cream parlor. The patrolman, on his way to duty on the 8 p. m. shift at the city hall, had stopped his car for the red light when he observed

Officers Who Captured Nazis

—Times Staff Photo

Patrolman John A. Berow, right, and Patrolman William J. McIntyre are shown making out their report at the police office after they captured the two Nazi airmen on Sunday night.

Nazi Prisoners May Be Obtaining Help

BEROW TELLS OF NAZIS CAPTURE

Chief of Police Edward J. Curtin Suspects Some Outside Aid

MAY BE UNDERGROUND RAILROAD

Auch Otto Ulrich Steinhilper und Albert Henrick Waller waren natürlich „Nazi Airmen".

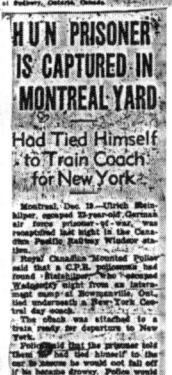

HUN PRISONER IS CAPTURED IN MONTREAL YARD

Had Tied Himself to Train Coach for New York

Montreal, Dec. 19—Ulrich Steinhilper, escaped 22-year-old German air force prisoner-of-war, was recaptured last night in the Canadian Pacific Railway Windsor station.

Royal Canadian Mounted Police said that a C.P.R. policeman had found Steinhilper who "escaped Wednesday night from an internment camp at Bowmanville, Ont., and tied underneath a New York Central day coach.

The coach was attached to a train ready for departure to New York.

Police said that the prisoner told them he had tied himself to the car to insure he would not fall off if he became drowsy. Police would give no further details on the prisoner's capture.

Übersetzung: Hunnen Gefangener wird im Bahnhof Montreal geschnappt. Er hatte sich unter einen Wagen des Zuges nach New York festgebunden.

Montreal 19. Dez. – Ulrich Steinhilper, ausgebrochener 22 jähriger deutscher Kriegsgefangener wurde gestern abend in der Windsor Station der Canadian Pacific Eisenbahngesellschaft wieder aufgegriffen. Die Royal Canadian Mounted Police berichtete, daß ein C.P.R – Eisenbahnpolizist Steinhilper entdeckte. Dieser war Mittwoch nachts aus einem Internierungslager in Bowmanville, Ontario geflohen, hatte sich unter einem D-Zug Wagen der New – York – Central – Eisenbahn festgebunden. Der Wagen befand sich innerhalb eines Zuges, der abfahrtbereit für New York war.

Die Polizei berichtet, daß der Gefangene ihnen gesagt hätte, daß er sich deswegen festgebunden hätte, um sicher zu sein, nicht hinunterzustürzen, falls er schläfrig würde. Die Polizei machte keine weiteren Angaben über des Gefangenen Festnahme.

Der Sudbury Star, hatte mich schon bei meiner 2. Flucht nach Montreal ebenfalls als „Hunnen" bezeichnet.

Umfang der Ausrüstung weist auf „Untergrund" System hin, erklärt er. – Sie erwartet die Rückführung (nach Kanada).

Die Möglichkeit daß eine „Untergrund Eisenbahn", deutschen Offizieren bei ihrer Flucht aus dem Bowmanville Internment Camp geholfen hat, wurde heute vom Polizei Chef von Watertown/N.Y, Edward J. Curtin vermutet. Zwei Offiziere, die letzte Woche von diesem Lager entkamen, wurden in Watertown gestern Nacht ergriffen. Chief Curtin sagte, daß nach seiner Meinung, beide Gefangene weder in Besitz all ihrer Ausrüstung kommen konnten, noch eine so große Entfernung zurücklegen konnten, ohne Unterstützung. Er sagte, sie hatten so viel Kleidung, daß nicht alles in die einzige Tragetasche paßte, die sie besaßen.

Chief Curtin sagte, er sei verwundert über die Karten die sie bei sich hatten. Jede Stadt, auf beiden Seiten des Flusses (Lorenzstrom) zwischen Syracuse und Watertown war eingezeichnet und die Karten enthielten auch den Ontario See, den St. Lawrence Fluß und die Fließrichtung des Flusses, sagte Chief Curtin.

Sie hatten die ganze Gegend aufgezeichnet, sagte er. Ich vermute, ein Flieger weiß fast alles über Karten, aber mir scheint es nicht möglich, daß Kriegsgefangene an so viele detaillierte Informationen über unsere Gegend gelangen können, wie sie diese Männer hatten.

Keiner der Gefangenen wollte den Polizeioffizieren erklären, wie sie es geschafft hatten, fast 200 Meilen zurückzulegen, nachdem sie ausgebrochen waren. Chief Curtin sagte „Sicher haben sie diese Reise nicht zu Fuß gemacht".

Die Gefangenen gaben bei der Polizei in Watertown 6 p.m. (18 Uhr) als Ausbruchszeit an (falsch, siehe Buffalo). Nach offizieller Meldung wurde ihre Abwesenheit nicht vor der Zählung um 10 p.m. 22 Uhr) entdeckt.Die Gefangenen behaupteten jedoch auch, daß sie vier Tage vom Lager unterwegs gewesen seien und zwei Tage auf einer Farm im Staate New York gewesen seien, 20 Meilen von Brockville. Ihre „Story" würde ihren Ausbruch am Donnerstag (in Wirklichkeit Mittwoch mittag) vermuten lassen, einen Tag bevor Bowmanville eine Meldung herausgab. (Stimmt auch nicht, unsere Pappkameraden „marschierten" länger bei den Zählungen).

Ein aufgeweckter Polizist auf Patrouille unterbrach ihre Reise nach New York City. Es war der dritte Ausbruch der Offiziere, der Lieuts. Albert Henrick Waller und Ulrich Steinhilper und sie wären immer noch unterwegs, hätten sie nicht so viel Kleidung angehabt. Das erregte bei John Bero Verdacht, auch ihre Bündel und die Art wie sie durch die Hauptstraße von Watertown bummelten. Er rief einen Polizeikollegen herbei und sie brachten die beiden zum Polizeiheadquarter.

Die Militärbehörde von Kingston, die über das Lager (Bowmanv.) Aufsicht führt, gab heute an, daß der Fluchtversuch sofort untersucht würde. Sie wiesen darauf hin, daß die Lebensmittel für die Flucht, die bei den Gefangenen gefunden wurden, womöglich von Freunden oder Organisationen stammten, die solche Dinge in Paketen in das Lager schickten.

„Es macht einen Mann krank, wenn man bedenkt, wie weit sie schon gekommen sind," sagte der Polizist Bero. „Es war reiner Dusel, daß sie geschnappt wurden. Ich sah sie auf der Straße gehen und dachte etwas stimmt nicht mit denen, wenn sie so viel Kleidung tragen."

GEBEN AN: IHRE METHODE SEI GEHEIM

Die Offiziere weigerten sich anzugeben, wie sie rausgekommen seien, es sei eine „geheime Methode" gewesen. Sie gaben bei der Polizei an, daß sie das Eis des St. Lawrence Flußes ohne Probleme in 15 Minuten überquert hätten.

Eine Karte der Stadt New York führt zu der polizeilichen Annahme, daß das ihr Ziel war. Sie besaßen auch andere Karten, einige von Hand gezeichnet, andere stammten anscheinend aus kanadischen Schulatlanten. Sie beinhalteten Nord- und Südamerika, die USA und die West Indies.

Die Deutschen waren wohlausgerüstet. Sie trugen eine Aktentasche und eine Handtasche (overnight bag). Darin waren Rasiergerät, Schokolade, Datteln und Pillen, von denen die Deutschen sagten, sie bestünden aus Nahrungskonzentrat einschließlich Dextro Energen.

90

Steinhilper besaß einen kanadischen Dollar und zwei 10 Cent Münzen. Bei Waller fand die Polizei 4 kanadische 25 Centstücke und was die Polizei bezeichnet als: „Zwei kanadische Kupfermünzen mit der Zahl 1 darauf, von denen Waller sagte, sie hätten keinen Wert".

GABEN SICH ALS SCHWEIZER SEELEUTE AUS.

Die Offiziere gaben sich als schiffbrüchige Schweizer Seeleute aus und die Polizei gibt an, daß sie Ausweispapiere vorwiesen, die zu ihren Angaben paßten. In Boston ausgehändigt, datiert 16. Jan. 1942, wiesen sie die Inhaber als Besatzungsmitglieder aus und waren vom ersten Offizier unterzeichnet. Jeder trug einen Mantel, zwei Jacken, einen Sweater, zwei wollene Hemden und Wollsocken. Die Mäntel wurden über blaue Arbeitsanzüge getragen, ähnlich wie sie von Mechanikern getragen werden. Sie hatten Mützen mit Ohrenschützern und Überschuhe. Nach Meinung von Patrolman Bero „konnten sie kaum unter Kälte gelitten haben".

Die Aktentaschen des einen hatte oben einen Reißverschluß und beide Taschen waren aus gutem Leder. Ein stark abgewetztes blaues Tuch umhüllte die Aktentasche.

„Es war reines Glück, daß ich mich entschied sie anzuhalten" sagte Patrolman Bero. „Sie waren beide in erstklassiger physischer Kondition und es gab keine Anzeichen, daß sie unter dem kalten Wetter gelitten hatten. Beide waren sauber rasiert und ordentlich gerichtet. Sie haben nicht so ausgesehen, als ob sie irgendwo anders geschlafen hätten, als in einem bequemen Bett".

Patrolmann Bero sagte, daß er sicher sei, daß die Offiziere sich auf dem Weg nach New York befanden (kein Wunder hatten wir ihn doch nach dem Highway nach Carthage gefragt). Einer behauptete in Reading Pa (Pennsylvania) Verwandte zu haben. Die handgezeichneten Karten seien ausgezeichnet gemacht gewesen, gab die Polizei an. Darunter war auch eine Karte mit den Hauptstraßen von Kanada und den USA."

Aus diesem Bericht kann man zweierlei ersehen, 1.) Wie sehr es der Polizei in Watertown gelang, ihre Leistung hervorzuheben. – Berow erwähnt mit keinem Satz, daß er zufällig der Polizist war, der unsere Suchmeldung am Vorabend (Samstag) in dem Polizei-teletype empfangen hatte und wir ausgerechnet auch noch ihn nach dem Weg nach Carthage angesprochen hatten.

Viel wichtiger aber ist 2.) Daß mit großem Ernst vermutet und der Öffentlichkeit klar gemacht wird, daß es sowohl in Kanada als auch in den USA eine Untergrundorganisation geben müsse, die den Kriegsgefangenen bei ihren Fluchtversuchen behilflich sei.

Und nun noch ein Artikel:

„TWO ESCAPED GERMANS RETAKEN AT WATERTOWN."
(Globe and Mail Feb. 23rd 1942).

ORGANIZED AID GIVEN NAZIS IN ESCAPE, U.S. CHIEF SURE

Amount of Equipment Indicates "Underground" System, He Declares

AWAITING RETURN

Possibility of an "underground railway" assisting German officers in their escape from the Bowmanville internment camp was suggested today by Chief of Police Edward J. Curtin of Watertown, N.Y. Two officers who escaped from the camp last week were captured at Watertown last night. They are now being held at Ogdensburg, N.Y., awaiting orders from the department of justice in Washington.

Chief Curtin said in his opinion the two prisoners could not have obtained all the equipment they had nor travelled such a distance without help. He said they had so much clothing they couldn't get it all into the one kit-bag they had.

Chief Curtin said he was amazed by the maps they had. Every town on both sides of the river between Watertown and Syracuse was marked and the maps also showed Lake Ontario, the St. Lawrence river and the direction of the river's flow, Chief Curtin said.

"They had the whole area marked out," he said. "I suppose an aviator knows a lot about maps but it seems peculiar to me that war prisoners were able to get as detailed information about the countryside as these men had."

Neither prisoner would tell offi-

PROVINCE WILL GET ESTATE OF $80,000

St. Thomas, Feb. 23—(CP)—All appeal in the Blanche K. Duncombe will case has been abandoned, according to the best information available here. Since there were no immediate relatives, the estate, consisting of approximately $80,000, passes to the province.

J. B. Davidson, solicitor for the executors, said no appeal was contemplated on the part of his clients. E. S. Livermore, St. Thomas, retained by the Detroit beneficiaries, announced Saturday his instructions were not to proceed with the appeal.

overnight bag. In the bags were shaving outfits, chocolate bars, dates and pills which the Germans said were concentrated food, including dextrose, an energy food.

Steinhilper had a Canadian dollar bill and two ten-cent pieces. On Waller police found four Canadian quarters and what police described as "two Canadian copper coins with the figure one on them which Waller said were of no value."

Posed as Swiss Sailors

The officers were posing as shipwrecked Swiss sailors and police said they produced certificates to back up this story. Issued in Boston and dated Jan. 16, 1942, they certified the bearers had been members of a ship's crew and were signed by the first officer.

Each wore an overcoat, two jackets, a sweater, two woollen shirts and woollen socks. The overcoats were worn over blue dun-

Bericht aus der Toronto Daily Star vom 23. Februar 1942: Organisierte Hilfe von „Außerhalb der Zaunes"?

Auch dieser Artikel ist übersetzt, um deutlich zu machen, daß in der Bevölkerung beinahe eine Art Panik entstand, weil die deutschen POWs und auch noch immer die gleichen Namen, immer wieder aus dem Stacheldraht entkamen. – Diese gefährlichen Nazis und Hunnen!

Dazu muß man wissen, daß die Toronto „Daily Star" und „Globe and Mail" in Kanada zwei sehr wichtige Zeitungen sind.

„WATERTOWN.N.Y. Feb. 22 (Special) – Otto Steinhiller, 22, und Albert Waller,24, Deutsche Kriegsgefangene, die am Freitag in Bowmanville ausgebrochen waren, wurden hier gestern wieder ergriffen und den kanadischen Einwanderungsbehörden übergeben. Man glaubt, sie sind seit 10 Uhr auf dem Rückweg über die Grenze zurück nach Kanada und Bowmanville.

Außer daß sie zugaben, aus Bowmanville auf eine Art „geheimer Passage" herausgekommen zu sein, weigerten sie sich, mit der örtlichen Polizei viel zu sprechen. Sie behaupteten nur, daß wenn sie entweder New York City oder Reading, Pa. erreicht hätten, sie für ein endgültiges Verschwinden „fein heraus" gewesen wären. Einer der beiden gab an, in Reading Verwandte zu haben.

Als die Gefangenen untersucht wurden, stellte sich heraus, daß sie unbewaffnet waren, jedoch gut ausgerüstet, wie es die örtliche Polizei bezeichnete – mit zweckmäßigen Ausweispapieren. Sie besaßen Ausweise von schiffbrüchigen Schweizer Seeleuten, die offensichtlich von dem ersten Offizier der S.S. Filey Bird in Boston, Mass. ausgestellt waren. Sie hatten Karten von der Gegend um den St. Lawrence Fluß und kannten sich gut in der „County" aus, in der sie wieder geschnappt wurden, sowohl was Wege als auch Örtlichkeiten angeht. Sie gaben an, sie hätten kurz auf einer Farm gearbeitet, in der Nähe von Hammond, unweit von Watertown. Sie gaben an, sie hätten den St. Lawrence auf dem Eis überquert, wollten aber nicht sagen, wo.

Ein Police-Officer mit Adleraugen, der am Abend in Zivilkleidung in seinem Wagen um 07.30 seinen Dienst antreten wollte, war der Anlaß für die Ergreifung der geflüchteten Gefangenen. Noch ohne Waffe bemerkte er die Männer in ihren Arbeitsanzügen, die einen Sack trugen und einen Jungen auf der Straße ansprachen. Nachdem er einen bewaffneten Kollegen als Begleiter herbeigerufen hatte, holten beide die Männer auf der Hauptgeschäftsstraße ein.

Die geflohenen Deutschen wurden mit der Pistole „gestellt" und nach ihren Ausweisen gefragt. Sie gaben an, sie hätten einen Unfall gehabt, aber da ihre Auskünfte unbefriedigend waren, wurden sie zwecks Untersuchung und Befragung festgenommen."

Danach kommt ein kleiner aber bedeutungsvoller Artikel: „BOWMANVILLE, Feb.22 (Special) – Es wird angenommen, daß dies der erste

Two Escaped Germans Retaken at Watertown

Watertown, N.Y., Feb. 22 (Special).—Otto Steinhiller, 22, and Albert Waller, 24, German prisoners of war who escaped from Bowmanville prison camp on Friday, were recaptured here tonight, turned over to Canadian immigration authorities, and were believed to be back across the Canadian border on their way to Bowmanville by 10 p.m.

Admitting that they had made their escape from the Bowmanville camp by means of a "secret passage," the Germans refused to talk much with local police officials, other than to make the claim that if they could have reached New York City and Reading, Pa., respectively, they would have been "all set" for a permanent getaway. One of them claimed to have relatives in Reading.

When searched, the prisoners were found to be carrying no weapons, but, according to local police, were well supplied with what purported to be identifications. They carried identification certificates of shipwrecked Swiss sailors ostensibly issued by the first officer of the S.S. Fley Bird of Boston, Mass. They had maps of the St. Lawrence River area and were well versed as to directions and locations in this county where they were captured. They said they had worked briefly at a farm near Hammond, a short distance away from Watertown. They said they crossed the St. Lawrence River on the ice but would not say where.

An eagle-eyed officer returning to duty in his car, dressed in plainclothes, at 7:30 this evening, was the means of the capture of the escaped prisoners. Unarmed, he noticed the men dressed in dungarees and carrying a sack, talking to a young boy on the street. Getting another officer, who was armed, to accompany him he caught up with the men on the main business street.

The escaped Germans were "covered" with a gun and asked to produce their identifications. They claimed to have been in an accident, but their explanations being unsatisfactory they were taken in for investigation and questioning.

Bowmanville, Feb. 22 (Special).—What is believed to be the first instance of a reserve unit being called for active duty within Canada occurred yesterday at Bowmanville when thirteen men of No. 4 platoon, 32nd Infantry Reserve, Veterans Guard of Canada, were summoned for duty in connection with the alleged escape of two German officer prisoners from Internment Camp 30, formerly the Boys' Training School. It is believed that some men from Port Hope platoon of the 32nd have also been called to Bowmanville.

Der kleine, aber wichtige Artikel am Schluß: Eine Reserve Einheit wird einberufen, wegen der Ausbrecher aus Bowmanville.

Fall ist, wonach eine Reserve Einheit innerhalb Kanada zum aktiven Dienst gerufen wird. Das geschah gestern, als 13 Mann des 4. Platoon, der 32. Infanterie Reserve der Veteran Guard von Kanada einberufen wurden. Das steht in Verbindung mit der Flucht von zwei deutschen Offiziersgefangenen aus dem Internment Camp 30, der früheren Boys Training School. Auch wird angenommen, daß einige Männer vom Port Hope Platoon 32 nach Bowmanville eingezogen wurden."

Vor allem die letzte Meldung bestätigte, daß unsere Ausbrecherei insofern nicht „für die Katz" war, weil hier bestätigt wurde, daß wir gut bewacht werden mußten. Dazu brauchte man Soldaten, die sonst für etwas anderes zur Verfügung gestanden hätten.

Und als dann etwa 6 Wochen später Peter Krug und Erich Böhle der nächste „Leitertrick" gelang, ohne daß die Kanadier herausbekamen, wie sie das Lager verlassen hatten, explodierten die Nachrichten. Es war doch eigentlich unmöglich, daß die bewachenden Veteran Guards nicht herausbekamen, wie jetzt schon 2mal deutsche Flieger aus Bowmanville herausgekommen waren, ohne daß man wußte wie.

Als sich dann nach vielen Suchmeldungen – immer in der Presse – herausstellte, daß es Peter Krug gelungen war in USA tatsächlich mit einer deutschen Untergrundorganisation in Verbindung zu kommen, jagte eine Sensationsmeldung die andere. Und daß das sensationell war, versteht man sofort, wenn man erfährt, daß es in den USA tatsächlich eine deutsche „fünfte Kolonne" eine Untergrundorganisation gab, mit der Krug in Verbindung kam.

Der Restaurantbesitzer Max Stephan, in Detroit war schon vor dem Kontakt mit Peter Krug von der FBI (amerikanische Geheimpolizei) beobachtet worden. Bald nachdem Stephan Peter Krug in die bestehende deutsche Geheimorganisation eingeschleust hatte, wurde der Gastwirt verhaftet und vor Gericht gestellt.

Das stand natürlich sofort in der gesamten amerikanischen Presse. Peter Krug hatte jeweils das Glück, immer schon durchgeschleust und abgereist zu sein, wenn die Fallen hinter ihm zuschnappten. – So floh er bis San Antonio Texas. Jedoch an vielen Stellen hinterließ er „Spuren", vor allem in der amerikanischen Sensationspresse. (Darüber wurde schon 1956 im „Stern" in der Fortsetzungsserie: „Ausbrecherkönige von Kanada"berichtet.)

Ganz Amerika atmete auf, als er endlich in San Antonio – auch durch einen dummen Zufall – geschnappt wurde. Aber was immer über den Prozeß gegen Herrn Stephan bekannt wurde (Hochverrat gegen die USA), machte natürlich weiterhin Schlagzeilen.

War das nicht Wahnsinn! Kaum hatten sie zuerst Böhle und dann in San Antonio Peter Krug wieder eingefangen, ging schon die nächste

Wie die Welt sich verändert hat: – Wie zwei alte Freunde: Zur Teilnahme Uli Steinhilpers an dem Dokumentarfilm „Churchill's Few" hatte Yorkshire TV Kontakt zwischen Polizist Bill McIntyre und Steinhilper hergestellt. Sie wurden Brieffreunde und 45 Jahre, nachdem Uli von Bill in Watertown wieder geschnappt worden war, treffen sie sich. (5-7-1987) – Vor Bills Haus in Watertown, er war als Polizeichef in Pension gegangen. Uli mit Wohnmobil.

Suchmeldung heraus. – Diesmal waren Reini Pfundter und Dr.Wagner innerhalb von 16 Minuten mit dem Leitertrick über den Zaun gestiegen.

Sie sprachen beide amerikanischen „Slang". Der eine hatte vor dem Kriege als Austauschschüler, der andere als Skilehrer und Agent für österreichische Trachten in den USA und Kanada gelebt. Da sie auch noch genügend Dollar hatten um Eisenbahn fahren zu können, wurden sie nur geschnappt weil ihr va banque Spiel beim französischen (Vichy) Gesandten in Ottawa nicht aufging.

Bei diesem letzten Paar waren die zwei Leitern gefunden worden und nachträglich „dämmerte" es den Bewachern des Lagers Bowmanville: Da waren doch die gelben Ringe! – Und die Sache mit der Lampe am Zaun! – Den letzten Coup mit der Zaunvermessung hatten sie schnell herausgefunden. – Aber solche blamablen Erkenntnisse konnte man unter keinen Umständen der Presse zuleiten.

Ottawa war gezwungen zu handeln. Die Ablösung des Kommandanten des Internment Camp Bowmanville war für die aufgebrachte und erboste Öffentlichkeit nicht ausreichend, die „Escape Ringleader" mußten verlegt und ausgegrenzt werden.

96

JACK ZUZULA ■ WATERTOWN DAILY TIMES

Ulrich Steinhilper (right), a German who was captured in World War II, trades war stories with former Watertown policeman William J. McIntyre, who re-captured him after Mr. Steinhilper ecaped from a Canadian POW camp.

No Old 'War Wounds' Left As Ex-Pilot, Captor Reunite

By Jay Jochnowitz
Times Staff Writer

There are no old war wounds between a former Luftwaffe pilot and the retired Watertown policeman who busted him.

In fact, the German pilot, Ulrich Steinhilper, paid a visit this week to William J. McIntyre — one of the two officers who arrested him after he escaped from a Canadian prisoner of war camp in 1942.

"He was doing his duty, I was doing my duty," Mr. Steinhilper said Friday. "Our countries were at war; there were no personalities involved."

Mr. Steinhilper, here to do research for a book recalling his wartime and POW experiences, was forced to bail out of his Messerschmitt 109 over Kent, England, on Oct. 28, 1940. Bailing out from only a few hundred feet, the oberlieutenant landed close to the plane, was captured and was sent to a POW camp at Bowmanville, Ont., about 40 miles east of Toronto. Quickly developing what would be a talent as an escape artist — he made his way out of Bowmanville and other camps five times in all — he found himself, on his second attempt, in Watertown.

See Luftwaffe—Page 20

Natürlich erfuhr die Watertown Daily Times von diesem Besuch und brachte einen entsprechenden Artikel.

Luftwaffe Pilot, POW in Canada, Retraces Steps in North for Book

▶From Last Page

He and a companion, Albert Henrick Waller, were spotted by a patrolman, the late John A. Berow, talking with a small boy near the Arsenal-South Massey Streets intersection on Sunday evening, Feb. 22, 1942. Police forces in the region had been notified of the escape, and Officer Berow, after questioning the boy and learning the men had foreign accents, summoned Officer McIntyre for help and the two made the arrest.

The episode was resurrected in 1984, when the downed Messerschmitt was dug up in Kent. A British television station, York Television, contacted Mr. Steinhilper and asked him if he could come to England to examine the wreckage and recall the event, and, through The Times, also made contact with Mr. McIntyre.

Since then, the two have kept up a correspondence. The basis for the relationship was a little odd, perhaps, but they enjoyed it. "Of course, we weren't old friends or old acquaintances," Mr. Steinhilper said in fluent English, with a trace of a British accent, "but we established a relationship through the correspondence."

The two, Mr. McIntyre said, have exchanged personal news and views on international politics. It has made him, he said, somewhat more aware of things he never worried about much, things that concern Europeans daily.

"Our everyday life is much different," said Mr. McIntyre, citing in particular arms discussions and West Germany's location on the Eastern Bloc border. "He lives next door to Communism; I never met a Communist in my life."

Mr. Steinhilper noted that Mr. McIntyre was not the only old adversary he has come across in recent years. As part of the British film he met William Skinner, the pilot who pumped bullets into his plane's radiator. The meeting, he said, took place while the camera was rolling, and the two found, as former pilots, that they had "so much similarity."

Mr. Steinhilper is no stranger to the U.S. After the war, he worked briefly in a desk job for Pan American Airlines, which was establishing its first routes in his native Stuttgart, but gave it up for a sales job in a new company, IBM, which was founding an electric typewriter division. He worked himself up to head of the word processing department in his country and traveled in his job to IBM offices in White Plains.

This week's visit, however, was his first since the war to Northern New York and Canada, as he travels to his old "haunts" to heighten his memories in preparation for writing a book, which he expects will be published in Germany. He and his wife Lore, traveling in a motor home, are retracing his steps in Canada from his arrival in Halifax to the POW camp in Bowmanville, through Toronto and London, on a train near Niagara Falls, and from Morristown, where he had crossed winter ice, to Watertown.

Mr. Steinhilper, who gave a detailed account of his last flight to The Times in 1984, had drafted portions of the manuscript during his days as a POW. He gave the manuscript to friends, who inexplicably burned half of it, but the other half, which included on the final page the address of his parents, made its way back to him.

His May 1 to 27 trip, which will include a visit to friends in California and New York City, is designed mainly to see the places he had been during the war and is helping him recapture his feelings of 45 years ago. He remembered, for example, the 77-hour ride from Halifax to Bowmanville, thinking then that he had not even traveled half of Canada. "We had started a war with the whole world," he said, recalling how the experience gave him his first inkling of how big the world was, and how, even though Germany kept its "wishful thinking" to the end, "we were starting to wonder."

City Hall has changed since 1942, and the Avon Theater, which was letting out at about the time he was spotted on Arsenal Street, went the way of Urban Renewal in the 1960s, but some sites of personal interest remain, he said. Just outside the city on Ives Street Road, not far from the old Massey Street railyards, he and Mr. McIntyre found a barn Mr. Steinhilper stayed in with his companion. Among his recollections, he said, was getting food the night before his arrest: He milked a cow on the nearby farm.

Outside the city, he recalled how officers organized at the POW camp and went on a hunger strike, in a effort to persuade the Canadians to adhere strictly to the Geneva Convention. Among the problems, he said, were guards who carried sticks or clubs for weapons. He said the Germans had no contact with Red Cross representatives. While he described camp conditions as good otherwise, the 72-hour strike, he believes, tightened POW camp operations across Canada.

Mr. Steinhilper, incidentally, never flew after the war, although a son, Rolf, has obtained a private pilot's license and he expects he will go up with him. He said he liked to keep in shape, and knew he would end up spending too much time in the seat of a cockpit if he resumed.

"I kicked away from it completely, because knowing myself, if I go for something, I go for it totally."

Fortsetzung des Artikels: – Es wird geschildert, wie wir am 22. Feb. 1942 festgenommen wurden, aber auch, wie Bill und ich über unser Leben und politische Erfahrungen gesprochen haben.

Bevor der Zeitungsphotograph uns vor der Scheune ablichtete, mußte sie zuerst gefunden werden. Nachdem die Farm von mir gefunden war, zeigte ich Bill, wo wir geschlafen hatten und wie Hinnerk die Kühe gemolken hatte. Noch konnte Bill kaum glauben, wie das damals alles gewesen war. Erfuhr er doch erst jetzt, was „vor der Festnahme" geschah.

Platz der Festnahme vom Sonntag abend (Buffalo S.359) ... Es galt uns! Aus dem noch quietschenden Wagen sprang der Polizist auf den Bürgersteig vor uns und hielt uns mit gezogener Pistole an ... Obwohl die umgebenden Gebäude radikal verändert waren, erinnerte sich Bill genau, wo er uns festgenommen hatte. – Genau hier – mit vorgehaltener Pistole! – Das jetzige Arrangement (5-7-87) sieht weit besser aus!

99

TIMES FILE PHOTO

William J. McIntyre, right, reunes with Ulrich Steinhilper in 1987. Mr. Steinhilper, a former Nazi POW, was captured by Mr. McIntyre in Watertown in 1942.

Wm. J. McIntyre, 74

Captor of Nazis Dies

The city police officer who captured two escaped Nazis in Watertown during World War II has died.

William J. McIntyre, 74, of 222 Stuart St., died at 5:15 p.m. Sunday at Crouse-Irving Memorial Hospital, Syracuse.

He had been admitted to the House of the Good Samaritan Thursday and was later transferred to Syracuse.

"He was one of the best officers we ever had," said one of the men who worked with him for 17 years, retired sergeant Jack W. Ellingsworth. "He was very fair, and listened to both sides of a story. If he chewed you out for something, he was still your friend the next day."

When he was a patrolman, then a five-year veteran of the department, Mr. McIntyre and the late Patrolman John A. Berow arrested at gunpoint two Nazi pilots who had escaped from a Canadian prisoner of war camp at Bowmanville, Ont.

See McIntyre — Page 12

Noch bis zum Tode wurde Wm. J. McIntyre mit uns in Verbindung gebracht. - Obwohl wir bei einem Besuch den Editor Mr. Johnson nachdrücklich über die Bedeutung des Wortes Nazis aufgeklärt hatten – es half nichts! Der Artikel erwähnt nochmals unsere Festnahme und seine überlebende Familie. Ulrich St. korrespndiert auch noch heute mit Geraldine, der Witwe von Bill.

100

Die „Afrikaner" kommen!

Wenige Tage waren wir hier in Gravenhurst, waren mit Einrichten beschäftigt – und Einrichten hieß in einem neuen Lager nicht nur das Herrichten der Kojen, wie wir unsere Betten nannten, sondern es hieß jedesmal gesamt neu anzufangen. Alles mußte wieder organisiert werden: Speiseraum, Aufenthaltsraum, Sportstätten, innen und außen, Bücherei, Musizieren, Wäsche und Waschräume etc. etc...

Das hatten wir zuerst in England, dann im Lager „W" im wilden Westen Kanadas gemacht. Bowmanville war gerade von uns auf Niveau gebracht worden, und schon hieß es hier in Gravenhurst wieder fast von Null anzufangen. Zwar waren hier schon einmal die Offiziere, die später nach Fort Henry verlegt wurden im Aug. 1940 für einige Monate untergekommen, aber anschließend war das Lager mit deutschen Internierten überbelegt gewesen, und als wir eintrafen wirkte alles verlassen, z. T. auch verkommen. Keine Spur davon, daß es sich hier um ein ehemaliges Lungensanatorium gehandelt haben sollte.

Zugegeben, die umgebende Landschaft war herrlich. Der Muskoka Lake an dem Gravenhurst lag, war eine Wochenend- und Erholungsgegend für die Bevölkerung von Toronto. Für uns war diese Schönheit aber auch schmerzlich, sie verstärkte unser Heimweh und die Sehnsucht nach Freiheit.

Besonders an den Wochenenden fuhren die Ausflugsschiffe bewußt ganz in der Nähe des Lagers vorbei. Sie waren abends mit bunten Lampenketten hell erleuchtet. Welcher Gegensatz zum verdunkelten Europa! Die Bordkapelle spielte immer besonders laut, wenn am POW Lager vorbeigefahren wurde. Oft, für uns klang es wie Höhnung, wurde die englische Nationalhymne gesungen, bevor die Schiffe im Hafen von Gravenhurst einliefen.

Die andere „Augenweide" waren die schnellen Motorboote, die sich vor uns im See tummelten. Gravenhurst hatte einige Schiffswerften aufzuweisen, die sowohl größere Schiffe bauten, als auch schnelle Flitzer. Später im Krieg, so wurde erzählt, seien dort auch Teile für Kriegsschiffe gebaut worden, so weit sie in der Größe so gehalten wurden, daß sie auf der Bahn transportiert werden konnten.

Einige unserer Offiziere fanden jetzt wieder zurück zur alten Stätte, wo sie damals aus England kommend, erstmalig in Kanada untergebracht gewesen waren. Da sie einiges Werkzeug in Zwischenwänden und an sonstigen geheimen Orten vor ihrer Verlegung nach Fort Henry versteckt

GRAVENHURST: Stubenkameraden und Nachbarn im 3. Stock; Von links Ltn. Theopold, Ltn. Vater, Fliegerkamerad, Ltn. Dr Liese, Heereskamerad vom DAK, Hptm. Döring, Hptm. Wildermuth. Vordere Reihe, Ltn. Becker, Obltn. Steinhilper, LW Offz., Obltn. Niehoff.

hatten, wurde das natürlich wiedergefunden. Beim genauen Suchen fand sich weiteres Gerät, das wohl von den Internierten zurückgelassen worden war.

Auch Obltn. Niehoff, Luftnachrichtenoffizier, Radiobastler, der es verstand sich immer etwas im Hintergrund zu halten, war ursprünglich hier angekommen und jetzt wieder zurückgekehrt.

Da wir hier keinen Lagerempfänger mehr hatten, dauerte es nicht lange, bis er sich neuerlich an die Konstruktion eines Radios machte. Er wohnte nur zwei Stuben weiter, auch mit Seesicht. Es dauerte nicht lange, bis unsere Bude in die Herstellung, der von ihm entworfenen und berechneten Radioteile einbezogen war. Da wurde Blech geschnitten und Spulen gewickelt.

Richard Marchfelder, Leutnant und Flugzeugführer einer Me 110 im III.ZG 76, hatte es im August 1940 erwischt. Er war wohl deswegen nach Gravenhurst gekommen, weil er, als humoriger Bayer, unseren Bewachern offen und unverblümt seine Meinung sagte, wenn ihm etwas nicht paßte.

In Gravenhurst wurde er schon früh zum „Filmoffizier" erkoren. Als solcher hatte er die Verantwortung, die über den YMCA (CVJM) zur Verfügung gestellten Filme zu disponieren und auch vorzuführen. RIMA, wie wir ihn nannten, war stolz darauf, fast immer den richtigen Geschmack zu treffen, ob es nun „Western" oder „Ann Sheridan" waren, die er uns präsentierte.

Es war manchmal köstlich, die Stimmung im verdunkelten Saal zu erleben! Bei den Western, kam es oft zu bekannten Szenen. So stürzte bei Schlägereien fast immer im „Saloon" aus dem oberen Balkon ein Klavier auf die kämpfende Menge. Wann immer dies vorauszusehen war, rief der Chor der Zuschauer, wie geübt: „Das Klavier ... Das Klavier ...". Und schon krachte es herunter!

Oder aber, wenn sich der Held, was wiederum genau vorauszuahnen war, sich seiner Geliebten zum ersten Kuß näherte, riefen wir Zuschauer wie im Chor: „Brust! ... Brust! ..." Was nichts mit den verführerischen Busen der amerikanischen Schauspielerinnen zu tun hatte, sondern heißen sollte: „Nur Mut! ... Nur Mut! ... geh ran Junge!" Auch in diesen Fällen brauchte man nicht lange zu warten! Es geschah gleich wunschgemäß!

Radio-Teile konnten wir basteln, aber keine Röhren, RIMA wußte Abhilfe! Rigoros gingen am Tonteil des Filmgerätes Röhren, Trafo und immer wieder das kaputt, was wir brauchten, um damit einen Empfänger bauen zu können, mit dem man Deutschland vor allem deutsche Nachrichtensendungen hören konnte.

Auch sonst möbelte er die Stimmung auf. Er war ein humoriger Zeichner und Karikaturist. Fast jeden Sonntag heftete er an unser schwarzes Brett seine witzigen Zeichnungen, die Aktualität in dem ihm eigenen sprühenden Geist verbreiteten.

Der Typ der Röhren des Verstärkers, reichte nicht zum Bau des Empfängers aus. Aber wir hatten Glück, einer unserer Kameraden kam ins Hospital nach Toronto. Dort konnte er im Krankenhaus die Röhrentypen ausbauen, die wir so dringend brauchten. Aber leider gingen auch in Gefangenschaft diese Röhren hin und wieder kaputt, und Ersatzbeschaffung wurde notwendig. Und wenn die „beschaffte" Röhre von anderem Typ war, mußte unser Radio technisch verändert werden. Aber Niehoff konnte das!

Mit wenig Vorwarnung, Ende Mai wurden wir eines morgens von frischen deutschen Soldatenliedern geweckt: „Die blauen Dragoner sie reiten, mit klingendem Spiel durch das Tor! ..." Was war das? Die Kanadier hatten unserer Lagerführung – es war damals der Korvettenkapitän Baumann – angekündigt, daß wir Zuwachs von POWs des Afrikakorps bekommen würden. Das hatte alles sehr vage und zeitlich unbestimmt geklungen.

Nun wurde es wahr. Heraus aus den Kojen, in die Sonntagsuniform! So strömten wir gerade noch rechtzeitig zum Lagertor. Der Gesang der etwa 150 Offiziere und Mannschaften war so laut, daß er in dieser Herrgottsfrühe – noch vor unserem Wecken – von weither zu hören war.

Was war das für ein Anblick: Da kamen sie dahermarschiert! In ihren Kakhiuniformen, die Männer vom Afrikakorps, über die wir vorher so viel, besonders über den General Rommel, in den kanadischen Zeitungen gelesen hatten.

„Das sind noch Soldaten!" sagten einige von uns, „da kann man doch unseren ganzen blödsinnigen Lagerkummer vergessen!" Wirklich, wie diese Burschen daherkamen! In kurzen Hosen, nur in Hemden mit Brusttaschen, langen oder kurzen Ärmeln, in Kakhifarbe, wie die Engländer! Zum Teil in Afrikamützen, Uniformen, die wir nie vorher gesehen hatten! Das imponierte! Aber was mußten die auch alles mitgemacht haben. Was für Aufmachungen gab es da zu sehen! Einige ohne Schuhe, barfuß kamen sie daher, andere waren nur im Pyjama unterwegs – eigentlich unfaßbar, die waren doch schon lange in Gefangenschaft?

Singend mit erhobenem Haupt kamen sie dahergezogen: Und noch einmal: „Ein Lied!" Bis kurz vor unserem Lagertor sangen sie! Und dann kam das Kommando: „Kompaniiie haalt!" Die standen wie ein Mann! „Das sind noch Soldaten!" Aber bald wurde es doch etwas menschlicher: Sie mußten ihr Gepäck im Freien ablegen, wurden einzeln „gefilzt" d. h. durch abtasten körperlich untersucht und erst dann durften sie nach und nach zu uns ins Lager kommen. Gut für sie, daß wir an diesem 25. Mai 1942 einen schönen warmen Sonnentag hatten.

Als alle „Afrikaner" innerhalb des Lagers waren, gab es eine gegenseitige, kurze Begrüßungsansprache. Bei den Kahkisoldaten war das ein untersetzter Major, der mitmarschiert, aber nicht kommandiert hatte.

Es war Major Meythaler (Korkweschte) der seine Ansprache in einem unverfälschten pfälzischen Dialekt begann: „Die Herre aus Afrika grüße die Herre in Kanada! ..." und schon begann das Schmunzeln!

Über „Korkweschte" gab es nette Anekdoten! Nach seiner Ansprache verlor sich bald die Distanz zu den Kämpfern des Afrika Korps und wurde in Hilfsbereitschaft umgesetzt.

Die „ortsansässige" Lagerführung, Kapitän Baumann, ließ einen Appell los: Die neuen Kameraden sollten freiwillig, so weit wie möglich auf den Stuben aufgenommen werden. Das gelang beinahe vollständig, und fast ohne Anweisung wurden die „Neuen" von uns mit Wäsche, Hosen und Jacken bekleidet, soweit es unsere eigenen Bestände gestatteten.

Einer der „Neuen", Obltn. Dr. Paul Huppert (vom Oasenbataillon z.b.V. 200) erlebte die Ankunft so:

„Wir trafen am 2. Pfingsttag 1942 mit der Canadian National Railway von New York kommend im Lager „20" ein. Das Lager war festlich gekleidet zur Begrüßung angetreten. (Große Uniform, Luftwaffe und Marine teilweise „weiß" mit Mütze, mit Orden und Ehrenzeichen).

Für die „Neuen" ein Anblick, den ich nie vergessen werde. Für die „Alten" eine erste Berührung mit der Front, dazu unsere unmögliche Bekleidung, die uns teilweise die Südafrikaner nach Ausraubung geschenkt hatten. Da wir stark verlaust waren, wurde fast alles verbrannt oder gewaschen und wir erhielten Uniformstücke der alten Lagerkameraden."

Die „Afrikaner" hatten eine kleine Weltreise hinter sich: Aus verschiedenen Lagern in der Umgebung von Cairo wurden ca 300 Offiziere und 800 Mannschaften eingesammelt und im März in Suez eingeschifft. Ihre Odyssee führte durch den Suezkanal, entlang der Ostküste Afrikas bis nach Durban. Dort wurden sie ausgeladen und fuhren per Bahn in ein Zeltlager bei Pieter Maritzburg in Südafrika.

Auf der Schiffsfahrt hat sich der frühere Handelsschiffsoffizier Albrecht, (später in Gravenhurst gewichtiger Ringer und auch Trainer) der als Hafenkommandant von Bardia in Gefangenschaft geraten war, besonders hervorgetan. Ähnlich wie v. Werra auf der Überfahrt von England nach Kanada, war Albrecht auf der zum Truppentransporter umgebauten „Louis Pasteur" wie zu Hause. Zum Entsetzen der Besatzung und Wachmannschaften wurde er fast in allen Abteilungen des Schiffes angetroffen.

Gerüchte von einer drohenden Kaperung des Schiffes durch die Deutschen verbreiteten sich und eines nachts war es soweit: Mitten in der Nacht wurden die deutschen Gefangenen schlagartig aus dem Schlaf „getrommelt" und innerhalb des Schiffes in andere Räume verlegt. Zum Teil konnten dabei nur die wenigsten Klamotten mitgenommen werden. Da es im roten Meer sehr heiß war, schliefen einige natürlich im Schlafanzug oder Unterwäsche und das war hinterher ihre ganze Habe. Die Wachmannschaften, keine Engländer, hatten sich die in den Kajüten zurückgelassenen Habseligkeiten als „Beute" angeeignet.

Viele Gefangene gingen daher in Durban, nur mit einer umgehängten Decke an Land. Der Eindruck war so traurig, daß wartende Reporter der südafrikanischen Zeitungen sich schämten, Aufnahmen zu machen. Südafrikanische Soldaten haben dann, so weit es ging, mit heilen und sauberen Uniformstücken ausgeholfen.

Nach etwa 6 Wochen im Zeltlager wurden sie dann in Südafrika von Durban mit „SMS Amsterdam" nach Kapstadt (Simonstown) verbracht. Dort erfolgte die Umschiffung auf die MS „Queen Elisabeth". Dabei gingen wieder einige Klamotten verschütt.

Von Simonstown Anfang Mai Abfahrt mit der „Queen" (82 000 to), auch zum Truppentransporter umgebaut. Die Fahrt ging zuerst nach Rio do Janeiro, wo das Schiff 24 Stunden auf Reede lag. Dann ging es weiter nach Norden, entlang der Ostküste von Amerika bis nach New York (22.Mai). Am 24. Mai wurde dort der Transport sortiert. Die Offiziere

Die „Louis Pasteur", mit der fuhren die Afrikaner durch den Suez Kanal bis nach Durban in Süd Afrika.

wurden auf zwei Gruppen verteilt, die größere Zahl mit zugeteilten Ordonnanzen kam nach Gravenhurst, während eine kleinere Gruppe, darunter die Generale v. Ravenstein und Schmidt, nach Bowmanville transportiert wurden.

Bei diesen Schiffstransporten hatte sich Major Meythaler um seine „Kameraden zur See" besonders besorgt gezeigt. Bei den regelmäßigen Seenotübungen wurde allerseits eine Kork-Schwimmweste angelegt. Nach Erzählungen soll der untersetzte Meythaler darin besonders gut ausgesehen haben. Auch war er besonders gewissenhaft bei diesen Übungen. Nach Gerüchten soll er Nichtschwimmer gewesen sein! Als er dann einmal seine Schwimmweste verlegt hatte, fragte er verschiedene „Herre" nach seiner „Korkweschte", bis er sie wieder gefunden hatte. Daher der Spitzname „Korkweschte" (nur in gutem Pfälzisch echt auszusprechen), den er nie wieder losgeworden ist.

Als dienstältester Offizier, wurde er nach seiner Ankunft vom kanadischen Kommandanten als neuer „spokesman" (Lagerführer) in Gravenhurst ernannt und löste so Kapitän Baumann ab.

Aber dieses Amt bereitete Major Meythaler keine Freude. Das wäre etwas für ausgebuffte Politiker, nichts für einen Offizier seines Schlages, vor allem nichts für einen der kaum Englisch sprach oder verstand, meinte er. Dieser ewige Streit, das hin und her mit den Kanadiern, zum Teil auch mit den eigenen Offizieren, das sei nichts für einen altgedienten

Die „Queen Elisabth", 82 000 Registertonnen groß, damals Truppentransporter, brachte die DAK Gefangenen von Kapstadt via Rio do Janeiro bis nach New York zur Ausschiffung für den Weitertranport per Bahn nach Kanada.

Offizier. Er war Soldat, für ihn galt immer noch „Befehl ist Befehl", aber das ging hier einfach nicht mehr so!

Die Kanadier wollten sich nicht an die Genfer Konvention halten, wie es sich gehörte und dann auch der Ärger mit den eigenen Lagerinsassen. Was ging es ihn denn eigentlich an, wenn manche sich auf den Stuben nicht vertrugen. Da gab es auch noch so blöde Kerle, die immer noch nicht kapierten, daß „escapen" – Ausbruchversuche – hier in diesem großen Lande einfach keinen Sinn machten. Es war schon ein Kreuz.

Aber auch er sollte bald betroffen sein. Der katholische Pfarrer Hans Frense, als Miltärgeistlicher im Stabsoffiziersrang war ein Mitbewohner im sogenannten „Stabsoffizierszimmer" im 1. Stock. Frense war für die Marineleute und Flugzeugbesatzungen eigentlich eine „Neuerscheinung" als kriegsgefangener Pfarrer. Wir hörten von seinen afrikanischen Mitgefangenen wie tapfer er sich in sein Schicksal gefunden hatte und viele bewunderten seine joviale Haltung als Pfarrer.

Wegen seiner Aufgeschlossenheit war er beliebt und scheute sich nicht, einem der zahlreichen „Skat- und Bridgeclubs" anzugehören. In diesem Zusammenhang sei jedoch gesagt, daß er es nicht so weit brachte, wie manch andere POW-Kameraden, die schon in England anfingen Skat zu dreschen, auf der Überfahrt nach Kanada auf der „Duchess of York" weiterspielten, in Gravenhurst die Skatrunden von Camp „W" und Bowmanville fortsetzten und wahrscheinlich erst wieder zu Hause, nach Ende der Gefangenschaft zwangsläufig eine Pause einlegen mußten. – Aber damit es keinen Zweifel gibt: Das hat es gegeben! „‚ und diese Kameraden haben die lange Zeit der Gefangenschaft nicht am schlechtesten durchgestanden.

Auch beim Sport, besonders beim Faustball, betätigte er sich zur allgemeinen Bewunderung. Nur im Wohnen und Zusammenleben muß es wohl gehapert haben. Und dies erzähle ich deswegen, weil es zeigt, welche banalen Schwierigkeiten in der Gefangenschaft entstehen, wenn es beim leiblichen Wohle auch nicht fehlt.

Der Herr Pfarrer machte sich auf der „Stabs"stube etwas unbeliebt, weil er Witze erzählte, die nicht jedermanns Geschmack waren. Auch sonst entsprach er wohl nicht diesem anspruchsvollen Niveau.

Das hatte zur Folge, daß ihn sein „Kollegium" höflich aufforderte, sich nach einem anderen Zimmer umzusehen. Und ab jetzt zitiere ich zur Verdeutlichung des Problems die Schilderung eines Kameraden der betroffen war:

„Die Korkweschte verfiel als neue Behausung für ihn auf ein winziges Loch, in dem Doc Wagner und ich zu zweit wohnten. Dort konnte er ungestört „pfürzen" (das war einer der Gründe für seine Ausweisung) und auch in aller Ruhe seinen Meßwein, der ihm von den Kanadiern geliefert wurde, für uns alle trinken. Doc Wagner und ich mußten ausziehen, der Doc kam im Zimmer von Reini Pfundtner unter und ich bei Rolf Draeger, „Quex" Kuhnt und Tochtermann. Aus Platzmangel schlief ich von da an in einer Hängematte. Meine Rache: Ich klaute dem Pfarrer Frense zwei seiner hervorragenden Flaschen Rotwein und ertränkte damit meinen Zorn. Diese meine schnöde Tat, wurde niemals aufgeklärt."

Damit sind wir bei einer der schwierigsten Aufgaben der deutschen Lagerleitung. Major Meythaler wollte ursprünglich die täglichen Streitereien auf manchen Stuben übergehen. Aber das ging auf die Dauer einfach nicht gut und als es ihm zu dumm wurde, ernannte er eines Tages Major Wüstefeld zu seinem Stellvertreter. Dieser übernahm mehr oder weniger die „Geschäftsführung" und Korkweschte stand nur noch als Gallionsfigur im Hintergrund.

Bald stellte sich heraus, daß in gewißen Zeitabständen in den Stubenbelegungen Veränderungen eintreten mußten. Da gab es einfach gewisse Typen, die sich in keine Stubengemeinschaft einfinden konnten. Dazu wurden etwa in halbjährigem Turnus Versammlungen der Stubenältesten einberufen, bei denen die „Umsetzungen" mit großem Engagement vertreten wurden.

Wir hatten in unserer Stube keine Verlegungswünsche, aber auch wir waren gefährdet. Es war nur dem Kampfgeist unseres Stubenältesten Peter Döring zu verdanken, daß man uns keinen „Unbeliebten" hineindrücken konnte. Immer mehr stellte sich heraus, daß einige „Typen", weil unverträglich, aus ihren Stuben ausziehen mußten, dann aber keine neue Unterkunft fanden.

Nach langen Beratungen kam eines Tages der „Rat der Ältesten" auf die geniale Idee, diese Sonderfälle in eine Stube zusammen zu legen. Diese Stube hatte dann etwa 15 Insassen. Vom Beschluß zur Tat zu kommen, war nicht leicht. Aber das war „die Lösung"! Allerdings war das dann auch die Stube, auf der es hin und wieder zu Handgreiflichkeiten kam.

Eigentlich war erstaunlich, wie selten „die Nerven durchgingen". Denn trotz der insgesamt guten Lebensverhältnisse und einer guten Ernährung, hatten wir stark das Gefühl der „Abgeschlossenheit", das „Nichts-mehr-Nutzscin". Es war wohl das „Zusammenhalten" der POWs, das Durchsetzen von Maßnahmen zur Wahrung der eigenen Interessen, die Bereitschaft Risiken einzugehen, vom Augenblick der Gefangennahme bis zur Entlassung, das dem entgegenwirkte. Nur so gab es den Willen die eigene Würde zu erhalten.

Natürlich gab es auch immer wieder kleine Erreignisse, die im normalen Leben untergegangen wären, an denen wir uns aber hier erfreuten. So hatte unser Stubenältester Peter, mit Erstaunen im Katalog von „Eaton" gelesen, daß man da schon für 1 (einen) Dollar ein „nightgown" (Nachtgewand) bestellen konnte.

Wir hatten allen Grund mit dem Warenhaus Eaton zufrieden zu sein: So hatte beispielsweise ein Kamerad auch für einen Dollar eine Taschenuhr gekauft, die aus Stahl war, aber auf die Minute genau lief. Sie war im Winter ins eisige Wasser gefallen, bis er sie im Frühjahr wieder fand. Nachdem er sie geölt hatte und wieder aufzog, lief sie noch so genau wie vorher. Also Peter bestellte sein nightgown für 1 $.

Als die Sendung kam und er sein „gown" unter den neugierigen Augen der Stubenkameraden auspackte und anzog, entpuppte sich das Gewand als weites, weißes Riesen-Nachthemd. Wohl uns allen zum Trotz, hat Peter es jahrelang getragen und es war oft eine besondere Gaudi, wenn er damit in die obere Etage seines Doppelbettes stieg.

Diese Doppelbetten hatten wir und die meisten anderen Stuben sehr bald so umgebaut, daß die obere Matratze bei Tage abgeklappt werden konnte, und so als Rückenlehne diente. Ansonsten war die Zimmereinrichtung barbarisch einfach. Tisch und Sitzgelgenheit zimmerte man sich aus Brettern und Pfosten, die zum Teil im Lager irgendwo organisiert wurden, z. T. aus dem benachbarten Dachgebälk stammten, wo wir unsere überflüssige Kleidung aufhängen konnten. Damit waren wir noch in einer glücklichen Lage, denn dieser nahe Dachboden lag auf unserem Geschoß nur ca 10 m entfernt. Und da es in den Stuben kaum Schränke gab, waren wir damit gut gestellt.

Allerding litten wir unter einer besonderen Plage: Wir wurden bis zum Exzeß von Wanzen gebissen. Auch heute noch weiß niemand woher sie gekommen sind: Unsere „Afrikaner" wollten sogar die Schuld auf sich nehmen, aber es dauerte lange bis wir sie los wurden! Zuerst kochten wir unsere Möbel, hölzernen Bettfüße und eigentlich alles was gekocht werden konnte in einem Kessel im Erdgeschoß aus.

Besonders tat sich dabei der Kamerad Wildermuth hervor. Er war nämlich besonders betroffen, weil er als einziger auf der Stube absoluter Nichtraucher war. Er „schmeckte" den Wanzen besonders gut, aber sogar der Trick, daß er seine Bettfüße in Blechdosen stellte, die mit Wasser und etwas Chemie gefüllt waren, half nichts. Die Viecher ließen sich nämlich auf ihn (und auch uns andere) von der Decke herabfallen.

Endlich fanden wir heraus, daß eine Trennwand, die aus einer Faserplatte bestand, geradezu von dem Ungeziefer wimmelte. Wir rissen sie heraus und verbrannten sie mit Sorgfalt, um dann noch anschließend in detaillierter Jagd der Plage langsam aber sicher Herr zu werden.

Auch Gravenhurst kommt in Schwung

Der „Neue" Lagerführer, Wolfgang Wüstefeldt, Major i.G. genoß von Anfang an persönlichen Respekt. Vor seiner Gefangennahme am 23. Nov. 1941 war er Ia, Führungsgehilfe im Stabe des Deutschen Afrika Korps (DAK) bei Gen. Rommel, später bei Gen. Crüwell. Mit ihm in Gefangenschaft waren geraten; Hauptm. Neumann, Chef der Funkkompanie des DAK, Ltn. Wagener ebenfalls Funkoffizier, Obltn. Pelzelmayer und Obltn. Schurich, Verbindungsoffiziere der Flak beim Stab des DAK. Aus dem Stab des Oberquartiermeisters des DAK war außerdem in Gefangenschaft geraten, der Major Dipl. Ingenieur Heinrich Keil.

Der Umstand, daß Wüstefeldt schon von Anfang an auf die informelle Hilfe vieler Offiziere zählen konnte, war für das Lager hilfreich. So gelang es, auch die Rivalität zwischen Marine, Heer und Luftwaffe in vernünftige Bahnen zu lenken.

Major Wüstefeldt führte das Lager bis Sept 1944, bis zum Eintreffen des dienstälteren Offiziers Oberst Frhr. v. Dobeneck.

Assistiert wurde Wüstefeldt zuerst von Hauptm. Brückmann, dann später als Dolmetscher von Ltn. Dr. Kopp, einem Panzeroffizier und dem Juristen Dr. Liese als „Adjudant". Liese und Kopp funktionierten gleichzeitig als Postoffiziere. D. h. sie waren anwesend, wenn der kanad. Intelligence Officer unsere Post zwecks Kontrolle öffnete und überprüfte.

Wie sich zeigen sollte, wurde bei diesen stichprobeweisen Kontrollen glücklicherweise nicht immer alles entdeckt, was in den Päckchen versteckt war.

Außer dem katholischen Geistlichen gab es einen evangelischen Pfarrer, den Obltn. Seifert, kein Wehrmachtsgeistlicher, er war als Reserveoffizier in Gefangenschaft geraten. Beide Geistliche hielten Lagerandachten.

Die in Gravenhurst vertretenen Einheiten des DAK waren bunt zusammengewürfelt. Da waren die 15. Panzer Division, die 21. Panzer Div. vertreten. Es gab auch Angehörige der 90. leichten Division. Das Oasen Bataillon (z.b.V. 200), sowie Marine-Versorgungseinheiten waren anwesend. Als seltene Ausnahme gab es auch einige wenige „Davongekommene" des mutigen Strafbatallions 900. Also Panzer, Schützen, Artilleristen, Pioniere, Flak, auch 1 Marineflieger (Embacher), Nachrichtenleute, Versorgungs- und Nachschubeinheiten, alles war vertreten.

Ein berühmter Mann unter ihnen war der Hauptmann später Major Bach (früher protestantischer Pfarrer), der Kommandeur des Schützenregiments 104.

Von links: Hptm. Neumann, Hptm. Fiebig, Obltn. Machui, Kptltn. Schulte, Maj. Wüstefeldt, Obltn. z. S. Albrecht, Kptltn. Stamer (L.I. Lott U-35), Kptltn. Schilling (L.I. U-33), Major Keil, Obltn. Hennings.

Stützpunkt 1941 IN NORDAFRIKA: General Rommel, rechts dahinter (dunkel) Hptm. Bach, der Teilnehmer im I. Weltkrieg war.

112

Nordafrika 1941: Nach Sollumschlacht im Juni 1941, deutsche 8,8 cm Flak. Vorne links mit dunklem Schiffchen Obltn. Schwabach, General Rommel mitten im Kreis der Soldaten des DAK.

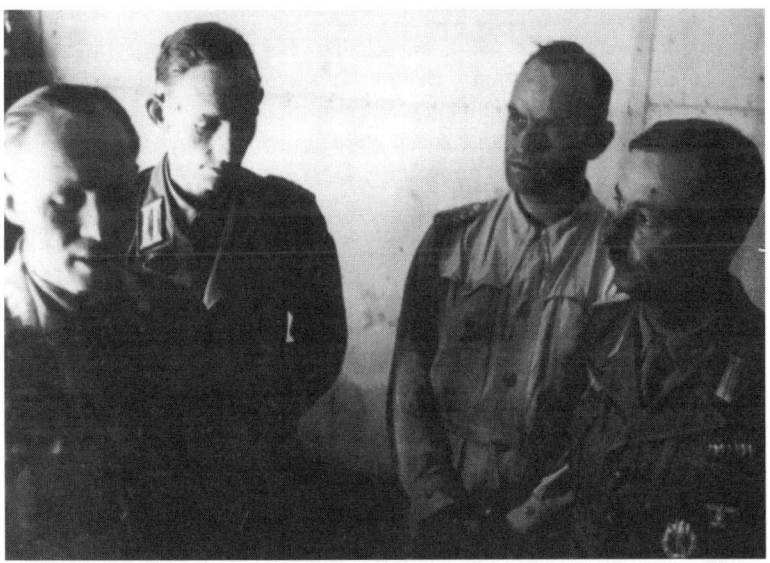

Nordafrika Juni 1941: Auf dem Gefechtsstand Halfaya-Paß nach der Sollum – Schlacht: Von links: Gen. Rommel, Maj. Wüstefeldt, Gen. Gause, Hauptm. Bach.

NORDAFRIKA SOMMER 1941: General Rommel im Hafen von Bardia, mit Obltn. z. S. Albrecht (rechts) und italienischen Seeoffizieren.

Er hatte mit seinen Mannen den weit vorgeschobenen Halfaya Paß verteidigt, bis ihnen die Munition ausgegangen war. Damit hatte er das Nachstoßen der Engländer lange Zeit aufgehalten. Für diese mutige Tat hatte er im Juni 1941 das Ritterkreuz erhalten. Er war leider einer derjenigen die die Rückkehr in die Heimat nicht erleben durften.

Schon bei der Ankunft in Kanada wirkte er leidend, man sah es ihm an, obwohl er immer dagegen ankämpfte. Über das rote Kreuz wurde dringend ersucht, ihn gegen kranke Engländer in die Heimat auszutauschen. Vergeblich! Nach seiner Operation an einem Darmkarzinom im Hospital in Toronto verstarb er bei uns im Lager am 22. Dez. 1942, ein halbes Jahr nach der Ankunft in Kanada.

Er wurde nach dem Tode von seinen besten Kameraden des DAK im Lager Gravenhurst würdevoll aufgebahrt. Vor der Beisetzung standen Offiziere des Afrikakorps die letzte Wache bis zum feierlichen Begräbnis auf dem „ Memorial Cemetery" in Gravenhurst. Da ich zu diesem Zeitpunkt im Arrest einsaß, erlebte ich diese Feierlichkeiten leider nicht. Sie wurden auch von den Kanadiern in Hochachtung vor einem tapferen Soldaten begleitet.

Major Bach lag Seite an Seite mit dem Soldaten Erich Ertz, der im Juni in Kanada gestorben war. Für beide Gräber schnitzte Major Robitzsch, mein früherer Staffelkapiän, der auch in England abgeschossen worden war, zwei sehr schöne Holzkreuze. Nach dem Kriege 1976, besuchte Walter Stirnat (inzwischen Apotheker) mit Siegfried Tochtermann (auch ehemaliger POW) anläßlich einer Reise nach Kanada beide Gräber in Gravenhurst. Sie fanden sie in sehr gepflegtem Zustand. Der oben zitierte Hauptmann Neumann (Stab DAK) war schon sehr früh nach Kanada ausgewandert und hatte sich um die Grabpflege gekümmert.

Im Jahre 1977 wurden beide Gräber in den deutschen Sektor für verstorbene POWs auf den Woodland Cemetery in Kitchener (das hieß bis 1918 Berlin) in Ontario verlegt. Leider wurde dort das Grabkreuz von Major Bach im Rahmen von „Holocaust" im Jahre 1978 beschädigt.

Der POW Theo Schwabach aus Karlsruhe, Obltn. und Batterie Chef I. Abt. Flak Rgt 33 erhielt das Ritterkreuz am 30. 6. 41. Obwohl es in Afrika häufig zur Flak Aufgabe gehörte, im Erdkampf feindliche Panzer abzuschießen, hatte er mit seiner Batterie aus offener Wüstenstellung heraus, zahlreiche englische Panzer bei deren Sturmangriff in der „Sollumschlacht" vernichtet. Mit seinem „Feuer frei!" hatte er so lange gewartet, bis beim ersten Feuerstoß alle seine 8.8 cm Flakgeschütze Volltreffer erzielten.

Deutlich erinnere ich mich an ihn. Von ihm wurde sowohl in Vorträgen als auch im persönlichen Gespräch deutlich gemacht, welch wichtige Rolle die Zielgenauigkeit der 8,8 cm Flak bei der Stürmung von Befestigungsanlagen im Frankreichfeldzug gespielt hatte und wie sehr diese Waffe im Afrikafeldzug von den feindlichen Panzern gefürchtet war.

Nie vergessen werde ich Schwabachs Entsetzen, bei dem Vortrag saß ich in seiner Nähe, wie wir viel später von einem anderen Flakhauptmann hören sollten, wie dieser in Gefangenschaft geraten war: Nach der Landung der Alliierten in Nordafrika 1943 war er Batteriechef einer 10,5 cm Flak Batterie. – „Als 9 Sherman Panzer auf unsere eingegrabenen vier Geschütze zufuhren und das Feuer eröffneten, blieb uns nichts anderes übrig als mit erhobenen Händen aus der Stellung zu springen und uns zu ergeben!" Erzählte er vor großem Publikum.

Schwabach stand auf, ich begleitete ihn: „Eigentlich sollte der Mann uns ja nur erzählen, wie die Landung geschah!" sagte Obltn. Schwabach erregt. „Jetzt weiß ich auch warum dieser Krieg nicht mehr zu gewinnen ist! Bei mir mit meiner Batterie in der Wüste, haben wir auf ebenem Feld abgeprotzt und ohne Deckung auf die mehr als 40 anfahrenden englischen Panzer das Feuer eröffnet! Als wir mehr als die Hälfte erledigt hatten, drehten sie um! Und was machen die heute?"

Ich konnte ihn nicht trösten! Tagelang, mit verbissener Miene, drehte er seine Runden am Zaun entlang, bis er sich wieder gefangen hatte.

Zu unseren schon vorhandenen Ärzten Dr. Eitze und Dr. Heitsch gesellten sich jetzt noch weitere. Mit den Herren Dr. Gress, Dr. Fritz und

Dr. Laubscher, konnte das „Revier" fast schon Schichtbetrieb fahren. Aber so viele Kranke gab es erst mal gar nicht. Da war es fast erstaunlich, daß sich Jupp Bürschgens, als gelernter aktiver Obltn. und ehemaliger Pilot im JG 26 als „Sani", Sanitätsgehilfe im Revier noch halten konnte. Aber vielleicht war dort gerade sein besonderer rheinischer Humor gefragt.

Zum Revier gehörten auch andere Einrichtungen, die erst gebaut, erhalten und repariert werden mußten. Häufig benutzt wurde im Untergeschoß ein Schwitzbad. das fast einem öffentlichen Dampfbad hätte Konkurrenz machen können. Dort waren knapp über dem Fußboden, Röhren an die im Lager vorhandene Dampfheizung angeschlossen. In diese wurden kleine Löcher gebohrt und man saß darüber auf einem primitiven Holzthron. Das ergab unter übergestülpten Wolldecken ein sehr wirksames Schwitzen. Bei Erkältungen wurde diese Behandlung mit Vorliebe von Doktor Eitze verordnet.

Da ich mehrmals an Angina litt, wurde mir diese Behandlung auch zuteil, allerdings ohne Erfolg. Von mir wurde dann allerdings ein altes „Hausmittel" empfohlen, das nicht nur bei mir half: Auflegen heißer Pellkartoffeln im Leinenbeutel, so heiß wie man nur ertragen konnte, bis das Geschwür im Hals „reif" wurde und sich nach innen öffnete.

Nachdem die Wohnungsfragen einigermaßen geordnet waren, konnten wir uns bald weiteren Dingen zuwenden. Unsere Backschafter, immer mehr setzten sich die Marinebegriffe durch, zogen endgültig in ihre Wohnbaracke und eine Gruppe von Offizieren unter Führung von Hauptmann Brückmann gestaltete im Erdgeschoß Räumlichkeiten, die bald zum Treffpunkt für Unterhaltung, Schach- und Kartenspiele werden sollten.

Wer den Bereich vorher und nachher sah, mußte an Wunder glauben. Da waren verschmierte Türrahmen, darin standen verzogene Türen und von den Wänden hingen die Fetzen. Ob da was zu machen war?

Mit Rasierklingen machte sich der Renoviertrupp an die Arbeit und schabte „„ und schabte ... Zuerst wurden die Wände gesäubert, dann mit den Klingen Zentimeter um Zentimeter die Türrahmen abgekratzt. Und als darunter ein herrlich gefasertes Mahagoni- und Ahornholz hervorkam, wurden Rahmen und Türen verschönert, geschliffen und naturlackiert, bis man erkannte, daß sich auch die Erneuerung der Wände und die gesamte Restaurierung lohnen würde.Nach vielen Wochen Arbeit gab es Einweihungen schichtweise, zu denen die jeweilige „Partie" ihr Bier angespart hatte. Die Räume wurden noch etwas geschmückt und man konnte sie durchaus als eine Art gemütliche Kantine empfinden.

Die Unterrichtsräume entstanden in allen möglichen Ecken der Gebäude. Sie wurden nicht nur abgeteilt und ausgebaut, sondern vor allem auch benützt.

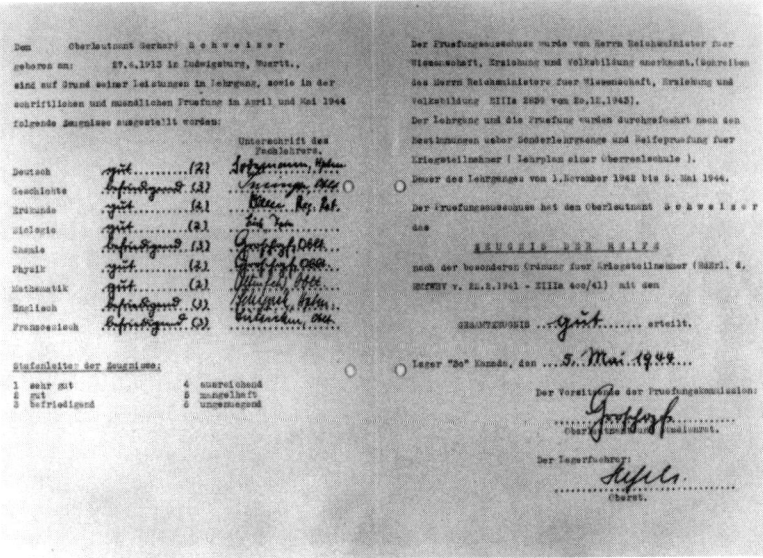

Abiturzeugnis als POW: So sah ein in Kanada abgelegtes „Zeugnis der Reife" aus. – Es hatte nach Rückkehr – nach einigem „Hin und Her" volle Anerkennung und Gültigkeit.

Oberster Lehrgangsleiter und Schirmherr war Reservehauptmann und Landesforstmeister Dr. Querengässer, von dem die Sage ging, daß er nach dem gewonnen Krieg für die zukünftigen deutschen Kolonien (solche Vorstellungen gab es durchaus) vorgesehen war. Seinen Forstvorträgen war leicht zu entnehmen, daß er vom afrikanischen, tropischen Wald und seinen Hölzern viel verstand. (Auch nach dem verlorenen Krieg war er später tatsächlich für mehrere Jahre als Forstberater in Westafrika tätig).

Es gab Lehrgänge für Abitur auf mehreren Stufen: Die Leitung dieser Kurse hatte Obltn. Blume (Studienrat). Daran nahmen ca 50 Offiziere teil. Die schriftlichen Prüfungsaufgaben wurden über das IRK Schweiz zum Kultministerium nach Berlin gegeben. Von dort kamen die Themen für die schriftlichen Prüfungen zurück. Das so abgelegte Abitur wurde später vom damaligen Reichskultminister Rust den einzelnen Offizieren in Kanada bestätigt. Lehrer waren: Studienräte, Offiziere mit Dolmetscher Examen, promovierte Chemiker und Physiker.

Selbst nahm ich bald an einem Technikkurs, mit dem Ziel Physicum im Maschinenbau teil. Nachdem ich die Nase vom „Escapen" gründlich voll hatte, wollte ich mich nun endgültig geistig weiterbilden.

In diesm Kurs wurden alle Fächer gelehrt, die auch auf einer Hochschule in Frage kamen. Unser Chef, der für unseren speziellen Lehrplan zeichnete, war Hauptm. Kahlenberger, der im Zivilberuf auf einer Ingenieurschule gelehrt hatte: Mathematik, Mechanik, Physik, Materialkunde etc. wurden alle von Fachkräften gelehrt, die aus technischen Berufen stammten.

Hier zahlte sich aus, daß das Heer mehr Reserveoffiziere besaß, als Luftwaffe und Marine. Statik gab Kahlenberger selbst, in der Materialkunde wechselte er sich ab mit dem Geologen Dr. Michels, der im Rheinland einen Bimssteinbruch besaß. Holz- und Forstkunde gaben Dr. Querengässer und Forstmeister (Obltn.) Schnaidt, ein mir besonders sympathischer Schwabe. Aber unsere Forstleute waren nicht nur Theoretiker, besonders bei Zimmermannsarbeiten waren sie praktisch ausgebildet, ähnlich wie die Pioniere.

Chemie wurde von Ltn. Dr. Kopp gelehrt, Physik gab Obltn. Dr. Braune und Maschinenbau wurde von Major Dipl. Ing. Keil gelehrt. Alle diese Lehrer wurden natürlich auch in anderen Kursen in den jeweiligen Fachbereichen eingesetzt.

In der Forstkunde wurde das Studium in Kanada (4 Semester) bei unseren Mit-POWs zu Hause anerkannt, so daß beispielsweise die ehemaligen kanadischen POWs Kreisler und Wallbillich nach Rückkehr ihr Studium beenden konnten und sie Forstdirektoren wurden.

Die „Förster" teilten sich den Lehrsaal in dem Land- und Forst-Wirtschaft gelehrt wurde, mit den Medizinern, für die auch ein Fachstudium eröffnet wurde. Wegen der Engpässe in verfügbaren Räumen, mußten Forstler und Mediziner „schichten". Was nicht so ganz einfach war. Zu späteren Zeiten, nachdem es eine Farm gab, konnten die Mediziner in diesem Raum an kranken Ferkeln sezieren: An Ferkeln, weil das Schwein dem Menschen in Organismus und Aufbau sehr ähnelt! wurde behauptet. Landwirtschaft und Medizin hatten damit ihre besondere Beziehung! nicht nur beim „Schichten"!

Bei Sprachen war das Angebot riesig, Englisch und Französisch wurde in mehreren Stufen gelehrt, für Anfänger, Fortgeschrittene und Fachenglisch. Dabei ging Dr. Wagner, der außer Recht auch englisches-amerikanisch lehrte, so weit, daß seine Teilnehmer gar amerikanichen „Slang" erlernten. Fachenglisch für Technik, Wirtschaft und Wissenschaften wurde methodisch erarbeitet.

Aber nicht nur diese gängigen Sprachen wurden gelehrt. Spanisch, Italienisch, sogar Russisch standen im Angebot. „Sonderführer" Schwochau unser Gesangsprofessor gab nicht nur Gesangsunterricht, als ehemaliger Sänger an der „Scala" in Mailand war er auch Spezialist für die italienische Sprache.

Dolmetscher-Examen in Englisch und Französisch wurden abgelegt und anerkannt. Eine besondere Leistung vollbrachte unser Damendarsteller (Lagertheater) „Quex" Kuhnt (Spitznahme von dem Film Hitlerjunge

Quex). Er studierte und lernte nur aus Büchern die arabische Schrift und Sprache. Schon als POW in Kanada prophezeite er, daß er mit dieser seltenen Sprache einmal in den diplomatischen Dienst gehen würde. Und tatsächlich, nach dem Kriege war er lange Jahre im diplomatischen Dienst in Cairo tätig, um dann später in Abu Dabi Botschafter für die Bundesrepublik zu werden.

Bei den Juristen gab es gute Vorlesungen: Da lehrten nicht nur gute Rechtsanwälte, auch der leitender Staatsanwalt Dr. Völker und erfahrene Regierungsbeamte standen zur Verfügung. Dr. Völker, Dr. Wagner, Obltn. Fitschen und Dr. Liese referierten in Recht in allen Themen, die zur Abdeckung der ersten Semester nötig waren.

Auf dem Gebiet der Volks- und Betriebswirtschaft leitete Obltn. Dr. Huppert eine „Handelshochschule" in Gravenhurst, bei der er viel Initiative bewies. Er schrieb an seinen früheren Doktorvater in Deutschland, Prof. Dr. Rößle an der TH München und bat um seine Unterstützung.

Rößle schickte Bücher und Semesterpläne und stellte Verbindung zum Kuratorium für Fachliteratur in Berlin her. Von dort erhielten die Kursteilnehmer Lehr- und Fachbücher. Fast alle Schüler von Dr. Huppert waren bei Prof. Dr. Rößle „fernimmatrikuliert". Eine Verbindung zwischen Gefangenenlager in Kanada und Heimat, die für die POWs eine große Hilfe darstellte.

Die abgeschlossenen Lehrgänge wurden durch die Lehrkräfte und eine Kommission bescheinigt. Nach dem Kriege wurden viele dieser Kurse anerkannt und haben zu kürzeren Studienzeiten geführt. Natürlich wußte man das damals noch nicht!

Das Unterrichtsmaterial wurde außerdem über den YMCA, Prof. Dr. Böschenstein zur Verfügung gestellt. Zu ihm bestand in unserem Lager eine gute persönliche Beziehung: Luftwaffenltn. Walter Stirnat segelte vor dem Kriege in Kiel im gleichen Club wie Böschenstein. Er hat Stirnat bei seinem ersten Besuch im Lager gleich wiedererkannt. Obwohl Schweizer von Geburt, hatte Böschenstein vor dem Kriege in Kiel Germanistik studiert.

Vielleicht ist es auch diesem Zufall zuzuschreiben, daß Prof. Böschenstein häufig in unserem Lager an Veranstaltungen teilnahm und unser Lager eine „Kultur-Oase" Kanadas nannte. Besonders um unser Lagertheater war er bemüht. Er versuchte uns jeden Wunsch zu erfüllen, so weit das irgendwie in seiner Macht stand. Für unser Theater besorgte er Kostüme und Requisiten, die wir nie selbst hätten herstellen können.

Stirnat, begeisterter „POW-Schauspieler" schreibt über diese Ereignisse: „Das Lager-Theater stand unter der Leitung vom „Dicken Bülk".

Theaterkostüme: Bei dieser Theatergruppe werden Kostüme aus verschiedenen Aufführungen gezeigt. U.a. „Eine Nacht in Venedig". Vordere Reihe: Neben dem Scharfrichter: „Stickel" Stirnat, „Tolstoi" Dörwald, K.H. Thurz, der auch als „Barfrau" gut aussah. Als Nonne Ltn. Zwarg, ganz rechts „Quex" Kuhnt, (später Botschafter in Abu Dabi).

Bedeutende Schauspieler waren: „Quex" Kuhnt (Heilige Johanna), Thurz (auch Spezialist für Damenrollen), Zwarg, (Tolstoi). Meine Glanzrolle war einmal die Magd Stiene im Lustspiel „Krach um Jolanthe". Mein Partner war Hein Törber als Knecht Hannes. In dem Stück mußte ich ihm einen Kuß geben, was ich so stürmisch besorgte, daß er seine Pfeife nicht schnell genug aus dem Mund bekam. Die Folge war ein abgebrochener Stiftzahn bei ihm, der unter großem Jubel der Zuschauer auf das Parkett klickerte. Alle Zuschauer meinten, es gehörte zum Stück und hatten einen Riesenspaß."

Außer „Stickel" Stirnat wurden Damenrollen ganz echt von Karl Heinz Thurz gespielt. Als wir „oh wie wehmütig" einmal zur Fastnachtszeit einen Raum mit Girlanden und bunten Lichtern schön dekoriert hatten, spielte zu dieser Gelegenheit unsere Tanzmusik auf, Leitung Obltn. Bärtling. Thurz saß als Barfrau hinter der Theke, herrlich anzusehen mit ausgestopftem Busen, und schenkte farbige Getränke aus, aber getanzt wurde nicht!!! – Trotz aller angesparten Getränke, die richtige Stimmung wollte nicht aufkommen.

Außer den Theaterveranstaltungen gab es die verschiedensten musikalischen Darbietungen, nachdem uns Prof. Böschenstein immer mehr mit Instrumenten versorgen konnte.

Da gab es ein großes Orchester, Leitung Obltn. Pfannmüller, die

Ensembles für Kammermusik. Eine Blas- und Marschmusik, unter Obltn. Bärtling, der auch ein kleines und großes Tanzorchester dirigierte. – Nur die „echten" Damen fehlten zum Tanzen!

Ein besonderes Ereignis waren die Gesangs-Konzerte, die von Prof. Schwochau gegeben wurden. Er war vor dem Kriege nicht nur Tenor an der Mailänder Scala gewesen, besonders stolz war er darauf: Im Jahre 1937 war er eingeladen um in der Westminster Abbey bei der Feier zur Krönung des englischen Königs Georg VI. zu singen.

Schwochau war oft auf unserer Stube. Wir richteten im Laufe der Zeit auf unserer „Veranda mit Seeblick" eine sonntägliche Runde mit „Kulturfrühstück" aus. Er war einer der ersten Gäste, mit denen wir näher bekannt werden wollten. Zusammen mit Kilian Koll (Pseudonym für den Schriftsteller Karl Bunje) war er oft unser Gast. Schwochau und Koll, der als Hauptm. der Luftwaffe in Gefangenschaft geraten war, hatten viel zu erzählen. Schwochau vor allem über seine Erfahrungen im Ausland im Vorfeld der „Machtübernahme".

Kilian Koll, die ältere Generation, die den 1. Weltkrieg erlebt hatte, tröstete mit „es geht alles vorüber"! Als Verfasser von Volksstücken und Schwänken besaß er dazu den gebührenden Humor. Er erzählte gern von „Nikolaichen", seinem „Haus mit Schwein" in Ostpreußen und wenn er auf seine Frau zu Hause zu sprechen kam, wenn er von seinem „Tigerweibchen" schwärmte, hörte sich das besonders lustig an.

Sein Buch „Etappenhase" war vor dem Krieg schon verfilmt worden. Eigentlich war er der Anlaß, daß ich mich hinsetzte um meine Erlebnisse in Verbindung mit den seitherigen Fluchtversuchen schon in Kanada zu Papier zu bringen.

„Wie das Schicksal so will!" Etwa im Jahre 1965, als ich bei IBM Deutschland schon im Management war, bewarb sich in Stuttgart ein junger Mann namens Claus Bunje als Verkäufer im Außendienst. Als Leiter einer Einstellungskommission konnte ich mir leisten das Gespräch zu lenken. Und welche Überraschung: Er war der Sohn des ehemaligen Mitgefangenen. Wir konnten Claus einstellen und er wurde ein wertvoller Mitarbeiter.

Sport wurde natürlich groß geschrieben. Da gab es eigentlich alles: Leichtathletik, die durch die immer wieder stattfindenden Wettbewerbe bei allen Lagerinsassen populär wurden. Schwierig waren nur die Laufveranstaltungen. Der Innenraum unseres Lagers war doch sehr klein. Aber einfallsreiche Sportler setzten sich kaum Grenzen. Da wurde ein Korbballfeld, ein Tennisplatz, ein Boxring im Freien gebaut und die Gymnastikleute quälten sich auf einer Wiese im Garten. Mit Erstaunen beobachtete ich, wie es dem ehemaligen Kapitän eines Hilfskreuzers im Laufe der Monate gelang, seinen Bauch tatsächlich zum Schwinden zu bringen. Aber diese Gymnastik wurde auch von einem diplomierten Sportlehrer, Herrn Insinger, gegeben!

Reini Pfundter „Sergeant" beim Zaunstreichen und Escaperkollege war wohl einer unserer talentiertesten Sportler. Im Tennis stand er beim Lagerturnier fast immer im Endspiel gegen Obltn. Ronge (LW), der schlesicher Jugendmeister gewesen war. Es war fast ein „Tennisfestival", wenn sich das gesamte Lager auf Bänken und Liegestühlen rings um den Tennisplatz als „Kulisse" versammelte, um den beiden im Endspiel zuzusehen. Pfundtner, früher einmal Juniorenmeister bei Rot-Weiß Berlin, spielte aggressiver, während sein Gegner ihn dann auch meist zu Fehlern verleiten konnte. Diese Turniere waren im langweiligen POW Dasein, immer ein besonderes Ereignis. Tage vorher wurde schon diskutiert, wer gewinnt diesmal? Reini, oder kommt diesmal vielleicht sogar ein ganz anderer ins Endspiel?

Pfundter organisierte auch hier wieder das Eishockeyspiel. Schon im Camp „W" hatten wir begonnen, unter seiner Leitung das erste Feld zu bauen. In Bowmanville entstand dann ein sehr ordentlicher Hockeyring und hier in Gravenhurst war von Anfang an klar, daß der Tennisplatz so angelegt wurde, daß er im kommenden Winter auch zum Eishockeyfeld umgebaut werden konnte. Es gab keine andere Sportart, bei der die Kanadier so hilfreich waren. Unsere Wachmannschaften bedauerten mehr wie wir, daß POW-Teams nicht gegen einheimische Hockeymannschaften antreten konnten.

Pfundtner, der schon als Junge bei Rot-Weiß auch Eishockey gespielt hatte, war 1936 schon als Junior, Ersatzmann in der deutschen Olympia Mannschaft gewesen. Er war nicht nur Experte beim Spiel, sondern wußte auch wie zu trainieren war, im Winter sowohl als auch im Sommer.

Ich spielte Tennis und Eishockey, hatte aber immer Beschwerden mit meinem vom Fallschirmsprung gezerrten linken Knie. Dieses behinderte mich auch bei der Leichtathletik. Den Dauerlauf (heute Jogging) betrieb ich zum Erhalt der Dauerleistung. Aus Fort Henry hatten Hinnerk und ich die Begeisterung für das Boxen mitgebracht und halfen mit, daß die nötigen Trainingsgeräte beschafft und aufgebaut wurden. Die Leitung dieser Sparte übernahm aber bald „Jupp" Bürschgens, der viel mehr Ahnung hatte. Dabei teilten wir uns einen Kellerraum mit den Ringern, die von Oblt. z. See Albrecht trainiert wurden.

Nur einmal ließ ich mich im Boxring dazu verleiten einen öffentlichen Kampf zu bestreiten. Mein Gegner war U-Boots Kapitänleutnant Esterer und natürlich gab es beim Kampf unter den Zuschauern sofort zwei Lager. Hie Marine! Hie Luftwaffe! Die Afrikaner hielten sich zuerst zurück, mischten aber bald in den lauten Anfeuerungsrufen und dem Beifall mit, als ich immer mehr Treffer einstecken mußte.

Bei der Gelegenheit stellte ich fest, daß mein Gemüt gegen die aufkommende Wut nicht gewappnet war. Jedesmal wenn ich einen dummen Treffer einsteckte, „höhnte die Meute" auch noch! Das tat meiner Seele gar nicht gut! Ich wurde über diesen Beifall für den Gegner wütend und boxte statt mit Hirn ... mit Wut ... Folge? – Ich verlor! – Nicht durch k. o. aber deutlich nach Punkten!

Um ja nicht zuzugeben, daß ich gewaltig Prügel bezogen hatte, verdrängte ich mein starkes Nasenbluten und ging gleich auf den Tennisplatz um dort ein Match zu spielen. Es gibt Photos, die zufällig am nächsten Tag von einem kanadischen Gruppenphotografen gemacht wurden. Darauf ist deutlich meine veränderte Nase zu erkennen. Von diesem „Krampf" ist mir bis heute ein leicht verschobenes Nasenbein übrig geblieben! Aber dieser Kampf war auch lehrreich! Ich habe weiterhin geboxt, aber nie wieder vor Zuschauern.

Ehrenwort und Farm

Es dauerte lange bis wir mit den Kanadiern über unser „Wort" handelseinig wurden. Zuerst ging es darum in der schönen Umgebung Spaziergänge zu organisieren. Unser „Ehrenwort" versprach, während der Ausflüge keinen Fluchtversuch zu unternehmen.

Tatsächlich, an einem schönen Tag versammelte sich eine große Menge POWs am Tor, um von einem kanadischen Offizier und zwei Posten „ausgeführt" zu werden. Aber die Posten waren bewaffnet! Das war nichts für uns: Wenn wir Ehrenwort gaben, brauchte man keine Waffen! „Geht nicht!" war die Antwort auf kanadischer Seite! Wieder kein Ausgang!

Nach Verhandlungen einigte man sich: Ein unbewaffneter kanad. Offz. führte und am Ende wachten 2 kanadische Veteran Guards. So erlebten wir dann manch schönen Spaziergang in der reizvollen Schärenlandschaft am Muskoka Lake.

Als Beerenkenner und Genießer hatte ich offene Augen für die zahlreichen Beeren, die in der Umgebung wuchsen. So konnte es dann sein, daß man am Vortag mit Billigung der Kanadier vorab den guten Beerenplatz erkundete und dann am nächsten Tag gezielt zum Ziel marschierte. In solchen Fällen war unsere ganze Stube mit Sammelbüchsen versehen. Eine halbe Stunde Anmarsch, eine Stunde Beerensammeln, 1/2 Stunde Rückmarsch. Die 2 Stunden durften keinesfalls überschritten werden!

Wir hatten oft eine herrliche Ausbeute, ob es sich im Sommer um Walderdbeeren, im Herbst um Blaubeeren, wilde Kirschen oder auch Brombeeren handelte.

Bei diesen Spaziergängen durften wir ja nicht durch bewohnte Gegenden geführt werden. Kontakt zur örtlichen Bevölkerung war zu vermeiden. Einmal war ein Einheimischer neugierig. Er schlich sich unterwegs von hinten an unseren Trupp heran. Als er den kanadischen Rückwärtsposten erreicht hatte, sprach er diesen an. Es sei unmöglich so viele Deutsche durch die Gegend laufen zu lassen, dabei sei er auch noch ohne Waffe! Der Posten suchte ihn zu beruhigen, einige Kameraden hörten inzwischen mit: „Ja aber was er denn unternehmen wolle, wenn es den POWs einfallen sollte zu fliehen, einfach abzuhauen! Er hätte ja noch nicht einmal eine Pistole um zu schießen!" Der Posten wollte abwiegeln „They are on parole!" – Was das denn sei? – wollte der Bürger wissen. – Es war wirklich nicht leicht eine Erklärung zu geben. – Dem Posten fiel was ein: „If they give their parole, that's like money, that's even better than money!" (Wenn die ihr Ehrenwort geben, ist das so gut wie Geld, sogar noch besser als Geld!)

Ich weiß nicht, ob der Neugierige begriff, inzwischen war das Gespräch aber dem führenden kanadischen Offizier aufgefallen. Er begab sich selbst an das Ende der Kolonne und bat den Gravenhurster Mann, doch bitte unseren Zug zu verlassen.

Bei diesen Ausflügen fiel uns besonders auf, wie viele Fische in manchen der kleinen Teichen schwammen. Schade, daß man da nicht angeln durfte! Interessant für uns war, daß man von den gebahnten Wegen keine 20 m weit in das Innere der Wälder gehen mußte um sich in völliger Wildnis zu befinden. Es war sehr beeindruckend so die Weite des kanadischen Raumes zu erleben.

Völlig neuartig war auch, wie zu guten Beerenzeiten, aus Toronto häufig Lastwagen angefahren kamen, um Pflücker auszuladen. Die Posten erklärten uns, daß diese Leute morgens in der Stadt Toronto einstiegen um „auf eigene Rechnung" oder aber im „Akkord" für den Lastwagenbesitzer zu pflücken.

Bei diesen Ausflügen durchquerten und umrundeten wir mehrmals eine Farm, deren Gebäude vollständig abgebrannt waren und die daher nicht mehr bewirtschaftet war. Sie bestand aus Wiesen, guten Ackerboden, Buschwald, aber auch richtigen Wald. An einer Seite wurde sie durch einen romantisch gluckernden Bach begrenzt. Um sie zu umrunden, brauchte man die kompletten 2 Stunden des Ehrenwortspazierganges.

Nachdem die Kanadier erfahren hatten, daß wir uns tatsächlich an unser Wort hielten, konnten wir häufig im See baden, der direkt an das Lager grenzte. Ein schwimmendes Seil begrenzte die Fläche, die ausreichte um eine 25 m Bahn abzustecken und ein Feld für Wasserball anzulegen. Die Kunstspringer, geleitet von Major Müller, errichteten ein Sprungbrett und eine Art Turm. Es gab dann Leute, die im Sommer von morgens 10 bis 12 Uhr und nachmittags wieder zwei Stunden im Wasser waren.

Das Problem für die Schiedsrichter beim Wasserball war, daß sie nicht genau sehen konnten, was da in den Tiefen des Sees geschah. – Mancher Torschuß unterblieb, weil der Angreifer plötzlich von „dunklen" Mächten in die Tiefe gezogen wurde.

Die Dauerschwimmer hatten im Winter ihr besonderes Problem: Sie setzten gewaltig Fett an, wenn sie im Winter keinen Ausgleichsport betrieben.

„Auf Ehrenwort" durften wir auf dem großen Platz gegenüber des Lagertors auch einen Fußballplatz einrichten, der im Sommer zum Fußball- und Handballspiel benutzt wurde und im zweiten Winter als 2. Eishockeyplatz hergerichtet wurde. Immer mehr Anfänger gab es, die sich

diesem „Kampfsport" widmeten. Da es anfänglich zwar genügend Schlitt-
schuhe gab, aber nicht genügend Schutz für Schultern, Gesicht und Beine,
waren „Opfer" nicht nur unter den Torwarten zu finden.

Einmal im Winter, als der See zugefroren war, erlaubten die Kanadier
sogar den Schlittschuhlauf auf dem gefrorenen See. Kaum war der Lauf
freigegeben, zerstreuten sich die schnellen POWs in alle Winde und am
Ufer blieb eine sehr unruhige Wachmannschaft zurück. Sie waren sehr
froh, als alle vollzählig zurückkehrten.

Auf dem Eis waren auch kanadische Schlittschuhläufer unterwegs und
es hatte mit der Bevölkerung Kontakt gegeben. Also blieb es bei diesem
einzigen und einmaligen Versuch. Jeder, der dieses einzige Mal versäum-
te, bedauerte es hinterher sehr.

Auf kanadischer Seite fand sich in Gravenhurst unser Pferdedieb als
Dolmetscher wieder ein. Er war jetzt „Intelligence Officer". Schon in
Camp „W" hatte er mit seinem „herausragenden" Deutsch geglänzt. Am
schwarzen Brett, von ihm verfaßt, stand der Aufruf: „Wenn das kanadische Kommandant sich macht seine Nummer, müssen die German Officers Salut schießen". – Er meinte damit; wenn der Kommandant beim
Roll Call die deutschen Offiziere zählt, sollten wir strammstehen und
grüßen!

Inzwischen war klar, daß dieser Mann eine heimliche aber große Verehrung für uns Deutsche empfand. Es kam zu persönlichen Gesprächen.
Wir erfuhren sein Lebensgeschichte:

Jetzt erst erfuhren wir von ihm: In Camp „W", wohl aus Furcht vor seinen kanadischen Landsleuten hatte er damit zurückgehalten: Unser Lagerführer in „W", Obstltn. v. Wedel, war im 1. Weltkrieg Schwadronchef an
der Ostfront gewesen. Er lag damals mit seiner Schwadron in der Ukrai-
ne. Dort war er auf dem großen Gut des Grafen Tschramshenkow einquar-
tiert, Vater unseres „Pferdediebs". Seine innere Bewunderung für uns,
rührte aus dieser Zeit mit v. Wedel.

Bei den Kämpfen zwischen Weiß und Rot wurde unser Dolmetscher
als weißrussischer Offizier verwundet, im Lazarett von einer englischen
Nurse gepflegt, die er dann heiratete. Die Familie schob ihn nach dieser
„nicht standesgemäßen" Heirat nach Kanada ab. Dort fristete er sein
Dasein mühsam als Pferdehändler, daher der Spitzname „Pferdedieb".

Auch als Intelligence Officer konnte er den Handel nicht ganz lassen.
Im Jahre 1944 vermittelte er uns nicht nur die Farm, sondern auch den
Schimmel „Maxi".

Die Vermittlung und Betreibung dieser Farm war für das Lager „20"
ein wahrer Segen. Wenn „die Farm" auch nicht mehr in meine Zeit in
Gravenhurst fällt, kann das Geschehen doch ausführlich geschildert werden. Die Berichte und Photos von Kameraden bilden dazu die Grundlage.

126

Nachdem wir die abgebrannte Farm öfters durchquert und umrundet hatten, und das Gerücht umlief, daß sie für eine Jahrespacht von ca. 110 Dollar zu haben sei, liefen die Vermittlungen über den „Pferdedieb". Er kannte den früheren deutschen Betreiber, Herrn Grothe, einen ehemaligen Hamburger, der als kleiner Junge mit seinen Eltern nach Kanada kam. Er hatte sein Familie, Frau und zwei Töchter beim Brand der Farm verloren. Seither war sie verlassen. Mr. Grothe war in den Ort Gravenhurst gezogen und betrieb eine kleine Sägemühle.

Sein kleines Gatter wurde von einer altertümlichen Lokomobile angetrieben und immer dann, und das geschah recht häufig, wenn dieses Museumsstück streikte, kam er ins Lager und klagte: „My mill is broken!" Dann wurde eine Gruppe Techniker, und wir hatten gute Techniker, ausgeschickt um seine „mill" wieder flottzumachen.

Bei diesen Hilfsaktionen führte er letzte Deutschkenntnisse vor, die in nur einem Satz bestanden und der war: „Ick kann ook Platt snacken", das war alles. Mr. Grothe war ein Original und er kam gut mit „seinen" Gefangenen zurecht.

Als Stirnat 1976 in Gravenhurst Besuch machte, sah er nicht nur das Grab von Major Bach, sondern fand auch auf Mr. Grothes Gelände die alte Lokomobile vor, bestens restauriert und gestrichen.

Die Farmpacht wurde vom „Wehrsold" der Gravenhurster Offiziere bezahlt und natürlich konnte die Farm nur „on parole" betreten werden. Unser Ehrenwort war inzwischen bei den Kanadiern so anerkannt, daß sie es überstrapazierten und wir Bedenken hatten, ob wir ihnen die Bewachung nicht zu leicht machten, indem wir uns bezüglich Fluchtversuchen selbst einschränkten. Darüber gab es anstrengende Beratungen im „Ältestenrat".

Für die Arbeit auf der Farm setzte sich die nüchterne Überlegung „Gesundheit für Leib und Seele" bei dieser langen Gefangenschaft durch! Die Kanadier waren darüber froh und auf POW Seite konnte es jeder mit seinem eigenen Gewissen abmachen, ob er nun unter „Ehrenwort" auf der Farm arbeiten ging und dabei nicht fliehen wollte.

Bevor landwirtschaftlich gearbeitet wurde, entstanden mit deutscher Gründlichkeit und Pioniergeist ehemalige Gebäude wieder. Besser als vorher. Es war erstaunlich was da geleistet wurde. Photos vom Richtfest, den Gebäuden, den Pferden und dem übrigen Gelände vermitteln den richtigen Eindruck.

Die fachliche Leitung lag bei Hauptmann Neumann, dessen Vater in Pommern ein Gut besaß, und dem Bauingenieur Schwarz.

Es wurden gebaut: Das ehemalige Farmhaus als Blockhaus, unter Verwendung selbst geschlagener Bäume vom Farmgelände, ein Hühnerstall, ein Pferdestall und „last not least" ein Schweinestall.

„Ehrenwortfarm" bei Anmietung: Diese abgebrannte Farm durften wir bei den ersten Ehrenwortspaziergängen umrunden (ca 2 Stdn.) Es standen nur noch die Grundmauern. Eigentümer: Der ehemalige Hamburger Grothe. In dem Feuer verlor er nicht nur die Gebäude, sondern auch Frau und zwei Kinder.

Die Farmgebäude entstehen neu (1944): Nach Anmietung des großen Farmgeländes für ca 100 can. $ Jahrespacht entsteht das Hauptgebäude neu. Entwurf und Ausführung: Deutsche POW Offiziere. Die Stämme stammten aus Holz, das auf dem Gelände geschlagen wurde, Balken und Bretter wurden vom POW-Sold erworben. Obltn. Bubenzer (3.v.links) war einer der talentierten „Zimmerleute"!

„Der Rohbau": – Man erkennt, daß mit solch dedizierter „Manpower" etwas zustande gebracht wurde! – Bei der Dreier Gruppe, in halber Höhe, der junge Mann mit Hut ist Heinrich v. Gablenz, Sohn des früheren Chefs der Lufthansa, der während des Krieges als General der Luftwaffe unter rätselhaften Umständen zu Tode gekommen ist.

129

Das Farmgebäude ist fertig: Einige der Erbauer (Obltn. Schwarz mit Hund war gelernter Bauingenieur) sind Stolz auf ihren Bau – mit Recht!

Gemüseanbau mit den zugehörigen „Bauern"! – Im Hintergrund der Sportplatz auf dem Lagergelände. – Auch Bäume und Wald gehörten zur Farm.

Blockhütte: Neben dem Farmhauptgebäude entstand noch ein kleineres, reines Blockhaus, das nur aus gehauenen Stämmen gebaut wurde und vorwiegend als Stallung diente. Einige Namen: 3. v. links, Hinnerk Waller, daneben Wildermuth, dann v. Gablenz, auf dem Pferd Hptm. Donike. Das Pferd hält „Piepel" Rapmund, der aus Südwestafrika stammte.

Mit dem Schimmel „Maxi" vor der Blockhütte: Donike, Wildermuth, Rapmund und ein Freund.

Blockhaus

132

Blockhaus: Mit dem eingepanntem Schimmel „Maxi".

Die Kleintierzüchter: Hauptmann Hué und Stabszahlmeister Klein.

133

Das braune Gespann: Major Wüstefeldt am Zügel, Hptm. Neumann am Pflug. Der Hund „Blacky" schaut zu!

Wahre „Baumeister", in Entwurf und Ausführung, waren Hptm. Koch und Obltn. Bubenzer (beide konnten „zimmern"), die mit zahlreichen Helfern dauerhafte und praktische Gebäude erstellten. Auch ein zusätzlicher Sportplatz wurde später auf diesem Gelände gebaut.

An Tieren wurde angeschafft: Zuerst Hühner und Kaninchen, der oben schon erwähnte Schimmel. Dazu kam später noch ein braunes Gespann. Als die Ställe fertig waren, wurden auch noch Schweine und Schafe erworben, gezüchtet und gepflegt.

Es wurden Felder angelegt, mit Hilfe der Pferde gründlich gepflügt und darauf wurden Kartoffeln, Gemüse, Kräuter und Beeren gezogen. All das diente zur willkommenen Bereicherung des Speisezettels im Lager. Das war aber nicht der Hauptzweck. Besonders wichtig war das Erlebnis, endlich wieder eine Tätigkeit ausüben zu können, bei der man sichtbaren Erfolg erleben konnte. Vielen Gefangenen erschien diese körperliche Tätigkeit weit sinnvoller als der tägliche Sport.

Um die Tiere nicht anonymer Verwaltung auszusetzen, stellten sich Betreuer zur Verfügung. Der Schimmel wurde von Wildermuth und „Piepel" Rapmund gepflegt, das Gespann wurde mit großer Freude von Major Wüstefeld übernommen, nachdem er die Lagerleitung abgegeben hatte. Alle diese Männer hatten vorher bei ihrer militärischen Ausbildung den Umgang mit Pferden professionell erlernt.

Es gab auch einen verantwortlichen Tierarzt. „Hühnerbetreuer" war Hauptm. Hué. Die Kaninchen waren in den treuen Händen von Stabszahlmeister Klein. Auch ein Schweinemeister mit Gehilfen waren aktiv gewesen, aber ihre Namen sind mir entfallen.

An Sonn- und Feiertagen wurde auf der Farm natürlich nicht gearbeitet, aber eine kleine Abordnung kam zum Füttern aus dem Lager. An diesen Tagen gab es keine Ehrenwortspaziergänge.

Schon vor der Farmzeit war im Lager ein kleiner Zoo, der neben einer Art Steingrotte angelegt worden war. Dort wurden Schlangen, Streifenhörnchen, Frösche, Kröten und in einem Teich Fische gehalten, die bei Spaziergängen oder beim Baden gefangen worden waren.

Auch zwei bis drei Hunde fanden sich ein, die von Obltn. Engelen so dressiert wurden, daß sie im Rahmen eines „bunten Abends" gar als Varieté Einlage vorgeführt wurden.

Eine besondere Geschichte ist dabei über die Riesensumpfkröte „Elvira" zu erzählen. Sie wurde im Schwimmbereich des Sees von einer mutigen Gruppe an Land gezerrt, nachdem sie zufällig von dem Streckentaucher Wildermuth entdeckt worden war. Schon Wochen vor ihrem Fang hätte „Stickel" Stirnat beinahe einen bösen Unfall mit ihr gehabt. Er machte beim Baden einen Kopfsprung vom 5 m Turm und genau dort wo er eintauchen wollte, kam „Elviras" großer harter Rückenpanzer aus dem

Wasser. Stickel konnte sich gerade noch schnell zur Seite rollen, sonst wäre sein Schädel auf ihrer harten Schale aufgeschlagen.

Das war des Lagers erste Bekanntschaft mit „Elvira", der danach wochenlang im See nachgestellt wurde, bis sie endgültig gefangen wurde.

Sie wurde im Terrarium untergebracht, und „Korkweschte" zusammen mit Paul Engelen stellten sie unter ihren persönlichen Schutz. Das verhinderte aber nicht, daß sie während der Hungerzeit eines Tages verschwand und angeblich im Kochtopf der Stube Pfundtner landete.

Über die Hungerzeit, nachdem der Krieg verloren war, soll noch ausführlich berichtet werden. Anfänglich konnten im Camp „20" die ursprünglichen 1100 täglichen Kalorien noch durch Angeln vom Badesteg ergänzt werden. Dort wurde auch eine Möve gefangen und der Verzehr versucht: Völlig ungenießbar! Besser schmeckten da schon die Hühner, die während dieser Zeit auf der Farm reihenweise „auf der Stange erfroren". Aber es dauerte nicht lange bis die Kanadier auch diese Zusatzverpflegung zu unterbinden wußten.

Die Schilderung des Lagers soll ergänzt werden durch den Bericht des Obltn. Schnabel, der schon in England zusammen mit Hptm. Wappler die tolle Leistung vollbracht hatte, aus dem Lager zu entkommen, ein englisches Schulflugzeug zu stehlen und zu starten. Wegen starken Gegenwindes ging ihnen damals unterwegs der Sprit aus und sie mußten notlanden, leider – immer noch in England.

Schnabel gelang es, aus Kanada ausgetauscht zu werden. Nach seiner Rückkehr nach Deutschland hatte er meinen Eltern einen Bericht über das Lager Gravenhurst zukommen lassen. Er schrieb damals:

Obltn. Heinz Schnabel   Briefstempel: Zwickau 04/8/44
Altenburg/Thür.

Brühl 3   BERICHT

über das Leben im Kriegsgefangenenlager „20" Gravenhurst/Canada

Nur für Angehörige der Kriegsgefangenen! Veröffentlichungen jeder Art sind verboten!

DAS LAGER

Das Lager liegt in der Provinz Ontario etwa 150 km nördlich der Großstadt Toronto. Es ist zwischen dem kleinen Sommerausflugs – Städtchen Gravenhurst und dem Muskoka-See gelegen. Dieser liegt etwa 50 km ostwärts der Georgian-Bay des Huron-Sees. Das Ufer des Muskoka-Sees ist an der nächsten Stelle etwa 300 m vom Lagerzaun, sodaß vom Lager aus ein herrlicher Blick auf den See möglich ist. Der See ist in hügeliges zum Teil felsiges und mit niederem und mittelhohem Mischwald bestehendem Gelände eingebettet, wie wir es im Vorgebiet unserer deutschen Mittelgebirge kennen. Dieser Wald setzt sich in lichterer Form als Laubwald im

136

Lager fort. Dadurch hat das Freigelände auch durch die Pflege der Kriegsgefangenen einen parkähnlichen Charakter angenommen. Das Lagergelände ist 5-eckig und der Weg an der Innenseite des Stacheldrahtzaunes hat eine Länge von knapp 400 m. Da sämtliche Gebäude, nämlich ein großes Steinhaus, in dem die Offiziere untergebracht sind und wo sich die Unterrichtsräume befinden, eine große Speisebaracke mit Küchenanbau (Offizierspeisesaal) und eine einstöckige doppelwandig große Winterbaracke für die deutschen Mannschaften innerhalb des Stacheldrahtes aufgebaut sind, ist der zur Verfügung stehende Auslauf für die 300 Offiziere und 100 Mannschaften viel zu klein.

Um das Freigelände möglichst vorteilhaft auszunutzen, ist es folgendermaßen eingeteilt: Die Hälfte ist mit viel Mühe und Arbeit mit Rasenflächen, Blumenbeeten, Wegen und einem Steingarten versehen worden. 2 künstlich angelegte Tümpel enthalten allerlei kleines Getier, welches im See gefangen wurde.

Als Glanzstück, trohnt etwas erhöht in der Mitte, ein selbst angelegtes Terrarium, in welchem sich in der Hauptsache eine Anzahl verschiedener Schlangen und Frösche das Leben schwer machen. Seitlich an den „Garten" grenzt die Leichtathletikecke mit Hoch- und Weitsprung, Kugel- und Steinstoßmöglichkeit. – Das war die dem Tor zu gelegene Frontseite des Lagers.

Auf der Rückseite nach dem See zu, reihen sich folgende Miniatur Spielfelder aneinander: Eine Faustballecke, eine Marineballecke, eine Korbballecke und eine Boxecke mit einem selbst gebauten Freiring und einem Hochreck. Direkt außerhalb des Lagers liegt ein selbst hergerichteter Fußballplatz. Hier kann leider nur zu bestimmten Zeiten unter Sonderbewachung Fuß- und Handball gespielt werden. Am See ist außerhalb des Lagers, aber für sich mit Stachdraht eingezäunt, unter Sonderbewachung, im Sommer eine Bademöglichkeit.

(Anmerkung: Schnabel durfte vermutlich nicht vom „Ehrenwort" berichten – er nennt es zweimal „Sonderbewachung".)

Der Sportoffizier hat den gesamten Sportbetrieb zu regeln. Es wird Hand-, Faust-, Korb- und Marineball, Gymnastik und Leichtathletik in sehr ausgiebigem Maaße betrieben.

Um auch unterhaltungsmäßig einige Abwechslung in das eintönige Gefangenenleben zu bringen, sind folgende Einrichtungen geschaffen worden:

Es wurden im Lager nach und nach ein Symphonieorchester von etwa 50 Offizieren als Mitglieder, eine Tanz- und Unterhaltungskapelle und eine Marschmusik aufgebaut.

Jeden Sonntag wird in militärischer Form in der besten Uniform ein Appell abgehalten. Dabei spielt Marschmusik, der Lagerführer hält eine kurze Ansprache, in welcher dann besondere Ereignisse gewürdigt werden und der Sprecher verliest den Wochenspruch.

In gewißen Zeitabständen finden musikalische Vortragsabende statt, in denen aus allen Gebieten unseres deutschen Musikschatzes Darbietungen zu Gehör gebracht werden.

Gelegentlich findet auch ein Bunter Abend statt. Hierbei steht das Tanz- und Unterhaltungsorchester im Mittelpunkt und die einzelnen Kameraden bringen allerlei Kurzweil und Lustiges, so gut sie es vermögen.

Einige Male hatten wir auch einen Theaterabend aufgezogen. Es war jedesmal ein voller Erfolg. Selbst die weiblichen Rollen wurden zur allgemeinen Zufriedenheit von Offizieren dargestellt.

Filme, die wir durch Vermittlung des Y.M.C.A. (Christlicher Verein junger Männer) zur Verfügung gestellt bekommen, werden zunächst einer Lagerzensur unterworfen und nur dann vorgeführt, wenn sie bestanden haben.

ALLGEMEINES

Über das Verhältnis zum englischen Lagerkommandanten ist zu sagen: Wie aus dem Bericht ersichtlich, versuchen wir das gesamte Lagerleben in eigener Verwaltung zu regeln, um möglichst wenig Reibungsflächen mit dem Engländer zu haben. Da die Engländer wollen, daß ihre Soldaten in deutscher Kriegsgefangenschaft anständig behandelt werden und da sie wissen, daß Nachrichten über schlechte Behandlung doch nach Deutschland gelangen und das Repressalien auslösen würde, stellen sie, wenn auch nach langen Kämpfen und Reibereien das zum Leben Notwendige zur Verfügung. Ich betone nochmals, daß sie es nicht wegen der Genfer Konvention tun, sondern wegen der kriegsgefangenen Engländer in Deutschland, wie wir aus Beispielen aus der Zeit vor Dünkirchen feststellen konnten.

Es ist natürlich wesentlich, wie der englische Lagerkommandant eingestellt ist. Da aber gewiße Richtlinien für unsere Behandlung bestehen, wirken sich diese Unterschiede nicht auf lebenswichtige Dinge aus. sodaß also die Behandlung in den einzelnen Lagern ziemlich gleichmäßig ist.

Jedem, der auf Grund meines Berichtes den Eindruck gewinnt, das Gefangenenleben sei „ideal", möchte ich zu bedenken geben, daß einem als Gefangenem alles fehlt, nämlich die Freiheit. Das ist mit nichts, auch nicht dem größten Komfort aufzuwiegen. Dazu kommt für die deutschen Offizierskriegsgefangenen in Kanada erschwerend hinzu, daß sie in gar keiner Weise die freie Bewegungsmöglichkeit haben, wie die Kriegsgefangenen hier in Deutschland. Das ganze Leben spielt sich hinter Stacheldraht ab. Die in allerletzter Zeit eingeführten Spaziergänge bewegen sich auf genau festgelegten Wegen, die mehr oder weniger durch die Wildnis führen. Man hat nicht die Möglichkeit, normales Leben und Treiben zu beobachten.

ORGANISATION

Das Lagerleben ist so aufgebaut, daß wir dem Engländer in der üblichen Geschlossenheit gegenübertreten können und möglichst viele unserer Forderungen durchdrücken. An der Spitze steht der deutsche Lagerführer, der in allen Dingen die letzte Entscheidung hat. Von ihm wird ein stellvertretender Lagerführer ernannt, der die laufenden Geschäfte im Lager und im Verkehr mit dem Engländer führt. Zu seiner Verfügung steht ein Adjudant, ein Dolmetscher (kriegsgefangener Offizier) und ein Schriftoffizier. Dieser sogenannten Lagerführung sind folgende Referenten unterstellt: Presse-, Kantinen-, Wäsche- , Musik-, Unterrichts-, Bühnen- , Sport-, Küchen-, Film-, Werkstatt-, und Postoffizier, sowie ein Kompaniechef (für die im Lager vorhandenen 100 Mannschaften und Unteroffiziere). Auf diese Weise wird gewährleistet, daß sich das Lagerleben reibungslos abspielt und auf jedem Gebiet die besten Ergebnisse erzielt werden.

UNTERRICHT UND LEHRGÄNGE

Es wurden von uns alle Anstrengungen gemacht, Möglichkeiten für eine zielstrebige Arbeit zu schaffen. Zu diesem Zweck wurden folgende Lehrgänge in Angriff genommen:

Zwei Abiturklassen mit je etwa 30 Teilnehmern. Das Ziel ist die Ablegung der Reifeprüfung. Wir erhielten vom Reich die Mitteilung, daß die Prüfung voll anerkannt wird. Die eine Klasse begann die schriftliche Prüfung im April dieses Jahres, während die zweite im August sein wird. Eine Technische Arbeitsgemeinschaft hat die Vorbereitung zum Vorexamen an einer Technischen Hochschule zum Ziel. Es ist noch nicht sicher, ob die Prüfung im Lager abgehalten werden kann. Ich habe selbst an diesem Lehrgang teilgenommen und weiß, daß hier ausgezeichnete Arbeit geleistet wird.

Eine juristische Arbeitsgemeinschaft befaßt sich mit der Vorbereitung zum Studium und mit der Inübunghaltung derjenigen, die das Studium schon vorher begonnen hatten. Auch hier ist ausgezeichnetes Lehrpersonal unter den kriegsgefangenen Offizieren vorhanden.

Eine große Anzahl von Sprachkursen in Englisch, Französisch, Spanisch und Russisch, Italienisch und Latein für alle Stufen der Vorbildung laufen mit dem Ziel der Dolmetscherprüfung. Fast jeder Offizier nimmt an einem oder mehreren Kursen teil.

Eine landwirtschaftliche Fachgruppe versucht in theoretischer und zum Teil auch praktischer Tätigkeit die Teilnehmer zum Landwirt auszubilden. Eine Handelshochschule dient zur fachlichen Weiterbildung entsprechend vorgebildeter Offiziere.

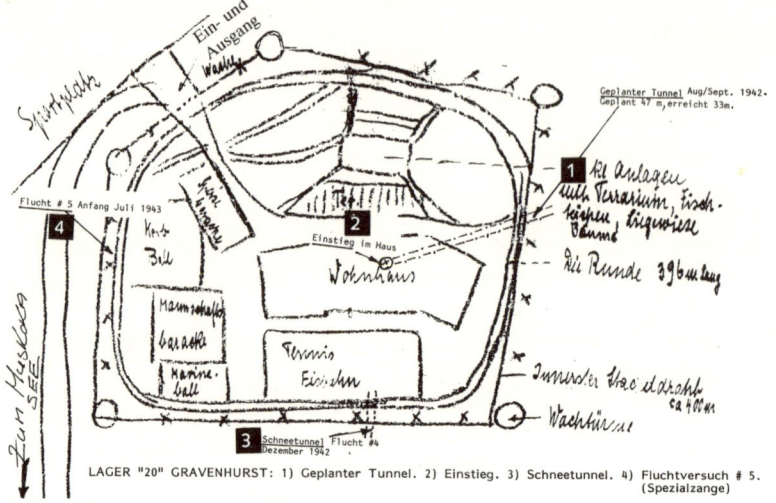

Das Lager Gravenhurst, nach einer Skizze von dem ausgetauschten Obltn. Heinz Schnabel:
Man beachte; die „Runde" 396 m lang.

Stenographieunterricht wird auch in einigen Gruppen gegeben. Um das Interesse an allgemeinen Dingen wachzuhalten, sind laufend Vorträge und Vortragsreihen, Jagdkunde, Erlebnisberichte, wirtschaftspolitische und staatswissenschaftliche Vorträge.

PRESSE, SPORT, UNTERHALTUNG

Der Presseoffizier hat die Aufgabe, aus sämtlichen uns im Lager zur Verfügung stehenden Nachrichten eine tägliche Presse herauszubringen, die bei jedem Mittagessen verlesen wird.

SCHLUSS

Praktisch ist es also auch mit den Spaziergängen nicht viel anders, als wie im Lager. Stimmungsmäßig ist das Lager vorbildlich. Bezeichnend dafür ist eine Formulierung der Feindpresse auf eine Anfrage aus ihrem Leserkreis, ob es nicht möglich sei, die deutschen Kriegsgefangenen politisch beeinflussen zu können. – „Wie ein Leopard seine Flecken nicht verliert, so ändert auch ein Nazioffizier* nicht seine Gesinnung..."

So kann ich Ihnen die Versicherung geben, daß die Kameraden sehnsüchtig aber eisern auf unseren Endsieg warten, der ihnen dann auch die so lange erhoffte Befreiung bringen wird.

Anmerkungen des Verfassers: Zum Stande der geschilderten Lehrgänge, z. B. der Landwirtschaft muß man berücksichtigen, daß Schnabel über die Situation, Winter 1943/44 berichtet.

* „Nazioffizier" siehe dazu Bericht und Briefwechsel mit Watertown Daily Times 1985.

140

Escapee Told Story to Times
Downed Pilot Takes Issue

Long after the guns of World War II were stilled, suspicions and beliefs perhaps fostered by the propaganda machines of the time leave impressions which hurt the survivors of that conflict.

Ulrich Steinhilper, a former Luftwaffe pilot who was shot down over England after an attack on London and later escaped from a prison camp in Canada only to be apprehended in Watertown, resents being called a Nazi and claims he never was one.

Mr. Steinhilper has been corresponding with retired Watertown policeman William J. McIntyre, once a deputy police chief, who assisted in his capture on Arsenal Street on Feb. 22, 1942. Mr. McIntyre and the late Patrolman John A. Berow captured Mr. Steinhilper and another escapee from a camp near Toronto, Ont.

Mr. Steinhilper's escapades, including his own graphic account of his last flight over Great Britain,

were recounted in a series in the Watertown Daily Times last December.

The former pilot, who assisted in a British television project after his Messerschmitt was found buried in a Kent field, has read the series and is disturbed at being labelled a Nazi.

Mr. Steinhilper wrote The Times: " 'Nazi Recounts Story' to me is disturbing as a headline. Even during the war when we were still prisoners of war, we were smiling when reading in the Canadian or American press about 'Nazi' officers, 'Nazi' pilots, 'Nazi' submarines, and so on.

"Then we understood that it had to be the official propaganda tone that then we were all 'Nazis'."

"But today?" Mr. Steinhilper asks. "At least I now can try to speak up. Then, this was not possible."

Mr. Steinhilper then defended

the stance of the German Officers' Corps.

"Believe me if ever there was one — however small — part of the population in Germany that did not identify itself with the National Sozialistische Deutsche Arbeiterpartei, or in your terms, the 'Nazi' party, it was certainly the German Officers Corps" of the Navy, Army and Air Force.

"So you can imagine being called a 'Nazi' even today is not flattering."

Mr. Steinhilper, who is retired from IBM corporation after a career selling typewriters and word processors, now lives in Stuttgart, West Germany.

The former lieutenant, for the first time, revealed details of his five escapes from Canadian prison camps.

The escapes were:
● Out of Camp Bowmanville, Ont., recaptured at Niagara Falls.

With 'Nazi' Label

"After I had been across the bridge, I did not know that at the border locomotive and crew change. I had been in hiding along the vessel of the locomotive. This was in November 1941 when the U.S. was not yet at war.

● Escaped from Bowmanville again and was recaptured in Montreal.

● Bowmanville escape which ended in Watertown.

● Escapes four and five were from Gravenhurst, Ont., and freedom was brief.

Mr. Steinhilper also took exception to the view of many persons that the "rules of fair warfare" were broken by the Luftwaffe "by deliberately attacking 'residential' areas."

This was not true," Mr. Steinhilper wrote. "I still know today very clearly under which orders we were then flying.

"When there were no military

targets to be identified, bombs had to be taken back, sometimes to be jettisoned into the English channel for safe landing," Mr. Steinhilper wrote.

"Of course I cannot guarantee what happened in emergency cases or at night. But I still clearly remember the orders that were in place.

"As a fighter pilot, fortunately I never had to carry bombs. For me these orders meant no strafing on the ground, especially civilian trains.

"In August 1940 we had such air superiority above Southern England that we easily could have stopped train traffic in daylight south of London.

"Then we were allowed only to aim and shoot at barrage balloons, gas and gasoline tanks, docks and shipping," the ex-pilot wrote.

"Therefore, in most of my more than 100 missions above Southern England I returned with full

Ulrich Steinhilper

ammunition. This meant two times 1,000 shots in the machine guns and two times 50 shots in the 20 mm. guns in each wing."

Nachdem die „Watertown Daily Times" im Dezember 1984 einen langen Bericht (drei Fortsetzungen) über meine Mitwirkung bei Yorkshire TV und meinen Abschuß 1940 gedruckt hatte, protestierte ich, weil ich darin immer noch als Nazi Pilot vorkam. – Dieser Artikel ist eine erfreuliche Reaktion. - Hinderte aber nicht, daß ich 1987 bei meinem Besuch bei McIntyre und be dessen Tod wieder als „Nazi" vorkam. – Vielleicht stimmt es, daß die Amerikaner gar nicht wissen, was ein Nazi ist.

Seele – Körper – Geist

Nachdem die afrikanischen Kameraden gut integriert waren, kehrte in Gravenhurst mit kanadischer Plötzlichkeit, fast ohne Frühling, der wärmende Sommer ein.

Eigentlich hätten wir unsere wunderbare „Ferienlandschaft" so richtig genießen können, aber Obltn. Schnabel hat es vortrefflich festgehalten: „daß einem als Gefangenem alles fehlt, – nämlich die Freiheit!"

Wenn auch die Birken, die Buchen, die vielen Ahornbäume fast über Nacht ihre Knospen öffneten und ihr bräunlich schimmerndes Grün immer heller färbten ... Man sollte doch einfach bedenken, daß wir damals junge Männer zwischen zwanzig und dreißig Jahren und schon vom Typ her nicht geeignet waren, uns mit Weltabgeschiedenheit und einer Art Mönchsleben abzufinden.

Man machte halt das beste daraus. Dabei entstanden mehrfache und verschiedene Lebensphilosophien, die im persönlichen Zwiegespräch entwickelt und oft gründlich diskutiert wurden.

Manche waren froh darüber, daß Ihre Ehefrauen zu Hause sie in Sicherheit wußten. Andere wie ich, fühlten sich freier, weil sie ungebunden waren. Wieder andere waren zufrieden, weil sie eine feste Bindung hatten und trugen sich mit dem Gedanken der Ferntrauung, was sehr wohl im Bereich der Möglichkeiten lag, wie aus den Rundschreiben des Deutschen Roten Kreuzes hervorging.

Besonders tragisch wurde es, wenn der eine oder andere erfuhr, daß zu Hause seine Ehefrau von einem anderen Mann ein Kind erwartete oder auf die Welt gebracht hatte. Was war da zu tun? Eine Fernscheidung? Oder was ? – Es gab Anlässe genug, um sich Gedanken über das eigene Schicksal und das von Freunden zu machen und darüber zu sprechen.

Bei dieser Gelegenheit ist es angebracht, in den POW Briefen zu stöbern, die meine Eltern zu Hause sorgfältig aufbewahrt haben. Es fällt darin auf, daß man über die wichtigsten Dinge, die einen persönlich berührten, nicht offen schreiben konnte. In meinem Fall waren das bis zu diesem Zeitpunkt, natürlich die vergeblichen Fluchtversuche.

Am 27. 12. 1941 schreibe ich meinem Vater (um Weihnachten aus dem Arrest in Bowmanville, nach dem 2. Fluchtversuch, der in Montreal endete). „Da ich mich inzwischen etwas mit anderen Dingen abgegeben habe, komme ich jetzt erst am Monatsende zum Schreiben. Inzwischen hat sich ja die ganze Welt in den Krieg verwickelt, aber wir sind gleich zuversicht-lich. Weihnachten verbrachte ich mit Vater Philipp! – Dein Uli!"

Nur eine Andeutung auf „andere Dinge"; für ein so wichtiges Ereignis, wie die Flucht per Güterzug nach Montreal, war möglich. Dann der Hin-weis auf „Vater Philipp", ein Soldatenausdruck für Arrest, konnte zu Papier gebracht werden. – Ob sie sich zu Hause daraus einen Vers machen konnten? Oder gar amerikanische Zeitungen in Deutschland durch unsere „Abwehr" gelesen wurden? Schließlich hatte meine Flucht in die USA, über die Niagara Grenze, in der US- und kanadischen Presse große Beachtung gefunden. Ob wohl offizielle Stellen meine Eltern informier-ten, daß ihr Sohn schon zweimal mutig, jedoch erfolglos, versucht hatte, der Gefangenschaft zu entkommen?

Hätte ich mehr und deutlicher geschrieben, bestimmt hätte der kanadi-sche Zensor den ganzen Brief konfisziert, oder die entsprechenden Zeilen schwarz übermalt.

Am 6. Januar 1942 schreibe ich (immer noch aus dem Arrest) an meine Mutter: „Dieses Jahr habe ich auf besondere Weise begonnen, daher kann ich Dir jetzt erst meine Wünsche zum Jahresanfang schreiben.

Letztes Jahr hatte ich auf eine Stunde umzurechnen (englische Zeit), dieses Jahr habe ich schon mittags um 5 Uhr daran gedacht, (kanadische Zeit Landesmitte) daß Ihr hoffentlich auf mich angestoßen habt! Ja und beim nächsten Mal werde ich bestimmt mit Euch anstoßen, darauf könnt Ihr Euch verlassen! Zur Zeit habe ich zum Briefschreiben recht viel Muße. (Arrest) Schade, daß ich nur die paar zum Schreiben habe, sonst hätte ich wenigstens einen guten Zeitverteib. Aber auch ganz schön, wenn man sowas mal mitmacht.

Von Euch habe ich seit Vaters Brief vom 30. Nov. nichts mehr gehört. Es wird bald Zeit, daß ich wieder was höre, sonst muß ich ja bald annehmen, daß Ihr mich seit dem Kriegseintritt der Staaten aufgegeben habt.

Aber macht Euch wie gesagt ja keine Hoffnungen. Muttel, Dein „Unkraut" verdirbt tatsächlich nicht! Zur Zeit habe ich gerade das Buch über Pompej und Herculaneum gelesen. Da könnte man direkt Lust bekommen einmal eine Reise zu tun. Ihr seid sicher einverstanden, wenn ich Euch heute schon von dieser komischen Stelle (Arrest) aus, dazu ein-lade, mit mir nach dem Krieg eine kleine Fahrt zu machen. Also wenn mein DKW (Meisterklasse) noch lebt, pflegt ihn! Euer Uz!

Was oben in Klammern steht, ist nachträglich eingeschoben. Aus dem Brief geht eine Art Galgenhumor aber auch Zuversicht hervor. Ich würde aus dieser Situation herauskommen! Entweder durch das Kriegsende oder eine erfolgreiche Flucht!

Am 3. März schreibe ich meiner Schwester Trude zu ihrem 20igsten Geburtstag: „...Wenn Du mal etwas übriges tun willst, kannst Du mir ja auch mal einen Brief schreiben. Du erlebst doch sicher auch manches Interessante, das Du mir preisgeben kannst. Ich selbst erlebte hier auch manches (das war aus dem Arrest in Fort Henry nach dem dritten Fluchtversuch nach Watertown), aber leider geht es mir nicht wie Euch, daß es Dinge sind, die man schreiben kann. Ihr müßt Euch also schon gedulden bis Ihr mich wiederhabt. Trude und nun einen besonderen Geburtstagswunsch von mir: – Nimm, wenn es Dir auch anders zu Mute sein mag, alle Deine junge Kraft zusammen und hilf Muttel über diese Zeiten hinweg! Dein Uz!"

Die Sorge um die Angehörigen zu Hause belastete! Man sollte nicht vergessen, daß meine Mutter damals allein zu Hause war, der Vater diente als Hauptmann der Reserve in Mähren (CSSR) und die ältere Schwester Trude war als Nachrichtenhelferin beim Heer tätig. Die Mutter war nicht nur Leiterin der Volksschule in Heutingsheim, sondern hatte viele Stunden Unterricht zu geben, war Organistin und leitete den Kirchenchor. Daneben hatte sie Ihren Haushalt mit der kleinen Schwester Helga zu versorgen.

Zum Thema „gebunden sein", mit Poststempel vom 12. Mai: Stempel deswegen, weil der Zensor die Datumsangabe schwarz überpinselt hatte. Das war kurz vor der Verlegung von Bowmanville nach Gravenhurst. Ich kommentiere erst den Abbruch der Jugendfreundschaft, fahre fort: (An die Mutter) „ ... Du kannst auch über meine innere Einstellung dazu völlig beruhigt sein. Ich bin tatsächlich froh, wenn ich nach dem Krieg in dieser Richtung überhaupt keine Bindung mehr habe. Schon nach meiner Gefangennahme in England habe ich bewußt an kein Mädchen mehr geschrieben. An Gretl hat mich nur ein Versprechen, zu schreiben, damals veranlaßt.

Jetzt brauche ich mir deswegen keine Gedanken mehr auferlegen. Um Dir den Grund dieser Einstellung zu geben, möchte ich nur sagen, daß ich nicht dazu veranlagt bin, nach diesem Krieg und der Gleichmäßigkeit der Gefangenschaft, gleich ein beschauliches Familienleben zu führen. Obwohl ich auch hierin die Möglichkeit der Lebenserfüllung sehe, möchte ich doch erst noch einmal auf anderen Gebieten, mich in meinem Beruf aufgehen lassen. Das werde ich natürlich lieber ungebunden tun. – Jetzt habe ich damit schon wieder einen Brief voll, schade man kann seine Gedanken nicht laufen lassen. Aber tu mir den Gefallen und beschäftige Dich nicht mehr damit. Die herzlichsten Grüße von Deinem Uz!" So wollte ich „über die Runden" kommen! Frei und ungebunden, natürlich erst recht nach einem – gewonnenen Krieg. Vor allem jetzt wollte ich „frei" sein. Da kam der Pilot und die „Freiheit der Lüfte" zum Vorschein. Natürlich wollte ich weder meinen jetzigen noch zukünftigen Tatendrang eingeschränkt wissen.

Ähnliche Gedanken kommen schon in einem Brief an meinen Vater zum Ausdruck: Am 3. August 1941 (noch aus Camp „W") schreibe ich: „Lieber Vater! Gestern war Dein Geburtstag, ich konnte Dir nur in Gedanken Glück wünschen. In solch schwierigen Zeiten, wie den jetzigen, müssen unsere kleinen Einzelschicksale eben zurücktreten und ich glaube wir alle können es leichter ertragen, daß es beim einzelnen nicht so geht, wie er es sich wünscht, wenn das Große nicht wäre.

Am 27. Oktober habe ich 3/4 Jahr hinter mir, es war auch ein Sonntag. Wenn ich mir damals hätte vorstellen müssen, das würde so lange dauern, ich weiß nicht, wie ich diese Gedanken ertragen hätte. – Aber man hofft von Monat zu Monat, und einer wird es ja mal sein, der unsere Hoffnungen erfüllt. Auch glaube ich allmählich, daß diese Zeit unseres Lebens nicht ganz verloren ist, aber das werden wir erst später einmal beurteilen können.

Vorläufig ist noch Sommer und bevor hier wieder der Winter einbricht kann sich noch vieles tun. Wir lassen uns indessen von der Sonne braten und freuen uns darüber solange es geht. Hoffentlich kommt bald wieder mal Post von Euch! Recht herzliche Grüße an Euch alle von Eurem Uz!"

Das war aus Camp „W", nach dem Beginn des Krieges gegen Sowjet-Rußland. Neun Monate später ein Brief vom 3. Mai 1942:

„Liebe Mutter! Gestern war Dein Geburtstag. Sicher hast Du gedacht, daß ich Dir in Gedanken gratuliere ...

... Muttel, als ich Dein Bild bekam bin ich beinahe erschrocken, vielleicht ist es mir nur ohne Brille so vorgekommen, aber Du mußt Dir nicht so viele Sorgen machen.

Dein Uz findet sich zurecht, darauf kannst Du Dich verlassen! Sonst habe ich mich über Dein und Trudes Bild sehr gefreut ... Du fragst mich in einem Deiner Briefe, ob ich noch Beschwerden mit den Nieren hätte. So gesund, wie ich zur Zeit bin, war ich nur früher zu den Zeiten, wo ich in Creglingen zwischen Fußballfeld und Badeplatz wechselte. Die Gedanken habe ich so in meiner Gewalt, daß sie mich nicht mehr anfechten können..."

Ja inzwischen war man ein weiteres Jahr in Gefangenschaft und hatte einiges dazugelernt ... an Geduld vor allem ... man wußte wie sehr das eigene Schicksal von anderen gestaltet wurde. – Die Weltgeschichte, diese „große Zeit" würde unser Leben bestimmen.

Wenn man heute von „dieser großen Zeit" liest, dann entstehen viele Fragen, die aber den Rahmen dieses Buches sprengen würden. Soviel sei gesagt: Man muß bedenken, daß wir Kriegsgefangenen diese Zeit nur durchstehen konnten, wenn die Überzeugung erhalten blieb, für eine große Sache gekämpft zu haben. Für mich war das neben anderen Zielen, Einsatz für ein Vereinigtes Europa.

So sah der „Ehrenwort – Badestrand" von Gravenhurst aus. – Diese Aufnahme entstand lange nach Kriegsende – auch später hat das Hotel, den von POWs erbauten Badesteg und Sprungbrett benützt. Auf vorgeschobenen Felsen die Überreste eines ehemaligen Postenhauses.

Außerdem, wer denn ,,, unter uns jungen Idealisten ,,, hatte während seiner Schulzeit und Ausbildung die Möglichkeit, über die Grenzen des Vaterlandes hinauszusehen? Bevor es dann zum Kriege kam.

Schon eine Reise nach Frankreich, geschweige denn England, war aus den verschiedensten Gründen vor 1939 fast unmöglich. Geldliche aber auch administrative Schwierigkeiten im grenzüberschreitenden Personenverkehr waren fast unüberwindlich, wenn nicht bestimmte Anlässe bestanden. Und die deutsche Presse war so gut gelenkt, daß wir ihre Inhalte mit wenigen Ausnahmen gerne übernahmen. Wer sich heute nachträglich rühmt, gewarnt zu haben, sollte sich erinnern, wie viele es waren, diese „Mitläufer"! Ist „Wendehälse" ein besserer Ausdruck?

Der Sommer 1942 war in dem Gravenhurster Klima besser zu ertragen, als damals am Lake Superior, mitten in der Einöde.

21. Juni: „Wir haben jetzt richtigen Sommer und ich mache sehr viel Sport. In erster Linie klopfe ich mich diesmal mit Sandsäcken, Punchingbällen und sonstigen Boxgeräten herum. Mein Bedarf an geistiger Nahrung ist zur Zeit gering. Mein Ideal ist auch nicht, ein Bücherwurm zu werden ..."

30. Juni schreibe ich meinem Vater: „... Wir spielen hier sehr viel Faustball! Am vergangenen Samstag-Sonntag war hier Turnier! Ich vertrat als Hintermann die Farben von Kanada (Luftwaffe) – gegen Lybien,

146

(Heer und Marine). Außerdem machten wir im Preis um die Kuchen den 2ten! Dein Uz."

30. Sept. „Ähnlich wie letztes Jahr haben wir auch dieser Tage den Sommerabschluß. Allerdings liegt dieses Lager etwas südlicher als damals „W" und so wird es sich noch ein bißchen halten, daß man Sport im Freien machen kann. Aber so allmählich fange ich doch mit dem Winterfahrplan an."

24. Okt.: „Jetzt ist hier der sogenannte „Indianersommer" vorbei und das Hundewetter fängt an. Sportlich ist also nichts mehr los. Bis zum Winter müssen also wieder die Bücher herhalten ... drei Linien zensiert ... Die Kameraden in Rußland werden Ihren Teil auch hinter sich gebracht haben!..."

So erlebten wir den Sommer 1942 an den Ufern des Muskoka Sees. Was mich während der Gefangenschaft immer wieder beschäftigte: Ob mein Typ überhaupt geeignet war, diese Zeit durchzustehen?

Brief vom 5. Juni 1942 an die Mutter: „... Ihr fragt nach Anerkennung Eurer Schreibleistungen. Ich kann immer nur sagen; Post ist das schönste was ich hier habe und in letzter Zeit muß ich nie länger als 7 Tage warten und ich bekomme etwas. Wenn es bei Euch doch auch so wäre. An mir liegt es nicht, ich schreibe soviel ich darf. Wenn Onkel Karl meint, ich sei ernster geworden, dann hat er damit recht. Aber zum Teil schadet das gar nicht und ihr sollt ja nicht glauben, daß ich den Humor verliere. Wenn ich nach Hause kommen werde, sollt Ihr Euch wundern. Zwar weiß ich heute noch nicht, auf welchen Posten man mich einmal stellen wird, aber eines steht fest, daß ich nachher schon meinen Teil leisten werde. Weißt Du, wenn man das durchmacht, was wir jetzt lächelnd überwinden, wird man gezwungen eiskalt weiter zu gehen und das macht hart. Von Toben, Schimpfen, äußerlichem Leiden ist nichts zu merken, man hat sich ganz gleichmäßig zu beherrschen. Das ganze ist eine Erziehung, die einem starken Menschen nur gut tut. Da ich mir darüber im klaren bin, daß ich meine Pflicht genau wie früher erfüllen würde, wenn ich noch am Feind wäre, ist das keine Belastung! Dein Uz."

Auch das leibliche Wohl wird in der Post angesprochen: 16. Juli 1942: „Liebe Mutter! Nachdem ich vor etwa 8 Tagen ein Paket mit Weihnachtsgebäck, Rauchwurst, Rauchfleisch und Pralinen – besonders beliebt waren die kleinen Brezelchen! – erhalten habe, kamen gestern auch noch 3 Briefe (vom 24.3. vom 3.5. und vom 18.5.). Nun bin ich doch froh, daß ich mit meinen Briefbogen solange gewartet habe, denn nun kann ich doch auch auf Deine Gedanken eingehen. – Das Paket ist diesmal sehr lange unterwegs gewesen und die Wurst und das Rauchfleisch sahen recht übel aus, aber als wir das verschimmelte Äußere abgeschnitten hatten, reichte es doch noch zu einer gut schmeckenden Mahlzeit auf der Stube.

Hier in diesem Lager sind wir zur Zeit 9 Mann auf einer Bude. (War demnach vor dem Einziehen der Trennwand) Es sind 4 Leute vom Heer aus Lybien, ein U-Bootsfahrer und 4 Luftwaffenleute. Aus dieser Zusammensetzung könnt Ihr sehen, daß wir hier doch ziemlich auf dem laufenden bleiben.

Also auch darüber braucht Ihr Euch keine Gedanken zu machen, wir wissen Bescheid und können es schon noch erwarten! ..."

Große Probleme mit der Länge dieser Briefbogen, wenn man bedenkt, welch wichtige Funktion der Briefverkehr hatte! Es war praktisch die einzige Möglichkeit einer Kommunikation über die uns umgebende feindliche Welt hinweg! Ob wohl jemand diese Probleme versteht?

Wie viel schlechter mußte da der arme Kapitänleutnant Hans Rahmlow leben? – Fast unbemerkt war auch er von Bowmanville nach Gravenhurst hinterher geschickt worden. Aber da er auf unserem Stock, dem obersten, am Ende des Flurs, zur Dachterrasse hin, ein kleines Einzelzimmer bewohnte, war er uns täglich präsent.

Alle Mahlzeiten: Frühstück, Mittagessen und Abendbrot wurden ihm von einer Ordonnanz vor sein Zimmer gebracht.

Die Ordonnanz klopfte an seine Tür, er kam heraus – ohne ein Wort bekam er sein Tablett überreicht. – Hinterher stellte er es wieder auf den Flur. – Kein Wort, kein Satz! So also sah „die Ächtung" aus. Er ging täglich auf „Runde" aber immer völlig allein. Wie ein Mensch das aushalten konnte? Und das jahrelang? – Sein U-Boot „U – 570", war wie bekannt, am 28. Aug. 1941 mit allem geheimen Gerät von den Engländern gekapert worden. – Das hatte schlimme Folgen, viele Verluste für die deutsche U-Bootwaffe. Aber jetzt ging das für Rahmlow in das zweite Jahr, ohne daß jemand mit ihm sprach!

Nach dem Kriege sollte er vor ein deutsches Kriegsgericht gestellt werden, war damals der Beschluß in Grizedale Hall (Camp 1) eines Ehrengerichts von U-Bootoffizieren gewesen. Bis dahin sollte er geächtet bleiben, das heißt niemand würde mit ihm sprechen. Auch die Ordonnanzen waren da unerbittlich. Vor allem aus seiner eigenen Besatzung gab es die stärkste Kritik an der unerklärlichen Übergabe des Bootes.

Wiederholt stellten wir auf der Stube die Frage, was wir wohl in seiner Situation unternehmen würden? Das Gleiche wie sein Erster Offizier, der Obltn. z. S. Berndt? – der in England bei einem verzweifelten Fluchtversuch den Tod herausgefordert hatte?

Die kanadischen Bewacher, die Rahmlows Situation genau kannten, unternahmen ihrerseits gar nichts, um sein Schicksal zu mildern. Es wurde deutlich, da gab es eine internationale Solidarität.

Selbst habe ich Rahmlow infolge der weiteren Ereignisse aus den Augen verloren. – Noch bis zum Jahre 1943 erlebten wir, daß er diese fürchterliche Isolation durchstand. Danach wurde er in das Lager Grand Ligne verlegt, existierte dort im Einzelzimmer in gleicher Isolation weiter. Später sollte ich erfahren, daß er wie alle anderen nach Deutschland zurückkehrte und zu Hause verstorben ist.

Wenn man sich mit diesem Manne verglich und erlebte, was der Mensch ertragen konnte, dann war unsere Sorge, geistigen Schaden zu nehmen, kaum ernst zu nehmen. Aber bei manchen wurde es kritisch in diesem Sommer 1942. – Erst die Ehrenwortspaziergänge und später die Farm brachten Abwechslung in die Abgeschiedenheit. Die Tatsache, daß wir Offiziere laut Genfer Konvention zu keiner Arbeit verpflichtet werden konnten, war nicht immer ein Segen.

In den Unteroffiziers- und Mannschaftslagern bahnten sich zu diesem Zeitpunkt schon Möglichkeiten, wie Farm- und Holzfällarbeit an. Solche Arbeit verschaffte eine gewiße Ablenkung!

29. Juli: „... zur Zeit habe ich mir beim Boxtraining eine leichte Erkältung zugezogen. Aber ich strenge mich an, daß ich bis zum nächsten Sonntag wieder auf der Höhe bin. Ich will nämlich im Rahmen unseres Sportfestes im „Halbschwergewicht" meinen Mann stellen. Spöttische Zungen geben mir den guten Rat, mich vorher konterfeien zu lassen, damit ich mein Gesicht wenigstens auf dem Bild behalte. Aber so schlimm wird es wohl nicht werden, obwohl ein 3 Runden-Kampf ja allerhand Anforderungen stellt. Na ja bis der Brief bei Euch ist, ist's ja schon zu spät zum Daumenhalten. Gestern kam von Frau Stephan und von Vatel ein Buch. Wenn das so weitergeht, mach ich eine Bibliothek hier auf. Lesen tu ich wenig, sollten wir noch einen Winter hier sein, ist immer noch Zeit..."

17. August an die Mutter: „... Meine Halsgeschichte war damals zum Sporttag nicht ganz in Ordnung und ich habe meinen Boxkampf knapp nach Punkten verloren. – Trotzdem freue ich mich, daß ich die 3 x 3 Minuten durchgestanden habe, denn ich glaube es gibt wohl keine Sportart, die in so kurzer Zeit so stark beansprucht. Etwa 8 Tage danach fing wieder eine richtige Angina an und ich mußte wieder mal ein paar Tage warten bis der Abzeß aufbrach, aber jetzt habe ich es wirklich hinter mir. Bald werde ich wieder mit Sport so langsam in Fahrt kommen.

Während ich im Bett lag, kam auch schon das Paket mit meinem Uniformrock und sonstigem Inhalt. Das ging ja verhältnismäßig schnell. Jetzt will ich gleich noch an Vatel schreiben ..."

17. August an den Vater: „... Vor einigen Tagen kam Dein Brief vom 21. Juni ... Du schreibst dabei von den Leistungen meines ehem. Geschwaders ... Hoffentlich gibt es noch genug der „alten Hasen"! ... Ich soll mehr über Deine Bücher schreiben! Du hast recht, also bekommen habe ich alle die Du angekündigt hast. Gelesen habe ich noch sehr weni-

ge, weißt dazu reicht's im Winter immer noch ... Übrigens mach Dir mal den Spaß und besuche in Konstanz einen Arzt namens Dr. Schön. Ihr habt Euch sicher manches zu erzählen! – Deinen Geburtstag habe ich wegen Boxfieber verschwitzt ..."

Vater war nun schon lange in Konstanz. Allmählich konnte ich aus dem Schriftverkehr, der schon vor meinem Abschuß, „feldpostmäßig" verklausuliert war, entnehmen, daß er dort zum Kompaniechef einer Ausbildungsreiterkompanie avanciert war. Diese Aufgabe war ihm wie auf den Leib geschnitten und gefiel ihm sehr gut. Dort konnte er mit den Militärpferden reiten und springen so viel er wollte.

Mein Hinweis auf Dr. Schön erfolgte deswegen, weil dessen Sohn, Hptm. Werner Schön vom Afrikakorps, auch in Gravenhurst als POW eingetroffen war und zu meinem Freundeskreis zählte.

23. August an die Mutter: „Inzwischen habe ich nun auch schon das Paket mit meinem Rock und sonstigem Inhalt bekommen. (Wichtige Dinge, hatte inzwischen die Erfahrung gelehrt, bestätigte man doppelt, es war nie sicher ob ein Brief unterwegs verloren ging.) ... Wenn nun meine Hose noch heil hier ankommt, dann kann ich ja dem kommenden Winter ruhig ins Auge sehen.

Muttel nun muß ich mich entschuldigen, daß ich an Vatel und Helga keine Geburtstagsbriefe geschickt habe. Ich hatte einfach keine Stimmung dazu. Du meinst, ich sollte ruhig auch mal einen Brief schreiben, in dem ich solche Stimmungen ausdrücke. Ich glaube geschrieben habe ich sie schon, aber ab und zu muß ich doch auch einen Brief schreiben, von dem ich mit einiger Sicherheit annehmen kann, daß er Euch erreicht. Daß Ihr von mir Post habt, freut mich nicht nur deswegen, weil Ihr damit etwas von meiner Existenz zeugendes in der Hand habt, sondern besonders weil es doch etwas anderes ist, wenn man die Möglichkeit hat einen Brief zu beantworten, als wenn man bloß so im Trüben fischt.

...... 3 Linien schwarz zensiert ..... Herzlichst! Dein Uz."

20. Sept. „Meine Lieben! Heute hat nun Hinnerk Geburtstag. Ich muß mich schämen, daß ich heute erst schreibe. Aber ich kann Euch versichern, daß mein Geburtstag (24.) auch dieses Jahr so schön war, wie er hier eben sein kann. Die Kameraden haben mir einen Geburtstagstisch bereitet, daß Ihr Euch zu Hause anstrengen müßtet um mir das Gleiche zu sammeln. Aber das könnt Ihr festhalten, ein Fest kann daraus erst wieder mal werden, wenn ich zu Hause bin. Übrigens, da Major Robitzsch auch bei meinem Geburtstag war, fällt mir eben ein, daß Ihr ja gar nicht wißt, daß er hier schon lange mein Schicksal teilt. Auch einen Klassenkameraden aus Stuttgart (Walter Maurer) habe ich hier gefunden.

Überhaupt könnt Ihr Euch wohl kaum vorstellen was für eine bunte Zusammensetzung von Menschenschicksalen es hier gibt. Am erfreulich-

150

sten ist dabei, daß wir eigentlich nur an wenigen feststellen können, daß sie unter den jetzigen Umständen geistig gelitten haben. Ich selbst habe, glaube ich, jetzt auch meine schwerste Zeit hinter mir. Wenn ich seither klar gekommen bin, kann es noch so lange gehen, wie es eben muß, ich glaube nicht, daß mich hier noch etwas ernsthaft anfechten könnte! Uli!"

20. September an Vater: „ ... Bald habe ich nun 1/4 Jahrhundert voll. Wenn ich am Leben rechnen würde, zählte ich nur 22 Jahre, aber auch die 2 Jahre hier müssen mitzählen. Vielleicht zählen sie sogar in manchen Dingen nicht nur einfach. Schön sind sie auf keinen Fall. Diese Zeit hier läßt sich in ihren Auswirkungen erst später einmal bewerten. Ich hoffe, daß dann die Härte der jetzigen Lebensschule, doch irgendwelche Werte besitzt. Diese Hoffnung halte ich auch weiterhin aufrecht.

Nun zu Deinem Brief vom 9. 7. – Auf Trudes Wagemut (sie hatte sich freiwillig nach Riga gemeldet) kann man ja direkt stolz sein. Ich freue mich nicht nur mit ihr, sondern ich hoffe auch, daß ich später mal mit meiner Schwester schöne Tage verbringen werde, wenn sie im Leben mit eigenen Erfahrungen zugewonnen hat.

Du hast übrigens ganz recht, diesen Sommer bin ich nicht zum Sprachstudium gekommen. Ich werde mich auch im Winter nicht dazu zwingen und den eventuell möglichen Sport fallen lassen. Sollte allerdings Sport nicht möglich sein, dann müßte ich doch darauf umsatteln, obwohl ich dann aus Erfahrung genau weiß, daß es dann mit der sogenannten „Ausgeglichenheit" aus ist. Also hoffen wir auf den Wintersport! Herzlichst! Dein Uz!"

Tief religiös empfindende Menschen werden beim Lesen dieser Briefe sicher denken, daß das Leben in der Gefangenschaft sicher leichter zu ertragen gewesen wäre, wenn bei mir einige Gedanken an die Allmacht Gottes vorkommen würden. Aber, obwohl im christlichen Glauben erzogen, gab es da Hemmungen.

Da war das Erlebnis auf der Kriegschule gewesen, wo ich in der „Kasernenabendstunde" von einem katholischen Geistlichen beim Tode eines Kameraden schwer enttäuscht wurde: Dieser Kamerad und ich diskutierten kritisch mit ihm über das „Leben nach dem Tode". Als er dann beim Fliegen verunglückte, stellte der Pfarrer fest, daß das bei einer solchen Einstellung zu erwarten gewesen sei! – Er wurde daraufhin von der ganzen Klasse boykottiert.

Außerdem erlebte ich an den Orten, wo ich aufwuchs und zur Schule ging, immer wieder „allzu-menschliches" bei Religionslehrern oder auch in den Pfarrhäusern.

Am Christentum und seinen 10 Geboten finde ich Ausrichtung. Mit seinen irdischen Repräsentanten kam ich in Konflikte. So fand ich in Gefangenschaft nicht dazu, mich fromm in mein Schicksal zu fügen.

Gravenhurst Mai 1943: Von links; R. Theopold, H. Waller, U. Steinhilper (mit Boxnase), E. Wildermuth, P. Döring, E. Fischbach, Ltn. Vater, „Jupp" Bürschgens, „Hannes" Strehl, „Fürst" Büchler, K. Stix.

Obwohl sich zu dieser Zeit im Lager wichtige Dinge ereigneten, über die man in den Briefen leider nicht berichten konnte, trotzdem ein weiterer Brief:

29. Okt. „Liebe Mutter! Gestern kam die sehnlichst erwartete Hose und brachte auch sonst noch große Freude mit sich. Das Gebäck und die Wurst haben große Anerkennung gefunden! Nun bin ich doch die Sorge um dieses Paket los, das letzte, mit dem die Turnschuhe angekündigt waren, hat nämlich bis jetzt noch nicht zu mir gefunden.

Alles war diesmal tadellos erhalten, und ich muß Dir wirklich meinen herzlichen Dank sagen. Heute kann ich Dir eine Aufnahme schicken, die hier zustande kam. Auf der Aufnahme steht rechts neben mir Stubenkamerad, Hptm. Eberhard Wildermuth aus Cannstatt und der zweite vom rechten Flügel ist Hinnerk Waller. Sollte das Photo zu Weihnachten ankommen, hoffe ich, daß es Euch zu jetzigen Zeiten einige Beruhigung und auch von mir etwas Freude gibt.

Vor zwei Tagen hatten 2 Jahre Gefangenschaft ihr Ende. Wann ich Euch wohl endlich mal alles erzählen kann? Vorläufig seid ruhig, ich habe genau so viel Geduld, wie Ihr! – Jetzt gilt es erst mal wieder die Übergangstage hinter sich zu bringen. Erst der Winter wird uns im Eislauf wieder eine Sportmöglichkeit bringen. Ohne Sport kriegt man eine Laune, bei der man sich am liebsten selbst auffressen könnte. – Daher „Fröhlichere Weihnachten"! ...

Bei dem erwähnten Photo handelte es sich um ein Postkartenphoto, (Abb.) das bei den Canadiern erst spät fertig geworden war und erst jetzt zum Heimatversand als Postkarte freigegeben worden war. Auf der Rückseite dieser Postkarte steht: „Liebe Mutter! Dies Bild stammt aus dem Mai. Du wirst mich noch kennen, trotzdem ich mich selbst in der Gesichtspartie etwas verschoben finde. Ich hatte am Tage vorher geboxt! Do kaascht nix macha! Sonst bin ich der Alte."

Zu dieser Zeit war mein Vater schon von Konstanz nach Mülhausen im Elsaß versetzt, aber das erfuhr ich natürlich erst mit der üblichen Postverzögerung. Die Nachsendung in Deutschland klappte trotz der schwierigen Kriegssituation. Das ist noch heute aus den Adressenüberschreibungen der Postboten zu erkennen.

Wenn ich in dem obigen Brief wieder mal frage; „Wann ich endlich mal alles erzählen kann?" dann hatte das seine besondere Bewandtnis. Das war unter anderem die „Fesselungsaktion", die sich inzwischen im Lager anbahnte.

Vor diesen Ereignissen noch Auszüge aus einem Brief:

Den 8. Nov. „... Heute mehr denn am Anfang dieser verdammten Zeit, stelle ich fast alle meine Handlungen auf Euch ab. Außer den Bindungen an unser Volk, habe ich ja doch jetzt nur noch Euch als Ankerpunkt.....

Überhaupt ist an der Gefangenschaft für mich nicht die räumliche Freiheitsbegrenzung das Schlimmste, sondern der Umstand, daß man darin nicht mehr selbst lebt, sondern von allerlei nicht zu beeinflußenden Umständen gelebt wird. Das soll aber nicht heißen, daß mich diese Zeit unterkriegt ...

Diese Zeilen stehen in unmittelbarem Zusammenhang mit dem Erleben der „Fesselaktion", bei der sogar die Behinderung unseres POW Postverkehrs als Repressalie benutzt wurde.

Tunnelbau und Fesselung

Obwohl ich von Fluchtversuchen eigentlich „geheilt" war, konnte ich es nicht lassen, an einem Tunnel mitzumachen, als mir Gelegenheit geboten wurde.

Geplant wurde das Unternehmen mit Genehmigung der inzwischen gut organisierten Lagerleitung. Wüstefeld war gemeinsam mit Major Müller zuständig für die Escape-Genehmigungen. Die berüchtigte Stube „Manhart-Pfundtner", wo Hptm. Baudler Stubenältester war, zeichnete für die Durchführung.

Diese Stube, nicht auf eigenen Wunsch, wurde als Zentrum der Escapeaktivitäten bekannt und genoß deshalb die ganz besondere Zuneigung der kanadischen Bewacher.

Es gab immer mehr „Escaper" im Lager. Leider galt inzwischen diese Bezeichnung auch für eine besondere Art von „Ausbrechern"!

Es war kein kleiner Personenkreis der sich auffällig und für alle Lagerangehörigen sichtbar, mit „escapen" beschäftigte, meist nur mit Plänen und Vorbereitungen. Hauptziel war, die Überwindung des Zaunes möglichst risikolos zu gestalten. Dazu war ein Tunnel besonders geeignet.

Mit der dann anschließenden Flucht, befaßten sie sich gründlich. Sie waren Meister in gefälschten Papieren, hatten tolle Ideen über Fluchtrouten und abenteuerliche diplomatische Schliche. Merkwürdig, die Pläne kamen selten zur Ausführung, das Risiko, der Zaun, das „Hinaus" waren für sie unüberwindliche Hindernisse.

Diese Sorte von „Escapern" bewerkstelligte, daß die Bezeichnung „Escaper" allmählich ein „Geschmäckle" bekam. Jedoch dazu zählten die Mannen nicht, die im August 1942 einen Tunnel planten und wie die Maulwürfe buddelten.

Manhart, nebenbei ständig in der Leichtathletik engagiert, suchte trotz des dünnen Erdreichs unermüdlich nach Möglichkeiten. Im Unterrichtsraum im Erdgeschoß fand er einen großen Hohlraum unter dem Holzfußboden: Es könnte gelingen! In schräger Richtung, weg vom Hauptgebäude, war die Erdkrume über dem felsigen Grund wahrscheinlich tief genug, um darin graben zu können.

Am Ende der geplanten Tunnelstrecke befand sich im Zaun eine Stelle, an der die im Boden steckenden, senkrechten Kontrollstäbe soviel Abstand aufwiesen, daß ein Tunnel, etwa 60 cm breit, durch die Stäbe passen konnte. Man mußte nur aufpassen um dabei die Stangen nicht zu beschädigen.

Diese Richtung hatte einen Nachteil – die große Entfernung! Als man beiläufig, im Rahmen des Kugelstoßens – mit dem Maßband genau messen konnte, ergab sich eine Tunnellänge von 47 Metern. Das war bei einer Mindesthöhe von 40 cm ein gewaltiger Erdaushub!

Einen solchen Erdaushub, in einem so kleinen Lager wie Gravenhurst, konnte man niemals oberflächig auftragen. Aber es gab andere Möglichkeiten: Die kanadischen Gebäude, vor allem die neueren Konstruktionen hatten vielfach Doppelwände. Diese konnten gefüllt werden. – Nur wußte keiner von Anfang an, wie groß die Kapazität sein würde und ob bei höherer Füllung der Druck am Boden die Wände sprengen würde.

Alles ließ sich sowieso nicht vorausberechnen. Deshalb wurde erst mal angefangen: Der Einstieg wurde außerhalb des Unterrichts sorgfältig angelegt; Werkzeuge waren kein Problem, inzwischen hatte man genügend geklaut, im Lager gefunden, oder auch mitgebracht. Die Bodenbretter wurden nicht angesägt, sondern der Länge nach entsprechend ausgelöst und für mehrfaches Öffnen vorbereitet.

Die gesamte Tunnelmannschaft bestand aus gut 20 Mann, die im Falle des Erfolges in einer vorher festgelegten Reihenfolge berechtigt war; „auszusteigen". Führer der Unternehmung war Major Müller, die Hauptmächer Manhart und Pfundter. Es dauerte nicht lange, bis auch Wildermuth und ich zum „Team" gehörten.

Tagsüber wurde in zwei Schichten gearbeitet. Es sollte ja nicht hastig gegraben werden, spätestens Frühjahr 1943 sollte das Werk fertig sein. Eine deutliche Absichtserklärung lautete: Vorkehr gegen Entdeckung und sorgfältige Ausführung, sollten vor jeglicher Eile stehen. Würde man wider Erwarten früher fertig, konnten einige Kameraden im Winter den Ausbruch wagen. Danach jedoch, würde der Ausstieg sorgfältig verschlossen und ein weiterer Schub erst im Frühjahr folgen.

Obwohl skeptisch gegen alle Unternehmungen, wo es derart viele Beteiligten gab und auch noch das ganze Lager davon wußte, machte ich gerne mit. Würde es nicht herrlich sein, einmal ohne Risiko hinauszukommen und Kleidung und Ausrüstung mitnehmen zu können, die nicht durch die Schwierigkeiten der Zaunüberwindung bestimmt war.

Die erste Schicht stieg am Vormittag gegen 9 Uhr ein, arbeitete bis kurz vor dem Mittagessen. Um 14 Uhr stieg eine zweite Schicht unter den Fußboden, die bis gegen 17.30 Uhr arbeitete. Es dauerte eine gewiße Zeit bis dieser Rhytmus gefunden war. Aber so spielte sich die Arbeit ein.

Diese erste Schicht stieg planmäßig, kurz vor Beginn der ersten Stunde in diesem Lehrsaal, vor dem Podium in den Boden. Manchmal wenn es eine Verspätung gab, wegen der kanadischen Innenwachen oder sonstwie, wurde der Unterricht einfach unterbrochen und die 4 bis 5 Mann stiegen in die geöffneten Bretter, die gleich anschließend wieder sorgfältig abgeklappt wurden.

Für die Unterrichtsklasse war das jeweils ein interessantes Schauspiel, aber der in diesem Raum stattfindende Unterricht war eine gute Tarnung.

Bald stellte sich heraus, daß die ausgehobene Erde am besten in kleinen Stoffbeuteln, etwa 3 kg schwer, transportiert wurde. Da der Transport und die Schüttung ein häufiger Vorgang an der „Oberfläche" waren, mußte es dabei schnell und unauffällig zugehen. Nur einmal am Tage fand das statt.

Das lief so ab: Auf das Signal zum Antreten des ersten „Turns" zum Mittagessen, wurde auch im Unterrichtsraum die Lektion beendet, der Fußboden öffnete sich. Aus allen Klassenzimmern und aus 3 Stockwerken strömte die Menge zur Eßbaracke und genau in diesem Augenblick traten die eingeteilten „Erd"-arbeiter in Funktion.

Zuerst wurden die Säckchen aus dem Hohlraum heraufgereicht. Hinter dem Podium befand sich eine Öffnung zu dem Treppengang mit einem stillgelegen Aufzug. Dorthin wurden die kleinen Stoffbeutel durchgereicht und flogen jetzt von Hand zu Hand. In einem offenen Aufzugsschacht hing auf halber Höhe die ehemalige Kabine, deren Boden und Decke von uns mit Klappen versehen waren. Diese wurden aufgemacht und die Säckchen „flogen" bis unters Dach.

Das ging ruck, zuck. Noch solange die hungrigen Kameraden über die Treppen und den Flur zur Speisebaracke eilten, flogen die Beutel von Hand zu Hand, als ob es Feuereimer wären. Zuerst über das Podium durch die Wand, dann im stillgelegten Aufzug bis nach oben. Dort wurde unter dem Dachboden alle Erde in die Wände geschüttet.

Natürlich mußten dabei unsere eigenen Posten aufpassen. Sie gaben sofort Warnung, wenn kanadische Innenposten erschienen, oder sonst Vorsicht geboten war. – Oberstes Gesetz war: Ja keine Erde verschütten! Das hätte sofort die Kanadier auf den Plan gerufen.

Es war täglich eine auffällige Aktion! – Jedoch es ging gut! – Es ging für viele Wochen gut! Selbst ich stellte meine Zweifel immer mehr zurück und wurde zum begeisterten Maulwurf.

Anfänglich arbeitete ich echt „vor Ort" mit, ich „buddelte". Liegend mußte man mit einer Art Kohleschaufel vorne im Gang die Erde wegstechen und nach hinten wegschippen. Dort lag hinter mir ein Kamerad, der in Säckchen abfüllte. Ein weiterer stapelte diese vorne am Eingang, für den späteren Transport nach oben. War eine kurze Entfernung ausgebaut, wurde ein präzise vorbereiteter Holzrahmen mit dem Hammer eingeklopft. Gab es Verhärtungen oder Steine im Boden, dann brauchte man Hammer und Meißel und mußte nach vorne ausstemmen.

Für mich war diese Arbeit, die anfänglich alle zwei bis drei Tage anfiel, solange erträglich, als ich mit den ausgestreckten Beinen nicht weiter als 2 – 3 Meter von der Einstiegshöhle entfernt war. Aber dann bekam ich etwas ähnliches wie Platzangst. Ich versuchte zwar meine Leistung zu bringen, aber Manni war bald unzufrieden, in meiner Schicht brachte ich „vorne" zu wenig.

Es stellte sich heraus, daß kurzgewachsene Männer, wie Pfundter, Wildermuth und Manhart, wenn der auch breite Schultern hatte, die beste Leistung brachten. Mir sollte das recht sein, es gab genügend andere Aufgaben!

Manni war so mit Begeisterung dabei, daß er „Freischichten" machte. Damit waren wir schnell einverstanden, so viel Erde, wie er mit seinen Bärenkräften herauskratzte brachte kein anderer zustande! Jedoch, als der Tunnel über 10 Meter lang war, erwischte es auch ihn. Andere vor ihm, hatten häufig über Atemnot geklagt. Auch die Kerze, die vorne „vor Ort" brannte, wollte immer wieder erlöschen. Eines Tages konnte Manni kaum mehr zurückkriechen, er war fast ohnmächtig vor Sauerstoffmangel.

Das Problem war neu, so stark hatten wir das vorher weder in Swanwieck noch beim Tunneln in Bowmanville erlebt. Bald wurde klar: Dort war die „Strecke" immer kürzer gewesen und in England hatte es den unglücklichen Einbruch von oben gegeben, der hatte nicht nur Gefahr, sondern auch Sauerstoff gebracht.

Der findige POW kam auf Lösungen: Eine Luftleitung mußte bis vor Ort verlegt werden, dafür war ein Gebläse nötig. Eine elektrische Leitung sollte für gutes Licht sorgen und wenn schon, dann sollte die Erde auch nicht mehr von Hand auf dem Lehmboden nach hinten gescharrt werden. Wir würden kleine Eisenbahnschienen auf dem Boden verlegen.

Das gab zwar eine Grabungspause, aber die wurde schöpferisch! Ausgediente elektrische Kabel fanden wir in dem alten Gebäude in ausreichender Länge, auch eine Lampenfassung war bald gefunden.

Der Bau eines kleinen Holzwägelchens zum Erdtransport war kein Problem. Schließlich befanden sich im Lager inzwischen Bastler, die komplette Pendeluhren aus Holz bauten. Diese Uhren gingen auf die Minute genau. Gehäuse, Zahnräder, die dicken Achsen, Zeiger, alles war aus Holz geschnitzt. Dünnere Achsen, die Gewichte samt Ketten und das Pendel wurden aus vielerlei Schrott zusammengebaut.

Für diese Bastler war ein Wägelchen, mit vier Rädern aus Holz geschnitzt – kein Problem. Sie bauten gleich zwei Exemplare.

An jedem Ende wurde eine stabile Schnur befestigt und so konnte man die kleinen Pritschenwagen, beladen oder unbeladen, im Tunnel auf hölzernen Schienen, hin- und herziehen. Es war ein richtiges Spielzeug! – auch für ältere Knaben!

157

Eigentlich dachte man, das Gebläse sei ein unüberwindliches Problem. Aber schon bevor der Fall eintrat, hatten einige andere Modellbauer ihr Auge auf den elektrischen Ventilator geworfen, der sich in einem Oberfenster der Küche befand. Dessen Propeller wurde von einem angebauten Elektromotor betrieben, um den Dunst aus der Küche zu blasen.

Dieser Ventilator wurde auf ein Brett in ein Gehäuse montiert, das aus einem Brei von Zeitungsschnitzeln und Mehlpapp geformt war. An einem Ende saugte der Ventilator Luft an, am anderen Ende war die Öffnung auf Milchdosenstärke reduziert. Diese Vorrichtung blies Luft mit ausreichender Stärke in ein anschließendes Rohr, das aus vielen Milchdosen zusammengesetzt war.

Dieses Gebläse konnte erst dann gebaut und ausprobiert werden, nachdem aus Holz ein Modell geschnitzt worden war, das dem echten Propeller in Aussehen und Farbe zum Verwechseln ähnlich war. Erst dann wurde der Ventilator in der Küche ausgebaut und mit der Attrappe ersetzt. Die Nachahmung gelung so gut, daß der normale Luftzug von der Küche nach draußen, den Propeller immer wieder in Bewegung setzte und er sich dabei recht lebhaft drehte.

Bevor die Gebläsekonstruktion unter dem Fußboden montiert wurde, hatten die Konstrukteure sie so gut ausprobiert, daß sie sofort in Dienst gehen konnte, nachdem sie im Tunnelvorraum mit der dort vorher eingebauten „Büchsenröhre" verbunden worden war.

Jetzt konnte im Tunnel endlich richtig gearbeitet werden. Manni hatte es trotzdem versucht, nachdem die Kerze durch elektrisches Licht ersetzt worden war, doch dabei riskierte er zu viel. Erst ein Arbeitsverbot sorgte auch bei ihm für eine Pause, die dann durch das Ventilationssystem endgültig überwunden war.

Je länger der Tunnel wurde – umso bedrückender die Arbeit. Ich versuchte gelegentlich, vorne auszuhelfen, aber meine Angst wurde umso größer, je länger der Tunnel wurde.

Man stelle sich vor, wie man sich fühlt, wenn man sich in einem engen Stollen bewegt, der gerade breit genug ist, um auf Ellbogen zu kriechen. In dem man Mühe hat, sich auf den Rücken zu drehen. Die Schultern sind zu breit! Das Ganze über 30 Meter lang!

Wie solide die Abstützung war, blieb immer ein Fragezeichen. Eines befürchteten wir: Da der Boden über uns nicht allzu mächtig war, hatte man eher Angst, daß sich Senkungen zeigen könnten. Bei einem Zusammenbruch erdrückt zu werden, war die kleinere Sorge! Angst hatten wir auch, daß die Kanadier eines Tages mit einem Lieferwagen über den Tunnel fahren könnten. Der Weg zum Haus führte eng am Tunnel vorbei.

Woche über Woche ging alles gut. Einmal wurde in einem Raum im Erdgeschoß eine Pappwand ausgedrückt und es kam Tunnelerde zum Vorschein, aber das konnte schnell repariert werden, ohne daß die Innenposten etwas merkten. Damit wurde aber auch klar, daß in dieser Wand das Maximum an Schüttdruck erreicht worden war, und man auf dem Dachboden an anderen Stellen füllen mußte.

Der Tunnel hatte die stattliche Länge von 35 Metern erreicht, als an einem Morgen, gleich nach dem Frühstück,im Lager eine Gruppe von Kanadiern erschien. Der Offz. v. Dienst, der „Intelligence Officer", unser Pferdedieb, der Sgt. Major und viele „Frettchen". Sie alle marschierten gezielt dem Eingang des Hauptgebäudes zu. Im Gebäude – was sonst nicht Sitte war – störten sie den Unterricht im Einstiegsraum und öffneten mit großer Selbstverständlichkeit die Bretter, die den Tunneleinstieg abdeckten.

Ein glücklicher Zufall, daß an diesem Vormittag die Schicht noch nicht eingestiegen war. Eigentlich war das der kleinere Schaden, denn der Tunnel mit all den vielen investierten Ideen war auf einen Schlag „futsch und kaputt".

Wie es den Kanadiern gelungen ist, den Tunnel zu entdecken, haben wir nie erfahren. Es gab die wildesten Gerüchte von Verrat und Leichtsinn, aber beweisen konnte keiner seine Vermutungen.

Seltsam! Es gab keine bösen Konsequenzen! Den Kanadiern selbst war ein Einstieg in den Tunnel zu gefährlich, sie drückten ihn einfach von oben ein, füllten auf und betonierten den Einstieg.

Die Aufmerksamkeit der deutschen und kanadischen Lagerleitung war mittlerweile zu sehr von der drohenden „Fesselungsaktion" in Anspruch genommen, die sich in Frankreich anbahnte. Die Situation war bei der Invasion einer kanad. Division an der Kanalküste von Dieppe/Frankreich entstanden.

Anfänglich konnten wir noch in den kanadischen Zeitungen lesen, wie etwa 6000 kanadische Soldaten vor der späteren, wirklichen Invasion Frankreichs, am 19.August 1942 einen „Erprobungsvorstoß" wagten. Dabei hatten sie starke Luftunterstützung und die deutsche Seite wußte zuerst nicht, ob damit schon die endgültige Invasion gestartet wurde.

Die Landung wurde blutig abgeschlagen, brachte jedoch wichtige Teilerfolge für die Alliierten. Sie erbeuteten dabei das neueste deutsche Würzburg-Gerät, eine Funkmeßstation bei Dieppe, das die Alliierten fürchteten. Die deutschen Soldaten, die das geheime Meßgerät bedienten, konnten überwältigt werden und wurden als Gefangene samt allen abgebauten Teilen nach England auf Schiffen mitgenommen.

Wieder einmal zeigte sich, welche Bedeutung die Alliierten der Funkmessung und Nachrichtentechnik beimaßen. Mit der Kaperung von U-Booten hatten sie den gesamten verschlüsselten Funkverkehr der U-Boote samt Versorgungsschiffen im Griff, nun wollten sie auch über diese neue

Meßtechnik genau Bescheid wissen. Diese hatte große Bedeutung bei den stärker werdenden Luftangriffen auf Deutschland. Welch ein Gegensatz zur ursprünglichen Einschätzung der Bedeutung des „Funks" in der deutschen Luftwaffe.

Die Verluste der Kanadier in Dieppe waren verheerend. Von den 6000 Mann, die gelandet waren, blieben etwa 2200 Gefangene und Verwundete zurück, 1200 Soldaten waren gefallen, allein 128 kanadische Offiziere waren unter den Gefangenen. Auf deutscher Seite gab es 300 Tote und Vermißte, sowie 280 Verwundete. Für Mr. Churchill war der Einsatz, wegen der gewonnenen Erkenntnisse ein Erfolg, trotz der Verluste.

Wir im Lager, im fernen Kanada, dachten zu diesem Zeitpunkt keinen Augenblick daran, daß diese Ereignisse, die uns gänzlich unzensiert erreichten, Auswirkungen auf unser Lagerleben haben könnten.

Was dann weiter passierte, erfuhren wir nur bruchstückweise und mußten das Mosaik ergänzen. Unter den Toten und Verwundeten beider Seiten, die am Strand von Dieppe zurückgeblieben waren, fand man einen an Händen und Füßen gefesselten deutschen Soldaten, der tot aus dem Wasser gezogen wurde. Ein weiterer deutscher, schwerverwundeter Soldat, war in gleicher Weise gefesselt.

Als unter den am Strand zurückgelassen kanadischen Papieren auch noch ein englischer Befehl gefunden wurde, in dem Fesselungen angeordnet waren, die verhindern sollten, daß die Gefangenen ihre Papiere vernichteten, escalierte die Angelegenheit.

Hitler selbst schaltete sich ein. Die Fesselung aller bei dieser Aktion gefangenen Kanadier wurde befohlen. Dementis des britischen Kriegsministeriums und die Widerrufung dieses Befehls folgten, aber wegen vieler Widersprüchlichkeiten, folgten dann im September 1942 beiderseitige Repressalien, die eine Art „Fesselungskrieg" auslösten. Für die betroffenen kanadischen Gefangenen keine einfache Sache.

Die Lage beruhigte sich. Bis sich schon Anfang Oktober auf der Kanalinsel Sercol ein ähnlicher Fall ereignete. Dort wurde ein deutsches Arbeitskommando; ein Unteroffizier und 4 Mann von einem englischen Kommando überrascht. Dabei wurden die Deutschen gefesselt und sollten zum Strand geführt werden. Als sie sich zur Wehr setzten, wurde der Unteroffizier und ein Mann getötet und ein Mann durch Schüsse und Stiche mit dem Bajonett verwundet. Ein Pionier entkam und berichtete den Vorfall.

Wieder schaltete sich Hitler ein, wieder wurden die kanadischen Gefangenen von Dieppe gefesselt, Churchill antwortete mit seinen Repressalien und auch die kanadische Presse zog mit, „die Hunnen" waren die Schuldigen! Von diesem Zeitpunkt an, waren die kanad. Zeitungen so zensiert, daß wir nur noch Bruchstücke des Fortgangs in Europa erfuhren. Aber in kanadischen Lagern wurden nun Aktionen verhängt, die offensichtlich von England befohlen waren. Es wurde angedroht, daß in Kanada insgesamt 2000 deutsche POWs und zwar ausschließlich Heeresangehörige, gefesselt werden sollten, bis die Fesselung der Kanadier in Deutschland abgesetzt werden würde. Etwas wurde für uns dabei erkenntlich. Es wurde zum ersten Male deutlich, daß auch wir, die Kriegsgefangenen im Geschehen nicht ganz abgeschrieben waren, aber sonst? Erst später sollten wir erfahren, daß es in Bowmanville ernste Auseinandersetzungen gab. Dort weigerte sich das Lager geschloßen gegen die Fesselung und die Kanadier mußten zur Verstärkung der Veteran Guards ein Bataillon aktiver Truppen zusammenziehen. In drei Tagen wurde das Lager gestürmt, um die Fesselung mit Handschellen an den Heeresoffizieren zu erzwingen.

Dabei waren die Soldaten, die das Lager Haus für Haus stürmten, ursprünglich nur mit Stöcken und Schlägern bewaffnet. Aber als es zur Gefangennahme eines kanadischen Captain's innerhalb des Lagers kam, fielen von den umgebenden Türmen scharfe Schüsse. Dabei fing der Oberfähnrich der Marine, König, einen Oberschenkeldurchschuß. Am dritten Tag waren die Aktiven dann doch mit Bajonetten im Einsatz und erzwangen die Fesselung in Bowmanville. Bei diesen Handgreiflichkeiten verlor leider der österr. Luftwaffen Obltn. v. Troha ein Auge.

In Gravenhurst lief die Sache ganz anders ab: Es sollten bei uns an die 60 Heeresoffiziere gefesselt werden. Die Listen wurden Obstltn. Meythaler und Major Wüstefeldt überreicht und die Fesselung befohlen. Als die Kanadier jedoch anschließend ins Lager kamen, um die Handschellen anzulegen, gab es plötzlich keine Heeresoffiziere (vom Afrikakorps) mehr. Alle Offiziere im Lager trugen nur noch Luftwaffen- oder Marineuniform.

Es dauerte fast eine Woche, bis die Kanadier tagsüber mit Hilfe von sehr unzureichenden Listen, teilweise ohne Photos, eine Anzahl von „Afrikanern" herausfiltern und fesseln konnten. Über Nacht freilich, ursprünglich sollte die Fesselung Tag und Nacht gehen, wurden die Handschellen an den scharfen Bettkanten abgerißen und teilweise aufgesprengt. Sie waren unterschiedlicher Qualität. Mit gewißen Stahlsorten gab es große Schwierigkeiten. Aber was entfernt worden war, wanderte in einen glühenden Ofen und am nächsten Tage konnten sich die Kanadier die Bescherung ansehen.

Wir lieferten ihnen die ausgeglühten Teile geradezu genüßlich zurück!

Auf beiden Seiten wurden Erfahrungen gemacht. So konnte es nicht weitergehen! – Die Kanadier beschlossen, die Fesselung sollte innerhalb des Lagers in einem mit Seilen abgesperrten Viereck stattfinden. Dieses wurde von den Veteran Guards mit aufgepflanztem Bajonett umstellt und die Fesselungen sollten zu festen Zeiten stattfinden, nicht mehr bei Nacht. Jeweils von 10 bis 12 Uhr am Vormittag und 14 bis 16 Uhr sollten die Handschellen angelegt werden.

Für uns wurde die Sache inzwischen fast zur Gaudi und es gab keinen Zweifel, daß nicht nur das Heer gefesselt werden sollte. Freiwillige von Luftwaffe und Marine meldeten sich. Den Kanadiern war das auch wurscht, Hauptsache, zur angesetzten Uhrzeit fanden sich 60 Offiziere ein.

Aber welche Überraschungen: In den Nächten, wo sich die Fesseln im Lager befanden, wurden sie von unseren technischen Experten genau untersucht und unter den Fremdenlegionären befand sich ein Werkzeugmacher, der genaue Dietriche feilte. Mit denen waren im Laufe der Zeit sämtliche Arten der Schlösser an den „Handcuffs" zu öffnen.

Und so geschah es dann: Die Freiwilligen traten am Viereck an, die Kanadier legten die Handschellen an und verschloßen sie mit ihren Schlüsseln. Die Gefesselten bewegten sich anschließend im wilden Haufen innerhalb des wohlbewachten Seilvierecks.

In den Gruppen wurde gemauschelt und schon nach einer halben Stunde flogen die ersten Handschellen auf den Boden. Außerhalb des Vierecks wurden sie hingeworfen und eingeteilte „Läufer" rannten damit in die Stuben. Dort warteten andere Kameraden wohl vorbereitet an einigen Öfen, die auf Rotglut gebracht worden waren. Es dauerte nur Minuten vom Wegwerfen bis zum Verglühen. Kaum waren die ersten Fesseln geflogen, folgten schon die nächsten.

Anfänglich gelang die Entfesselung nicht vollständig, obwohl die Kanadier völlig verdutzt und hilflos waren. Es gab nämlich bei der kanadischen Polizei, der Provinzial Polizei sowohl, als auch bei bei der Mounted Police (RCMP), von denen die „handcuffs" stammten, keinen Einheitstyp. Anfänglich paßten unsere Schlüssel nicht für jeden Typ von „Shackles", wie wir sie nannten. Daher mußten manche der gefesselten Freiwilligen die vollen zwei Stunden ertragen. Nur deswegen, weil unser „Werkzeugmacher" für ein neues Schloß noch keinen Schlüßel gefeilt hatte. Aber nach einiger Zeit, gab es keinen Handschellentyp mehr, der nicht geknackt wurde.

Diese ganze Aktion machte den Kanadiern wenig Freude. Man merkte ihnen an, daß sie etwas durchführen mußten, wofür sie eigentlich kein Verständnis hatten. Es war ein „dummer Befehl" von oben!

Nur zweimal kam es bei uns zu kritischen Situationen. Einmal erschien einem Turmposten die Situation wirklich unausstehlich. Als wieder einmal die „Läufer" mit einer Anzahl aufgesammelter „Shackles" in die Kantine rannten, wo sie ausgeglüht werden sollten, nahm er sein Gewehr und schoß wütend in die Kantine. Das Opfer war glücklicherweise nur eine durchschossene Wurst. Auch in diesem Fall wurden die Fesseln wie üblich verbrannt.

Ein anderes Mal entstand bei dem Versuch, die Missetäter, die beim Aufschließen ertappt wurden, abzuführen, ein Gedränge. Die Männer, die noch halb gefesselt, eine Handschelle an der Hand baumeln ließen, wurden im Garten eine Treppe hinabgedrängt. Einer der Entfesselten fühlte sich vom aufgepflanzten Bajonett eines Veteran Guards bedroht und heischte ihn an: „Don't touch me!" (Faß mich nicht an!) – Der Posten erwiderte nicht nur „I'll show you!" (Ich werd's Dir zeigen!), sondern stach auch gleich zu! In den Hintern von zwei oder drei der vorbeidrängenden Kameraden! Die Verletzungenn beschränkten sich auf die weniger edlen Teile im Hinterteil und unsere Ärzte freuten sich, daß sie endlich wieder einmal etwas zu nähen hatten.

Es war deprimierend für unsere Bewacher. Es wurde deutlich, daß sich hier etwas abspielte, das in ihrem bisherigen Soldatenleben noch nicht vorgekommen war.

Schon am ersten Tag der Fesselaktion im Freien, konnten am Nachmittag nicht mehr alle Angetretenen gefesselt werden. Es gab zu wenige Handschellen, zu viele waren beim ersten Versuch am Vormittag zerstört worden. „Urgent", im Eiltempo, aus Toronto, Montreal und Ottawa wurden immer neue Handschellen herbeigeholt, aber immer wieder von Neuem wurden sie aufgeschloßen, entfernt, fortgeworfen ,, verglüht. Als dann die Kanadier an einigen Öfen Wachen aufstellten, die verhinderten, daß dort „rot" geheizt wurde, hatten wir schon an anderen Stellen Öfen in Stellung gebracht, oder die Handschellen wanderten dorthin, wo die Tunnelerde verschwunden war ... In die tiefen Schluchten der Zwischenwände, unerreichbar für die Bewacher.

Zum Höhepunkt der Aktion brauchten die Kanadier für unser Lager, an die 100 Handschellen täglich. – Welche Zahlen in den Unteroffz. und Mannschaftslagern und in Bowmanville „verbraucht" wurden, blieb uns verborgen. Bei uns ging die Aktion keine 4 Wochen, bis sie aus Mangel an Handschellen eingestellt wurde.

Ende Oktober war der Spuk vorbei! Die Polizeileitung war einfach nicht mehr bereit, in das Lager Gravenhurst weitere Handschellen zu liefern: „The stupid soldiers from the Army don't know how to go about with them handcuffs!" (Die blöden Kerle von der Army, wissen nicht damit umzugehen!) So erfuhren wir von unseren eigenen Innenwachen. Sie waren genau so froh wie wir, als die Sache ein Ende hatte.

In Bowmanville, nach der „Schlacht" lief die Sache noch bis zum 12. Dezember 1942. Dann hatte die Schweizer Schutzmacht in zähen Verhandlungen mit Deutschland, Kanada und England eine Lösung für beide Seiten gefunden.

*Gravenhurst: Von links; Döring, Schwochau (unser Opernsänger), Erich Böhle, „Doc"
Wagner, Waller, Stix. Vorne; B. Malischweski, Strehl, Wildermuth, LW Ltn., Theopold.*

Für die POWs in Gravenhurst brachte diese ganze Aktion eine Aufwertung der seelischen Verfassung: „Geist" hatte über „Gewalt" gesiegt! Außerdem war es ein gutes Gefühl zu erfahren, daß offensichtlich selbst die oberste Führung zu Hause und der Alliierten sich für die Kriegsgefangenen einsetzten. Wir waren also doch noch nicht ganz abgeschrieben!

Es soll hier vermerkt werden. Die insgesamt sportliche und faire Abwicklung fand nur statt, weil zu diesem Zeitpunkt noch eine gewisse Ausgeglichenheit der Gefangenenzahlen zwischen den Alliierten und Deutschland bestand. Später, als keine Repressalien mehr zu befürchten waren, wäre man anders mit uns umgesprungen! Die Genfer Konvention allein, wie sich später herausstellte, hatte dann nur noch zweitrangige Bedeutung. Wenn auch bei diesem „Fesselungskrieg" das rote Kreuz und die Schutzmächte mit Erfolg auftraten.

Eishockey in Gravenhurst : Eine Gruppe von Spielern Frühjahr 1944, mit vielen fröhlichen Gesichtern. Der dritte Mann von rechts jedoch, hat sich – nachdem der Krieg verloren war, erhängt.

Ein besonderes Bild: Manhart, „Manni" stellt sich bei diesem Gruppenbild deswegen abseits, weil er dieses Photo später als „Paßbild" für einen selbst gefertigten Ausweis benötigte. – 4. v. links Dr. Huppert, dann E. Becker, Döring, „Fritze" Oeser, Vorletzter R. Theopold.

Der Schneetunnel

Ohnmächtige Wut kam in Gravenhurst hoch, als aus Zeitungen und über das amerikanische Magazin Time bekannt wurde, welche Vorkommnisse diese Fesselungsaktion im Lager Bowmanville und in einigen Mannschaftslagern herbeigeführt hatte. Was tun?

Wie ein Fingerzeig vom Himmel, fielen in der Nacht vom 6. auf 7. Dezember, von Samstag auf Sonntag, fast 2 Meter Schnee. Zuerst war es unmöglich, das Haus zu verlassen und die Kanadier mußten die Zählung im Speisesaal vornehmen. Wir waren nicht gewillt, diese winterliche Behinderung hinzunehmen. Es wurden sofort eigene Schaufelkommandos eingeteilt. Von den Kanadiern bekamen wir große Blechschaufeln in ausreichender Zahl zum Schippen.

Die Kanadier selbst, schoben mit einem Schneepflug von der Wache bis zum Haupthaus einen Weg frei, während wir uns sowohl „die Runde" freischaufelten, als auch einen Weg quer über den Eislaufplatz direkt zum Zaun Richtung See bahnten. Dort hatte der Blizzard zwischen den Zäunen eine besonders tiefe Schneewehe hingeblasen.

Eberhard Wildermuth war sofort hellwach. Er besah sich die Sache näher und verkündete auf der Stube: „Das gibt einen Schneetunnel! Heute abend sind wir draußen!"

Auch in Kanada wechselte die Wetterlage im Dezember noch häufig und man wußte also nie, wie lange dieser hohe Schnee erhalten blieb. Es war tatsächlich Eile geboten. Als Eberhard und ich uns die Umstände näher ansahen, wurde klar, ein Schneetunnel war machbar! Vor allem, weil Wildermuth im Sommer irgendwo von einem Eisensägeblatt ein abgebrochenes Stückchen von etwa 10 cm Länge gefunden hatte.

Wahrscheinlich hätte jeder andere das unscheinbare Stückchen Blech, das irgendwo im Lager im Garten herumlag, übersehen und mißachtet.

Nicht aber „Boß" wie wir ihn nannten. „Boß" deswegen, weil er sich, als Kleinster auf der Stube manchmal im Spaß, manchmal auch im Ernst mit unserem Längsten, dem „Babyface", unserem Jüngsten, Rudolf Theopold kabbelte. Das konnte manchmal recht giftig werden, schließlich war da nicht nur der militärische Rang; Wildermuth Hauptmann, Theopold junger Leutnant, sondern vor allem ein Unterschied in der früheren „Flugerfahrung", und das zählte auch in Gefangenschaft noch!

Oft, zumeist dann, wenn solcher Streit humorvoll beendet wurde, pflegte Theopold zur Aussöhnung zu sagen: „Never mind Eberhard, Du

166

bist ja sowieso Boß! Hier in der Stube und auch sonst!" Wenn es weniger humorvoll ausging, konnte er durchaus noch hinzufügen: „Macht doch nichts, daß Du so klein geraten bist!"

„Boß" war beim Fund des kurzen Stückchen Sägeblatts damals auch von mir belächelt worden, als er sagte." Vielleicht säge ich damit mal den Innenzaun durch!" Jetzt gab es eine Chance: Der Rundenpfad führte etwa in 2 Meter, dem von den Kanadiern vorgeschriebenen Sicherheitsabstand, am Zaun entlang. Aus diesem Gang, der anfänglich so hoch war, daß beim Gehen, gerade noch die Köpfe sichtbar waren, würden wir einen kurzen Tunnel quer, fast in Verlängerung des Zuganges von dem Haupthaus her, zum inneren, dicken Maschendraht vortreiben. Am Boden würde dann Boß mit seinem Sägestück unsichtbar in Aktion treten und die einzelnen Maschendrähte Zug um Zug durchsägen, das Loch sollte etwa 60 auf 60 cm groß werden.

Gesagt – getan. Zuerst wurde mit den Schneeschaufeln der seitwärtige Gang angefangen und dann schnell im tiefen Schnee die kurze Höhle bis zum Zaun vorgetrieben. Als Eberhard gleich danach mit seinem Sägestückchen in Aktion ging, kam Hoffnung auf, das es klappen würde.

Wir verschlossen die kurze Höhle hinter Boß mit weißem Tuch und Schnee, er sägte fleißig: Stunden um Stunden – Draht für Draht.

Meine Aufgabe war es, inzwischen in aller Eile, nur nicht mit Hast, andere „Escaper" auf diese Chance aufmerksam zu machen. Natürlich hatten wir vorher schon die Genehmigung der Lagerleitung eingeholt. Unsere Aussage lautete: Auch wenn im Winter die Chancen zum Weiterkommen, bei dieser hohen Schneelage, nicht allzu günstig wären, es würde doch höchste Zeit, den Bewachern wieder zu zeigen, daß sie uns nicht allen Schneid abgekauft hatten.

Zuerst benachrichtigte ich die Leute, von denen ich wußte, daß sie am Erdtunnel mitgemacht hatten und daher schon mit falschen Papieren und Kleidungsstücken vorbereitet waren. Dazu zählten natürlich Walter Manhart, Reini Pfundtner, selbstverständlich Hinnerk Waller und Hannes Strehl, ein alter Bekannter, der auch schon mehrere mutige Fluchtversuche hinter sich hatte.

Als sich dann als Folge der „Schneetunnel" in Windeseile im Lager herumsprach, bedurfte es der Befehlsgewalt der Lagerleitung, daß nicht noch mehr Genehmigungen zum „Ausstieg" erteilt wurden. So stand bis zur Mittagszeit fest, daß es am heutigen Abend nicht mehr als insgesamt 6 Mann sein sollten, die in kurzen Abständen, immer zwei als Paar, durchkriechen sollten. – Zuerst Steinhilper mit Wildermuth, dann Manhart mit Pfundter, dann Waller mit Strehl. Immer in Abständen von ca 10 Minuten sollte es gehen. Das heißt, wenn das jeweilige Paar weit genug vom Zaun weggekrochen sein würde.

Bei Boß hatte ich Gründe den „ersten Platz" zu erringen; einmal weil ich dicker war und der Gang für mich weit genug sein sollte, dann würde er auch für alle Folgenden passen. Außerdem hatte ich schon Erfahrung im Durchzwicken von Stacheldraht „ vor Ort" mit Hilfe einer normalen Beißzange. Vom zweiten Fluchtversuch wußte ich, daß das mit einer normalen Beißzange gar nicht einfach war.

Im Laufe des Sonntagnachmittags wurde leider klar, daß auch die Ausdauer eines Eberhard Wildermuth nicht ausreichte, um den inneren Zaun bis zum Abend im gesamten Viereck auszusägen. Die Ursache, die seine Arbeit immer mehr verlangsamte, war, daß das kurze Stück Sägeblatt, stumpfer und stumpfer wurde. Ersatz gab es im ganzen Lager nicht. Zweifel kamen auf, ob das Blättchen durchhalten würde.

Das bedeutete Planänderung: Es würde nicht heute abend, sondern morgen nach Eintritt der Dämmerung „ausgestiegen" werden. Man mußte auch bedenken, daß zwischen den Zäunen noch einmal eine Distanz von zwei Metern, bis zum äußeren Drahtgewölle im Schnee zu buddeln war, bevor dann die Stacheldrahtrollen von mir gezwickt werden konnten, möglichst ohne den Schnee über mir zum Einbrechen zu bringen.

Es war dann meine Idee, aus der Küche zwei große Brotkartons zu besorgen. Diese Kartons, in denen die Kanadier unser Brot in das Lager lieferten, waren etwa 60 X 60 cm im Quadrat und 1 m hoch. Wenn man da zwei hintereinander auf den Boden legte, sie geschickt verband, gaben sie im tiefen Schnee kurzfristig eine provisorische Abstützung, die wohl 24 Stunden halten würde.

Den Rest der Zeit vor der Zählung am Sonntagabend verbrachten wir damit, immer darauf bedacht, daß die Innenposten nichts bemerkten, die kurze Schneehöhle zu kartonieren und dann für die Nacht die Öffnung, die der „Runde" zugewandt war, mit Schnee zu verbacken.

Den Kontrollgängen der kanadischen Innenposten, war an diesem Tage leicht zu folgen. Auch sie konnten keinen anderen Weg wählen, als den von uns freigeschaufelten Rundlauf. Deswegen konnten wir an dem Schneetunnel sehr „geregelt" arbeiten. Man mußte nur immer warten bis die „Frettchen" vorbei waren, dann konnte man solange eifrig arbeiten, bis sie wieder auf der Geraden, am Zaun entlang, vor dem Hauptgebäude erschienen.

Ihre Runde von 400 m war genau zu berechnen, sie brauchten dazu in der Regel etwa 5 Minuten. Das gab Wildermuth jedesmal Zeit, um einzukriechen, den Karton einzubringen, oder sonst Gerät zu besorgen. Natürlich wurde jedesmal die Öffnung gut mit Schnee verkleistert, bis sie wieder vorbeikamen.

Das Verschieben auf Montag, den nächsten Tag, war auch sonst nicht schlecht. Man hatte doch noch etwas mehr Zeit, seine Papiere und Fluchtkleidung auf diese Art des Ausbrechens abzustimmen. Ich entschied mich, beim Kriechen und Zwicken am Zaun, nicht allzu dick angezogen zu sein. In einem Sack, den ich am Seil hinter mir herziehen wollte, sollte für Boß und mich genügend warme Wäsche und Kleidung enthalten sein, die wir anziehen wollten, wenn wir draußen waren.

Die Lagerleitung hatte alle Hände voll zu tun. Immer mehr Leute wollten mit. Aber man blieb eisern, die Gefahr der Entdeckung, wenn ein zu großer Schub entstand, war zu groß. Wenn die ersten sechs fort waren, sollte eine Pause von einer Stunde eintreten, dann konnte es weitergehen. Das war die Entscheidung und dabei blieb es.

Nur eine Modifikation sickerte durch. Siegfried, „Sigi" Schmidt, „Body" genannt, weil er auf seinen durchtrainierten Körper besonders stolz war, würde mitkommen.Allerdings nur „theoretisch", er wollte bei den erwarteten Zählungen fehlen, sich im Lager verstecken und warten, bis die Suchaktionen, die nach einem solchen Gefangenenausbruch einsetzen würden, abgeklungen waren und dann erst wollte er „ausbrechen". Wie, wußte er zu diesem Zeitpunkt noch nicht genau, aber schlecht war die Idee nicht. Wenn er später unbemerkt herauskommen sollte, dann würde kein Hahn mehr nach im krähen!

Die ganze Nacht zitterten wir um unseren Tunnel, es fing an zu regnen! Schon beim Einkriechen mußte Boß vorsichtig sein, der Schnee war so zusammengesackt, daß man jetzt auch von den beiden Wachtürmen an den Enden der Zaungeraden Einsicht bekommen hatte. Aber da wurde eben an beiden Seiten beim Einstieg ein kurzes Gedränge veranstaltet und schon war das Loch wieder zu. Eberhard meldete von innen, daß der Karton zwar naß sei, aber immer noch hoch und breit genug!

Aber die Säge wurde stumpf und stumpfer. Es dauerte fast bis in die Dämmerung, als er endlich meldete, daß das Loch im inneren Maschendraht im gesamten Viereck fertig sei. Als er dann anfing, zwischen den Zäunen auswärts zu buddeln, merkte man leider im Vorbeigehen bald, daß der Schnee eine Beule nach unten bekam.

Also neue Lage. – Es würde meine Aufgabe sein, die etwa zwei Meter bis zum Stacheldrahtgewölle gleichzeitig mit dem äußeren Durchbruch zu schaffen. Es wäre zu riskant, die Höhle zwischen den Zäunen vorzutreiben und zuzuwarten. Es taute immer weiter, einen weiteren Karton konnten wir auch nicht durch das Loch im Maschenzaun durchbringen. Dazu war das Loch nicht groß genug und die Höhe des Schnees zwischen den Zäunen reichte nicht mehr aus. Es half alles nichts, Boß hatte gesägt wie ein Berserker, aber keiner hatte bedacht, daß das Sägeblättchen stumpf werden könnte.

Begleitende Maßnahmen wurden beschlossen. Für den Fall, daß die Schneedecke über mir beim Durchkriechen, oder beim Zwicken des Stacheldrahtes einbrechen sollte, standen bei den begrenzenden Postentürmen Schneeballmannschaften bereit, die sich nicht nur gegenseitig bekriegen, sondern auch wenn notwendig, aus Versehen natürlich – in die Fenster der Wachtürme werfen würden.

Es war gegen sechs Uhr, die Dämmerung war voll hereingebrochen und die Stelle, wo sich die Tunnelbeule zeigte, lag nicht ganz im vollen Licht der Zaunscheinwefer, als ich den Tunnel öffnete.

Bald kroch ich durch die ersten Maschen, sie waren verdammt eng und ich traute dem Frieden nicht. – Ob da unser Sack durchgehen würde? – Hinter mir lauerte schon im Liegen Wildermuth: „Eberhard reich' doch mal den Sack nach vorne!" Schon wurde es brenzlich ,,, schon die Höhe des Kartons reichte nicht mehr aus, um ihn hinter mir herziehen zu können, geschweige denn würde er durch den Zaun passen!

Da hatte man alles sorgfältig bedacht und nun blieb man da schon hängen! Ich kroch nochmals vollständig zurück, ging mit Boß ins Haus und in aller Eile zog ich mir die wichtigsten warmen Sachen über, am Schluß auch noch einen Zivilmantel. Die falschen Papiere trug ich sowieso schon am Körper. Eberhard sagte ich, er solle überlegen, ob er mit dem nun dünneren Sack folgen wolle, oder ob auch er warme Kleidung am Leib tragen wolle.

Eines kam nicht in Frage – aufgeben. Es war wieder eine heikle Sache, die man da mit sich selbst abmachen mußte. Soviel stand schon wieder fest, ab jetzt mußte viel riskiert werden! Wieder kroch ich vor und buddelte durch den Schnee zwischen den Zäunen, aber im Mantel kam ich kaum mehr durch den ersten Zaun und blieb an den abgesägten Maschenresten immer wieder hängen. Jedes Mal, wenn ich mich bewegen oder drehen mußte, schien es über mir heller zu werden.

Doch ich kam vor bis zum Stacheldrahtgewölle und fing an zu zwicken. Gleich um die Erfahrung zu machen, daß ein gespannter Draht leichter brach als ein lose gerollter. Aber es ging, obwohl ich die doppelten Drähte wieder einzeln durchklemmen mußte. Jedoch hatte ich das diesmal im Lager, an kleinen Stücken des verdammten Stacheldrahtes, mehrmals geübt.

Es waren mehr Drähte als erwartet, immer wieder war einer im Weg, immer wieder aufs Neue blieb ich hängen, mußte mich drehen um loszukommen. Beim Blick zurück erschrak ich; das sah so aus, als ob der Tunnel zwischen den Zäunen fast eingebrochen war ... wie das wohl von den Türmen her aussah? – Auch konnte ich sehen, daß vor allem links von mir, bei dem Turm, der sehr nahe war, eine wilde Schneeballschlacht entbrannt war. Ob da nach mir überhaupt noch einer rauskam?

Es dauerte eine Ewigkeit, bis ich mich draußen, endlich frei, auf dem Bauch kriechend, wegbewegen konnte. – Zwei, drei Meter waren es, und ich war aus dem grellen Licht der Scheinwerfer heraus, glitt sachte weiter auf dem Bauch den Abhang hinab, auf dem Schnee ging das großartig. Aber hier warten auf „Boß", auf Wildermuth, das Risiko wollte ich nicht auch noch eingehen, die Wachposten mußten doch jeden Augenblick Alarm schlagen, der Einbruch zwischen den Zäunen war viel zu deutlich geworden. Da würde kaum einer folgen können!

Unten in der Nähe des Seeufers zupfte ich oberflächlich und rasch meine Kleidung zurecht und watete mühsam durch den tiefen, nassen Schnee in Richtung der Lichter, die zum Ort Gravenhurst gehörten.

Und erstaunlich ... noch immer ertönte keine Alarmsirene, sollte ich doch auf Eberhard warten? Aber erst hieß es mal aus dem nassen Schnee wegzukommen, denn noch konnte man meine Spur wegen des tiefen Einsinkens, vom Lager weg verfolgen, sollte es Alarm geben.

Auf einer Straße im Ort angelangt, schaute ich mich um, öffnete den Mantel und ordnete auch die Kleidung darunter. Aber leider; wiederum war alles feucht und naß, von innen verschwitzt und außen vom Kriechen im nassen Schnee.

Nicht lange wartete ich, denn von Wildermuth zeigte sich keine Spur. Außerdem wurde mir schnell kalt beim Herumstehen. Jetzt erst merkte ich, daß schon wieder ein Wetterumschwung eingetreten war. Der Himmel klarte auf und man konnte die ersten Sterne sehen.

Wohl wegen des Sauwetters, waren die Sträßchen in Gravenhurst menschenleer. Vorsichtig, im Zick – Zack der rechteckig angelegten Straßen, kam ich am Ende des Ortes auf die Hauptstraße, die ohne Zweifel Richtung Washago und weiter nach Orilla, Barrie und später nach Toronto führen würde.

Dorthin wollte ich und möglichst untertauchen, bei eventueller Arbeit als Tellerwäscher oder ähnlich, oder wenn nötig, mit einer story als „befreiter Rotspanier" um Asyl bitten. Wir hatten nämlich inzwischen in den Zeitungen erfahren, daß die US Army bei ihrer Invasion in Nordafrika, dort auch ein Lager immer noch internierter, ehemaliger roter Bürgerkriegskämpfer befreit hatten. Diese wurden nach diesen Berichten erst mal nach Amerika verschifft. – Darauf waren meine im Lager gefälschten Papiere ausgerichtet.

Der Marsch Richtung Washago war sehr beschwerlich. Die Straße war nicht geräumt, allerdings mußte sie ganz gut befahren sein, denn im Matsch gab es viele Fahrspuren. Der Matsch war jedoch teilweise knietief und wenn ein Lastwagen vorbeifuhr, es fuhren nur schwere Lastwagen, dann kam ich nur mit Mühe in den umgebenden Wald.

Da die Straße aber fast schnurgerade war, konnte ich die LKWs rechtzeitig ausmachen, ob sie nun von vorne oder hinten kamen.

Das konnte so nicht gutgehen, ich mußte das Risiko eingehen und einen Lastwagen anhalten. Ob der Fahrer mich dann erkennen und verraten würde, das Risiko war nötig! – Zu Fuß, in diesem tiefen Matsch, der schon anfing zu frieren, kam ich auch nicht dorthin wo ich wollte.

Schon beim nächsten Mal, als ein Wagen spritzend von hinten ankam, winkte ich und er hielt auch sofort an. Ich durfte einsteigen und gleich erzählte ich die Geschichte, wie ich in Halifax angekommen sei, mit dem Güterzug bis North Bay gelangt und jetzt nach Toronto trampen wolle.

Der Fahrer im dicken Overall wollte eigentlich gar nicht viel wissen, er hatte Holz geladen und fuhr mit mir bis hinter Orilla. Das waren gute 40 km, wie ich schätzte, wir brauchten etwa eine Stunde.

Dort bliebe er über Nacht: „Don't you like to stay with me?" - ob ich nicht mit ihm bleiben wollte? Das lehnte ich ab, obwohl er sagte, daß die Übernachtung in einem Rasthaus sein würde, die Freunden gehöre. Es war erstaunlich, wie gut ich ihn verstand und er auch mit meinem Englisch zurechtkam.

Ich antwortete, ich wolle mein Glück noch ein Weilchen versuchen um noch etwas näher an Toronto heranzukommen. Er wunderte sich zwar: „In such a hell of a weather!", bei dem Sauwetter. Aber ich winkte freundlich goodbye und schon war ich wieder auf dem Weg.

Noch war ich nicht bereit, das Risiko einzugehen, mich auch noch dem öffentlichen Leben in einem Rasthaus auszusetzen. Hatte ich nicht Glück gehabt, daß es bisher in Gravenhurst keinen Alarm gegeben hatte und ich so gut vom Lager weggekommen war?

Kaum der Wärme der Fahrerkabine des Lastwagens entstiegen, merkte ich, wie kalt es inzwischen geworden war. Es war so sternenklar, daß ich sogar meine Eaton Taschenuhr ablesen konnte. Es war inzwischen 20 Uhr geworden.

Jawohl, ich hatte im Lager eine dieser stählernen 1-Dollar Uhren bei einem Kameraden eingetauscht. Ich brauchte einen robusten Zeitmesser. Fast alle abgenommenen Kleidungs- und Ausrüstungsstücke bei der Flucht nach Watertown, hatten mir die Kanadier zurückgegeben, nur meine schöne Armbanduhr, das Weihnachtsgeschenk 1941 der Heimat, die ich wegen des verlorenen Uhrglases im Rasieretui aufbewahrt hatte, bekam ich nicht zurück. Diese stählerne Taschenuhr war für meine Zwecke hervorragend geeignet, sie hatte sogar leuchtende Ziffern und Zeiger.

Die Straße führte wieder bolzgerade durch einen Wald, der sie auf beiden Seiten umsäumte. Aber jetzt wurde ganz schnell aus dem Matsch ein völlig vereister Highway, mit tiefen Rillen, der kaum mehr begehbar war. Anscheinend konnte man auch nicht mehr fahren! Weder von vorne noch von hinten kam irgend ein LKW, geschweige denn ein Personenwagen.

Mein Fahrer hatte wohlweislich gehalten und übernachtet, er wußte sicher, wie sich die Straßenverhältnisse entwickelten.

Nachdem ich mich über eine Stunde gequält hatte, vorwärts zu kommen, fing auch wieder meine Kleidung an steif zu frieren. Glücklicherweise gab es mit der Richtung keine Probleme, wenn ein Wegzeiger kam, stand darauf: Barrie, Newmarket und fast immer Toronto. Es gab keine Zweifel, diese Straße war richtig.

Ob ich mir nicht doch irgend eine Unterkunft suchen sollte? Aber welche? Am besten wäre irgend eine Hütte, eine Art Blockhütte am Straßenrand gewesen. Ob ich wohl bei der Kälte und meiner nassen Kleidung eine Chance hätte? – Verpflegung hatte ich mir trotz des zurückgelassenen Sackes reichlich in die Taschen gesteckt.

Der Gedanke war nicht schlecht, aber es kam halt keine Hütte, so sehr ich nach rechts und links, auch in die ungeräumten Seitenwege spähte. Es ging immer mehr auf 22 Uhr zu und bald mußte ich die Entscheidung treffen, gegebenenfalls auch ein bewohntes Haus aufzusuchen. Meine Annahme war, daß sich jedermann, der nach dieser Zeit, sozusagen mitten in der Nacht anklopfte, auf jeden Fall verdächtig machte.

Es fiel mir also nicht allzu schwer, als ich weit links voraus, durch die Tannenbäume Licht schimmern sah, mir einen inneren Ruck zu geben.

Es mußte riskiert werden! Meine Kleidung war wieder so steif gefroren, daß ich mich kaum noch bewegen konnte. Erst mal mußte ich an dem Haus vorbeigehen, das auf meiner linken Seite wohl etwa 200 m von der Straße entfernt im Wald lag. Durch die Bäume hindurch konnte ich schwach erkennen, daß es sich um mehrere Lichter handelte.

Als ich versuchte, quer durch den Wald darauf zu zu stapfen, mußte ich bald erkennen, daß es nicht ging. Der Schnee war nicht nur tief, in dem Bruchharsch sank man auch tief ein, um anschließend kaum mehr aus den Löchern herauszukommen. Aber die Menschen, die dort wohnten, mußten ja auch dahin gelangt sein. Und als ich schon weit an den Lichtern vorbei war, führte im spitzen Winkel, eine befahrene Straße mit tiefen Rillen, rückwärts zu dem Gebäude.

Mit laut klopfendem Herzen ging ich darauf zu. Am Haus brannte an einem hohen Mast eine elektrische Lampe und im Erdgeschoß war ein Eckzimmer beleuchtet. Obwohl mein Tritte laut krachten, hörte mich niemand als ich mich näherte und unbemerkt konnte ich von der Hausecke nach rechts auf eine rückwertige Türe zugehen, die schon wieder in der Dunkelheit lag.

Im Vorbeigehen hatte ich drei Personen gesehen, die noch beim Essen waren; ein Mann, eine Frau und ein junger Mann, etwa 20 Jahre alt, wohl der Sohn. – Als ich vor der Türe stand, schwankte ich nochmals – sollte ich nicht besser versuchen, eine offene Stalltüre zu finden, in der ich unerkannt nächtigen konnte? Aber schon bellte drinnen ein Hund und ich hatte keine Wahl mehr und klopfte. Eine Klingel fand sich nicht. – Die Tür ging auf, der Mann machte Licht über der Haustür und sah mich sehr erstaunt an.

Gleich fing ich mit meiner Geschichte an; er blieb mißtrauisch, ließ mich aber den Rest meiner Story in der Stube weiter erzählen, sodaß ich für die anderen nicht alles zweimal erzählen mußte. Er hörte geduldig zu, aber deutlich mißtrauisch.

Endlich kam auch von ihm, der einzigen Person die überhaupt laut gab, ein erster Satz: „You have any papers?" – Hast Du Papiere? – Oh ja, die hatte ich. Gleich zog ich meine Identity Card und auch noch andere Schreiben hervor, die meine Herkunft auswiesen. Beim Vornamen Otto war ich geblieben, der konnte gut in das Elsaß, nach Straßburg passen, wo ich angeblich in der Nähe geboren war. – Als Nachnamen, hatte ich diesmal in meinen Papieren „Paul" stehen. Ich hieß also Otto Paul.

Lange hatte ich mir Gedanken gemacht, wegen dieses Namens: Auch in englischer Sprache sollte er verständlich sein, er sollte nach Deutschland sowohl, als auch nach Frankreich, also ins Elsaß passen: Daher: Otto Paul.

In Watertown hatte ich Paul Sumser geheißen. Trotzdem, so meinte ich, würde eine vorauszusehende Suchaktion nach Otto Paul, mit diesem früheren Namen keine allzu große Identität bekommen.

Er studierte nicht lange, war eigentlich überrascht, daß ich so gute Papiere schnell vorlegen konnte. Ich erklärte; es sei ja nun mal Krieg, da müsse man so etwas immer bereit halten. Das genügte offensichtlich. Sicher sei ich hungrig, ob ich etwas essen und trinken wolle? Obwohl ich fast nur Durst – einen großen Durst – hatte, blieb nichts anderes übrig als mich zu setzen um nicht nur viel von dem guten warmen Tee zu trinken, sondern dazu auch ein Stück Brot mit gutem Rauchfleisch zu essen.

Die Bäuerin, offensichtlich war ich in einem Farmhaus mitten im Fichtenwald gelandet, wollte mir sogar noch etwas braten, aber ich dankte. Dann mußte ich natürlich erzählen. Aber wie schon früher gehabt: Je öfter man seine Geschichte erzählt, umso besser beherrscht man sie. Ja, ich war im Elsaß nahe Straßburg geboren. Als der Bürgerkrieg in Spanien begann, meldete ich mich freiwillig für die rote Seite, weniger aus ideellen Gründen, sondern, weil es schwer war Arbeit zu finden. Es sei 1937 gewesen, als ich mich meldete.

Ich war damals noch sehr jung, aber Franco gewann, und wir konnten uns gerade noch über Barcelona nach Nordafrika retten, wo wir dann interniert wurden.

Lange hätten wir dort festgesessen, bis wir jetzt endlich von den Amerikanern befreit wurden. Ich hätte Glück gehabt, in Oran ein Schiff zu erwischen, mit dem ich dann bis Halifax gelangt sei. Eine abenteuerliche Story, aber sie kam an. Und da ich viel Zeit brauchte, bis das alles erzählt war, war es endlich für meine Gastgeber Zeit, ins Bett zu gehen.

Mir wurde angewiesen mit der „Farmhand", er war also nicht der Sohn, sondern ein Farmgehilfe, im oberen Zimmer zu schlafen. Die Frau, ich schätzte sie auf etwa 45 Jahre, gab der „Farmhand" meine Bettwäsche mit und wir stiegen noch oben.

Der junge Mann war sehr freundlich und um mich bemüht. Was ich gar nicht wollte; aber er zog sofort das bessere Bett ab, auf dem er sonst schlief und bezog es mit meiner Wäsche. Es half alles nichts, so wollte er es: Ich sei bestimmt sehr müde, und was ich alles mitgemacht hätte! Jetzt im Winter hätte er wenig schwere Arbeit und würde sich gerne auf das Feldbett legen, das ebenfalls in dem Raum stand. Man kann sich kaum vorstellen, welche Gewissensbisse mich plagten. Wie schlimm hatte ich diese ehrlichen Leute angelogen und jetzt auch noch diese gute Behandlung!

Ich hatte doch gar keine andere Wahl. In der Kammer unter dem schrägen Dach wimmelte es zwar von Gerümpel, aber es war genau so schön warm, wie unten in der Wohnstube. Ich fing an, mich auszuziehen und nun staunte mein Freund nochmals und ganz besonders: „You have a lot of cloth on!" Du hast aber eine Menge Kleidung an, bemerkte er ohne Argwohn. Nun ja! Es sei aber sehr kalt und als Tramp wisse man nie, wie es kommen würde. Das war fast schon alles, was wir sprachen. Ich verteilte all mein nasses Zeug auf dem alten Gerümpel und hoffte, daß es bis zum Morgen trocknen würde.

Für meine Verhältnisse ganz ungewöhnlich! Ich blieb nicht vor Aufregung wach, sondern schlief bis in den nächsten Tag, mußte sogar geweckt werden! Der nette Junge rüttelte mich wach, er war schon angezogen und erklärte, es sei Breakfast Time. So schnell ich konnte, zog ich mich an. Ich hatte doch zu viel Kleidung mitgenommen und schenkte meinem neuen Freund einen guten, grünen Trikotpyjama, der nicht ganz trocken geworden war, und außerdem überflüssig war. Hatte ich doch gestern abend in der Eile, über die Unterwäsche – zwei Schlafanzüge übergezogen.

Zuerst wollte er den schönen, baumwollenen Schlafanzug nicht annehmen, aber dann hörte er auf sich zu zieren! Doch ja, als Andenken an mich, als Souvenir, würde er das Leibchen und die Hose gerne annehmen.

Am reich gedeckten Frühstückstisch warteten schon Herr und Frau Farmer. Es gab Kaffee und Tee, „Ham and Eggs", Spiegeleier mit Bauchspeck und zum Nachtisch Pancakes mit Maple Syrup; das sind dicke süße Omelettes mit eingedünstetem Ahornsaft, der dünnem Honig ähnlich ist.

Das Radio, das wie unser Volkempfänger aussah, plärrte nebenher und es wurde gottseidank nicht viel gesprochen. Immer wieder plagte mich das Gewissen, wie ich diese gastfreundlichen Menschen anlügen mußte. Aber da kamen die 8-Uhr Nachrichten und an deren Ende blieb mir fast das Herz stehen und der Pfannkuchen im Halse stecken.

„Gestern abend brachen aus dem Kriegsgefangenenlager Gravenhurst sieben deutsche Offiziere aus, alle von der Luftwaffe.– Fünf von ihnen sind bereits wieder ergriffen, jedoch zwei werden noch gesucht: Lieutenant Siegfried Schmidt, 24, five feet nine inches tall, weighs 165 pounds. He has blonde curly hair, ported on the right side, blue eyes, normal nose, average chin, full lips, good build and good teeth. He speaks some English. Still missing also Lt. Otto Steinhilper, 22, he is five feet ten inches tall, fair complexion, clean shaven, with a turned nose, round chin. He is of medium build, weighs 176 pounds and speaks only German. The type of clothing he is wearing is not known. Steinhilper has fair hair, brown eyes, fine mouth, normal teeth and a scar on the left forefinger." – Eine genaue Personenbeschreibung von Siggi und mir!

Es war ein Wunder, daß ich mich an dem Pfannkuchen, der im Mund war, nicht verschluckte. Ob ich wohl auf meinen Zeigefinger an der linken Hand blickte, als auf die kleine Narbe aufmerksam gemacht wurde? – Das war doch glatter Wahnsinn? – Was ich da auf einmal, völlig überraschend – alles verdauen mußte: – Also sie waren anscheinend alle raus gekommen. Aber alle, außer mir waren schon wieder geschnappt worden! – Oder war Body Schmidt doch auch ausgestiegen ??? – Oder war er, wie geplant, nur beim Roll Call nicht angetreten ??? – Und dann eine so genaue Personenbeschreibung von mir – hier – an diesem Frühstückstisch ... das war wirklich heller Wahnsinn !!!

In deutscher Sprache darf ich wiederholen, was da im Anschluß an die normalen Radio-Nachrichten als Suchmeldung durchkam: – „Noch gesucht wird; Ltn. Siegfried Schmidt, 24, 177 cm, Gewicht 165 Pfund (kanad.). Er hat blonde lockige Haare, auf der rechten Seite gescheitelt, blaue Augen, normale Nase, durchschnittliches Kinn, volle Lippen, gut gebaut (selbst die Kanadier hatten seinen „body" erkannt) und gute Zähne. Er spricht etwas Englisch.

Außerdem wird gesucht: Ltn. Otto Steinhilper, 22, der 180 cm groß ist. Er hat helle Haut, ist gut rasiert, mit einer verbogenen Nase (hatten die Kanadier sogar den Steckbrief nach dem Boxkampf geändert!), rundes Kinn. Er ist von mittlerem Körperbau, wiegt 176 Pfund und spricht nur deutsch. Welche Kleidung er trägt, ist nicht bekannt. Steinhilper hat helles Haar, braune Augen, dünnen Mund, normale Zähne und eine Narbe am linken Zeigefinger."

Ich tat so, als ob mir der Maple Syrup besonders gut schmecken würde, und sagte: „This honey is excellent!" – Das hatte seine Wirkung! Obwohl

176

niemand bei der Sendung auch nur ein einziges Wort ausgelassen hatte, kam gleich die Antwort: „This is Canadian Maple Syrup!" – Und ausführlich wurde mir erklärt, wie diese kanadische Spezialität gewonnen wurde. Gerne ließ ich mir erklären, obwohl ich doch genau wußte, daß der Saft mit Hilfe von Kerben an den Sugarmaple – Zuckerahornbäumen abgezapft, gesammelt und verdickt wurde. – Konnte das hier mit so einer Meldung gutgehen?

Ich merkte, wie ich am Tisch reihum gemustert wurde, wenn auch von anderen Dingen gesprochen wurde. Aber was sollte ich denn machen? – Zumindest eines stimmte nicht; spricht nur deutsch!

Auch der Farmer war der Situation nicht gewachsen: Er erklärte nur, daß er gleich anschließend mit dem Station Wagon nach Barrie fahren würde, um dort Einkäufe zu machen. Bis dorthin würde er mich mitnehmen und dann sollte ich versuchen, allein weiter zu kommen. – Trotzdem, bevor wir abfuhren, mußte ich ihm nochmals meine Papiere zeigen. Er schaute sie diesmal besonders genau an, zeigte sie auch seiner Frau: Beeindruckend! War da doch sogar ein Einwanderungs-Zertifikat aus Halifax dabei. Gottseidank blieben sie nicht an dem Namen Otto hängen, den ich einmal bei einem Roll Call, wo ein anderer abgehauen war, aus Gaudi genannt hatte. Damals konnte ich wirklich nicht ahnen, daß dieser Vorname hängen blieb, wo doch die Kanadier bezüglich meiner Person alles andere sorgfältig prüften und erst dann in den Steckbrief aufnahmen. Hätte ich das gewußt, hätte ich nie „Otto" Paul geheißen!

Meine Papiere bekam ich fast wortlos zurück. Als wir gleich anschließend – der Farmer, der Gehilfe und ich saßen vorne, im offenen, kleinen Lastwagen losfuhren, war ich mir nicht sicher, ob er gleich mit mir zur Polizei fahren würde. Aber was wollte ich machen?

Vielleicht hat der Mann doch etwas geahnt, er ließ mich schon bei den ersten Häusern vor Barrie aussteigen, fuhr noch 50 m weiter und bog dann nach rechts ab. Es kann durchaus sein, daß ich ihm sympathisch war und er „Durchblick hatte". Ich für meinen Teil habe diese Übernachtung in der Farm niemals erzählt oder erwähnt. Deshalb, auch später in der Zeitung, wurde nie beschrieben, wo und daß ich übernachtet hatte. Der Farmer hatte wohl auch seine Gründe, dicht zu halten!

Mitten durch das mittelgroße Städtchen Barrie mußte ich durchgehen. Da es im Ort mehrere Straßenabzweigungen gab, wollte ich erst am Ortsende, wo ich sicher sein würde, daß die Straße nach Toronto führte, wieder mein Glück mit Anhalten versuchen. Im Ort war der Schneematsch gerade noch erträglich, aber bald nachdem die freie Strecke begann, wurde klar, daß zu Fuß kein Fortkommen möglich war.

Sowohl Personenwagen, aber auch Lastwagen wollte ich anhalten. Schon die erste schwarze Ford V8 Limousine hielt gleich auf mein Winken an. Ein großer Mann stieg aus, einheitlich schwarz gekleidet und fragte sofort: „Want a ride?" – „Yes! – I like a ride in the direction to Toronto!"... (Ja, ich möchte gerne Richtung Toronto mitkommen) – Eifrig bejahte ich! Für mich reagierte der Mann erst einmal recht merkwürdig! Er zog meine beiden Hosenbeine hoch, betrachtete meine hohen Elchschuhe mit den dicken Kreppsohlen, die ich nach der Flucht bis Watertown von den Kanadiern wieder zurückbekommen hatte. Ich hatte sie innen mit Ledersohlen verstärkt, damit sie sich beim Marsch weniger durchbogen. Vor der Flucht hatte ich sie gut eingefettet.

Danach schaute er in ein Stück Papier, betrachtete nochmals meine Schuhe und grinste: „You will get a ride, but not this way, back this way ... back to the Police Station!" (Ich nehm dich mit, aber nicht in der Richtung ... zurück zur Polizeistation!).

Verdammt nochmal, wieder so eine blöde Situation. Erst jetzt sah ich, daß der Wagen an der Seite die Aufschrift „Provincial Police" trug. – Ich hatte einen Polizeiwagen angehalten. Wegzurennen wäre reiner Unsinn gewesen, jetzt würde es darauf ankommen, wie gut meine Papiere waren! Ich wollte diesmal bis zuletzt leugnen, um jede Chance wahrzunehmen. Daher würde ich solange es irgendwie ging, meine wahre Identität abstreiten.

Wie sich später herausstellen sollte, war in dem polizeilichen Steckbrief der Hinweis enthalten, daß der geflohene Steinhilper wahrscheinlich ein Paar halbhohe Schuhe aus Elchleder tragen würde! – Der Polizist, der allein im Wagen unterwegs war, fuhr mit mir zurück zur Station der Mounted Police von Barrie und lieferte mich dort ab.

Gleich zog ich dort meine Papiere heraus und bat um Hilfe auf dem Weg nach Toronto. Aber die zwei „Mounties" waren überhaupt nicht zu beeindrucken, mein „Fahrer" zog schon wieder meine Hosenbeine hoch, verwies auf sein Papier und meine Schuhe. – Verdammt nochmal, ob die Kanadier mir die Schuhe nur zurückgegeben hatten, um mich so besser indentifizieren zu können?

Aber ich ließ mich nicht ins Bockshorn jagen und erzählte meine Geschichte immer wieder und immer mehr im Detail; – wie ich im spanischen Bürgerkrieg als Elsäßer gekämpft hatte, wie wir nach Nordafrika in letzter Minute evakuiert wurden, dort interniert waren und endlich bei der Invasion der Amerikaner in Oran befreit worden seien. Man solle doch Einsicht walten lassen und mich nicht schon wieder in ein Gefängnis sperren.

Trotzdem kam ich erst einmal in eine Zelle, die sich hinter dem Büro befand und wurde immer wieder herausgeholt und wieder und wieder befragt. – Manchmal hatte ich den Eindruck, daß ich gewisse Wirkungen erzielte, jedoch einer der Polizisten bemerkte immer wieder: „Look at

„Barrie": Hier hielt ich bei der 4. Flucht (Dez. 42) einen Patrol-Car der Mounted Police an, und wurde dann stundenlang verhört. (Photo 5-5-87).

his damned pokerface!" (Schau sein verdammtes Pokerface an) – Mit dem Wort „Pokerface" konnte ich nichts anfangen und fragte direkt, was damit gemeint sei. Sie erklärten mir, daß man beim „Pokern", dem Karten-spiel aufpassen müsse, nicht durch die Gesichtszüge seine Karten zu ver-raten.

So ein Gesicht würde ich machen! Gegen solche Unterstellungen pro-testierte ich vehement und erzielte wenigstens die Wirkung, daß sie sich, soweit sie fähig waren, mit mir französisch unterhielten, auch spanisch fragten sie. – Etwas spanisch sprechen viele Nordamerikaner.

Sie waren beeindruckt, wie die Sprachkenntnisse zu meiner Story paß-ten. Wieder wurde ich in meine Zelle geschickt und sie hatten eine neue Idee! – Die Verhörerei hatte nun schon gute zwei Stunden gedauert und die Uhr zeigte 11 Uhr, als ich wieder ins Büro geholt wurde und einem Mann gegenübersaß, der sich höflich vorstellte. Er hatte gute Manieren, stellte sich nicht nur vor, sondern erklärte, daß er Direktor einer höheren Mädchenschule sei, wo er in den Sprachen Deutsch und Französisch unterrichte.

Ihm erzählte ich wieder, wie ich im Elsaß aufgewachsen sei, dort wegen der schlechten wirtschaftlichen Situation nach Spanien zur interna-tionalen Brigade gelangt sei, immer glaubhafter wußte ich diese Geschichte darzustellen. – Er unterbrach mich gelegentlich, bat mich deutsch oder französisch zu erzählen, auch spanisch beherrschte er ziem-lich gut und nach einer guten Stunde kam er zu seiner Bewertung, die er den Polizisten bekanntgab: Mein Deutsch sei besser als mein Französich

(Das! Obwohl ich versuchte in der deutschen Sprache nach Worten zu suchen!), auch mein Spanisch entspreche meiner Darstellung. – Er müsse wohl oder übel zu der Feststellung kommen; meine Sprachkenntnisse würden meiner vorgetragenen Lebensgeschichte entsprechen.

Bald anschließend, mit dem höflichen Hinweis, daß seine Frau mit dem Mittagessen warte, verabschiedete sich der gebildete Sprachprofessor. Für meine Polizisten war dieses Ergebnis keine Hilfe. Sie wirkten richtig verunsichert und debattierten schon, ob man mich laufen lassen sollte, da erschien leider über die Mittagszeit wieder mein Fahrer. Der ließ gar keinen Zweifel zu; ich sei der gesuchte Otto Steinhilper! Also ging es wieder zurück in die Zelle.

Plötzlich kam einer der zwei Polizisten und erklärte, daß ich nicht mehr lange auf eine Entscheidung warten müßte. Soeben sei ein Anruf aus dem Lager Gravenhurst gekommen, der dortige Sergeant Major sei unterwegs und würde in etwa einer Stunde hier eintreffen um mich zu identifizieren. Dann würde ja bald feststehen, wer ich wirklich sei! Wenn meine Geschichte stimme, würde ich freigelassen. .

Ob ich mich darauf verlassen könne, daß der Sergeant Major käme, oder ob das wieder eine neue Finte sei, wollte ich wissen. Ja, beide Mounties versicherten glaubhaft, daß er bald hier sein würde.

Jetzt machte ich kurzen Prozeß: Der Sergeant Major kannte mich so gut, daß ich bei seinem Eintreffen keine Chance mehr hatte. Den Triumph wollte ich ihm auch nicht gönnen. „ Well" sagte ich ... „if that is the case, I admit, I am Ulrich Steinhilper!" (Dann gebe ich zu, daß ich Ulrich Steinhilper bin!)

Eigentlich hätte ich erwartet, daß die Beiden mich nun wegen meines Leugnens beschimpfen würden, aber das Gegenteil war der Fall: Sie fielen mir fast um den Hals und meinten, ich hätte meine Rolle als „Pokerface" verdammt gut gespielt, jetzt seien sie aber doch froh, daß ich ihnen gegenüber kapituliert hätte. (Wir fragten uns bei solchen Erlebnissen immer wieder, ob es in diesen Fällen für die Polizei eine Art Erfolgsprämie gab.) Ähnlich wie damals in Niagara Falls, gingen sie in ein naheliegendes Café und brachten mir Kaffee und zwei riesige Stücke Kuchen, die ich nicht mehr in der Zelle, sondern zusammen mit ihnen, im Büro verspeiste. Da sich bei meinen vorgelegten Papieren auch die echten Dollars befanden, die aus Fort Henry stammten, wollte ich mich an der Zeche beteiligen. Das wurde nicht akzeptiert, ich war ihr Gast!

Der Sergeant Major traf ein, machte ein grimmiges Gesicht, als er hörte, daß ich meine wahre Identität inzwischen bekannt hatte. Er übernahm mich per Unterschrift ganz formell und grinste dann doch, als er meine Papiere und die paar Dollars vereinnahmen konnte. Und schon bald befand ich mich wieder auf dem Rückweg nach Camp „20“, Gravenhurst. Abfahrt in Barrie war um ca. 14 Uhr Ankunft im Arrest in Gravenhurst schon eine Stunde später.

Dort waren sie leider schon alle versammelt: Hinnerk, Hannes Strehl, Manni, Reini Pfundtner und auch Eberhard Wildermuth. Sie begrüßten mich mit lautem „Halloh“ durch die Zellentüren hindurch. Sechs Zellen waren in dem langen Gang vorhanden, nun waren sie alle besetzt. Wir alle hatten die Freiheit, die falschen Papiere und das wenige Bargeld eingebüßt ohne sie nützen zu können, aber die Stimmung war nicht schlecht in dem Schuppen!

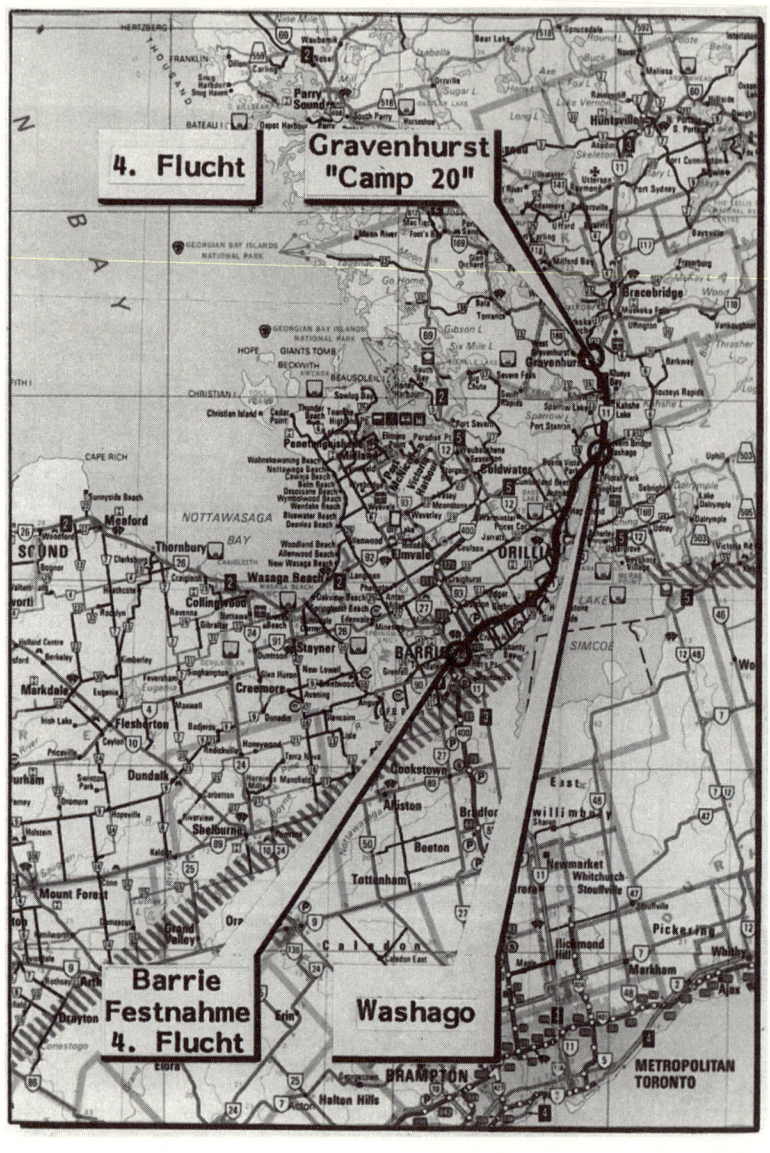

Die 4. Flucht: „Schneetunnel". Zwischen Orilla und Barrie hatte ich bei einem Farmer übernachtet.

TORONTO DAILY STAR

TORONTO, WEDNESDAY, DECEMBER 9, 1942—30 PAGES

DEAL TURIN KNOCK-OUT BLOW
Jap Warship Sunk, 3 Set Afire By U.S. Planes
HUNT LAST TWO OF SEVEN ESCAPED NAZIS

SEVEN NAZIS TRY BREAK
FIVE BACK IN FEW HOURS
SIXTH SUSPECT IS HELD

Flee as Fire Distracts Guards
—Search Centres in Toronto

WEAR WHITE SUITS

WATCH
For These
Nazis

„Toronto Daily Star" berichtet am 9. Dezember 1942, daß fünf der sieben „Escaped Nazis" wieder gefangen wurden, der sechste würde gerade verhört (Ich in Barrie!)

The Gazette

MONTREAL, THURSDAY, DECEMBER 10, 1942.—TWENTY PAGES

7 GERMANS ESCAPE CAMP; 6 CAPTURED

Prisoners Make Break from Internment Camp Near Gravenhurst

1 STILL AT LARGE

Two of Men Captured a Few Minutes After Break; Some Had Made Previous Escapes

Die „Gazette" in Montreal (eigentlich weit weg) berichtet von dem Fluchtversuch der 7 Deutschen – nur noch Siegfried Schmidt wird gesucht. (Sie konnten ja wirklich nicht wissen, daß er noch im Lager war!)

183

Eine Austauschkommission besucht das Lager

In der neuen, fast noch unbenutzten Arrestbaracke erfuhr ich in rascher Folge das Schicksal der anderen Kameraden.

Hinnerk und Strehl wurden noch innerhalb des Lagergeländes, kurz nach dem Durchkriechen des Zaunes entdeckt und von den sehr aufgebrachten Veteran Guards schwer mißhandelt. Sie wurden dabei geschlagen und mit den Gewehrkolben vor allem am Kopf, aber auch dem ganzen Körper getroffen. Dabei mußte das Lager durch den Zaun hindurch zusehen und fiel in lautes Protestgebrüll! Trotzdem entsicherten die wütenden Soldaten ihre Gewehre und hielten sich nur mit Mühe zurück, um in der Wut nicht den Finger krumm zu machen. Strehl und Hinnerk hatten bange Minuten zu durchstehen!

Das riefen sie mir laut den Gang herauf, der vor den Zellen entlang führte. Wir waren in der Reihenfolge der Gefangenennahme „eingelocht" worden.

Ganz unten am Ende saßen Hinnerk und Hannes ein, es folgten Eberhard, Manhart und Pfundtner, der sich in meiner Nähe, in der Nebenzelle befand.

Über „Body" Schmidt wurde nicht gesprochen. Man konnte sich wegen ihm nicht verständigen, vorläufig erlaubten die Kanadier kein „Exercize", d. h. die vorgeschriebenen Spaziergänge von jeweils einer Stunde, am Vormittag und am Nachmittag wurden einfach nicht durchgeführt.

Wir protestierten dagegen, erhielten aber nur fadenscheinige Ausreden. Wir wollten uns aber schon etwas einfallen lassen, hatten wir doch inzwischen auf dem bewährten Weg – mittels der Kassiber – die in den Essensportionen von uns Arrestanten versteckt waren, (unsere Mahlzeiten kamen aus dem Lager, wenn auch der Arrest außerhalb des Zaunes lag) erfahren, daß eine Kommission des Schweizer Roten Kreuzes im Lager angekündigt war. Vorerst waren wir jedoch damit beschäftigt zu erzählen, wie einer nach dem anderen geschnappt worden war. Hannes Strehl und Hinnerk berichteten, wie ihre Blessuren, Strehl hatte eine Wunde am Kopf, noch in der gleichen Nacht vom kanadischen Arzt behandelt wurden.

Daß wir alle wieder einsaßen, stimmte uns nicht sehr traurig, diese ganze Aktion, mitten im kalten Winter, hatte doch vornehmlich den Zweck gehabt, den Kanadiern zu zeigen, daß sie unseren Mut noch lange nicht gebrochen hatten.

Bei Wildermuth (heute pensionierter Professor Dr.Ing. in Durban Südafrika) lautet seine Erzählung aus der Erinnerung, in einem Brief vom ersten Mai 1988 – also mit fast 50 Jahren Abstand:

„ ... Am nächsten Abend stiegen wir dann in Gruppen von 2 Mann im Abstand von jeweils 10 Minuten ein, Du voran, weil Du den äußeren Zaun knacken wolltest ...

Ich war zunächst dicht hinter Dir, aber in dem metertiefen Schnee und der Dunkelheit verloren wir uns dann noch im kanadischen Lagerbereich. Es hatte 40 Grad unter Null und die Nacht war sternenklar.

Ich marschierte nach Washago, enterte einen Güterzug und legte mich aufs Dach. – Inzwischen war vom Lager aus für die Umgebung Alarm gegeben worden. Der Zug wurde an der Wasserübernahmestelle abgeleuchtet. Ich wurde entdeckt (Gott sei Dank, denn sonst wäre ich wahrscheinlich erfroren). Der Lokführer stellte den Zug so auf eine Brücke, daß mein Wagen mitten auf der Brücke stand. Von beiden Seiten liefen Wachmannschaften über die Wagendächer auf mich zu. Ich sprang ab und über ein Brückengeländer auf eine weiße Schneefläche und wunderte mich, daß niemand nachkam.

Später stellte ich dann fest, daß dies die erste Nacht war, wo dieser Fluß zugefroren war. Ich versteckte mich vor Suchscheinwerfern hinter Lagerschuppen, die auf Pfählen am Flußufer standen, brach ein, konnte mich jedoch an einem Pfosten wieder hochziehen, lief auf ein Postenhaus zu, das Schutz bot gegen die Scheinwerfer und wartete dort genau hinter dem Posten, der mich nicht bemerkte, auf die weitere Situationsentwicklung. Dort wurde ich dann von Suchhunden aufgespürt und geschnappt.

Body Schmidt wollte bei diesem Ausbruch auch verschwinden, allerdings im Lager, um abzuwarten bis nicht mehr gesucht würde. Um sich unkenntlich zu machen, ließ er sich ein Stückchen von einem Puck (Eishockeyscheibe) von Dr Heitsch ins Kinn einsetzen ..."

Soviel aus dem Brief des Professor Wildermuth, der heute in Durban in Südafrika lebt.

Die Festnahmen sind fast wahrheitsgemäß in dem abgebildeten Zeitungsartikel aus der Montreal Gazette vom 10. Dezember 1942 zusammengefaßt. Übersetzung:

7 DEUTSCHE FLIEHEN AUS CAMP; 6 GEFANGEN

Gefangene machen Ausbruch aus dem Internment Camp nahe Gravenhurst. 1 noch unterwegs.

Zwei Mann wenige Minuten nach Ausbruch geschnappt; Einige hatten vorher schon Fluchtversuche gemacht.

Gravenhurst, Ontario, December 9. Sechs deutsche Luftwaffen – Offiziere, die aus dem in der Nähe gelegenen Kriegsgefangenenlager letzte Nacht ausgebrochen waren, sind entweder zurück oder auf dem Weg zurück ins Lager, während die Polizei in ganz Ontario mit Aufmerksamkeit nach dem siebten Mann sucht, der an dem Ausbruch teilnahm – dem zweitgrößten aus einem Gefangenenlager in Kanada seit der Krieg begonnen hat.

Der Mann, der noch frei ist, ist Siegfried Schmidt, 24, und die Polizei. die nach ihm sucht, glaubt, er könnte sich in der Nähe von Washago aufhalten, 13 Meilen südlich von hier, wo einer der sieben – Eberhard Wildermuth – letzte Nacht geschnappt wurde. Zwei der Männer wurden durch eine Wache ergriffen, wenige Minuten nach dem Ausbruch vom Gefangenenlager, zwei andere wurden während der Nacht auf dem Highway 2 Meilen südlich des nahegelegenen Barrie arrestiert, während der sechste (ich) am Stadtrand von Barrie heute um die Mittagszeit aufgelesen wurde.

Der sechste der wiedergefangen wurde, war Otto oder Ulrich Steinhilper, der in drei früheren Fluchtversuchen dabei war. Er gab sich als französicher Seemann aus und als Teilnehmer der Internationalen Brigade im Spanischen Krieg. Er wurde durch die Polizei in Barrie drei bis vier Stunden lang verhört bis er seine Identität zugab.

Albert Waller, 24 und Hans Strehl 22, wurden um 7.30 Uhr gestern abend ergriffen, genau nachdem die sieben ihren Ausbruch wagten. Sie trugen selbstgemachte Anzüge aus weißen Tüchern zur Tarnung. Reinhardt Pfundtner und Walter Manhardt waren die zwei, die in der letzten Nacht in Barrie verhaftet wurden, als sie das Angebot zur Mitfahrt von Konstabler Walter Robinson der Ontario Provincial Polizei und Konstabler Colin Stewart der Stadtpolizei von Barrie annahmen.

Konstabler Robinson wirkte auch bei Steinhilper's Festnahme mit. Der geflüchtete Gefangene hielt ihn an und bat um Mitfahrt. Der Konstabler nahm ihn in den Wagen und fuhr zur Polizeizentrale.

Steinhilper's Erzählung der Polizei gegenüber war, daß er in der Nähe von Straßburg in Elsaß-Lothringen geboren sei und in Oran interniert gewesen war und in Freiheit gekommen war, als die US Streitkräfte in Französisch-Nord-Afrika gelandet 'seien. Er trug bei sich: Einen gefälschten Personalausweis und auch eine Art Einwanderungs-Dokument, ausgefertigt in Halifax, das ihn als guten Alliierten beschrieb, er hätte Erfahrung in Farmarbeit und im Holzfällen und seine Anstellung in diesen Beschäftigungen wurde empfohlen.

Dr. Harold Smith aus Barrie war hilfreich bei der Gefangennahme von Manhardt und Pfundtner – welch letzterer später erzählte, daß er bei den Olympischen Spielen von 1936 im deutschen Hockey Team Teilnehmer war und gegen die Kanadier gespielt hätte. Dr. Smith bekam einen Telefonanruf aus Stroud, 6 Meilen südlich von Barrie, in dem er aufgefordert wurde, wegen der ausgebrochenen Gefangenen aufzupassen. Er sagte der

Polizei dann, daß er auf der Hauptstraße zwei Hitch-Hiker (Anhalter) gesehen hätte. Diese beiden wurden dann durch die Konstabler Robinson und Stewart aufgelesen.

Konstabler Thomas Watson von der Provinz-Polizei, zusammen mit Wachsoldaten nahmen Wildermuth fest, der sich in eine Schneewehe stürzte, in einem letzten vergeblichen Versuch seinen Verfolgern zu entkommen.

MEHRERE VERSUCHE.

Bei einem seiner früheren Fluchtversuche überquerte Steinhilper den Niagara Fluß auf einer Lokomotive und kam nach Kanada zurück, mit dem gleichen Zug, ohne zu wissen, daß er in den USA gewesen war. Nachdem er wiederergriffen wurde, floh er später wieder bis zur Windsor Station in Montreal, wo er sich unter einen D-Zug-Wagen versteckte, wobei er sich an Eisenröhren anschnallte. – Bei seinem 3. Fluchtversuch wurde er geschnappt, kurz nachdem er aus dem Lager entkam. (Bemerkung des Verfassers: Wie zu lesen, stimmt hier nicht alles!)

Pfundtner war bei einer früheren Flucht aus einem Camp nahe Bowmanville beteiligt und Manhardt sagte, er habe vorher schon drei Fluchtversuche gemacht.

Einschließlich der sieben des Ausbruchs aus dem benachbarten Lager, sind bisher 102 Kriegsgefangene der Achsenmächte aus Gefangenenlagern in Kanada seit Kriegsbeginn ausgebrochen. Der größte Massenausbruch fand nahe Peninsula in Nordwest Ontario statt (Camp X), wo 28 Mann ihren Weg in die Freiheit im April 1941 getunnelt hatten. Zwei von ihnen wurden erschossen, als sie bei der Festnahme Widerstand leisteten.

Nur einem Mann, dem Leutn. Baron Franz von Werra, ist bis jetzt die endgültige Flucht gelungen. Er floh in die USA bevor das Land in den Krieg eintrat und schaffte von dort seinen Weg zurück – via Peru. Später berichteten deutsche Quellen, daß er bei einem Feindflug gefallen sei." – Ende der Übersetzung.

Das war natürlich nicht der einzige Artikel, der erschien, die weiteren Zeitungsausschnitte sind nur eine kleine Auswahl.

Solche Artikel konnten wir erst im Lager lesen. Sie erreichten uns nur zufällig, wenn sie von dem kanadischen Zensor gelegentlich übersehen wurden. Die jetzt im Buch veröffentlichten, stammen aus kanadischen Zeitungsarchiven aus der Zeit nach dem Kriege.

Wir sechs saßen noch für einige Zeit im Arrest und „brummten", und zwar gehörig, weil trotz wiederholter Proteste kein Auslauf genehmigt wurde. – Als wir dann aus dem Lager gemeldet bekamen, daß inzwischen die Schweizer Kommission eingetroffen sei, steigerte sich unsere Unzufriedenheit geradezu zur Wut. So eine Frechheit, ein eklatanter Bruch der

Genfer Konvention und das auch noch zu einer Zeit, wo eine neutrale Kommission anwesend war.

Außerdem bekamen wir in den Arrest erstmals keine Bücher. Alles sah so aus, als ob wir die normalen Arrestbedingungen von neuem erstreiten müßten. – Reini Pfundter, obwohl bei weitem nicht Dienstältester, wurde wegen seiner amerikanischen Sprachkennnisse zu unserem Sprecher erkoren und verlangte mehrmals am Tage, dann an Tagen hintereinander nach dem kanadischen Offizier vom Dienst, dem die Wache im Arrest unterstellt war.

Dieser erschien, obwohl wir die Zusage der Wachsoldaten der Veteran Guards meist schnell hatten, oft erst nach Stunden oder gar Tagen und gab nur spöttische Antworten. – Weder der Hinweis, daß Strehl und Waller nach der Kommission wegen ihren Blessuren verlangten, noch der Protest über Bücher oder Auslauf imponierten ihm. Wir sollten froh sein, daß die Posten nicht auf Strehl und Waller geschoßen hätten! – meinte er.

Wieder einmal – die Kommission war noch im Lager – erschien er nicht. Was tun? – Gemeinsam beschlossen wir, in unseren Zellen „Rabbatz" zu machen. Dieser sollte so ablaufen, daß die in die Zellen gezimmerten Holzbetten und Ecktische, samt dem Zellenschemel von uns in Stücke gehauen würden und wir dann mit den Holzteilen auf die Zellentüren einschlagen wollten.

Auf das Kommando „Rabbatz" von Wildermuth ging es los! – Mit trainierten Boxerkräften, riß ich die Bretter der Holzkoje heraus, zerschlug den dreibeinigen Schemel und auch das Ecktischchen war im Nu ein Trümmerhaufen. Mehrmals bei diesem, unserem fürchterlichen Tun, erschien der Gangposten an dem Guckfensterchen der Zellentüre und drohte mit dem Gewehr. Ich ließ mich aber nicht beeindrucken und schlug ihm fast in das Gesicht mit den Bettbrettern: „Rabbatz ist Rabbatz" war meine Devise!

Nun erschien der Offz. v. Dienst tatsächlich, worauf Wildermuth befahl, den Krawall einzustellen. Der kanadische Offizier versprach, seinem Lagerkommandanten unseren Protest vorzutragen, einschließlich unserer Bitte, die Schweizer Kommission zu sprechen. – Würden wir jedoch unsere Gewalttätigkeit fortsetzen, würde er befehlen, in die Zellen zu schießen.

Damit wollten wir uns nun erst einmal zufrieden geben. Die Wachen kamen in unsere Zellen und räumten den Schutt hinaus. Bei mir sah es hinterher verdammt nackt in der Zelle aus: Kein Stück Möbel verblieb mir, nur zwei Wolldecken waren übrig. Matratzen gab es in diesem Arrest sowieso nicht. – Anschließend konnte ich dann auf einer Decke auf dem blanken Blechboden schlafen, die andere brauchte ich zum Zudecken. Selbstverständlich hatten die Kanadier auch in diesem Lager nach

188

Manni's Loch im Boden seiner Zelle in Bowmanville, sicherheitshalber auch hier Blech auf dem Boden und rundum in einer Höhe von 40 cm verlegt.

Als ich mich nach dem Befinden meiner Kameraden erkundigte, wurde ich ein bißchen ausgelacht: Ich hatte viel zu gründliche Arbeit geleistet! Keiner der anderen hatte seine Einrichtung und die Koje zertrümmert!

So sei es nun auch nicht gemeint gewesen. Nicht wenig sauer war ich danach! – Den ganzen verbleibenden Rest der Strafe schlief ich auf dem Blechboden und holte mir eine Art Rheuma in Schultern und in der Hüfte, die vom Fallschirmabsprung sowieso lädiert war, das lange andauerte. Von den anderen Arrestanten erhielt ich wenig Unterstützung, wenn ich bei den Kanadiern protestierte. Kein anderer hatte seine Koje zertrümmert. Wegen meiner „Dummheit" wurde ich sogar gehänselt. Die Kanadier ließen mich höhnisch wissen: Wer denn? – hatte meine Koje zerstört?

Ins Lager zurückgekehrt, wollten wir natürlich wissen, was mit „Body" los war. Er lebte unter dem Dach in seinem Versteck für lange Zeit. – Die Geschichte, wie der Keil aus Hartgummi, der aus einem Eishockeypuck geschnitzt war, in Body's Kinnspitze operiert wurde, wird auch heute noch in den verschiedensten Varianten erzählt: Einmal soll er dabei stark alkoholisiert gewesen sein, das andere Mal wird eine Version erzählt, die von „Betäubung per Faustschlag" an Kinn oder Kopf spricht.

Hannes Strehl, der heute in München lebt, weiß es genau: „Nachdem „Body" den eisernen Beschluß gefaßt hatte, sein Gesicht zu ändern, schritt Dr. Heitsch zur Tat. Mehr widerwillig als mit Begeisterung fertigte er sich selbst ein Skalpell aus geeignetem Stahl und entwendete dem kanadischen Arzt einige Ampullen und Spritzen, die zur örtlichen Betäubung geeignet waren.

Die Operation fand abends statt und dauerte viel zu lange. – Es kann sein, daß „Body" vorher mit Alkohol „vorgesorgt" hat und deshalb die Spritzen nicht richtig gewirkt haben. Auf jeden Fall wurde die Operation bei vollem Bewußtsein durchgeführt. Ich war die ganze Zeit dabei, war ich doch damals Arztdolmetscher. – Plötzlich war Roll-Call-Zeit, wir mußten die Operation bis nach der Zählung unterbrechen und haben Body solange unter dem Dachboden versteckt." Berichtet Strehl.

Tatsache ist, daß der Fremdkörper von Sigis Kinn nicht angenommen wurde. Er ließ einen Bart über die eiternde Wunde wachsen und hatte für lange Zeit immer leichtes Fieber. Als er nach fünf Monaten zwar bei den Zählungen nicht anwesend war, sich aber sonst hin und wieder im Lager bewegte, wurde er entdeckt, ohne daß er aus dem Zaun fliehen konnte.

Wie die ganze Sache von der Operation und deren Umständen auch noch zur Kenntnis der Kanadier gelangte, weiß bis heute niemand. Leider

189

waren die Folgen für Dr. Heitsch nicht ganz einfach. – Die Kanadier sperrten ihn für seine ärztliche „Missetat" in den Arrest.

Der Plan zu warten, bis Alarm und Suche abgeklungen waren und dann mit verändertem Gesicht „draußen" wieder aufzutauchen, war hervorragend, aber die Überwindung des Zaunes hatte eben immer ihre „Besonderheit"!!

Die Austauschkommission war nicht bei uns im Arrest erschienen. Wir Arrestanten erhielten nie eine klare Absage und wurden immer wieder hingehalten, bis wir dann per Pergamentröllchen – in einen Apfel eingedreht, aus dem Lager die Wahrheit erfuhren: Diese erste ärztliche Austauschkommsission, bestehend aus zwei Schweizern, zwei Kanadiern und einem englischen Militärarzt, war inzwischen wieder abgereist.

Eigentlich verständlich, die Arbeit einer solchen Kommssion war an sich schon schwierig genug. – Zu Recht hieß der in früheren Kriegen praktizierte Vorgang: „Austausch". Es ging dabei wirklich um einen Tausch; Mann gegen Mann der beteiligten kriegführenden Nationen. – Sollte diese Kommission sich auch noch um Escaper kümmern?

Dabei war es das Ziel beider Seiten so viele wie nur möglich der eigenen Schwerverwundeten zurückzubekommen und sie aus dem schweren Schicksal der Gefangenschaft auszulösen. Aber genau so kam es jeder Seite darauf an, keine Soldaten auszutauschen, die nachher wieder zum Einsatz kommen konnten. – Besonders galt das natürlich für Männer mit hohem Ausbildungsgrad, wie z.B. Flugzeugbesatzungen.

Natürlich war aus früheren Kriegen und Austauschvorgängen bekannt, daß sich unter die tatsächlich Schwerverwundeten und Schwerkranken (Darmkarzinom, wie bei Major Bach) auch sogenannte „Simulanten" gemischt hatten. Aber bei aller ärztlichen Kunst, wußte man auf beiden Seiten, daß trotz strenger Maßstäbe, manche „Patienten" eben keine waren. Wie schwer ist es schon unter normalen Umständen, zwischen echter und eingebildeter Krankheit zu unterscheiden.

Dabei gab es bei den Simulanten auf beiden Seiten keine Skrupel, wußten sie doch, daß es sich um einen Tausch – Mann gegen Mann – handelte. Die eigenen Lagerärzte konnten dies nicht verhindern. Spielten sie nicht mit, wurde auch ihnen gegenüber simuliert.

Es gibt einen Fall, wo einer unserer Offiziere sich zwar zum Austausch qualifizierte, aber gleichzeitig durch starkes Rauchen und bewußt gesundheitsschädigende Inhalation und das Schlucken von fast giftigen Substanzen, Magen, Lunge und Herz so schädigte, daß er nach dem Austausch in Deutschland verstorben ist. Austausch war für die eigenen deutschen Lagerärzte kein einfaches Thema.

Wenn man diese Einführung in die Problematik des „Austausches von Kriegsgefangenen" liest, ist es nicht verwunderlich, daß die Austauschkommission nicht bereit war, sich auch noch mit dem Schicksal bestrafter Escaper abzugeben.

Aber welch neue Erkenntnis: Die Zahl aller Auszutauschenden in Kanada erfuhren wir zwar nie, aber es stand fest: Aus unserem Lager würden gegen Jahresmitte 1943 etwa zehn gefangene Offiziere ausgetauscht, deren Namen standen fest.

Obwohl darunter tragische Fälle waren: Piloten, die beim „Aussteigen" schwerste Gesichtsverbrennungen erlitten hatten, die wegen fehlender Augenlider seit Jahren kein Auge schließen konnten – auch beim Schlafen nicht, kam Nachdenklichkeit auf. Wer erfolgreich „simulierte", kam mit großer Sicherheit nach Hause. Besser als durch gewagteste Fluchtversuche.

Da gab es Leute, die mit viel Intelligenz zur Sache gingen. So arbeitete sich ein POW-Offizier, dank seines hervorragenden Englisch, in die richtige Position im Lager. Es gelang ihm, vorübergehend zu Untersuchungen in das Hospital von Toronto zu kommen. Dort tauschte er die Röntgenaufnahmen seines leichten Magengeschwürs gegen die Aufnahmen eines anderen Mitgefangenen aus, der inzwischen an Magenkrebs gestorben war. Er schaffte es ausgetauscht zu werden.

Bedenken über solchen Betrug kamen auch deswegen nicht auf, weil eigentlich alle, die wirklich leidend waren, keine Schwierigkeiten hatten auf die Austauschliste zu kommen. Möglich, weil zu der Zeit, trotz der Niederlage in Afrika, Deutschland immer noch mehr Gefangene verwahrte und damit mehr Tauschkandidaten anzubieten hatte, als die Alliierten.

Auf jeden Fall: Als wir nach Weihnachten wieder in das Lager zurückkehrten, hatten einige „Escaper" die Wandlung schon vollzogen. Sie begannen langfristig zu simulieren. Wenn auch der Austausch erst ein Plan war, daß er durchgeführt würde, bestätigte sich. Die in England vor 1 1/2 Jahren verbliebenen Schwerverwundeten, waren inzwischen in Deutschland eingetroffen.

Die angeführten Austauschbeispiele, betrafen auch POWs, die Fluchtversuche gemacht hatten. Sie bestätigten, daß „Simulieren" mehr brachte als „Escapen".

Manni, Pfundter, Hinnerk und ich debattierten, ob wir umsteigen sollten – kamen aber zu der Meinung, daß man Leuten, die bis zu 4 Fluchtversuchen hinter sich hatten, eine Krankheit, die zum Austausch führen könnte, nicht abnehmen würde.

Nach unserem „Rabbatz" gab es Auslauf und Lesestoff und die weihnachtliche Arrestzeit wurde noch verbessert, weil wir auch wieder schreiben durften. – Wobei ich besondere Schwierigkeiten hatte, mußte ich doch dazu auf dem Blechboden liegen oder sitzen. Beim Auslauf konnten wir teilweise auch die Feierlichkeiten der Beisetzung für Major Bach beobachten. – Aus dem Arrest schrieb ich dann:

„4. Advent 1942" an die Mutter: ... „Vor ein paar Tagen erhielt ich Deinen Brief vom 10.9. (Anm. – schnelle Laufzeit) ... Ich glaube auch, daß es nicht viele Mütter gibt, die an Deiner Stelle solche Briefe schreiben könnten. Gerade in dieser Zeit freue ich mich sehr über jedes Stückchen „daheim", das nach hier durchkommt.

Mehr Heimat könnte ich, so glaube ich, nirgends finden, als in Deinen Briefen. Muttel in mancher Stunde, habe ich schon überlegt, welch großen Wert die Familie im Leben des Menschen hat. Da beneide ich immer die, die aus Bauernhäusern stammen, oder sonst irgendwie fest verankert sind. Aber zugleich stecke ich mir auch ein Ziel zusammen mit Euch. Sollten wir nicht auch mit vereinten Kräften später einmal in der Lage sein, einen Besitz zu erwerben, der dann als Schoß der Familie Steinhilper dienen wird?

Vielleicht stell ich mir das etwas zu ideal vor, aber trotzdem glaube ich darin Eure Unterstützung zu haben ... Das sind meine Weihnachts- und Neujahrsgedanken. Sie bringen mich Euch so nahe, daß ich Helga (die kleine Schwester) schon beinahe plappern höre und beinahe unseren Weihnachtsbaum sehe! Ich feiere anders, aber ich hoffe, daß Ihr Euch freut und das macht auch mich froh! Dir und Helga viel Freude! Dein Uz!

War schwierig, dies Weihnachten im Arrest: Briefe zu schreiben war die schönste Beschäftigung!

Immer noch aus dem Teng:

Den 5. Jan. 43. Liebe Muttel! Nun bin ich im Besitz all Deiner Septemberbriefe. Wenn ich nur antworten könnte, wie ich Lust hätte! Aber wo den Raum auf diesem kleinen Bogen hernehmen? ... Muttel über Deine Leistungen staune ich immer wieder aufs Neue. (Anm.: Erstaunlich, was die Frauen im Krieg leisteten.) Hoffentlich erfreust Du Dich wirklich so guter Gesundheit, wie Du mir schilderst! – von mir kann ich nur betonen, daß ich voller Lebenskraft bin.

Zwar denke ich manchmal daran, daß ich hier meine besten Jahre lasse, aber sie sind ja nicht ganz weggeworfen. Ich baue auf, so gut ich kann und glaube später davon zehren zu können. Ich glaube die jetzige Zeit ist eine sehr gute Lebensschule, Ich glaube nicht, daß mir einmal noch schwerere Aufgaben vom Schicksal vorgesetzt werden.

Mit dieser Einstellung gehe ich auch auf eine spätere Ehe zu. Heute ist mir völlig klar, daß ein gütiges Schicksal eine feste Bindung verhindert hat. Probleme, die ich am Anfang des Briefverkehrs beiseite schob, haben auf diese Weise ihre natürliche Lösung gefunden.

Vatel hat recht getan, nicht an meine Dienststelle zu schreiben. (Wegen Beförderung) Mir ist nicht bang vor der Zukunft! Ich werde auf meinem

Weg eine Lebenserfüllung schon finden! Ich freue mich heute schon auf die Aufgaben, die später mal ein freigewordener Mensch vom Schicksal zugeteilt bekommt. Dieser Mensch wird, so glaube ich fest, um vieles erfahrener, härter und stetiger sein, als der 1940 aus der Zeit geworfene. Herzlichst! Dein Uz."

Solch dramatischen Worte sind vielleicht vertändlich, wenn man bedenkt, daß sie so etwas wie das „laute Pfeifen" im dunklen Wald darstellen. Um die Angst zu vertreiben, allemal eine Art Angst vor dem wirklichen Leben. – Schließlich war ich gerade 24 Jahre alt, hatte bei diesen Fluchtversuchen elende Rückschläge zu verzeichnen und konnte das mit den „im wirklichen Leben" stehenden noch nicht einmal in den Briefen besprechen.

Ins Lager entlassen, ging es zurück in den Kreis der Stube und der Kameraden, aber auch gleich wieder in die Diskussion über den Sinn des „Escapens", immer mehr im Vergleich mit dem „Austausch".

Da hatte man zu lernen und zu verdauen. Gut war, daß wir beide, Wildermuth und ich, diese Situation gemeinsam erlebten.

Eine Wunderzange!

Als wir schon 6 Wochen aus dem Arrest entlassen waren, hatten die Proteste unserer deutschen Lagerleitung, die selbst zugesehen hatte, wie Strehl und Waller von den Wachen geschlagen wurden, wenigstens einen Teilerfolg.

Ein offizieller Vertreter der Schutzmacht Schweiz, besuchte das Lager und befragte nacheinander sowohl Hinnerk als auch Strehl. Deren Blessuren waren zwar inzwischen fast verheilt, aber sie nutzten nachdrücklich die Gelegenheit, um deutlich zu machen, wie sie mißhandelt worden waren, auch nachdem sie ihre Hände erhoben hatten.

Der Schweizer Staatsbürger wollte ihre Erzählungen zuerst nicht in voller Härte zu Papier bringen, ein deutliches Zeichen, daß solche Protokolle die Heimat erreichten, aber vor allem Hannes Strehl, konnte mit Hilfe einer noch nicht verheilten Wunde auf dem Hinterkopf deutlich machen, wie bei der Festnahme geschlagen worden war. Beide Escaper bestanden auf einem ungefärbten und wahrheitsgemäßen Bericht.

Etwa zu dieser Zeit bahnte sich bei mir ein besonders gutes Verhältnis zu unserem Lagerschuster an. Er war ehemaliger Fremdenlegionär, von dem ich noch den Vornamen Karl in Erinnerung habe. Vor dem Kriege war er in der Legion gewesen und wie alle anderen, die in der Legion gedient hatten, wurde er den Gesetzen des 3. Reiches entsprechend, in ein Strafbataillon eingezogen.

Er zählte zu den Überlebenden des Bataillons 900, das in dem Wüstenkrieg im Afrikakorps kämpfte. Diese Soldaten, mit Sonderstatus, ähnlich dem von Sträflingen, konnten sich nur durch besondere, heidenhafte Taten einen Platz in anderen, normalen Truppenteilen erwerben und so auf menschlichere Bedingungen hoffen.

Karl war gelernter Werkzeugmacher, hatte aber in der Legion die verschiedensten Funktionen und Arbeiten ausgeübt. Er kannte nicht nur Nordafrika, sondern war auch in Indochina gewesen. Für mich war er ein sehr interessanter Erzähler, wenn ich mich zu ihm in seine Schusterbude setzte, wo er wie ein „Gelernter" Schuhe flickte, aber auch besohlte. Er hatte meine Sohlen in den erwähnten Elchschuhen verstärkt. Natürlich mußte ich ihm den Verlauf meiner kurzen Flucht und die Festnahme in Barrie sehr genau erzählen. Unsere Unterhaltungen waren daher keineswegs einseitig. Er war vielseitig interessiert, vor allem über das Fliegen und den Luftkampf in England wollte er viel wissen.

Er seinerseits wußte zu berichten, wie sich Angehörige des Btln. 900 von Panzern in Löchern überrollen ließen, Haftladungen auf deren Unterseite anbrachten, um sie dann tatsächlich in die Luft zu jagen. Solche oder ähnliche Taten waren notwendig, um „normaler Soldat" zu werden, um aus dieser Einheit herauszukommen. Wir bedauerten beide, daß gerade die ehemaligen Fremdenlegionäre, die im Wüstenkrieg, die größten Erfahrungen vorzuweisen hatten, oft unnötig „verheizt" wurden.

Er deutete schon im März 1943 an, daß er eine Zange bauen würde, mit der man auch den „most beutiful fence", unseren dicken Maschendrahtzaun knacken könnte. Mehr erzählte er nicht, er arbeitete für sich allein, ohne jemand groß einzuweihen oder zu konsultieren. Beim herstellen der Schlüssel, zum knacken der Handfesseln, hatte er sich im vergangenen Herbst schon erfolgreich betätigt, aber auch da mehr im Verborgenen. Die Zeit in der Legion hatte ihn mißtrauisch gemacht.

Einen Mitwisser hatte er, den Obergefreiten Gutberlet, der den Beinahmen „Zerstörer" trug. Zerstörer deshalb, weil der beim Fußball einer der gefürchtetsten Verteidiger im ganzen Lager war. Gutberlet war aber ansonsten die „gute Seele" in unserer Küche. Er wußte immer, wann er einer Stube mal einen besonderen Dienst zukommen lassen konnte, ob aufgefordert oder auch aus eigenem Antrieb. Hatte manchmal unser Stubenältester, Peter Döring, einen schlechten Tag, dann erschien prompt nach dem Frühstück der „Zerstörer" und hinterließ bei uns auf dem Wandbrett eine übriggebliebene, randvolle Kanne Bohnenkaffee, die, trotz der 2 Liter Inhalt, von Peter im Laufe des Tages vollständig geleert wurde.

Wie sich später herausstellen sollte, half Gutberlet auch bei der Beschaffung der notwendigen Materialien für die Zange. Weder er, noch Karl haben je damit geprahlt.

Unterdessen ging das normale Lagerleben weiter. Am 14.Jan.1943 schreibe ich: ... „Allmählich hat man sich ja schon so an die lange Brieflaufzeit gewöhnt, daß man es tatsächlich fertig bringt, ohne rot zu werden, über einen Zeitraum von 6 Monaten hinweg von Gedankenaustausch zu sprechen. Nur an Vorgängen, die etwas enger mit dem Kriegsgeschehen verbunden sind, merkt man immer wieder, mit welchen Pausen dieser Briefwechsel arbeitet" ...

Am 21. Feb. 43: ... „Manchmal staune ich selbst, wie der Mensch Lebensverhältnisse ertragen lernt, wenn er nur den Willen und den Glauben an die Zukunft behält. Jetzt habe ich so viel Erfahrung darin, daß ich mit Sicherheit sagen kann: „Diese Zeit kann für mich noch um einiges verlängert werden, ohne daß ich körperlichen oder seelischen Schaden davontragen werde! Allmählich hat man vor allem gelernt die Zeit so zu überwinden, daß man manchmal ganz erstaunt fragt: „Was! das soll schon eine Woche, einen Monat oder gar ein Jahr her sein?" – Am Anfang war das nicht so! Vatel, wenn es Euch möglich ist, dann schickt doch bitte ab und zu ein paar Photographien. Ich kann mir ja gar nicht mehr vorstellen, wie Helga (die kleine Schwester) gewachsen ist! – In letzter Zeit komme ich verhältnismäßig viel zum Schlittschuhlaufen. Bloß der Platz ist so eng! Auch die Bücher haben es mir angetan ..."

Es soll hier nur aus einigen Briefen auszugsweise zitiert werden, sie lückenlos zu bringen wäre zuviel. Es handelt sich schließlich um jeweils 3 Briefe und 4 Karten im Monat, die fast alle noch in meinem Besitz sind. Die Karten weniger, da sie auch an Adressen außerhalb der näheren Familie verschickt wurden. – Einige wurden zensiert, oder ganz „aus dem Verkehr gezogen", sie paßten vom Inhalt her, dem Zensor nicht. Ich schrieb in der Regel „verträglich" – meine Post sollte ankommen und sie sollte vorwiegend die Stimmung bei den Eltern und der Schwester aufbauen. Allerdings war das eine starke innere Belastung, waren es häufig andere Probleme, die einen wirklich bewegten und die man der Post nicht anvertrauen konnte.

26.März 43: ... „Bei Euch wird wohl schon beinahe Frühling sein, während wir heute den ersten frostfreien Morgen hatten. Mittags herrscht schon tagelang ein unglaublicher Schneematsch. Diesen Winter fielen große Schneemengen ... Zur Zeit übe ich fleißig Klavier. Seit ich mich an die „Schule der Geläufigkeit" gemacht habe, spüre ich auch Fortschritt. Als Ziel setze ich mir immer Deine Leistungen und bin gespannt was Du (Die Mutter als Klavierlehrerin) einmal meinst! ...

Daß meine Staffel nach wie vor an Euch denkt, freut mich besonders. Bitte verliere den Kontakt nicht und übermittle von mir die besten Wünsche. Obwohl ich kaum glaube, daß noch ein alter Bekannter da ist, kannst Du der Gruppe mitteilen, daß sie sich meiner auch hier noch in „alter Frische" versichert sein darf. Am meisten würde mich Bert Göbels Schicksal interessieren. ... (Anm: Leider hat mein früherer Stubenkamerad Ltn. Göbel schon am 25. Juni 1942 in Rußland sein Leben gelassen).

Nun kommt etwas Besonderes: Da in Kanada, wie auch sonst in anderen Kriegsgefangenenlagern ein Briefverkehr von Lager zu Lager nicht erlaubt war, habe ich mich damals besonders darüber gefreut, daß „Uns Kuuhrt", unser Betreuer im Lager Fort Henry, sich mit seiner Internierten-Post bei meiner Mutter gemeldet hatte:

5.April 43: ... Grüße den Kurt Ohrt von mir: Ich würde immer noch daran denken, daß wir einmal ins Gebirge zum Schilaufen wollen. Er soll ruhig seinen Trockenkursus weitermachen. Dir zur Kenntnis: Er ist ein sehr treuer Kerl, der früher auf einem Handelsdampfer Heizer war. Er hat meine Strümpfe gestopft, meine Hosen gebügelt und mich beinahe wie Du umsorgt. Solltest Du mal ein Päckchen für ihn übrig machen, dann lieber ihm, als mir! Hier wird allmählich alles eingeschränkt, ich bin nun in der Kleidung völlig auf Euch angewiesen. Ich wiederhole: 1 lange Hose, 2 Hemden, Schuhe, Turnschuhe ... Wenn der Brief schnell ankommt, brauche ich unbedingt kurze Hosen; – weiß oder fliegergrau ist gestattet. Sollte meine Anforderung zu spät eintreffen, muß es auch so gehen. Aber schicke trotzdem was möglich. Überhaupt wäre mir lieber, einmal Klarheit zu haben, ob es Dir Schwierigkeiten macht, solche Sachen zu bekommen. Da wir hier völlig abgeschloßen sind, habe ich natürlich keine Ahnung mehr, ob meine Forderungen als anspruchsvoll in der heutigen Zeit gelten. Wenn nötig kann ich zurückstecken. Sonst Aprilwetter! Herzliche Grüße! Dein Uz!

Auch dieser Brief macht deutlich, wie unnatürlich dieser Briefverkehr war. Da konnte man nichts von seiner 3. Flucht erzählen, die im Zivilinterniertenlager endete. Was mußten die zu Hause sich denken – ein Heizer auf einem Handelsdampfer hatte mich „betreut"?

In dem Brief vom 10. Mai 43 der sehr vage Hinweis, daß ich meine Fluchterlebnisse in eine Niederschrift brachte, die nach vielen Jahren für mein Buch „Noch 10 Minuten bis Buffalo" die Erinnerung so wertvoll ergänzten:

... „Um Dir in Zukunft mein jetziges Leben nicht als Lücke in unseren Beziehungen erscheinen zu lassen, schreibe ich heute schon das Wichtigste für Euch zu Hause zusammen. Wenn Du das erst mal zum Lesen bekommst! – Hier brechen jetzt gerade erste Knospen!" ...

Die Beschreibung der ersten drei Fluchtversuche, die 4. Flucht bewältigte ich damals noch nicht, beschäftigte mich intensiv. Erst schrieb ich, wie in der Schule gelernt, ein Konzept, das ich anschließend korrigierte. Danach wurde das, alles handschriftlich, in eine enge, aber sehr ordentliche Reinschrift gebracht. Pro Blatt 42 Zeilen – etwa 250 Seiten.

Als ich das fertig geschrieben und schön in einen Ordner sortiert hatte, um es vorsorglich, für „alle Fälle" für die Eltern zu Hause zu verwahren, interessierte diese Schrift viele Kameraden. Vor allem unsere Stabsoffiziere waren an dieser Lektüre so interessiert, daß ich Mühe hatte, den Ordner zurückzubekommen. Der letzte der mein „Buch" unbedingt lesen wollte, war unser Kriegspfarrer Frense. Durch sein Interesse wiederfuhr mir das Glück, daß dieser Ordner nicht gestohlen wurde, wie wiederum andere „Souvenirs".

Da allgemein bekannt war, daß ich viermal den Zaun erfolgreich überwunden hatte, bekam ich im Laufe der Zeit hin und wieder einen kanadischen oder amerikanischen Dollar von den Kameraden zugesteckt, die sicher waren, sie würden selbst nicht escapen. Über Schuhmacher Karl erhielt ich von der Mannschaft auch gelegentlich ziviles Geld. Häufig stammten diese Scheine aus dem Tauschhandel mit den kanadischen

Wachen, die sich im Laufe der Zeit auch nicht mehr so genau an ihre Vorschriften (solcher Tausch war streng verboten) hielten und begehrte Souvenirs wie Flugzeugführerabzeichen, oder eiserne Kreuze eintauschten. Später, als in den meisten Lagern „gebrannt" wurde, war Schnaps für die Kanadier der wichtigste Tauschartikel.

Dieses Geld bewahrte ich, weil wir nie vor Durchsuchungen sicher waren, in einem Bücherregal der Stube auf, vor allem in den Schulbüchern. Solche Untersuchungen waren zwar gründlich, aber die „Frettchen" würden kaum jedes Buch, Seite für Seite, genau durchblättern, nahmen wir an.

Außer dem Unterricht, den ich vorwiegend mit technischen Fächern belegt hatte, und dem Schreiben betrieb ich ein anderes Hobby. Es gelang mir, ohne Rezept, lediglich durch logisches Anrichten des Teigs und aus der Erinnerung heraus, gute, echte schwäbische Spätzle zu schaben um sie dann bei besonderen Gelegenheiten, z. B. Geburtstagen, auf der Stube zu servieren. Die Küche lieferte in solchen Fällen, den normalen Braten mit Soße dazu. Diese Kocherei waren eine willkommene Abwechslung für die Stube und geladene Gäste.

Gehänselt wurde ich besonders von dem „Nordländer" Döring, als ich zum ersten mal verkündete, daß ich „Zwiebelkuchen" machen würde. Darunter konnte er sich gar nichts vorstellen. „Du kannst es ja bleiben lassen, wenn es dir nicht schmeckt!" war meine Antwort. Aber was für eine „Herausforderung"!

Wie zu alten Zeiten ging ich ans Werk: Drehte einen Schemel um, hängte ein Tuch in die Stuhlbeine und erzielte durch Abhängen, aus saurer Milch, erst einmal den Quark. Zwiebel gab es in der Lagerküche reichlich. Ich mußte sie nur fein schneiden und leicht abdünsten. Für solche Kochversuche gab es in unserem alten Haus eine unbenützte Küche mit einem Kohlenofen.

Auch der Teig für den Boden gelang, weder die Butterstückchen noch selbst der feingeschnittene Speck obenauf fehlten. Und erst als ich den Kohlebackofen voll im Griff hatte, schob ich mein so wohl vorbereitetes Kuchenblech in die Röhre. – Es duftete im gesamten Haus und ich hatte viel Mühe, die zahlreichen Besucher aufzuklären und vom gründlichen „Verkosten" abzuhalten.

Bald war auch Döring überzeugt; das sei ja etwas ähnliches, wie der norddeutsche Speckkuchen. – Nach diesem Erfolg gingen wir gemeinsam aufs Ganze: Wir würden ein echt schwäbisches Fest, mit „Zwiebelkuchen und neuem Wein" abhalten!

Auch der Wein war kein Problem, jetzt zahlte sich aus, daß ich auf „dem Lande" aufgewachsen war. Vorher schon hatten wir in der Kantine reife Äpfel gekauft, in der Küche den Fleischwolf geborgt und die Äpfel durchgedreht. Anschließend hing diese Maische dann in einem Tuch, auch zwischen den Stuhlfüßen, danach wurde der abgetropfte Apfelbrei in einen Kopfkissenbezug gestülpt, um mit starken Händen ausgewrungen zu werden. Der gewonnene Saft wurde in Gallonenflaschen (ca. 4 Liter) abgefüllt, in denen vorher der Essig für die Küche geliefert worden war. Wir warteten nur, bis der Saft vergoren war, brauchten keine Gärkorken. Dies wäre zu auffällig gewesen. Eine strenge Anordnung der Kanadier lautete, daß im Lager keine alkoholischen Getränke erzeugt werden durften. Trotzdem gab es später kaum ein Lager, in dem nicht Schnaps aus den verschiedensten Maischen gebrannt wurde.

Den Wein machten wir ähnlich wie den Apfelmost, Trauben gab es fast das ganze Jahr preiswert in der Lagerkantine. Wegen der viel schöneren Farbe wählten wir rote Trauben, die einen köstlichen rosa Saft ergaben.

Ganz natürlich ergab sich aus der Gärdauer der Zeitpunkt für unser ländliches, schwäbisches Fest. Es sollte an einem Mittwoch, abends, stattfinden. Ich bereitete Quark, Zwiebel und Teig schon am Vortag. Dieser Mittwoch war besonders mit Unterricht ausgefüllt. Wir hatten einige Gäste auf die Stube geladen. Insgesamt waren drei Gallonenflaschen vergoren, also standen für das Fest etwa 12 Liter neuer Roséwein im Bücherregal bereit!

Es war gegen 11 Uhr am Vormittag, als Peter wütend und völlig aufgelöst in unseren Unterrichtsraum stürmte, Wildermuth und ich saßen gerade vor mathematischen Aufgaben: „Die Kanaker haben unsere Stube durchsucht, mich festgehalten, alles ist geklaut worden! – Sie haben den Wein mitgenommen, haben Ulis Sammlung von Zeitungsartikeln beschlagnahmt und das Geld in den Büchern gefunden!"

Wieder war ein Heft mit Zeitungsartikeln geklaut, als „Souvenir" war sowas bei den Wachsoldaten geschätzt! Besonders wegen der persönlichen Notizen! – Der Verlust des Geldes war bitter, aber auch noch der Wein! – Dabei hatten die cleveren Innenposten vorher immer mal wieder grinsend durch die Tür geblickt und uns beim Anblick des gärenden Weines verständnisvoll zugeblinzelt! Ob die Burschen bloß solange gewartet hatten, bis der gute „Stoff" richtig durchgegoren war, um dann „zuzuschlagen"?

Unser Lageradjudant protestierte sofort, aber alle Regeln waren gegen uns. Mit bittersüßer Miene stellte ich am Abend trotzdem einen duftenden Zwiebelkuchen in den Ofen, der Wein wurde durch Bier ersetzt, das wir in aller Eile zusammentrommelten. Aber wie wir schimpften! Auf diese hinterlistigen Kanadier.

Es dauerte nicht lange, bis es dann wirklich Zwiebelkuchen mit neuem Wein gab! Dieses Mal wurde er jedoch sorgfältig vor den kanadischen Posten versteckt. Der Verlust der Zeitungsabschnitte war am schlimmsten, sie waren schon zu dieser Zeit als Illustration und Bereicherung meiner Aufzeichnungen gedacht.

Konnte ich doch damals nicht ahnen, was für gute Zeitungsarchive es nach dem Kriege geben würde. Das konfiszierte Geld war zu ertragen. Der Tauschhandel lief und die kanadischen Wachen zahlten immer besser mit echten Dollars.

Vor allem Karl beruhigte mich, er strahlte Zuversicht aus. Seine Zangenkonstruktion war inzwischen gut gediehen. Er erklärte mir, wie. er dazu die metallenen Scharniere aus einigen Klapptischen im Speisesaal ausgebaut habe. Daraus würden doppelte Hebelarme. Jetzt sei er dabei, aus dem Eßbesteck die Messer auszusuchen, deren Stahl sich in der Glut schmieden lasse und danach wieder „hart" gemacht werden konnte. Dafür habe er allerdings schon mehr als 80 Messer verbraucht, die Kameraden in der Küche würden mit ihm hadern, weil die Kanadier sich weigerten, weitere Messer zu liefern. Unser Besteckverlust sei zu hoch!

Eigentlich war diese Zange mehr Verpflichtung, als mein Wunsch, wieder einen Ausbruch zu versuchen. Sollte diese Wunderzange so gut werden, wie sich „Werkzeugmacher" Karl versprach, hatte ich zusätzlich zu der Verpflichtung, daß der Offizier immer zur Flucht angehalten ist, ihm meinen persönlichen Dank abzustatten! Das hieß, die Zange in der „Praxis" auszuprobieren. – Natürlich würde er sie auch anderen überlassen, aber ich hätte Vorrecht!

Außerdem: Diesmal würde ich erstmalig die warme Zeit, den Sommer nützen können. Wenn ich dann draußen war, konnte ich in der freien Natur übernachten und würde in den Wäldern untertauchen. Beeren gab es im Wald in Hülle und Fülle und vielleicht konnte man sogar ab und zu einen Fisch fangen. Auf jeden Fall würde ich eine geeignete Schnur und Angelhaken mitnehmen. Solche Haken wurden inzwischen im Lager geschliffen und das Angeln wurde beim Baden am See ausprobiert.

Nicht nur Fische wurden gefangen. Eberhard Wildermuth tauchte einmal so lange auf dem Grund bis er einen ganzen Eimer voll Miesmuscheln mit ins Lager brachte. Wieder wurde ich gebeten, den Koch zu spielen. Beim Schruppen der Muscheln allerdings half die ganze Stube. Der Sud mit Essig, Zwiebeln und Gewürzen war wieder selbst zu erfinden, aber bei der darauf folgenden Mahlzeit überließ ich den „Norddeutschen" den Vortritt.

Trotz nun schon beginnender Fluchtvorbereitungen, schrieb ich am 26. Juni 1943 einen Brief mit „Erziehungswert" an Frln. Trude Steinhilper, meine Schwester, Stabshelferin, Feldpostnummer 40148. (sie war damals in Wilna): In voller Länge:

Liebe Trude! Kaum war die Karte weg in der ich mich beklagte, weil ich lange nichts mehr von Dir gehört hatte, da erhielt ich Deinen Brief vom 8.4.43. Er hat mir sehr gut gefallen. Ich hoffe, daß Du von mir auch verhältnismäßig Post bekommst, denn es vergeht kaum ein Monat, in dem ich Dir nicht schreibe. Daß Du neben Deiner dienstlichen Tätigkeit noch Zeit und Lust hast, Dich weiter zu bilden, freut mich sehr. Du bist jetzt bald in dem Alter, in dem ich vor beinahe schon ewigen Zeiten, dieses elende Leben angetreten habe. Damals fingen meine Gedanken gerade so an sich auf etwas vernünftigeren Bahnen zu bewegen, da mußte ich mich plötzlich ruckartig umstellen. Sicher hätte ich mich auch zu Hause in diesem harten Kampf auf das Wertvolle im Leben besonnen und wäre älter und erfahrener geworden. Aber gerade unter den jetzigen Verhältnissen geht man dem Sinn des Lebens besonders auf den Grund um Lösungen zu finden und nicht senkrecht die Wände hochzugehen. Aus meinen hier gemachten Erfahrungen möchte ich Dir den Rat geben einen gesunden Ausgleich zwischen Leistung und Freude zu finden. Beides ist im Leben unerläßlich, aber beides ist voneinander abhängig. Wahre und tiefe Freude und Entspannung ist nur dann möglich, wenn man vorher etwas geleistet hat. Das schreibst Du ja selbst! Dein Uz.

So ein bißchen Sorge schwingt da mit; – um die junge, hübsche Schwester, die da fern im Feindesland unter Soldaten zu leben hatte. Wie ich später erfahren konnte, ist sie in dieser schwierigen Zeit um vieles selbständiger geworden, als unter normalen Umständen zu erwarten gewesen wäre.

In dem Brief kommt auch schon wieder „der harte Kampf" vor, ein sicheres Anzeichen, daß ich zum nächsten Ausbruch, einem baldigen, gefährlichen Wagnis entschloßen war. Es kostete jedesmal länger dauernde Überwindung – viel schwieriger als vor jedem Feindflug, wenn man sich entschloß, dieses friedliche, geruhsame, sichere Lagerleben durch eigenen Vorsatz aufzugeben, um dagegen die Gefahr des Zaundurchbruchs einzutauschen.

Die Zange war ein Meisterwerk. Eine Abbildung soll helfen, ihre Konstruktion zu erläutern. Insgesamt hatte Schlosser Karl nur zwei Klapptisch-Scharniere gebraucht. Er fügte sie so zusammen, daß sie doppelte Übersetzung und Hebelwirkung bekamen. In den vorderen „Zwickteil" setzte er den sorgfältig ausgesuchten Messerstahl ein. Insgesamt hatte er über 100 Tischmesser im Küchenofen ausgeglüht, bis die kleinen Teilchen die richtige Kurvenform und Härte bekamen. Dabei kam er mit seiner Schusterfeile nicht weit. Er suchte sich im Lager und am Strand harte Steine, die er aufsplittete. Damit schliff er zuerst die Hebel aus den Tischscharnieren und deren Aussparungen für die Stahleinsätze. Anschließend feilte er mit diesen Splittern die kleinen Einsätze zu. Diese mußte er so oft ein- und ausbauen, bis die richtige Schnittkurve gefunden war. Erst dann, nach langem Experimentieren schnitten sie durch den dicken Maschendraht völlig lautlos, sozusagen „wie durch Butter"! Natürlich erst einmal im Test auf der Schusterstube.

Die Stahleinsätze waren mit jeweils zwei Nieten eingenietet. Das hieß, daß Karl vier kleine Löcher in die Aussparungen an den Scharnieren bohren mußte. – Allein dazu brauchte er über zwei Wochen! Das Bohrverfahren war wie in der Steinzeit: Ein dünnes Holzstäbchen wurde mit einem gespannten Faden im Bogen gedrillt, im Bohrloch befand sich feiner Sand. – Die Stäbchen brachen, der Faden riß, nicht aber die Geduld unseres „Werkzeugmachers".

Ende Juni war die Zange fertig, wurde eingeölt und ich zog Rudi Baudler, Manni und Pfundtner ins Vertrauen. Sie wußten ein sicheres Versteck. – Wenn sie ein Fenster ihres Zimmers im Untergeschoß ganz hinunterschoben, entstand an der Seite des Fensterschachtes ein tiefer Spalt in den die etwa 50 cm lange Zange gut hineinpaßte. Man konnte sie dort so an die Seite legen, daß sie unsichtbar war und doch war der Fensterschacht bei Bedarf auch von außen zugänglich.

Ich informierte die Lagerleitung von der Existenz der Zange. Damit warteten wir solange, bis das Ausbruchsdatum feststand.

Wir wußten nicht was schuld war, aber immer häufiger wurden im Lager Dinge verraten, die zu völlig überraschenden aber gezielten Suchaktionen der Kanadier führten. Es gab viele Vermutungen über die Quellen. War es Verrat, Leichtsinn, oder Angeberei? Genau wußte es niemand. Man konnte sich nur einigermaßen schützen, wenn man bei solchen Aktionen den Kreis der Mitwisser möglichst klein hielt und einen größeren Kreis erst dann informierte, wenn die Ausführung unmittelbar bevorstand.

P.S: – Als der Krieg 1945 verloren ging, verzeichnete das Lager Gravenhurst einen „Überläufer", einen Lufwaffenhauptmann, der sich in kanadische Obhut begab, um ein besseres Schicksal zu erleben. Was aus ihm geworden ist, habe ich nicht erfahren. Ob er schon im Jahre 1943 „Nachrichten" übermittelte weiß keiner von uns.

DRAHTSCHERE

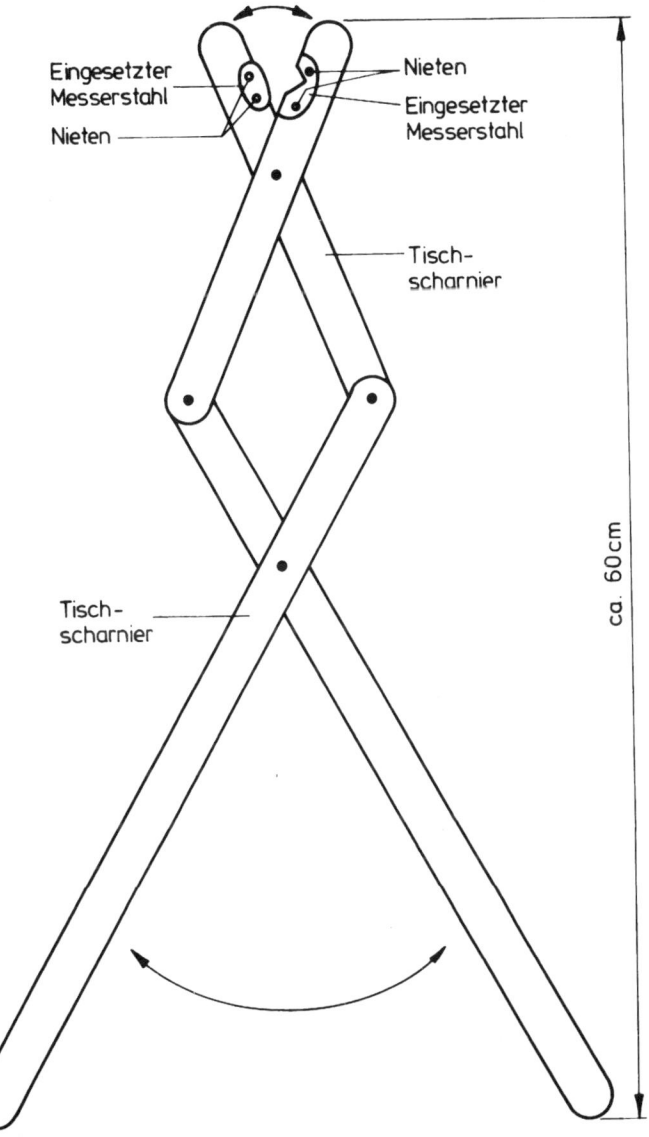

Eingesetzter
Messerstahl

Nieten

Nieten

Eingesetzter
Messerstahl

Tisch-
scharnier

Tisch-
scharnier

ca. 60 cm

*Die „wunderbare" Drahtschere: Sie durchschnitt den „most beautiful fence" von Kanada –
den schönsten, sichersten Draht von Kanada – wie „Butter"!*

Mit Risiko am hellen Tag

Die Erläuterungen des Fluchtplanes waren kompliziert, deswegen wohl vorbereitet. Alles war fertig! Ich wollte diesmal als Kanadier, ausgerüstet mit einer bestens nachgemachten Identity Card (Ausweis) mein Glück versuchen. Meine Herkunft war Alberta, wo es viele deutschstämmige Kanadier gab, die viel schlechter Englisch sprachen, als ich. Versehen, mit dem Empfehlungsbrief des Pfarrers aus meinem Dorf, wollte ich als „Farmhand" oder Gelegenheitsarbeiter hier im Osten Kanadas Arbeit suchen.

Die Papiere waren im Lager wieder von hilfsbereiten Experten gezeichnet worden, die inzwischen nicht nur bessere Vorlagen, sondern auch bessere Federn, Tusche und Farben benutzen konnten. Sogar eine Schreibmaschine stand uns zur Verfügung. Auf einem der Spaziergänge hatte ein Kamerad ganz zufällig eine echte kanadische Identiy Card gefunden, die jetzt als Vorlage diente.

Da ich zur Durchführung des Zaundurchbruchs etwa 120 Helfer und Mitwisser brauchte, wurde es notwendig, daß ich den Verlauf des geplanten Geschehens vorher zu Papier brachte. Auch die Namen der zum Ablauf vorgesehenen Beteiligten stellte ich in einer langen Liste zusammen. – Das alles konnte Major Müller, die oberste Instanz für Fluchtsachen, komplett der Lagerleitung zu deren Genehmigung vorlegen. Diese Genehmigung brauchte ich diesmal besonders umfassend!

Mitten in dieser nervlichen Anspannung schrieb ich noch einen Brief an meine Mutter:

4.Juli 43. Liebe Muttel! Gestern kam Dein Brief vom 19. April und einige Tage vorher der von Deinem Geburtstag (vom 2. Mai). Auch Vatel schrieb am 2. Mai, sein Brief kam ebenfalls gestern an. Mein Postempfang ist also wieder befriedigend. Vatel schrieb mir, wie er übergangen wurde. Ich weiß, was das für ihn bedeutet, aber er wird es sicher in Ruhe zu tragen wissen. In seinem Beruf kommt es meiner Ansicht nach, weniger darauf an, Anerkennung von oben zu finden, als Vertrauen und Verehrung nach unten und von unten zu genießen. Vatel wird sich aus seinen Tugenden Freude und Ansporn holen, sie sind sichere Quellen. – Du meinst, unsere Familie sei nicht vom Glück begünstigt. Du hast recht, aber gemessen an anderen deutschen Familien ist unser Schicksal doch leicht zu tragen. Wir haben noch Hoffnung auf eine Zukunft. Auch Du und Vatel noch, wenn wir nur später richtig zusammenhalten. – Von Trude erhielt ich einen Brief, der mich sehr gefreut hat. Sie scheint dem Leben auch auf den Grund zu gehen und sich gesunde Richtlinien auszulegen. Vatel meint, ich sollte Dir nächstes Jahr persönlich gratulieren. Er müßte es ja besser wissen, als ich, aber ich bin vernünftig genug auch noch länger Geduld zu haben. Die Entscheidungen in diesem Krieg sind zu schwerwiegend um dem Sieger nicht das Letzte an Kraft und Ausdauer abzufordern ..."

Solch „normale" Briefe mußte man nach Hause schreiben, dabei platzte man innerlich fast vor Anspannung und hätte so gerne „ehrlich" mit jemand gesprochen, wie einem tatsächlich zu Mute war. War es das Risiko wert? – Am Zaun tot – oder womöglich zum Krüppel geschossen zu werden. Oder später „auf der Flucht" oder bei der „Festnahme" erschossen zu werden? Mit niemand im Lager konnte man darüber ehrlich sprechen. Die einzige Erkenntnis war und blieb: „Das mußt Du schon selbst mit Dir abmachen!"

In der zweiten Juliwoche wurden wie immer nach dem Mittagessen durch einen Sprecher die Nachrichten vorgetragen. Sie enthielten wie üblich den im gebastelten Kurzwellenempfänger aufgenommenen Wehrmachtsbericht, aber für alle überraschend, wurde in der Folge eine lange Namensliste den im Speisesaal anwesenden Offizieren vorgelesen. Die so Aufgerufenen wurden im Namen der Lagerleitung gebeten, sich anschließend im oberen, großen Unterrichtsraum einzufinden.

Alle, alle kamen – der Raum war zum Bersten gefüllt. Dieser Unterrichtsraum befand sich im Dachgeschoß und konnte gegen unliebsame Mithörer abgesichert werden – im Gegensatz zu unserer Speisebaracke, wo man nie sicher war, ob ein Kanadier mithörte.

Major Müller erklärte einleitend, daß ich diesen Nachmittag einen Fluchtversuch wagen wollte, dessen Ablauf gleich von mir erläutert werden würde. Er machte bekannt, daß alle Anwesenden eine wichtige Funktion bekämen und fragte, ob sie dazu bereit wären. – Sofort folgte die Zustimmung und erst dann trug ich meinen schriftlichen Plan im Detail vor.

Zusammengefaßt: Von Manni sollte für mich ein Loch im starken Maschenzaun am Korbballplatz ausgeschnitten werden. – Mit einer „neuen Zange", die aber nicht öffentlich vorgezeigt wurde! – Das Signal für mein Durchschlüpfen würde in schon bewährter Weise von Hauptm. Baudler kommen. – Eine kleine Gruppe; Manni, Baudler, Pfundtner und ich würde sich nach und nach unter den Zuschauern beim Korbballspiel an der Zaunseite einfinden.

Vorher war mit Manni ausgemacht, daß er sofort nach meinem Durchschlüpfen den ausgeschnittenen Winkel, mit starkem, isoliertem Elektrodraht – grau eingefärbt – wieder zuflechten sollte. Dazu muß man bedenken, daß der dicke Maschendraht, bei sehr schrägem Gesichtswinkel, für die Posten auf den Türmen rechts und links eine undurchsichtige graue Wand war. Sie würden mich jedoch sofort erkennen, wenn ich durch diese „Wand" geschlüpft war.

Es war auch abgemacht, daß die Zange erst im letzten Augenblick von außen aus dem ebenerdigen Fensterschacht geholt werden sollte und dort sofort wieder zu versenken war, noch bevor das Loch wieder sorgfältig zugeflochten wurde. Manni war auf die Zange ausgesprochen „scharf". Mit Karl war abgesprochen, daß Manni sie hinterher nicht nur verantwortlich verstecken würde, sondern sie endgültig zur weiteren Verfügung übereignet bekam.*

Die Sache sollte am hellen Nachmittag vonstatten gehen! Zwischen den beiden Zäunen würde ich zwar voll den Gewehren der Posten in den benachbarten Türmen ausgesetzt sein – aber dagegen waren gute Ablenkungsmanöver vorgesehen: – Beim linken Turm war eine Gruppe angesetzt, die mit dem Rasenschlauch so ungeschickt umgehen sollte, daß das Wasser – ganz versehentlich – in das offene Wachfenster prasseln würde. Vor dem rechten Turm befand sich unser Boxring, und es mußte mit dem Teufel zugehen, wenn der dortige Turmposten von einem zeitlich genau geplanten KO-Schlag nicht vollständig abgelenkt werden konnte.

Ich hatte eine gute khakifarbene Hose von einem „Afrikaner" besorgt, ebenso ein Khakihemd. Das Schneidern eines kanadischen Schiffchens als Kopfbedeckung war auch kein Problem. Da ich nach Bewältigung der Innenzäune beim Weg bis zu der Überwindung des weiter außen verlaufenden dritten Zaunes, nicht völlig allein auf mich angewiesen sein wollte, erbat ich noch Unterstützung von zwei Fußballmannschaften samt Zuschauern, die sich außerhalb, auf dem vor dem Lagertor gelegenen Fußballplatz betätigen sollten.

Nachdem der gesamte Plan und die Einteilung der zahlreichen Helfershelfer vorgelesen war, fragte ich nochmals um deren freiwillige Zustimmung. Es gab keinen Mann, der sich nicht spontan bereit erklärte, sich in die vorgesehene Aufgabe einzuordnen.

Wir verließen den Unterrichtsraum. Kaum eine Stunde später, waren sie alle auf ihren Einsatzposten: Die Rasensprenger, die Korbballspieler mit den Zuschauern, die Boxer mit Zuschauern, die Mannen vor dem Tor; zwei Fußballmannschaften samt zugehörigen Zuschauern und „last not least" die kleine Gruppe am Zaun!

---

*) Im Jahre 1944 führte Manni (Walter Manhart) mit Hilfe dieser Zange, seine letzte, diesmal erfolgreiche Flucht durch. Sie führte ihn an seinen heutigen Wohnort New York, wo er lange Jahre unter falschem Namen „im Untergrund" lebte. Er heiratete, und mit Hilfe seiner amerikanischen Frau und mehrerer Anwälte konnte er nach vielen Jahren „offiziell" einwandern und wurde amerikanischer Staatsbürger.

Das Herz schlug bis in den Hals hinauf, als ich am Hinterausgang auf meinen Einsatz wartete. Ich war viel mehr angespannt, als in Coquelles, wenn der Motor zum Feindflug gegen England angelassen wurde! – Nach einem lässigen Signal von Baudler, schlenderte ich hinter dem Torpfosten des Korbballplatzes durch ... die Zuschauer standen dichter als sonst ... und schon war ich mitten in „meiner Gruppe"... Manni flüsterte: „Ist offen und groß genug!" – Baudler erhob nochmals zum Signal die Hand, Manni zog den ausgeschnittenen Lappen des Drahtgeflechtes hoch, Pfundter reichte am Tragriemen meine Tasche durch ... ich war schon durchgeschlüpft! – Das lief ab ... wie geschmiert!

Verdammt nochmal! Bei einem kurzen Blick nach links merkte ich, wie ich geradezu „auf dem Präsentierteller" zum Postenhaus stand!

Aber auf einen Kameraden in Kakhi würde der dort oben sicher nicht so ohne weiteres schießen? Auch konnte ich sehen, daß der Wasserstrahl bereits an sein Fenster spritzte. Jetzt hatte ich keine Zeit mehr, weitere Beobachtungen anzustellen. – Blindlings mußte ich mich darauf verlassen, daß die Ablenkung hundertprozentig funktionierte.

Mein Platz war genau gewählt ... Am äußeren Zaun reichte das Drahtgewölle nur 1,20 Meter hoch ... ein darüber verlaufender Stacheldraht war locker und ich konnte ihn mit einem kurzen Holzstückchen wieder aufspreizen ... Dann schlenzte ich meine Tasche durch und folgte selbst mit einer leichten Flanke ... Trotz vorheriger Übung im Lager, stolperte ich dabei, fiel draußen auf den Boden und verlor mein Käppi.

... Erst nachdem ich dieses wieder auf dem Kopf hatte, merkte ich, daß der linke Posten doch kurz zu mir herschaute, aber ich grüßte einfach lächelnd zurück ... das wirkte: Er widmete sich gleich wieder den ungeschickten Rasenarbeitern und schimpfte, sie sollten mit dem Wasserstrahl vorsichtiger umgehen!

Das schlimmste war erst mal vorbei. Ich ging außen im Postenpfad am Zaun entlang, hinter dem Rücken des rechten Wachturms am Boxring vorbei und bemerkte, daß dieser Posten seine Augen voll auf den kurz vorher eingetretenen k.o.-Schlag richtete. Das Opfer lag noch immer im Ring am Boden und wurde behandelt. Deutlich konnte ich das von außerhalb des Zaunes wahrnehmen! – Ein allmählich aufkommendes Glücksgefühl – sollte nicht von Dauer sein!

Fast fühlte ich mich an Feindflüge errinnert: Da war immer das dumpfe Gefühl vor und bei dem Start: Wirst Du zurückkehren? Wirst Du heute erfolgreich sein? ... Noch ist es ruhig im Kopfhörer ... Wann geht das los mit dem Gekreische ... mit dem Durcheinander im Sprechverkehr? – Wann wirst Du mitten in der Kurbelei nicht mehr denken, nicht mehr denken können; an Gefahr, Erfolg, Mißerfolg, gar an die Überbeanspruchung von Mensch und Maschine ???

Die Maschine war nicht mehr dabei, aber das andere sollte kommen! – Plötzlich, unerwartet, überhaupt nicht wie geplant !!!

Lässigen Schrittes ging ich hinter dem Fußballtor vorbei, weiter Richtung Seeufer, auf eine felsigen Stelle am dritten Zaun zu, wo große Gesteinsbrocken die letzte Grenze des Lagers darstellten. Dort, über diese Felsbrocken war ein Stacheldrahtverhau besonders nachlässig angelegt. Diesen Platz hatte ich vorher sorgfältig ausgesucht. Hier wollte ich übersteigen, in aller Ruhe und schon außerhalb der Sicht der Wachttürme.

Bisher lief alles so nach Plan, daß die Kameraden auf dem „Ehrenwortsportplatz", Spieler und Zuschauer, mich kaum mehr als Besonderheit betrachteten. – Bereits war ich an dem unteren Ende, hinter der Eckfahne des Platzes angelangt, als sich plötzlich eine völlig unerwartete Lage einstellte. An der Stelle, wo ich außer Sicht von Türmen und Bewachern, über die Felsen hinweg, den Drahtverhau ungeschoren überqueren wollte, betätigten sich zwei kanadische Veteran Guards als Angler!

Immer langsamer werdend ging ich zögernd auf die „Situation" zu! Aber da entwickelte sich keine günstigere Lage. – Die zwei dort! – Die würden noch für geraume Zeit angeln! – Es gab keinen anderen Ausweg, als umzudrehen und wie fürchterlich: – Ich mußte nicht nur zurück, hinter dem Tor, der Torauslinie vorbei, sondern ich mußte einschwenken, um zwischen Platzbegrenzung und dem freien Platz vor dem Lagertor „frech und frei" durchzugehen!

Das war verdammt! – Zwischen dem Sportplatz und vor dem Lagertor standen immer einige Kanadier, als unbewaffnete Wachen, andere als interessierte Zuschauer. Vorher schon, beim ersten Vorbeigehen, hatte ich gesehen, daß sich ausgerechnet mein alter Freund, der Sergeant Major unter den Zuschauern befand.

Es half nichts – der Weg hindurch zwischen Tor und Fußballplatz war unvermeidlich, wollte ich nicht aufgeben. – Schließlich hatte ich doch eine Art kanadische Uniform an! – Vielleicht nur, würde mein Brotbeutel etwas verdächtig sein, ähnliches trugen die Veteran Guards nie! Aber dieser Stoffbeutel mußte dabei sein: Darin befand sich alles Wichtige; Papiere mit Ausweis, Angelgerät, Notproviant und sogar eine Art Moskitonetz.

Gerade wie ich um die Eckfahne biege, geht doch genau dort ein Ball ins „aus" – leider nicht zur Ecke! Ich stoppe den Ball und schiebe ihn dem Einwerfer zu! – Der erkennt mich, und läßt vor Schreck fast den Ball fallen! – Es wurde nun völlig klar, daß alle Augen, die der Zuschauer und der Spieler auf mich gerichtet waren. – Natürlich auch die vom Sergeant Major! – Aber was wollte ich machen? – Hinter der Zuschauerreihe ging ich vorbei! Der Sergeant stand mehr rückwärts, in der Nähe der Wache am Lagertor! – Es blieb gar nichts anderes übrig! – Mit einem zackigen Gruß zog ich vorbei! Tatsächlich, fast automatisch grüßte er zurück!

Kaum aber war ich weitere 30 Meter gegangen – zurückschauen wagte ich sowieso nicht mehr – da entstand hinter mir große Unruhe ... Erst jetzt drehte ich mich um und sah, wie der Sergeant mich zurückwinkte ... und schnell beschleunigte ich die Schritte, aber schon kam es: ... „Haalt ... Haalt him!" – Ob es inzwischen in seinem Hirn geschaltet hatte? – Ob er mein Gesicht erkannt hatte? ... Das war jetzt alles unwichtig ... Etwa 40 Meter weiter ... Links vorwärts! ... waren die letzte Stacheldrähte straff gespannt ... die würde ich einfach mit Gewalt durchdrücken ... Schon war ich im schnellsten Lauf ... rannte im Zick-Zack immer im Zick-Zack ... Haken schlagend wie ein Hase! – Falls sie schießen würden!

Es dauerte eine Ewigkeit bis ich am Zaun war, aber noch immer krachte kein Schuß hinter mir. Und als ich mich zwischen zwei Drähten im straff gespannten Zaun durchwarf, flogen nur so die Fetzen an meinem Hemd und den Hosen ... Aber gleich dahinter fing der Busch an und ich konnte mich der Sicht von hinten entziehen. – Wie rasend riß ich mir die Uniformfetzen vom Leibe, keiner wußte, wie man bestraft wurde, wenn man in der Uniform des Feindes geschnappt wurde. Der Beutel war noch dabei!

Aber jetzt schon tönte die Alarmsirene, und ich hörte losrasende Jeeps. – In weitem Bogen im Gestrüpp erreichte ich die Fahrstraße zum Lager, sicherte kurz nach rechts und links, und war schon auf der anderen Seite ... auf der Seite, wo der Ort Gravenhurst lag. Nichts wie weg ... nichts wie weg ... waren meine Gedanken. Erst wenn ich mich – jetzt schon in ziviler Kleidung – unter zivilen Bürgern bewegte, konnten sie mich nicht mehr ohne weiteres umlegen – dachte ich!

Auf der anderen Straßenseite rannte ich bis zur Erschöpfung ... überwand eine kleine Mauer und wurde plötzlich gewahr, daß ich mich mitten unter Grabkreuzen befand. – Ich war auf dem Friedhof von Gravenhurst gelandet. – Erst mal war ich so erschöpft, daß ich mich keuchend zwischen den Gräbern auf den Boden legte.

Was jetzt tun? – Der Wald den ich anstrebte, lag etwa 300 Meter entfernt. Um den zu erreichen, mußte ich wieder schräg nach links vorwärts, wo ich hoffentlich die Lagerstraße nochmals ungeschoren überqueren konnte. Dann aber mußte ich über einen breiten Highway, von dem wir annahmen, daß er bei jedem Fluchtversuch sofort stark bewacht und dicht gemacht würde! – Aber erst mal liegen bleiben, – auf dem Friedhof von Gravenhurst würde mich so leicht niemand vermuten!

Nicht lange Zeit blieb zum Überlegen! – Da war Hundegebell – von mehreren Hunden – und ich konnte genau heraushören ... die waren schon auf der richtigen Spur ... zuerst im Busch und schon arbeiteten sie sich näher an mich heran. – Ich konnte hier nicht liegen bleiben – was für eine besondere Note – auch noch auf dem Friedhof wieder ergriffen zu werden?

Also! Vorsichtig aufgestanden! Zurück über das Mäuerchen und die Hecke, immer vorsichtig spähend. – Meine Tasche schleppte ich am Boden im hohen Gras und dem Unkraut hinterher ... Das war gut so! ... Völlig überraschend trat ein kanadischer Posten hinter einer Hecke hervor. – Es blieb gar nichts anderes übrig, als die Tasche ins Unkraut absacken zu lassen. – Sofort sprach er mich an:... „What are you doing here?" – Ich war nicht verlegen und antwortete sofort: „I am just looking for some strawberries, but it looks, there are none here, maybe I better get across the Highway, there is nothing to be found here!" (Ich suche nur nach Erdbeeren, aber es sieht so aus, als ob hier nichts ist, ich gehe wohl besser über die Hauptstraße, hier finde ich nichts!)

Tatsächlich, er glaubte mir: „Better be very careful, just now a German Prisoner has escaped and there are soldiers with guns around they are looking for him!" (Sei vorsichtig, gerade ist ein deutscher Kriegsgefangener abgehauen und Soldaten suchen ihn, sie haben Gewehre!) Er ließ mich trotzdem laufen.Was für eine blöde Situation – hatte ich doch meinen wertvollen Brotbeutel 10 Meter hinter mir fallen lassen – konnte also nicht normal weitergehen – trat erst einmal zurück, bis er wieder hinter der Hecke verschwunden war, um den wichtigen Beutel wieder zu finden. – Verrückt! – Ich suchte und suchte – für viele wertvolle Sekunden ... dabei kam das Hundegebell immmer näher ... und fand den verdammten Beutel einfach nicht.

Irgendwie mußte der Posten zweimal nachgedacht haben. – Er kam zurück, kam mit bestimmtem Vorsatz auf mich zu: „You better come with me, I want to know who you are!" (Komm mit, ich will wissen wer Du bist). Da gab es überhaupt keine andere Möglichkeit mehr, als ganz ruhig zu folgen, alles andere wäre Selbstmord gewesen! Diesmal war er mit entsicherter Maschinenpistole, den Finger im Abzugbügel, auf mich zugegangen.

Es dauerte auch gar nicht lange, bis von hinten Hunde und Jeeps heranhetzten. Der Sergeant Major war natürlich als Erster dabei! Diesmal sollte es keine lange Zeit dauern, bis ich mich im Teng wiederfand! – Für alle Fälle, besonders für so unerwartete, waren die Arrestzellen immer aufnahmebereit. – Meine ganze Flucht, vom Zaun bis zum Einsperren, hatte kaum mehr als drei Stunden gedauert. – Aber was für drei Stunden! – Und was für eine Relation von Vorbereitung zum Erfolg!

Andererseits: – Wie oft waren wir über England geflogen, ohne einen Schuß abzugeben? – Unsere Bewacher würden auch diesmal anerkennen, daß wir immer noch „tatkräftig" waren!

Wie zum Spott: Kaum war ich eine Stunde eingelocht, da erschien der Sergeant Major auch noch mit dem Brotbeutel samt Inhalt und hielt mir triumphierend meine „so guten Papiere" unter die Nase! „This won't help you very much this time!" (Das wird Dir diesmal nichts nützen!) – Aber mit Sicherheit hatten sie die Zange nicht gefunden – und wie ich rausgekommen war, wußten sie auch nicht! Dazu ging gleich die Fragerei los: „Damned! – Verdammt nochmal!", wie ich diesmal wieder rausgekommen sei? – Damit war klar, daß Manni den Zaun schnell und unsichtbar zugeflickt hatte. – Ein kleiner Trost, bei all dem anderen Pech!

Im Teng, hatte ich nach wenigen Tagen Bücher, Briefpapier und Postkarten erhalten – und schrieb bald wieder einen „ganz normalen" Brief:

20. Juli 1943. Liebe Muttel! Vorgestern kam Dein Brief vom 30. Mai. Das dürfte in unserer Verbindung wohl einer der schnellsten sein ... Du mußt Dich ja meinetwegen manchem Bittgang unterziehen. Da ist man nun bald 25 Jahre alt und hängt Euch immer noch am Rockzipfel, genau wie wenn man noch zur Schule ginge. Aber Muttel ich weiß das heute mehr zu würdigen, als in diesen Tagen, wo mir alles selbstverständlich schien ... Eben fällt mir ein, daß ich das Paket noch gar nicht bestätigt habe, das vor 14 Tagen (Anm: Kurz vor obiger Flucht) ankam. Es enthielt Brezeln, Wurst, Gebäck, Leberpastete und Sardellenpaste. Alles tadellos! Muttel ich sag nochmals: Behalt ja was für Dich! Ich brauche nicht zu hungern! Geschmeckt hat es uns allen! Wir feierten am 9. Juli zweifach Geburtstag auf der Stube! – Hoffentlich kommt die Bekleidung ebenso gut an ...

Wie gerne hätte man in so einem Brief mitgeteilt, daß man nach seinem 5. Fluchtversuch wieder mal im Arrest sitzt, daß es hier verdammt langweilig ist, weil man für vier Wochen niemand hat, mit dem man auch nur ein vernünftiges Wort wechseln kann. – Ich war diesmal ganz allein im Arrest und die Wachen ließen mich ihre Wut deutlich spüren, wußten sie ja noch immer nicht, wie ich aus dem Lager gekommen war. Von mir war dazu nichts herauszubekommen. Sie wechselten deshalb keinen unnötigen Satz mit mir.

Verdammt eintönig waren diese vier Wochen und wenn ich meine „wie gedruckt" geschriebenen Briefe aus dieser Zeit ansehe, dann werde ich erinnert an eine Langeweile, die ich damals Stunde um Stunde abzusitzen hatten.

Karte vom 27. Juli: Meine liebe Muttel! Heute kam Dein Brief vom 25. Mai. Man merkte ihm so richtig an, wie stolz Du auf Deine Arbeit sein darfst (Schulleiterin). Ich freue mich mit Dir, wenn ich daraus entnehmen kann, daß Du noch immer leistungsfähig bist. Wenn ich doch erst mal irgendwo wieder richtig mitschaffen könnte! ... Ja dem Kurt Ohrt (unserem Helfer von Fort Henry) mußt Du unbedingt etwas Gutes tun. Ich

1987 – Queens – New York: Uli Steinhilper mit Walter Manhart – in Manni's Garten – zwei alte Bekannte treffen sich. – Im Hintergrund ein Pfeiler der „Triborough Bridge", die Queens mit Manhattan verbindet.

werde ihn immer im besten Andenken behalten. Zu Hause wollen wir uns wiedersehen ...

Mit kleiner Druckschrift (dazu war Zeit im Arrest), brachte man selbst auf einer kleinen Postkarte viele Worte unter!

2. August 1943 (Datum des 51. Geburtstages meines Vaters) – immer noch aus dem Arrest):

Lieber Vater! Und wieder zieht ein Geburtstag ins Land! Zum neuen Lebensjahr das Beste. Was wir uns darunter vorstellen, brauchen wir nicht auszudrücken ... Es ist erstaunlich wie jung Du Dich erhalten hast. Immer wenn ich Eure Photos ansehe, muß ich das bewundern. Dazu wird wohl nicht zuletzt Dein früheres sportliches Leben mitgeholfen haben. Auch ich habe daher erst recht die Parole, Sport zu machen soviel ich gerade erhaschen kann ... Du schreibst von Büchern, die Du gelesen hast. Auch ich habe hier schon einiges gelesen. Letzten Winter haben wir uns in einer kleinen Arbeitsgemeinschaft sogar an Kant gewagt. Wie klein bleibt trotz allem der Ausschnitt an Wissen, im Verhältnis zu dem, was erforscht ist und wissenswert ist ... Hier ist es zur Zeit unglaublich heiß und schwül. Die Gewitter sind zwar heftig, doch zu kurz um Abkühlung zu schaffen. Das Klima ist eben mehr Landklima im Verhältnis zu dem, was wir von

212

zu Hause gewöhnt sind. Doch das sind Kleinigkeiten. Uns geht die Sonne nicht unter.

Also für heute: Alles Gute! Dein Uz.

So um den 10. August herum waren dann die Folgen der 5. Flucht und die damit verbundene Arrestzeit vorbei und wurden allmählich verdaut. Aber schon zeichneten sich neue Aufgaben ab.

Froh war ich besonders darüber, daß es wegen der „kanadischen" Uniform kein Nachspiel gab, natürlich waren die Fetzen im Busch auch gefunden worden.

POW-Austausch – Informationen für die Heimat

Wieder zurück auf der Stube, war die beste Nachricht, daß aus den „Austauschkandidaten" jetzt endgültig eine Gruppe von 12 Kameraden ausgesucht war, die von der Ärztekommission zum Austausch vorgesehen war. Der Tausch im Verhältnis 1:1 gegen Alliierte POWs in Deutschland, kriegsunfähige, verletzte oder unheilbar kranke Offiziere, Unteroffizieren und Mannschaften sollte im Spätsommer, spätestens Herbst dieses Jahres abgewickelt werden. Das schwedische Schiff „Gripsholm" fuhr jetzt regelmäßig von nordamerikanischen Häfen nach Lissabon und zurück und sollte über das neutrale Portugal und Spanien, mit Hilfe von Vichy-Frankreich solche Transporte abwickeln.

Im Lager waren viele Kameraden schon fleißig dabei, Erzählungen über Erschießungen von Flugzeugbesatzungen in England nach ihrer Notlandung oder Landung per Fallschirm aufzuschreiben. – Zwar hatte Franz v. Werra schon 1941 wichtige Informationen in die Heimat übermittelt, bei ihm war es jedoch in erster Linie um Verhörmethoden in England und die Bedingungen in engl. Lagern gegangen. Aber da er ganz „sporadisch", gleich nach Ankunft in Kanada vom Zug gesprungen war, war er nicht gründlich vorbereitet. – Von seinen Berichten in der Heimat, hatten wir von Kameraden erfahren, die später in Gefangenschaft geraten waren. – Auch wie bedeutungsvoll diese Nachrichten für die Behandlung der alliierten Gefangenen in Deutschland waren.

Diesmal war unsere Stube besonders beteiligt. Das hatte seinen ganz bestimmten Grund. Peter Döring hatte schon zu Beginn der Gefangenschaft, als man solche Dinge bei „EATON" noch per Katalog bestellen konnte, eine Remington Reiseschreibmaschine geordert und auch tatsächlich erhalten. – Später war so ein „Luxusartikel" nicht mehr zu erwerben, auch deshalb, weil „Empfehlungsschreiben" für einige Escaper auf einer Schreibmaschine verfaßt worden waren. Außerdem war so ein Kauf nicht nur eine Frage von erlaubter Bestellung. Bei unserem kleinen POW-Sold belastete eine so große Anschaffung den Empfänger mit jahrelangen Tilgungsraten.

Dörings einzige private Schreibmaschine im Lager, wurde nun dazu benutzt, unter fachlicher Leitung der „Rechtsexperten", all das niederzuschreiben, von dem wir glaubten, daß es nützlich sei, um weitere Übergriffe bei der Gefangennahme und besonders bei den anschließenden Verhören zu verhindern.

Die „Gripsholm": Mit diesem schwedischen Schiff wurden während des 2.ten Weltkrieges zuerst nur Briefe und Pakete befördert. Später diente sie auch für Austauschtransporte.

Inzwischen wurden über Deutschland immer mehr amerikanische und englische Bomber abgeschossen und es war wegen der Aktion „Fesselung" im Zusammenhang mit „Dieppe" bekannt, daß die deutsche Führung Übergriffe gegen uns Kriegsgefangene nicht ohne entsprechende Folgen für die alliierten Gefangenen dulden würde.

Ein paar Zahlen dazu: Nach meinen Informationen betrug 1945 bei Kriegsende, die Zahl der sich damals in deutscher Gefangenschaft befindlichen alliierten Offiziere aus abgeschossenen Flugzeugen, mindestens 16 000 Mann. – Keine kleine Zahl.

Man kann auch davon ausgehen, daß sich bei einer so großen Zahl, auch schon im Jahre 1943 weit mehr Verletzte und Kranke – also Anwärter für den Austausch – befanden, als bei den insgesamt 700 deutschen POW-Offizieren von Heer, Marine und Luftwaffe, die sich bis Ende 1943 in Kanada in Gefangenschaft befanden.

Diese alliierten Flugzeugbesatzungen waren eine „bedeutende" Gruppe von Menschen! Es war auch allgemein bekannt, daß sowohl bei der englischen R.A.F. als auch der U.S. Air Force manche Piloten und Besatzungen abgeschossen worden waren, deren Eltern und Verwandte starken politischen Einfluß hatten.

Es war daher wichtig, daß Deutschland von solchen Vorfällen erfuhr, die in krassem Gegensatz zur Genfer Konvention standen. Unsere Juristen im Lager legten fest, daß alle relevanten Aussagen dazu auch „bezeugt" werden mußten. Es kamen nur solche Fälle „zu Papier", bei denen es einen „Beteiligten" mit mindest einem Zeugen gab. War der Betroffene bei der Tat umgekommen, so wurde dieser Fall nur aufgenommen, wenn zwei Zeugen mit Namen und Adressen zur Verfügung standen.

Es war schlimm, was da alles berichtet wurde. Es fing an mit der Niederschrift von Mißhandlungen und Erschießungen einiger Flugzeugbesatzungen in England, meist durch die zivile „Home Guard". Vorwiegend geschah so etwas während der Battle of Britain, wo sich diese Vorfälle nach dem Abschuß, oft aus purer Angst vor den deutschen Besatzungen „den Hunnen" ereigneten. Spätere Berichte aus den Kriegsjahren 1941, 42, 43 waren viel schlimmer. Was einige überlebende U-Bootbesatzungen zu berichten hatten, war immer wieder unmenschlich und grausam.

Ich will und kann nicht alles schildern, was da oft in großer Erregung auf unserer Stube erzählt wurde. Es ist keinesfalls der Sinn dieses Buches, Feindschaften aufleben zu lassen. Vielleicht aber kann man erreichen, daß ein Appell an mehr Menschlichkeit solche Missetaten in Zukunft reduziert oder gar verhindert. – Die Opfer: Mannschaften, Unteroffiziere und Offiziere, die auch im II. Weltkrieg, nachdem sie sich ergeben hatten, auf schreckliche Weise ums Leben kamen, oder bei Verhören mißhandelt und umgebracht wurden, ist weit höher, als die meisten Menschen wissen.

Im Lager sprach sich herum, wie wichtig es war, was die Juristen beabsichtigten und immer mehr Kameraden drängten sich zu den Aussagen. – Vor allem von Mannschaften und Unteroffizieren kamen schlimme Berichte. Erst allmählich verlor sich bei ihnen ein großes Mißtrauen und auch ihre Erlebnisse kamen in die offizielle Berichterstattung.

Offensichtlich war es so, wie ich es selbst bei den Verhören in England erlebt hatte; die Offiziere waren auf die raffinierten Methoden etwas besser vorbereitet. Aus allen Erzählungen konnte man schließen: Wehe dem Gefangenen, der anfängt „zu erzählen", in der Hoffnung – seine Behandlung „aufbessern" zu können!

Ist es wohl zulässig? Auch für politische Umstürze? Der ernste Rat: Je bestimmter ein Verhörter entschloßen ist, – nichts, – aber auch gar nichts auszusagen! – eher dem Tod ins Auge shen! – Umso kürzer bleiben die Verhöre und die sonst folgenden Folterungen!

Wer beginnt „auszusagen", bei der ersten Androhung von Folterung „weich" wird, findet keine Gnade mehr! Die Henkersknechte sind erbarmungslos! – Merken sie, daß sie Erfolg haben, betreiben sie ihr böses Handwerk mit allen Konsequenzen!

Bei allen Fällen, die an das juristische Komitee herangetragen wurden, hielten sie sich strikt an die Zeugenregelung, es kam trotzdem mehr Material zusammen, als aufgenommen werden konnte.Die bezeugten Aussagen wurden zuerst mit der kleinen Remington auf Papier geschrieben. Dann, als sich unsere Heimkehrer – die ganze Gruppe, dazu bereit erklärte, diese Inhalte nach Deutschland mitzunehmen, wurde der gesamte Inhalt – etwa 30 Seiten, mit der Schreibmaschine nochmals und zwar beidseitig auf Taschentücher getippt. Die beschriebenen, weißen Leinenstücke wurden dann von den Heimkehrern selbst – nach eigenem Gutdünken unter das Futter ihrer Uniformen genäht.

Die schriftliche Übermittlung wurde abgesichert: – Jeder der freiwilligen Nachrichtenträger bekam ca drei Seiten zugeteilt, die er nicht nur auf Stoff mitnahm, er lernte sie zusätzlich noch „auswendig". – Besonders die Namen und Adressen der Zeugen waren zu memorieren. Es war kein angenehmes Erlebnis auf der Stube, das „Abhören" und „Repetieren" dieser grausamen Geschichten immer wieder erleben zu müssen.

Für den Fall der Entdeckung – hier oder unterwegs, hatten sie keine Furcht vor besonderen Repressalien. – Die Zweitschriften auf Papier blieben im Lager. Wenn notwendig, würden die Dokumente der nächsten Austauschkommission übergeben werden. Es war schließlich Aufgabe dieser internationalen Kommissionen, die in den Berichten enthaltenen Untaten nicht nur aufzudecken, sondern sie auch zu verhindern.

Im Gedächtnis besonders erhalten geblieben sind mir mehrfache Erschießungen von U-Boot Besatzungen, die nach Versenkung ihres Bootes, vor dem Untergang über Bord springen konnten, teilweise aber auch erst mit dem „Tauchretter" nach oben gekommen waren.

Sie schwammen anschließend im kalten Meer und wurden trotzdem immer wieder mit MG – Feuer beschossen, dabei dezimiert oder eliminiert, bevor die dann immer noch Überlebenden aus dem Wasser gezogen wurden. Es waren die Überlebenden, die damals bei uns berichteten.

Besonders die Verhörmethoden waren teilweise unglaublich hart. Es wurde von verbundenen Augen berichtet. Es ging oft unmenschlich zu, zum Teil wie im Mittelalter. Dabei war wohl die berüchtigste Station, ein Verhörlager in Gibraltar.

Trotz dieser Berichte, kann festgestellt werden, daß solche Vorfälle eigentlich die Ausnahme waren. Die Gefangennahme und auch die Verhöre fanden meist unter ritterlichen Umständen statt. Es ist aber unerlässlich solche Misshandlungen zu erwähnen; trotz der Genfer Konvention gab es auch im 2. Weltkrieg Menschen, die mit großer persönlicher Grausamkeit vorgingen – deswegen diese Hinweise!

Völlig unabhängig von diesen Vorgängen, als ob sich sonst nichts täte, schreibe ich am 15. Aug. 1943 an meinen Vater: ... „Zuerst einige Bitten. Hier beginnt in wenigen Tagen eine Arbeitsgemeinschaft, die das Pensum von 3 Semestern techn. Hochschule bewältigen will. Ich nehme daran teil und benötige nun dringend und so rasch als möglich: Reißzeug, guten Rechenschieber, Logarithmentafel und entweder „die Hütte" Band 1 und Band 2 oder Duppel: „Taschenbuch des Maschinenbaus" (2 Bände). Solltest Du Schwierigkeiten bei der Beschaffung haben, dann wende Dich an den V.D.I. Du siehst, daß ich mir viel Arbeit vorgenommen habe, aber je mehr Zeit damit ausgefüllt ist, je mehr kann man über diese Zeit weggehen. Vor allem wird mir gut tun, wenn ich auf diese Weise meine Mathematik Kenntnisse gründlich überhole. – Dein Photo betrachte ich genauestens ... wie jung Du noch immer bist! Erstmalig bemerke ich Dein Reiterabzeichen. Da muß ich mich später ja ranhalten um das auch zu bestehen. Mit Deiner Anleitung wird es schon gehen, was meinst Du? – So nun hoffe ich, daß dieser Brief rasch durch die Zensur geht und ich bald das erbetene Material in Benutzung nehmen kann. Dich grüßt herzlichst! Dein Uz!

So „indirekt" schrieb man gelegentlich an den „Zensor" – ob es wohl geholfen hat? – Aus diesem Brief geht deutlich hervor; jetzt wollte ich mich eingehend dem Studium widmen, nicht unbedingt um mich auf einen zivilen Beruf vorzubereiten, sondern um die Zeit „auszufüllen".

Aus dem nächsten Brief ist Wichtiges zu entnehmen:

24. Aug 1943. Liebe Muttel! Gestern kamen zwei Briefe von Dir. Vom 21. und 23. Juni. Meine Beförderung hat eingeschlagen. Wie Du Dir das mit der „amtlichen" Benachrichtigung vorstellst, wäre das schön, wenn es so klappte. Mit der hiesigen Benachrichtigung ist das so eine Sache. Kameraden von mir warten schon Jahre vergeblich darauf, daß sie endlich ein paar Groschen mehr beziehen. (als Hptm. bekam man ca 4 can. $ mehr wie als Obltn.) Diese Mühle mahlt sehr langsam! Ich wäre dankbar, wenn ihr versucht das „internationale rote Kreuz" zu benachrichtigen, um damit von unserer Seite das Notwendige getan zu haben. – Das aber nur als Randbemerkung. – Die Beförderung überragt diese Kleinigkeiten alle. Ich freue mich, daß die Heimat genau so treu zu uns hält, wie wir zu ihr. Man sieht nun wieder greifbar, daß man doch noch nicht abgeschrieben ist und daß wir später unsere Aufgaben genau so zugewiesen bekommen, wie Andere, Glücklichere. – Allerdings sagt einem diese Beförderung auch: „Wenn Du jetzt zu Hause wärst ...!" Oder auch: „Wie lange bist Du nun schon hier...?"

Das Beförderungsschreiben vom 19. Juni war an meinen Vater an die Heimatadresse, nicht nach Mülhausen an seine Truppenadresse geschickt worden, daher erhielt ich die Nachricht, daß ich mit Wirkung vom 1. Juni zum Hauptmann befördert wurde, von meiner Mutter. Wie sehr mich diese Beförderung freute, geht aus dem vorstehenden Brief hervor. Es war Tatsache, man war noch nicht vergessen!

Der Reichsminister der Luftfahrt
und Oberbefehlshaber der Luftwaffe

Luftwaffenpersonalamt
Az.Verl.10 Nr. 1391 (Chef-Abt.IIB)

(In der Antwort bitte vorstehendes Geschäftszeichen,
Datum und kurzen Inhalt angeben)

Berlin W 8, den *11* Juni 1943
Leipziger Straße 7
Tel.-Adr.: Reichsluft Berlin
Fernsprecher: Ortsverkehr: 32 00 24, 21 97 41, 12 00 47
Fernverkehr: 21 00 11
Hausapparat: 2156

Betr.: Hauptmann Ulrich S t e i n h i l p e r

Herrn
Wilhelm Steinhilper

Heutingsheim Kr.Ludwigsburg
Württemberg

Sehr geehrter Herr Steinhilper!

Es ist dem Luftwaffenpersonalamt eine besondere Freude,
Ihnen mitteilen zu können, daß der Herr Reichsmarschall Ihren
z.Z. in englischer Kriegsgefangenschaft befindlichen Sohn, den
Hauptmann Ulrich S t e i n h i l p e r , mit Wirkung vom
1. Juni 1943 zu diesem Dienstgrad befördert hat.

Anliegend erhalten Sie 2 beglaubigte Auszüge der betreffen-
den Personalveränderung. Damit die Bezüge Ihres Sohnes schnell-
stens in der nunmehr zustehenden Höhe überwiesen werden können,
senden Sie zweckmäßigerweise eine Ausfertigung an die Ihnen
sicherlich bekannte Anschrift der die Gebührnisse zahlenden

Dienststelle. Die 2. Ausfertigung ist für Sie selbst bestimmt,
darf aber nicht Ihrem Sohn zugesandt werden. Die englischen
Stellen werden von hier aus auf dem amtlichen Wege benachrichtigt.

2 Anlagen

Heil Hitler!
I.A.

*Dieses Beförderungsschreiben hat mich in Kanada nicht erreicht, trotzdem funktionierte die
Benachrichtigung über das rote Kreuz und ich erhielt den equivalenten POW Sold.*

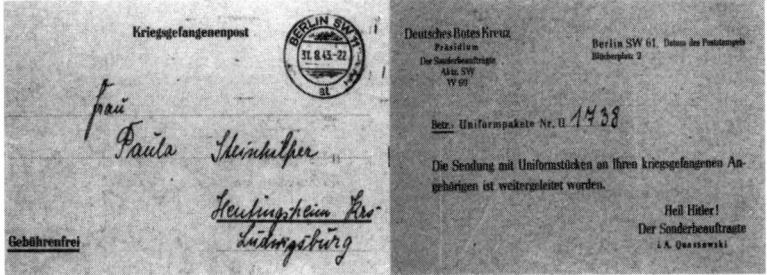

*So wurden den Angehörigen der Versand der POW Pakete nach Kanada gemeldet. – Meist
kamen sie wohlbehalten an!*

219

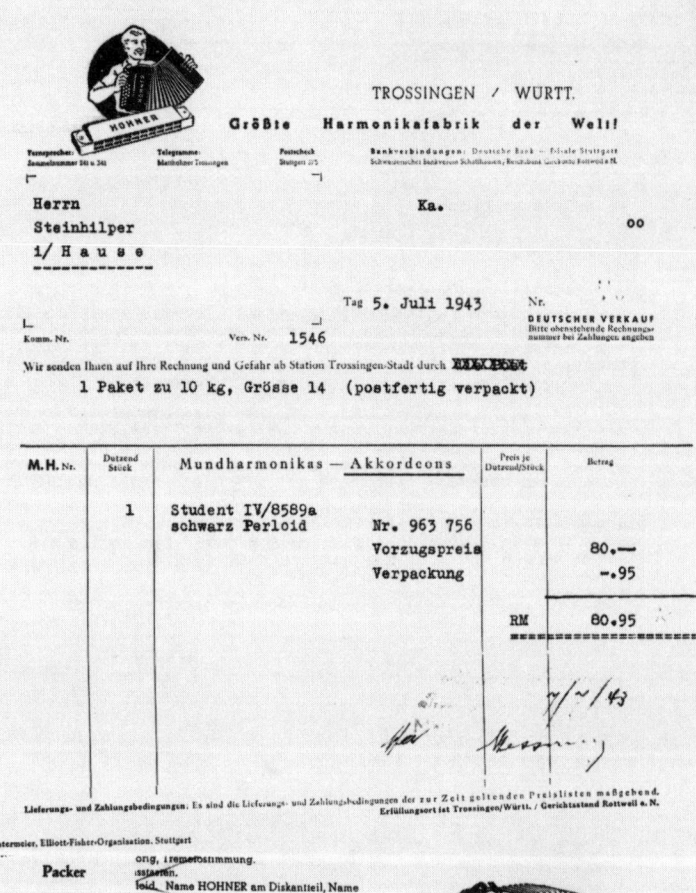

TROSSINGEN / WÜRTT.

Größte Harmonikafabrik der Welt!

Herrn
Steinhilper
i/ H a u s e

Ka.

oo

Tag 5. Juli 1943

Nr.

DEUTSCHER VERKAUF
Bitte obenstehende Rechnungs-
nummer bei Zahlungen angeben

Komm. Nr.   Vers. Nr.   1546

Wir senden Ihnen auf Ihre Rechnung und Gefahr ab Station Trossingen-Stadt durch ~~Bahnpost~~

1 Paket zu 10 kg, Grösse 14   (postfertig verpackt)

M.H. Nr.	Dutzend Stück	Mundharmonikas — Akkordeons	Preis je Dutzend/Stück	Betrag
	1	Student IV/8589a schwarz Perloid Nr. 963 756		
		Vorzugspreis		80.—
		Verpackung		—.95
			RM	80.95

Lieferungs- und Zahlungsbedingungen: Es sind die Lieferungs- und Zahlungsbedingungen der zur Zeit geltenden Preislisten maßgebend.
Erfüllungsort ist Trossingen/Württ. / Gerichtsstand Rottweil a. N.

K. Westermeier, Elliott-Fisher-Organisation, Stuttgart

Packer

62

James O. Welch Co.

ong, Tremolostimmung.
asstasten.
foid. Name HOHNER am Diskantteil, Name
Diskantverdeck in der Gehäusefarbe. Ver-
Bässe, dreifache Akkorde. Mit Tragriemen

RM ~~84.50~~

Hohner-Student IV x)

Gehäuse 315×180 mm, zweichörig, Tremolostimmung.
25 Pianotasten, c'—c''', 32 Basstasten.
Gehäuse schwarz Perlmutter-Zelluloid. Anordnung der Basstasten in
4 Reihen zu je 8 Tasten und zwar vierfache Grundbässe, sechsfache Dur-
und Mollakkorde, achtfache Septimenakkorde. Mit Tragriemen und
Formkoffer.

RM 118.—

Hohner-Student IV x)

Selbst das hat es gegeben: Herr Steinhilper „i. Hause" Hohner konnte noch eine kleines Akkordeon kaufen, das den POW Steinhilper in Kanada tatsächlich erreichte!

220

Der folgende Brief gibt einen guten Einblick in das „normale" Lager-leben: – Sonntag 19.9.43.

„Liebe Muttel! Wir feierten Geburtstag (den 25. am 14.), mein „Stu-benvorstand" Döring hielt eine nette Ansprache, in der Du und Vatel fast vor mir standen, so genau kennt er Euch aus meinen Schilderungen. Zum Brief kam es an diesem Tag nicht. In meiner ganzen freien Zeit am Diens-tag wurde gefeiert! Lach nicht über die „freie Zeit"! – Ich bin tatsächlich so weit, daß ich hier jede Minute ausgefüllt habe! Der Kopf brummt nur so von Mechanik und Mathematik. – Meine Aufgaben im Kriege habe ich mir eigentlich nicht im Sinus oder Kosinus vorgestellt, aber die Tage hier sind so nicht vertan und vergehen wie noch nie! ... Nachträglich habe auch ich Eure silberne Hochzeitsfeier durchgekostet. Hoffentlich hast Du vor lauter Arbeit die eigene Freude nicht vergessen! Ich habe Dich ja nun auch sehr in Anspruch genommen, sodaß Du überhaupt nicht mehr zu Ruhe kommst. – Wie glänzend hat das mit dem Akkordeon geklappt, hof-fentlich kommt es gut und heil an!"

Mein Vater hatte einen Bruder, der bei „Hohner" in Trossingen beschäftigt war. Er konnte trotz des Krieges ein kleines Akkordeon für mich erwerben. Es traf später tatsächlich und wohlbehalten in Kanada ein. Wegen meiner weiteren „Unternehmungen" konnte ich mich darauf nicht perfektionieren, obwohl es eine Klaviatur hatte. Wie früher schon bei der dritten Staffel, wo ich 1939 nebenher versuchte, Akkordeon zu spielen, hatte ich auch als POW meine Schwierigkeiten mit den Knöpfen für die Bässe.

In diese Zeit eines fast regelmäßigen Brief- und Paketverkehrs, fällt auch ein humoriges Ereignis auf der Nebenstube: Dort hatte der Stubenäl-teste Dr. Huppert bei seiner Frau in Deutschland das bekannte Haarwas-ser: „Mampe halb und halb", oder einen ähnlich benannten Likör angefor-dert. – Als das Paket mit dem Inhalt dann auch tatsächlich eintraf war Huppert besonders stolz auf seine clevere Frau. Vor den Augen aller sei-ner Stubenkameraden setzte er mit Genuß zum ersten Schluck an. – Aber „Au Weia", zur späteren Tarnung hatte die Frau bei der ersten Sendung tatsächlich gutes Haarwasser eingefüllt. Als sich dann in der nächsten Sendung eine ähnliche Flasche befand, rieb sich unser Stubennachbar die Flüssigkeit diesmal erst einmal in die Haare und ich werde nie den Schrei vergessen, der durch die dünne Holzwand tönte: „Verdammte Scheiße!" So drückte sich Dr. Huppert normalerweise nicht aus! Aber diesmal war der Aufschrei angebracht! – Die Flasche enthielt tatsächlich den ge-wünschten Likör. Jedoch vor dem endgültigen großen Genuß wurde aber eine gründliche Kopfwäsche notwendig.

Unter den Heimkehrern, die August 1943 mit einer Feier vom Lager Gravenhurst verabschiedet wurden, befand sich auch der Flieger, Hauptm.

Karl-Ernst Wilke. Er hatte bei seinem Abschuß schwere Verbrennungen, vor allem im Gesicht erlitten. Mit ihm hatte ich vor der Austauschaktion weniger Kontakt, trotzdem bat ich ihn, ein kleines Stückchen „persönliches Tuch" einzunähen, das dann auch tatsächlich meine Eltern erreichte.

Auf dem kleinen Fetzen Taschentuch getippt stand: Hptm. Wilhelm St., Mühlhausen/Elsaß, Hermann Coßmannstr.18.

Meine 5 Fluchtversuche bisher fehlgeschlagen, weil Geld gefehlt. Beschaffung kanad. und amerik. $ über Adolf Bay oder offizielle Stelle. Falsche Papiere (evtl. Schweizer Paß) von offiz. Stelle besorgen, oder Adolfs Papiere. Zusendung laut Verabredung. Stephan Cannstatt zu Rate ziehen. Kennzeichnung der Sendung durch grünes Kreuz.

Auf der Rückseite stand (Erstaunlich, daß man den dünnen Stoff beidseitig so gut und dauerhaft lesbar beschriften konnte):

Frau A. Doering, Berlin-Karlshorst
Auguste Viktoria 2
Tel. 501212 oder 502060
(Doering ist Stubenkamerad)

Zur Erinnerung: Onkel Adolf war der Bruder meiner Mutter, der 1940 aus USA über Japan/Rußland nach Deutschland zurückkam. Herr Stephan in Stgt./Bad Cannstatt, der in früheren Büchern (engl.) vorkommt, war mir als Mann mit gelegentlichen Verbindungen in die Schweiz bekannt. Verwandte der Familie in USA, hatten mir Geschenkpakete in verschiedene Lager geschickt. Wilke hatte ich gesagt, wenn Dollar aufzutreiben wären, sollten diese in leere Walnußschalen eingeklebt werden. Papiere, wenn sie beschafft werden konnten, sollten im gleichen Paket – das außen mit einem grünem Kreuz zu kennzeichnen sei – in den Deckel eines Buches eingebunden sein.

Etwa eineinhalb Jahre später wurde klar (unter schwierigen Umständen), daß Wilke auch diese Verabredung weitergab. Das war nicht einfach für ihn. Es ist kaum vorstellbar, wie viele solche Aufträge diese ersten Heimkehrer zur Erledigung in die Heimat mitbekamen!

Erst nach dem Kriege fand ich bei den vielen von meinen Eltern aufbewahrten Briefen, nicht nur das Stückchen Stoff, sondern auch den persönlichen Brief von Wilke:

Lager Lechfeld, den 28.10.43
Sehr verehrter Herr Steinhilper!

Vor wenigen Tagen aus der Gefangenschaft heimgekehrt, beginne ich mit meiner Korrespondenz an die Angehörigen vieler meiner Kameraden der letzten 2–3 Jahre, mit Ihnen, da Ihr Sohn mir beiliegende Nachricht (das Fetzchen Stoff) besonders ans Herz gelegt hat, als ich mich am 15. 8. vom Lager verabschiedete. Ich habe sie soeben gerade aus der Uniform wieder herausgetrennt.

Natürlich habe ich viele herzliche Grüße zu bestellen und kann von mir aus hinzufügen, daß Ihr Sohn äußerst gesund und frisch, ein ausgezeichneter Sportler ist, der mich im vorigen Jahr sogar im Tennis hoch geschlagen hat. Vor allem aber verdienen all seine bisherigen Fluchtversuche höchste Anerkennung, und wenn sie – wie fast alle anderen scheiterten, so ist das nur den unerhört großen Schwierigkeiten politischer und geographischer Art zuzuschreiben.

Ich selbst war Augenzeuge seiner letzten Flucht Anfang Juli: Amhellichten Tage wurden die Posten durch ein lebhaftes Korbball- und Medizinball- Spiel, sowie durch das Spritzen mit einem Gartenschlauch (in an sich alberner Art) so beschäftigt und abgelenkt, daß der stabile Zaun von Obltn. Manhart (auch ein „Ober - Ausbrecher") mit der Zange durchgeschnitten werden konnte. Ihr Junge kroch hindurch und ging, verkleidet als Tommy, an den Posten grüßenderweise vorbei, – eine Leistung, die bei uns allen wegen seiner Kaltblütigkeit und des Schneids, mit dem er sie ausführte, große Achtung hervorgerufen hatte. – Leider kannten sich aber offenbar die Kanadier untereinander zu gut, als daß ihnen das fremde Gesicht nicht verdächtig erschienen wäre, oder seine Ehrenbezeugung war zu deutsch – militärisch gewesen, – jedenfalls wurde er nach kurzer Zeit ergriffen und mußte wieder einmal vier Wochen absitzen.

Ich würde mich für Ihren Sohn sehr freuen, wenn es Ihnen möglich wäre, sehr verehrter Herr Steinhilper, die gewünschten Papiere, und vor allem Geld zu besorgen. Auch jede fehlgeschlagene, aber gut geplante und schneidig durchgeführte Flucht steigert die Achtung vor dem deutschen Soldaten und auch den Geist innerhalb des Lagers.

Indem ich Ihnen jederzeit zu weiterer Auskunft zur Verfügung stehe, bin ich mit Deutschem Gruß Ihr Karl-Ernst Wilke.

Schade, daß ich Wilke nach dem Kriege nie mehr gesehen habe, auch nicht bei den späteren „Kanadiertreffen". Zu gerne hätte ich mich bei ihm bedankt.

Heute noch, mit großem Abstand, überkommt mich Wehmut, nachdem ich weiß welch vielfache Art von Fluchthilfe den über Frankreich oder Deutschland abgeschossenen englischen und amerikanischen Fliegern zur Verfügung stand. Wenn sie nach ihrem Abschuß nicht gleich geschnappt wurden, oder aus einem deutschen POW Lager ausbüchsten und „unterwegs" waren, gab es für sie viele hilfreiche „Untergrundorganisationen". Fast überall in Europa gab es organisierte Hilfe. Es waren nicht wenige, die es schafften nach England zurückzukehren.

Um das einzudämmen, erschoß die Gestapo nach einem Massenausbruch rücksichtslos die ungeheuerliche Anzahl von 50 Alliierten Fliegern,

Lager Lechfeld, den 28.10.43

Sehr verehrter Herr Steinhilper!

Vor wenigen Tagen aus der Gefangenschaft heimgekehrt, beginne ich mit meiner Korrespondenz an die Angehörigen vieler meiner Kameraden der letzten 2-3 Jahr mit Ihnen, da IHR Sohn mir beiliegende Nachricht besonders an's Herz gelegt hat, als ich mich am 15.8. vom Lager verabschiedete. Ich habe sie soeben gerade aus der Uniform wieder herausgetrennt.

Natürlich habe ich viele herzliche Grüße zu bestellen und kann von mir aus hinzufügen, daß Ihr Sohn äußerst gesund und frisch, ein ausgezeichneter Sportler ist, der mir auch im vorigen Jahr sogar im Tennis hoch geschlagen hat. Vor allem aber verdienen all' seine bisherigen Fluchtversuche höchste Anerkennung, und wenn sie - wie bei fast allen Anderen - scheiterten, so ist das nur den unerhört großen Schwierigkeiten politischer und geographischer Art zuzuschreiben.

Ich selbst war Augenzeuge seiner letzten Flucht Anfang Juli: Am hellichten Tage wurden die Posten durch ein lebhaftes Korbball- und Medizinball- Spiel sowie durch das Spritzen mit einem Gartenschlauch (in an sich ganz alberner Art) so beschäftigt und abgelenkt, daß der stabile Zaun von Oblt. Manhardt (auch ein "Ober-Ausbrecher") mit der Zange durchgeschnitten werden konnte. Ihr Junge kroch hindurch und ging, verkleidet als Tommy, an den Posten grüßenderweise vorbei, - eine Leistung, die bei uns allen wegen seiner Kaltblütigkeit und des Schneids, mit dem er sie ausführte, große Achtung hervorgerufen hatte. - Leider kannten sich aber offenbar die Kanadier unter einander zu gut, als daß ihnen das fremde Gesicht nicht verdächtig erschienen wäre, oder seine Ehrenbezeugung war zu deutsch - militärisch gewesen, - jedenfalls wurde er nach kurzer Zeit ergriffen und mußte wieder einmal 4 Wochen absitzen.

Ich würde mich für Ihren Sohn sehr freuen, wenn es Ihnen möglich wäre, sehr verehrter Herr Steinhilper, ihm die gewünschten Papiere, und vor allem das Geld, zu besorgen. Auch jede fehlgeschlagene, aber gut geplante und schneidig durchgeführte Flucht steigert die Achtung vor dem deutschen Soldaten und auch den Geist innerhalb des Lagers.

Indem ich Ihnen jederzeit zu weiterer Auskunft zur Verfügung stehe, bin ich

mit Deutschem Gruß
Ihr Karl-Ernst Wilke

Diesen Brief, sowohl von Hand, als auch mit Maschine geschrieben, schickte der treue Karl-Ernst Wilke meinem Vater mit ...

Hptm.Wilhelm St.,Muehlhausen/Elsass,
Hermann Cossmannstr.18.-Meine 5 Flucht-
versuche bisher fehlgeschlagen,weil
Geld gefehlt.Beschaffung kanad.und
amerik.$ ueber Adolf bei oder offizielle
Stelle.Falsche Papiere (evtl.Schweizer
Pass)von offiz.Stelle besorgen,oder Adolfs
Papiere hersenden.Geld wichtiger als
Papiere.Zusendung laut verabredung.
Stephan Cannstatt zu Rate ziehen.
Kennzeichnung der Sendung durch gruenes
Kreuz.

*mit ... beiliegender Nachricht ... Dem Fetzchen Taschentuch ... Ich habe sie soeben aus der
Uniform wieder herausgetrennt ... (Noch heute besitze ich das kleine Stückchen Stoff!) –
Das beweist, daß die „Berichte" ebenfalls in der Heimat ankamen.*

... Doering, Berlin-Karlshorst
Augusti Viktoria 2
Tel. 501212 oder 502060.

(Döring ist ...)

„beim Widerstand gegen Festnahme"! So erfuhr ich es – im Jahre 1990, dem 50-jährigen Jahrestag der „Battle of Britain" – was für eine Schande!

In meinem Falle, blieb meinem Vater nichts anderes übrig, als mehr oder weniger um private Hilfe zu bitten. Eine offizielle Hilfe oder Unterstützung von deutscher Regierungsseite haben weder meine Eltern, noch ich jemals verspürt.

Es folgen einige Karten und Briefe, die völlig unabhängig vom nächsten Kapitel zu lesen sind:

Karte 29.9.43 Lieber Vater! Gestern Dein Brief v. 12. 7. heute der vom 26.7. Die Sache mit dem Akkordeon hat wirklich glänzend geklappt! Muttel schreibt mir von Deinen Leistungen. Du fährst die Nacht durch und fängst den Morgen auf dem Pferd an. Wie ich in den Leutnantsjahren! Heute mache ich dafür manchmal einen 5000 m Lauf vor der Zählung am Morgen. Du darfst Dir nicht zuviel zumuten! Herzlichst. Dein Uz.

10. Okt. 43. Lieber Vater! Der „Indianersommer" bringt uns dies Jahr noch ein paar sonnige Herbsttage, doch stehen morgens schon die Eisblumen am Fenster und man kann allmählich die kurzen Hosen einpacken; bald wird der erste Schnee fallen. Die einzige Abwechslung bringt die Natur in unser Dasein, alles andere bleibt gleich. Auch wir selbst sind einförmig und gleichmäßig geworden. Man merkt nur hie und da, daß manches unterdrückt bleibt und ruht, aber man weiß auch genau, daß das alles wieder einmal erwachen wird. – Einmal kommt dieser Tag! Dann werden wir diese Starrheit verlieren und wieder anfangen zu leben.

Über Deine gute Zuversicht freue ich mich besonders. Ich bin ja nun schon so lange ohne Berührung mit der Heimat, daß ich mir aus den uns zugänglichen Nachrichten kein richtiges Bild mehr machen kann. Die Ausgangsbasis zu jeder Überlegung hat sich seither eben viel zu sehr verändert. Natürlich ist unser Vertrauen gleichbleibend fest, doch möchte man wenigstens mit Euch fühlen können, wo doch diese Tatenlosigkeit allein schon schwer genug zu ertragen ist! ... Du mußt mir also weiterhin so fleißig schreiben! Herzlichst! Dein Uz!"

Unsere Berichte erreichten, ohne Schaden für die „Übermittler", die Heimat. Welche offiziellen Reaktionen sie auf deutscher Seite auslösten, konnte ich nicht erfahren.

Ob es einen Zusammenhang gibt, daß in unserem Lager ab Winter 1943/44 deutliche Verbesserungen bei Unterrichtsmaterial, Sport und Spaziergängen eintraten? – Daß vor allem die Anmietung der „Farm auf Ehrenwort" möglich wurde? – Das kann nur vermutet werden.

Einige Berichte gelangten in die damalige deutsche Presse.

Das ist kein Herrenvolk mehr!

Gemeines Verhalten britischer Militärs gegen deutsche Gefangene

Major Erich Hoenmanns aus Köln, der dieser Tage aus britischer Kriegsgefangenschaft in Kanada zurückgekehrt ist, berichtet:

Ende Juni — Anfang Juli 1940 befanden wir uns auf dem Passagierdampfer „Dutcheß of York" auf der Ueberfahrt von Liverpool nach Quebec. Wir waren etwa 3000 Kriegsgefangene und Zivilinternierte. Dabei machte sich gleich nach der Einschiffung ein britischer Hauptmann durch seinen fanatischen Deutschenhaß bemerkbar.

Die Gefangenen und Internierten durften sich zu bestimmten Stunden des Tages auf einem kleinen abgesperrten Teil des Achterdecks im Freien aufhalten. Von höheren Teilen des Decks waren dabei MG. und Gewehre auf sie gerichtet. Einmal nun tauchte der genannte Hauptmann auch dort auf — es war am 25. Juni 1940 — und begann plötzlich die Deutschen anzuschreien, sie sollten auseinandergehen, was aber auf dem gedrängten Raum kaum möglich war. Ehe diese der Aufforderung hätten nachkommen können, wies der Hauptmann einen Posten an, auf sie zu schießen. Der Posten zielte über die Deutschen hinweg ins Wasser, worauf ihm der Hauptmann das Gewehr herunterschlug. Der Schuß ging los und traf einen Internierten, der sofort tot zusammensank. Der an Bord befindliche deutsche Oberst Friemel legte gegen diesen Mord schärfsten Protest ein. Man hörte dann, daß der britische Hauptmann eingesperrt worden sei, doch konnte Näheres nicht mehr in Erfahrung gebracht werden.

Wie die heimgekehrten deutschen Kriegsgefangenen berichten, waren die Umstände ihrer Gefangennahme, Vernehmung und Unterbringung oft entwürdigend und mittelalterlich. Aussagen, beispielsweise des Marinestabsarztes Dr. Hasselmann aus Neumünster in Holstein, die von Leidensgenossen zum Teil wörtlich bestätigt werden, kennzeichnen die häufige britische Absicht, deutsche Gefangene mit allen Mitteln zu demütigen.

In manchen britischen Gefangenenlagern war es üblich — das bezeugen u. a. der soeben ausgetauschte schwerkriegsbeschädigte Feldwebel Schön aus Eisenach — den Gefangenen zur Demütigung sämtliche militärischen Ausrüstungsgegenstände abzunehmen und Zivilkleider auszuhändigen. Im Lager Hydepark versuchte man sechs Tage lang, den Feldwebel mit vorgehaltener Pistole oder stichbereitem Seitengewehr zu Aussagen zu veranlassen.

Der Unteroffizier Kurt Schwanzelberg, kaufmännischer Angestellter aus Nürnberg, der im Lager Trinidad (Colorado-USA.) gefangengehalten wurde, berichtet ähnliche Vorkommnisse auch aus den Lagern für deutsche Kriegsgefangene in den Vereinigten Staaten. Dieser Soldat berichtet ausführlich von einem der Erpressungsversuche in einem auf Long-Island eingerichteten Lager. Dort wurden mehrere Kameraden sechs Wochen lang zur Vernehmung festgehalten.

Bemerkungen über die britische Unfähigkeit zu planvoller Organisation finden sich in zahllosen Berichten ausgetauschter deutscher Kriegsgefangener über Truppentransport- und Lagerverhältnisse in England. Kalte Zelte oder primitive Baracken, die nicht weniger verwanzt sind als sowjetische Dörfer, das Fehlen von Tischen und Stühlen, kahle Gefängniszellen mit eisigem Steinfußboden, miserables Essen — davon berichten die oft schwerverwundeten deutschen Soldaten.

Aussagen beispielsweise des Sanitätsmaats Schilhabel aus Neu-Wörmlitz bei Halle an der Saale, der übrigens von den bekannt reichlichen Zusendungen des Deutschen Roten Kreuzes kaum etwas ausgehändigt bekam, Zeugnisse des Gefreiten Rüdiger von Haase aus Berlin-Lichterfelde, geben einen Einblick in die unglaublichen Verhältnisse, die deutsche Gefangene vorfanden. Der letztgenannte Soldat, der auf der Bahre mit der Pistole bedroht wurde, lebte im britischen Camp 13 anderthalb Jahre ohne Tische und Schränke bei völlig unzureichender Beleuchtung. Die Kost in diesem Lager war übrigens, wie alle von dort gekommenen Heimkehrer berichten, vollkommen unzureichend.

Gefesselt und gepeitscht!

Die unwürdige Behandlung deutscher Soldaten, die in Feindeshand fielen, wird erneut durch zahlreiche Aussagen heimgekehrter deutscher Kriegsgefangener unterstrichen. So berichtet der Gefreite Helmut Scheiding aus Kleindembach bei Pößneck in Thüringen, der in Kanada gefangen gehalten wurde, daß deutsche Soldaten gefesselt und mit Striemen gepeitscht wurden, um bei Vernehmungen Nachrichten über die deutsche Wehrmacht und die Heimat zu erzwingen. Beim Abtransport wurden die Deutschen ebenfalls oft mit Striemen gefesselt. Daß den genannten Soldaten übrigens alles persönliche Eigentum, wie Uhring, Armbanduhr usw. von seinen Peinigern gestohlen wurde, versteht sich. Auch vor den Schwerverwundeten oder Kranken machte die Fesselung nicht halt. Wie wenig auf ihren körperlichen Zustand Rücksicht genommen wurde, geht auch aus der Aussage des Oberfeldwebels Grabbe aus Beep bei Stettin hervor, der bezeugt, daß die Verwundeten kurz nach der Operation vernommen wurden und dabei maßlose Beschimpfungen über sich ergehen lassen mußten.

Ein Päckchen – mit Inhalt
„der Geheimcode"

Briefpost und die Pakete aus der Heimat, immer noch Pakete und Briefe aus den USA und zunehmend mehr Geschenkpakete aus Brasilien, aus der deutschen Colonia Blumenau – mit Bohnenkaffee – kamen fast schon regelmäßig im Lager an.

Eines Tages, im Jahre 1943, erhielt ich ein Päckchen, Maße einer Postkarte, etwa 5 cm hoch. – Es sah äußerlich fremd aus, die Schrift stammte weder von meinen Eltern noch Personen, von denen ich sonst Post bekam. – Eher eine kindliche Handschrift hatte den Empfänger und Absender geschrieben. – Ob es sich wohl um die Sendung eines Schulmädchens handelte? Hin und wieder erhielten wir zur freundlichen Aufmunterung solch rührende Grüße aus der Heimat.

Mit Spannung öffnete ich das braune Pappschächtelchen: – Der Inhalt war merkwürdig, wer konnte da so gedankenlos sein? – Ein rostiger Rasierapparat mit Klingen, Rasierseife und Pinsel. – Wir waren nun doch schon 3 Jahre in Gefangenschaft. – Wer wußte da noch nicht, daß wir uns hier ausreichend rasieren konnten?

Weiterer Inhalt: Einige im Laden gekaufte Kekse, die zum Teil zerbrochen, ungenießbar waren und eine runde Blechdose, die auch nicht neu aussah. Darin fast vergammelte, gefüllte Bonbons.

Beinahe wollte ich nach den Keksen auch die Bonbons wegwerfen, doch dann kam mir das schäbig vor. – Schließlich kam das alles aus der Heimat, und wer weiß, wie man sich zu Hause diese Sendung am Munde abgespart hatte. Also ermunterte ich auch die anwesenden Stubenkameraden zum Genuß und verteilte die Bonbons reihum.

Sie schmeckten gar nicht so schlecht! Die „Fruchtfüllung" war eine Art Gelee. Nachdem ich zum zweitenmal zugegriffen hatte, fand sich in meiner Füllung ein weichlicher Kern vielleicht 3 mm dick, der sich nicht zerbeißen ließ. Eine Verunreinigung? Schon war ich dabei ihn vehement auszuspucken – aber sowas tut man auch in Gefangenschaft nicht! Ich nahm das Klümpchen sachte zwischen Daumen und Zeigefinger und betrachtete das faserige Gebilde, bevor ich es in unseren Abfallkorb werfen wollte.

Glücklicherweise beobachtete mich dabei der Stubenkamerad Wildermuth, sah das winzige faserige Gebilde, das ich zwischen meinen Fingern hielt und wußte sofort Bescheid! – Während seiner früheren Wehrmachtsausbildung hatte er einen Kurs besucht, bei dem diese Art „geheime Nachrichtenübermittlung" erklärt worden war.

Völlig überraschend für mich rief er: „Sofort ins Wasser damit!" – Wir füllten eine runde Waschschüssel mit Wasser und siehe da! – Mit großer Sorgfalt entfaltete er das Klümpchen und nach und nach schwamm im Wasser eine hauchdünne Folie, Originalgröße Din A 4. – Nachdem wir sie sorgfältig getrocknet hatten, war sie auf beiden Seiten lesbar.

Auf der Vorderseite war die Rede von Göring abgedruckt, die er nach dem Verlust von Stalingrad gehalten hatte. – Nun fanden wir darin bestätigt, daß die Lage in Deutschland anfing kritisch zu werden. Der Feindpresse hatten wir diesbezüglich noch keinen Glauben geschenkt.

Und auf der Rückseite etwas fast Unglaubliches: Mir zeigte das – mehr noch als die Rede – wie kritisch die Kriegslage wirklich war: Da stand als Überschrift: SENDET FEINDNACHRICHTEN!

Und dann folgte die genaue Beschreibung eines Briefcodes, der trotz der Verwendung des Spezialpapieres (gefeit gegen geheime Tinten) bei unseren POW Briefen funktionieren konnte. – Wir ahnten zwar, daß es bei unseren U-Boot Offizieren einen Briefcode gab, aber von dem war bekannt, daß er mit großer Wahrscheinlichkeit den Bewachern und Zensoren bekannt war.

Diese vagen Errinnerungen kamen mir ins Gedächtnis, als ich 1985 die ersten Zeilen für mein Buch „Noch 10 Minuten bis Buffalo" zu Papier brachte.

Bald fing ich an zu forschen, sowohl im Gedächtnis, als auch in den umfangreichen Briefunterlagen, die meine Eltern über die ganze Zeit des Krieges, einschließlich aller meiner Briefe aus kanadischer Gefangenschaft gesammelt und sorgfältig aufbewahrt hatten.

Im Gedächtnis war noch schwach vorhanden, daß das Kennwort damals STERN war – und da war noch ein schwacher Schimmer: Hatte das Schlüsselwort nicht HASENKOPF gelautet? – Waren damals nicht Anweisungen gegeben worden unter das Alphabet, Zahlenreihen von eins bis drei zu schreiben?

Natürlich hatte ich nach der Rückkehr aus der Gefangenschaft Mutter und Vater gefragt, ob ihnen, den Eltern mitgeteilt wurde, daß ich in einem geheimen Code verschlüsselte Nachrichten schrieb. – Aber sie waren keineswegs informiert worden. – Sie wußten von nichts. Nur meinem Vater fiel nachträglich ein, daß er von einer völlig fremden Dienststelle in Torgau gebeten worden war, gewisse Briefe von mir einzuschicken.

Aber solche Dinge waren 1946/47 und den Folgejahren für unsere Familie zu unwichtig, um sich mit der Durchsicht alter POW-Post zu beschäftigen.

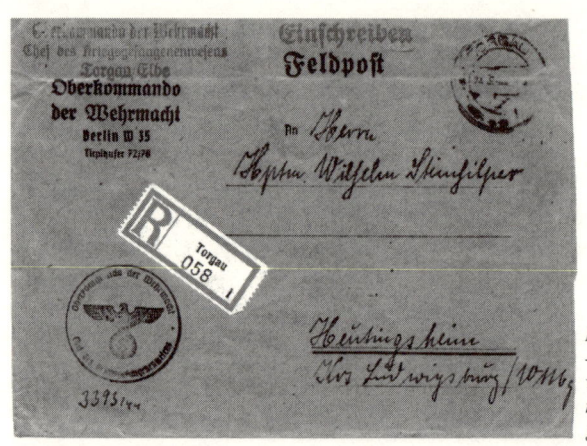

Mit dieser „Feldpost" – Eilt Sehr! – Streng vertraulich, scheint man in Torgau „Aufgewacht" zu sein!

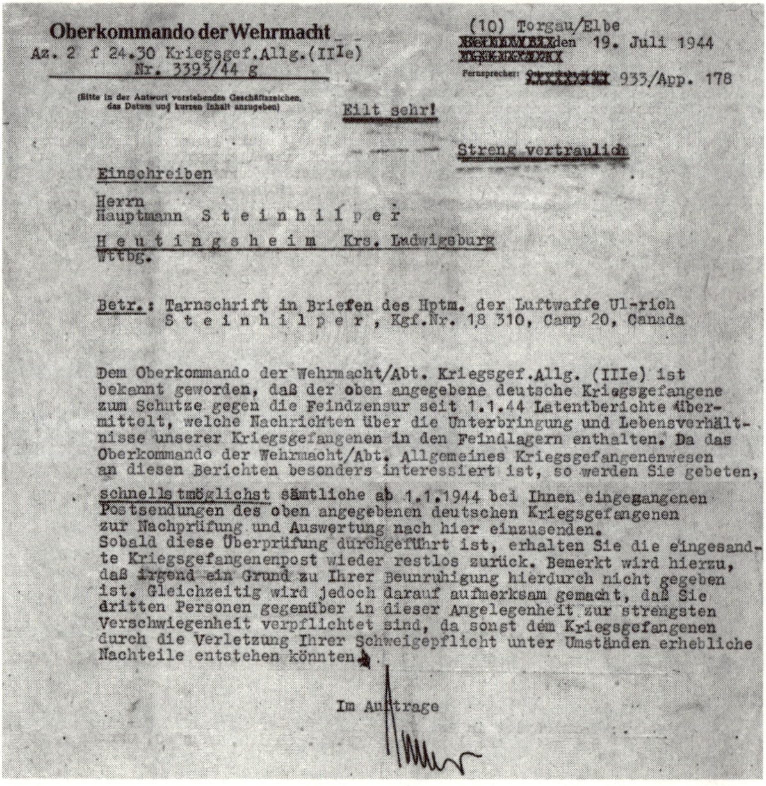

Oberkommando der Wehrmacht (10) Torgau/Elbe
Az. 2 f 24.30 Kriegsgef.Allg.(IIIe) ~~Berlin~~ den 19. Juli 1944
Nr. 3393/44 g Fernsprecher: ~~XXXXXX~~ 933/App. 178

(Bitte in der Antwort vorstehendes Geschäftszeichen,
das Datum und kurzen Inhalt anzugeben)

Eilt sehr!

Streng vertraulich

Einschreiben

Herrn
Hauptmann S t e i n h i l p e r
H e u t i n g s h e i m Krs. Ludwigsburg
Wttbg.

Betr.: Tarnschrift in Briefen des Hptm. der Luftwaffe Ul-rich
S t e i n h i l p e r , Kgf.Nr. 18 310, Camp 20, Canada

Dem Oberkommando der Wehrmacht/Abt. Kriegsgef.Allg. (IIIe) ist
bekannt geworden, daß der oben angegebene deutsche Kriegsgefangene
zum Schutze gegen die Feindzensur seit 1.1.44 Latentberichte übermittelt, welche Nachrichten über die Unterbringung und Lebensverhältnisse unserer Kriegsgefangenen in den Feindlagern enthalten. Da das
Oberkommando der Wehrmacht/Abt. Allgemeines Kriegsgefangenenwesen
an diesen Berichten besonders interessiert ist, so werden Sie gebeten,

schnellstmöglichst sämtliche ab 1.1.1944 bei Ihnen eingegangenen
Postsendungen des oben angegebenen deutschen Kriegsgefangenen
zur Nachprüfung und Auswertung nach hier einzusenden.
Sobald diese Überprüfung durchgeführt ist, erhalten Sie die eingesand-
te Kriegsgefangenenpost wieder restlos zurück. Bemerkt wird hierzu,
daß irgend ein Grund zu Ihrer Beunruhigung hierdurch nicht gegeben
ist. Gleichzeitig wird jedoch darauf aufmerksam gemacht, daß Sie
dritten Personen gegenüber in dieser Angelegenheit zur strengsten
Verschwiegenheit verpflichtet sind, da sonst dem Kriegsgefangenen
durch die Verletzung Ihrer Schweigepflicht unter Umständen erhebliche
Nachteile entstehen könnten.

Im Auftrage

*Aber da fand ich zuerst die Briefe vom 19. Juli 1944 und vom 18. August 1944 (Eilt Sehr),
beide „streng vertraulich" aus Torgau. – Und siehe da, das Kennwort „Stern" fand seine
Bestätigung.*

230

Oberkommando der Wehrmacht
Az. 2 f 24.30 Kriegsgef. Allg. (IIIe)
Nr. 3393/44 g

(10) Torgau, 18. August 44
933/App. 178

Eilt sehr!

Einschreiben

Streng vertraulich

Herrn
Hptm. Wilhelm S t e i n h i l p e r
H e u t i n g s h e i m
Krs. Ludwigsburg/Wttbg.

Bezug: Ihr Schreiben vom 25.7.1944
Betr.: Tarnschrift in Briefen des Hptm.Ulrich S t e i n h i l p e r ,
Nr. 18 310, Camp 20, Kanada

Anlagen: 6

Das Oberkommando der Wehrmacht/Abt. Allgemeines Kriegsgefangenenwesen (IIIe) bestätigt hiermit den Eingang Ihres oben angeführten
Schreibens mit den beigefügten 4 Originalbriefen und 2 Postkarten, die nach Überprüfung und Auswertung anliegend wieder
zurückgesandt werden.

Falls Ihnen inzwischen noch Briefe oder Postkarten des oben angeführten Kriegsgefangenen zugegangen sein sollten, in deren Inhalt
eines das Kennwort " Stern " vorkommt,
so ist dies von gewisser Bedeutung! Derartige Postsachen sind von
Ihnen im Interesse des Kriegsgefangenen schnellstmöglichst dem
Oberkommando der Wehrmacht/Abt. Kriegsgef. Allg. bis auf Widerruf
zur Durchsicht einzusenden. Dies gilt auch für alle Briefe und
Postkarten, die Sie etwa 1 - 2 Monate vor den bereits bis heute
nach hier eingesandten Postsachen aus der Kriegsgefangenschaft erhalten haben.

Umgehende Erledigung bzw. genaueste Beachtung der vorstehenden Hinweise liegt im Interesse des hierfür in Betracht kommenden Kriegsgefangenen selbst.

Im Auftrage

*Schon einen Monat später eine wiederholte Aufforderung wegen „Tarnschrift". Eigentlich
eine Zumutung für meine Eltern, wenn man bedenkt, daß sie in keiner Weise „eingeweiht"
waren, wie ich nach dem Kriege erfuhr. Da sie mich zu diesem Zeitpunkt im Irrenhaus wußten, eine doppelte Belastung.*

231

Erst 1986, beim Verfassen der „Noch 10 Minuten bis Buffalo" durchforstete ich den Nachlaß an Briefen, den meine Eltern so vollständig hinterlassen hatten. – Mein Vater war inzwischen gestorben und meine Mutter war im Alter von 88 Jahren zu meiner 17 Jahre jüngeren Schwester Helga nach San Antonio/Texas gezogen, fragen konnte ich also niemand mehr.

Aber da fand ich bald die Wehrmachtsbriefe vom 19. Juli 1944 und vom 18. August 1944 (Eilt Sehr), beide „streng vertraulich" aus Torgau. – Und siehe da, das Kennwort „Stern" fand seine Bestätigung.

Jetzt begann ich, gezielt rückwärts gehend, vom Januar 1944 an meine POW-Briefe nach diesem Wort zu durchforsten. – Ab Februar 1944, schrieb ich aus „speziellen Gründen" nicht mehr. Daher kam nur die Zeit vor Februar 44 in Frage. – Meine Suche lohnte sich! Ich stieß auf einen Brief an meinen Vater vom 24. November 43, in dem ich ein Buch anforderte: „Bitte schicke! Sternkunde- und Physik- Buch von Pohl ..." Man beachte „STERN"!

Und gleich klingelte es wieder im Gedächtnis: Meine Eltern hatten damals verzweifelt nach dem Buch gesucht und es in ganz Deutschland nicht auftreiben können. Dies teilten sie mir dann mit und ich war damals recht unglücklich, weil daraus deutlich wurde, daß sie zu diesem Zeitpunkt nicht in die „Verschlüsselei" einbezogen waren. – Den Titel „Stern"kunde brauchte ich doch nur, um das Kennwort unterzubringen!

Meine Eltern hatten damals gedacht, daß dieses Buch für mein Studium im Fach Machinenbau dringend notwendig sei.

Aber da sie nicht eingeweiht waren, haben sie sich sicher auch über meinen Briefstil gewundert. – Was waren das für blöde Sätze und welche Worte mußte ich suchen, bis die Zahlenfolge zu dem verschlüsselten Text paßte!

Es ist anzunehmen, daß sich meine Eltern nicht wunderten, als ich wenig später in London/Ont. in ein „mental hospital" (heute sagt man dazu Psychiatrische Klinik) eingeliefert werden mußte. – Aber das ist ein anderes Thema.

Beim Studium des Briefes vom 24. Nov. wurde bald klar, daß er Schlüsseltext enthalten mußte. – Nicht nur das Kennwort „Stern" sprach dafür, auch der merkwürdige Stil! – Deutlich abgesetzt stand da in Langschrift: Lieber Vater! Und dann folgten diese vielen winzigen Druckbuchstaben, um das Maximum von 24 Zeilen, das erlaubt war, voll auszunützen. – Da hatte ich wahrscheinlich einen langen Text durchgegeben, für den möglichst viele Buchstaben zu Papier zu bringen waren.

An einem solchen Brief habe ich manchmal bis zu zwei Wochen gearbeitet! – Schließlich sollte der Brieftext einigermaßen Sinn machen, gleichzeitig hatte er aber eine ganz andere Anforderung, den „Code" zu erfüllen. – Da konnte man nicht ohne Erholungspause dranbleiben, manchmal hätte ich am liebsten den ganzen „Kram" hingeschmissen! Wie merkwürdig dieser Anfang: – „Nun ist draußen Winterzeit. Ja! So ist das! Damit hat mein 4tes Jahr in Gefangenschaft nun angefangen ..." – Wer das las, mußte Zweifel bekommen, ob ich allmählich nicht doch „eine Macke" abbekommen hatte.

Kein Zweifel, das war ein verschlüsselter Brief, den ich dann im Jahre 1986 analysierte, um den „Code" zu rekonstruieren.

Ich brauchte viel Zeit, aber je länger ich nachdachte, um so mehr fiel mir ein und die Rekonstruktion gelang:

Der Aufbau des Code (aus dem Gedächtnis) ist wie folgt:

Abb. 4): – Das „Schlüsselwort" lautete HASENKOPF. Dieses Wort war niederzuschreiben, danach wurde „Hasenkopf" mit dem übrigen Alphabet ergänzt. Buchstabe J entfällt – keine Doppelung mit I.

Unter diese Reihe von Buchstaben wurden nach folgender Anweisung Zahlen geschrieben, beginnend von links:

1. Linie: 9 mal 1, dann 9 mal 2, danach so lange 3 bis das Ende des Alphabets erreicht ist.

2. Linie: 3 mal 1, dann 3 mal 2, dann 3 mal 3, wiederholen bis wiederum das Ende erreicht ist.

3. Linie: 1,2,3, – wiederholen 1,2,3, – wiederholen bis Ende. So entstehen unter jedem Buchstaben 3 Zahlen, die man senkrecht abzulesen hat.

Durch Verwendung dieser 3er Codierung für die Buchstaben, kann man im Brief verschlüsselte Texte durchgeben. Denn im Brieftext bedeuten die „Wortlängen" Zahlen von eins bis drei.

Die „Wortlängen" ergeben folgende 3 Zahlen: Bis 3 Buchstaben die Zahl 1, bis 6 Buchstaben die Zahl 2, über 6 Buchstaben die Zahl 3.

Das „Kennwort" heißt „STERN", das bedeutet: Jeder Brief in dem das Wort Stern vorkommt, ist verschlüsselt!

Es wurde auch der Rat gegeben, nach einer gewissen Zeit, sowohl das Schlüsselwort als auch das Kennwort zu wechseln. – Solch ein Wechsel war mittels des codierten Textes möglich.

Nach der Aufforderung „sendet Feindnachrichten" studierten wir heimlich, und nur auf der Stube, lange Zeit und probierten herum, bis wir den Code verstanden. – Nach einer sorgfältigen Diskussion, wieder nur innerhalb der Stube – ob dieser „Code" mit der Genfer Konvention vereinbar sei – wurde beschloßen, daß ich den Schlüssel benutzen sollte. Wir wollten die Sache in eigener Verantwortung tragen, niemand informieren, auch nicht die Lagerführung.

Aus den Abb. 5), und 6), wird klar, daß es sich bei den geheimen Texten um „heiße Eisen" handelte. – Der Luftnachrichtenoffz. Obltn. Niehoff, der schon im Herbst 1940 in Kanada eingetroffen war, hatte früh erkannt,

AUFBAU des Code für Briefe mit dem Kennwort "STERN".

Schlüsselwort "HASENKOPF", danach ist das Alphabet zu ergänzen (ohne J).

H A S E N K O P F B C D G I L M Q R T U V W X Y Z

Zahlenfolge unter
den Buchstaben:

9x1,9x2, Rest 3,	1 1 1 1 1 1 1	1 1 2 2 2 2 2 2 2	3 3 3 3 3 3
3x1,3x2,3x3 etc..	1 1 1 2 2 2 3	3 3 1 1 1 2 2 3 3 3	1 1 1 2 2 2 3
123,123,123,etc..	1 2 3 1 2 3 1	2 3 1 2 3 1 2 3 1 2 3	1 2 3 1 2 3 1

Senkrecht ablesen:.............131 = Buchstabe O ......311 = Buchstabe T

WORTLÄNGENSCHLÜSSEL: Bis drei Buchstaben = 1
Bis sechs Buchstaben = 2
Über sechs Buchstaben = 3

BEGINN EINES BRIEFES MIT CODIERUNG:

Den 24. November 43.

Lieber Vater!

1)
1} = S
3)

Nun ist draussen Winterzeit.Ja!So ist das!Damit hat mein 4tes Jahr in Gefangenschaft nun angefangen.Wie diese unaufhaltsame Lebensuhr weiterläuft! Was man zu Hause in diesem Zeitraum tun können hätte!Dieser Verlust ist auf

3)
1} = T
1)

....
....
Weiter unten im Brief erfolgt dann das KENNWORT "Stern" in diesem Fall als "Stern"kunde.......
....
....
....
.... und wir ertragen das weiterhin mit alter Ausdauer. - Ja!und nun hab ich für den Unterricht,der bei uns im Winter im Lehr - Plan erscheint noch mit Dir Einiges zu regeln.Bitte schicke! Sternkunde= und Physik - Buch von Pohl.Ich brauche dies notwendig. Es ist sicher noch erhältlich. Notfalls sende Anforderungen an die Vereinigung der Ingenieure in Berlin (Hauptgeschäftsstelle)...
....
.... hält auch unser Kursus Weihnachtsferien und wir spielen dann Eishockey. Ein Spiel,das ich hier als Kampfsport sehr schätzen gelernt habe!

Mit den besten Wünschen!Dein Uli!

Erläuterung des Code: Wen es interessiert, der mußt dazu meinen Buchtext ganz genau durchlesen, so genau, wie wir das in Gravenhurst auch getan haben.

wie viel Information die kanadischen Zeitungen bei den „Social News" enthielten. Selbst in den kleineren Zeitungen waren das oft mehrere Seiten. In kleinen Artikeln wurde erzählt, wer gerade geheiratet hatte, wer ein Kind mit welcher Religion auf welchen Namen getauft hatte, wer auf welche Schule ging ... etc. etc.

In unseren deutschen Zeitungen gibt es dazu eigentlich nichts Vergleichbares. Bei uns gibt es Listen mit Geburten, Todesfällen, Heiraten, wer das Abitur bestanden hat etc... In Kanada ist das viel umfangreicher und persönlicher.

Auf diese kleinen Berichte spezialisierte sich Niehoff sehr frühzeitig und sammelte in seiner fast offen geführten Kartei bis Kriegsende 14 000 Namen von Soldaten der Royal Air Force (engl.) und der Royal Canadian Air Force (kanad.). Für alle diese Soldaten sammelte er Nachrichten, z.B. wann war der Eintritt zur Air Force, wann und wo wurden die „Wings" – das Pilotenabzeichen – verliehen. Wer wurde Navigator, Funker oder

234

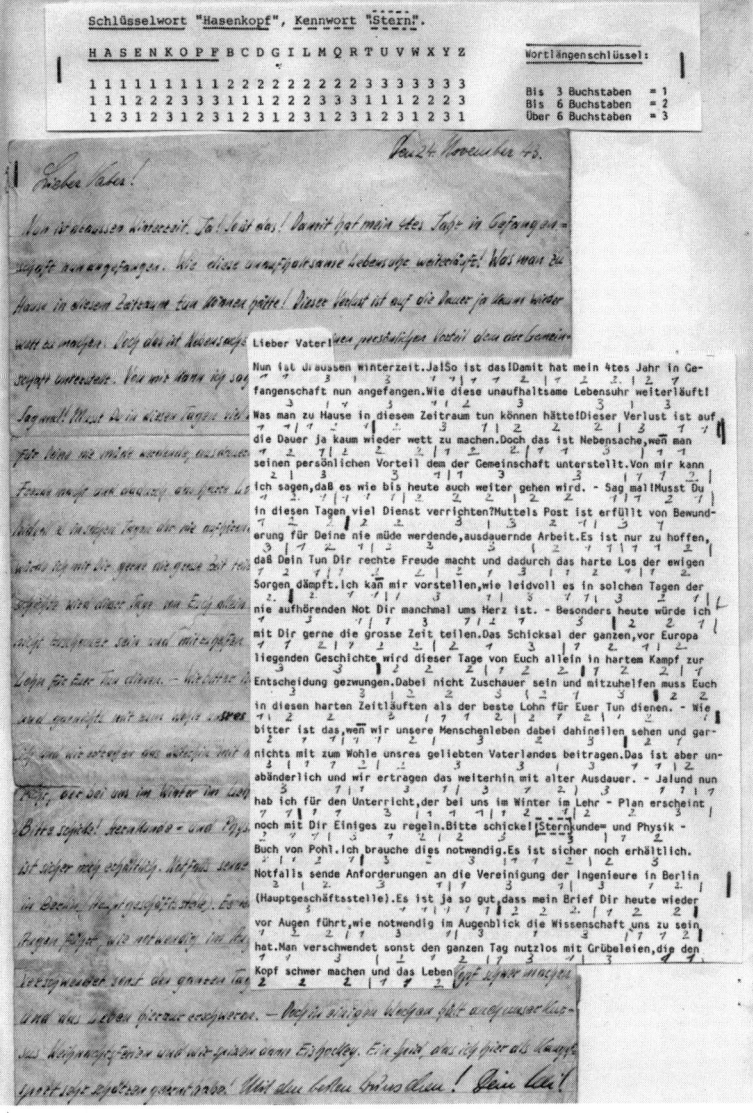

Schlüsselwort "Hasenkopf", Kennwort "Stern".

H	A	S	E	N	K	O	P	F	B	C	D	G	I	L	M	Q	R	T	U	V	W	X	Y	Z
1	1	1	1	1	1	1	1	1	2	2	2	2	2	2	2	2	2	3	3	3	3	3	3	3
1	1	2	2	2	3	3	3	1	1	1	2	2	2	3	3	3	1	1	1	2	2	2	3	3
1	2	3	1	2	3	1	2	3	1	2	3	1	2	3	1	2	3	1	2	3	1	2	3	1

Wortlängenschlüssel:

Bis 3 Buchstaben = 1
Bis 6 Buchstaben = 2
Über 6 Buchstaben = 3

Lieber Vater!

Nun ist draussen Winterzeit.Ja!So ist das!Damit hat mein 4tes Jahr in Gefangenschaft nun angefangen.Wie diese unaufhaltsame Lebensuhr weiterläuft!
Was man zu Hause in diesem Zeitraum tun können hätte!Dieser Verlust ist auf
die Dauer ja kaum wieder wett zu machen.Doch das ist Nebensache,wen man
seinen persönlichen Vorteil dem der Gemeinschaft unterstellt.Von mir kann
ich sagen,daß es wie bis heute auch weiter gehen wird. - Sag mal!Musst Du
in diesen Tagen viel Dienst verrichten?Mittels Post ist erfüllt von Bewunderung für Deine nie müde werdende,ausdauernde Arbeit.Es ist nur zu hoffen,
daß Dein Tun Dir rechte Freude macht und dadurch das harte Los der ewigen
Sorgen dämpft.Ich kan mir vorstellen,wie leidvoll es in solchen Tagen der
nie aufhörenden Not Dir manchmal ums Herz ist. - Besonders heute würde ich
mit Dir gerne die grosse Zeit teilen.Das Schicksal der ganzen,vor Europa
liegenden Geschichte wird dieser Tage von Euch allein in hartem Kampf zur
Entscheidung gezwungen.Dabei nicht Zuschauer sein und mitzuhelfen muss Euch
in diesen harten Zeitläuften als der beste Lohn für Euer Tun dienen. - Wie
bitter ist das,wen wir unsere Menschenleben dabei dahineilen sehen und gar
nichts mit zum Wohle unsres geliebten Vaterlandes beitragen.Das ist aber un-
abänderlich und wir ertragen das weiterhin mit alter Ausdauer. - Ja!und nun
hab ich für den Unterricht,der bei uns im Winter im Lehr - Plan erscheint
noch mit Dir Einiges zu regeln.Bitte schicke!{Stern}kunde und Physik -
Buch von Pohl.Ich brauche dies notwendig.Es ist sicher noch erhältlich.
Notfalls sende Anforderungen an die Vereinigung der Ingenieure in Berlin
(Hauptgeschäftsstelle).Es ist ja so gut,dass mein Brief Dir heute wieder
vor Augen führt,wie notwendig im Augenblick die Wissenschaft uns zu sein
hat.Man verschwendet sonst den ganzen Tag nutzlos mit Grübeleien,die den
Kopf schwer machen und das Leben

Der Originalbrief vom 24. November im Hintergrund, mit Zahlen versehen, der gleiche Brief.

235

Auf vorstehender Seite sind in den Brieftext die Zahlen für den Buchstabenschlüssel, unter die Worte geschrieben. Zur Erinnerung: Worte bis 3 Buchstaben = 1, bis 6 Buchstaben = 2, über 6 Buchstaben = 3, ergeben die jeweilige Zahl. Das Ende des Briefes dient zum „Füllen".
In dem Brief wurde also folgender Text nach Hause gemeldet:

```
1 3 1 1 2 1 2 3 1     2 2 3     1 2 1 1 1 3 1 1 1 1 2 2 1 1
1 1 1 2 1 3 3 1 2     3 2 1     2 2 2 1 1 3 3 1 2 1 2 2 2 2
3 1 2 2 3 1 3 1 1     1 2 1     1 2 2 3 2 1 3 2 1 1 2 1 1 2
S T A N D O R T E     M I T     E I N S A Z F A E H I G E N

2 3 3 1 2 2 1 1 1 2 1 1     2 1 3 3 1 1 2     2 1 1 2 1 2     2 1
2 2 1 2 3 1 1 2 2 1 2 2     1 3 1 2 3 3 1     2 1 2 1 2 3     2 2
3 1 3 1 3 1 2 1 2 3 1 2     1 1 1 1 1 1 3     1 2 2 3 1 3     2 2
L W V E R B A E N D E N     B O T W O O D     G A N D E R     I N

1 1 2 2     2 2 1 2 1     2 1 3     2 1 2 3 2 1 3 3 1     1 1 1 2 2 3 2 1 1
2 3 2 1     2 2 1 1 2     1 1 2     1 1 3 1 3 3 1 1 1     1 1 2 2 1 1 3 2 2
2 3 3 3     1 3 2 2 1     1 2 3     3 2 3 1 1 1 2 1 1     3 1 1 3 1 2 3 2 1
N F L D     G L A C E     B A Y     D A R T M O U T H     S H E L B U R N E

3 1 2 2 1 3 3 1     2 1     1 1 3 1     1 2 1 3 2 1
2 1 3 3 3 1 1 1     2 2     2 3 1 1     1 1 3 1 2 1
3 2 3 1 1 2 1 1     2 2     2 1 3 2     3 2 1 1 2 2
Y A R M O U T H     I N     N O V A     S C O T I A
```

STANDORTE MIT EINSAZFAEHIGEN LWVERBAENDEN BOTWOOD GANDER IN NFLD GLACEBAY DORTMOUTH SHELBURNE YARMOUTH IN NOVA SOCTIA.

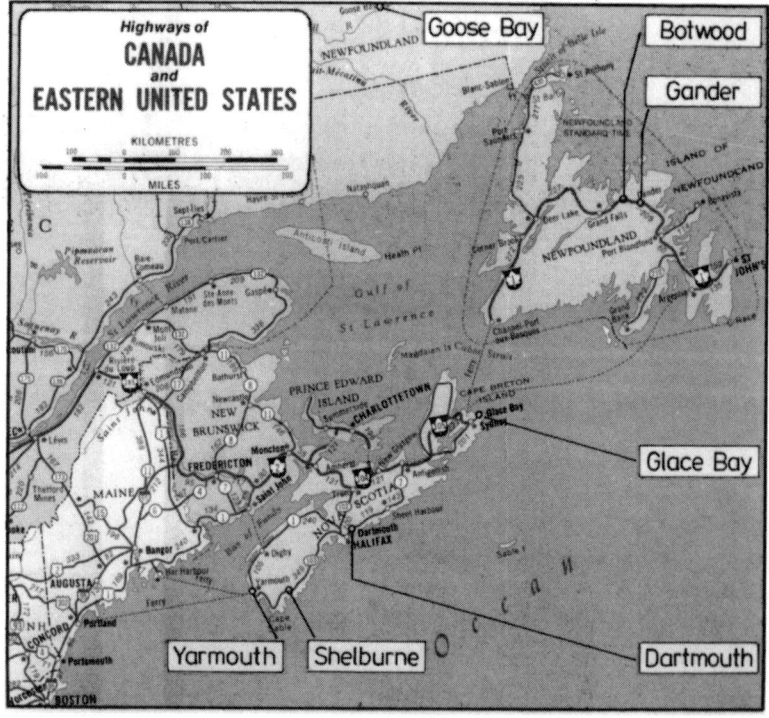

Der Schlüsseltext, im Detail erläutert: – Wie bedeutungsvoll diese Nachricht war, erkennt man, wenn man die Landkarte betrachtet.

236

Bordschütze, wo erfolgten die ersten Feindeinsätze. Für welche Feindflüge bekam der betreffende Flieger seine Auszeichnung(nen). Das alles war aus diesen kleinen familiären Notizen herauszulesen, wenn man darauf achtete.

Die Zeitungen, die zu uns ins Lager gelangten, waren vielfältig zensiert, besonders in den „Escaper"-Berichten. Aber niemand auf der kanadischen Seite kam auf die Idee, diese Seiten mit „nur lokalem Interesse", die „social news" herauszutrennen.

Da standen doch nur harmlose Dinge über Heimaturlaub, über Verlobungen, Heiraten und natürlich auch traurige Dinge, wann und wer gefallen war! – Daß man da über Jahre hinweg herausrechnen konnte, wieviele fliegende Besatzungen in Kanada ausgebildet, und wo sie ausgebildet wurden. Von welchen Basen der Atlantik, und von welchen Häfen der Pazifik mit Flugzeugen überwacht wurde? – Das konnte nur so ein Spezialist, wie Obltn. Niehoff herauslesen.

Erstaunlich die Reaktion, als einmal bei einer Durchsuchung, mein Freund, der kanad. Staff Sergeant Niehoff's Schublade aufzog, in der sich diese Sammlung von „Social News" befand. – Zweifelnd schüttelte er den Kopf und murmelte vor sich hin „Was für eine blödsinnige Sammlung!" – Was die Deutschen alles sammelten!

So war es Niehoff möglich, diese „heiße" Kartei ohne Probleme von Lager zu Lager mitzunehmen. – Hätten die Kanadier gewußt, daß er außerdem noch ein professioneller Radiobastler war, hätten sie ihn sicher besser unter die Lupe genommen.

Ich erfuhr von Niehoff – ohne ihn in den Briefcode „einzuweihen" – von wo aus die Alliierten den Atlantik mit fliegenden Verbänden überwachten:

STANDORTE MIT EINSATZFÄHIGEN LW VERBÄNDEN BOTWOOD GANDER IN NFLD GLACE BAY DARTMOUTH IN NOVA SCOTIA.

Erst im Jahre 1989 fuhr ich mit dem Entschlüsseln meiner Briefe fort. Dabei fand ich den vom 26.9.43., er enthielt die Mitteilung:

REDE GÖRING ERHALTEN SCHIKT IN KONSERVEN AUDIO NRI MCI EAL ROERE FUER KWH UND ERTZ ENV NETZ TRAFO FELT WARTEN.

(Warten hieß beim Morsen Ende).

Wichtig an der Entschlüsselung dieses Briefes war: Dies war die erste Bestätigung für den Empfang des „Code". – (Bezug auf Rede Görings). – Damit war klar für welchen Zeitraum ich meine Briefe zu untersuchen hatte.

Wie schon geschildert, bastelten unsere Radiobauer selbst die schwierigsten Teile. Es wurden Drehkondensatoren mit der Schere aus dem

Blech von Zigarettenschachteln (die gab es damals noch in USA und Kanada) geschnitten und zusammengefügt. – Aber Röhren, die waren Mangelware! – Sie waren so wichtig, daß ich dazu meinen ersten „Schlüsselbrief" benutzte! Diese Röhre ist übrigens gut angekommen – in einer Wurstdose im Januar 1944. Sie war in der umgebenden Blutwurst gut eingebettet. – Das Päckchen stammte wiederum von „fremder Hand".

Und dann der Brief vom 17. 10. an meine Schwester, den ich gesamt in Langschrift schrieb. Ich machte mir Gedanken, ob ein gewiegter Zensor, wegen der merkwürdigen Satzstellung und Wortwahl und der abgesetzten Anrede, stutzig werden könnte. Daher gliederte ich diesmal die Anrede bewußt in die Codierung ein und der ganze Brief wurde in Langschrift gehalten. Über solche „Variatonen" diskutierten wir natürlich auch in der Stubengemeinschaft: – Wir meinten, die „Experten" in Deutschland sollten eigentlich in der Lage sein, sich zurechtzufinden.

Dieser Inhalt sollte der Fluchthilfe dienen, noch wußte ich nicht, ob unsere Nachrichten über die „Austauschkameraden" bis in die Heimat durchgedrungen waren.

MIR FUENF FLUCHTVERSUCHE MISLUNGEN FEHLTE CANAD GELD ADRESE PAPIRE HELFT MIR UND HPTM WILDERMUTH MIT OBIGEM.

Wir hatten uns gefragt, wie Wildermuth (wegen der Papiere) am besten eindeutig zu indentifizieren war. – Wir entschieden für „Hptm", nicht wegen seines Dienstgrades, sondern weil das kürzer war, als sein Vorname „Eberhard".

Wenn man sich in den Schlüssel eingelesen hat, wird klar, daß die Länge der „Botschaft" durch die 24 Zeilen Brieftext sehr beschränkt war. – Deswegen war ich immer froh, wenn der geheime Text kurz war. – Diese Briefe waren außerdem ein fast lästiges Geduldspiel! – Da ich „nebenher" fleißig Materialkunde, Physik, Mathematik, Statik etc. für das Physicum studierte, verbrauchte ich zu dieser Zeit viel persönliche Energie.

Der Text, vom 8. Nov. 1943, war sicher für die U-Boot-Waffe von großer Bedeutung: – Aus den Erfahrungen, der in letzter Zeit in Gefangenschaft geratenen U-Offizieren wurde immer deutlicher, daß die Alliierten in der Lage waren, sowohl den Briefcode der U-Boot Offiziere, als auch den Funkverkehr der U-Boote zu entschlüsseln und zu reagieren, auch bezüglich der Einstellung der Wasserbomben:

SCHLUESSEL DES BDU (BEFEHLSHABER DER U-BOOTE) MIT SICHERHEIT DEM FEINDE BEKAT ZENSIRT POST AN UNS BEZUG BOMBENWIRKG FEIND WERTET AUS.

Ob und wann das zu Hause „gelesen" wurde, geglaubt und auch entsprechend gehandelt wurde, läßt sich nicht nachvollziehen. – Es ist rückblickend enttäuschend, daß die Dienststelle in Torgau wohl erst sehr spät

„aufgewacht" ist. Erst in dem Brief an meinen Vater vom 18. August 1944 fordern sie die nochmalige Einsendung der „Stern"briefe an.

Am 8. Nov. 1943 (Poststempel 10.) ging meine Meldung ab. Damals war die durchschnittliche Brief – Laufzeit zwei Monate. – Es hätte meine Warnung schon ab Februar 1944 in Deutschland bekannt sein können und man hätte Konsequenzen ziehen müssen!

Ich kann mich trösten: Wenn man in Deutschland damals nicht rechtzeitig gehandelt hat? – Also vor August 1944! – Wenn man mir überhaupt geglaubt hat? – Dann ist heute auch bekannt, daß Ottawa die Erkenntnisse aus dem Briefcode der deutschen U-Bootsoffiziere keinesfalls optimal verwendet hat.

In der Folge schrieb ich am 24. November an meinen Vater über die Atlantiküberwachung: STANDORTE MIT EINSAZFAEHIGEN LW – VERBAENDEN ...

Wenn man sich hierzu die Landkarte ansieht, wird klar, wie genau Rolf Niehoff die kanadischen Luftwaffenstützpunkte kannte. Von diesen Standorten flog die RCAF ihre Atlantiküberwachung.

Daß wir auch Niehoff nicht erzählten, daß ich einen Code für „Feindnachrichten" verwendete, war kein Mißtrauen. Es war einfach besser, wenn niemand im Lager darüber sprechen konnte. Die kanad. Innenposten, die „Frettchen" bekamen immer bessere Ohren, diese „Ohren" verstanden immer besser deutsch.

Mein letzter verschlüsselter Brief, stammt vom 7. Dez. 43. – An dem habe ich lange vergeblich Zahlenfolgen ausprobiert. – Wegen der zensierten Zeilen war unklar, ob dieser Brief das Wort STERN enthielt. – Nur das kurze Wörtchen „wenn" mit einem Strich über dem „n" geschrieben, zeigte mir, daß der Brief codiert sein könnte. – Oft wenn ich in Verlegenheit war, im Brieftext ein Wort mit drei Buchstaben, (eine „1") zu produzieren, verwendete ich diesen Trick.

Ich versuchte und suchte wieder ... fing bei dem längeren Abschnitt bei „Heilig-Abend" an. – Bei der „Dreier"-teilung gab es ja nur 3 Möglichkeiten, in den „Rhythmus" zu kommen. Jedoch keine der Variationen ergab einen Sinn!

Nachdem meine Frau und ich im Oktober 1988 eine Reise nach Vancouver in West – Kanada beendet hatten, auf der wir Britisch Kolumbien im Wohnmobil kennenlernten, probierte ich neurlich an diesem zensierten Brief.

Vor dieser Reise hatte die Versuchsreihe mit den Buchstaben: „ .. INCERUPERTBELLABELLAUCLUELETTOF .." wirklich keinen Sinn ergeben!

Lange nach dieser Reise, im Juni 1989, probierte ich von Anfang an. Da kam heraus: LW VERBAENDE IN ... Klar, daß das auch ein ver-

Brief vom 7. Dezember 1943

```
223 321 313 121 233 211 112 121 122 213 121 222 122  dann schwarz
 L   W   V   E   R   B   A   E   N   D   E   I   N   .......
222 122 212 121 233 312 132 121 233 311 211 121 223 223 112 211 121
 I   N   C   E   R   U   P   E   R   T   B   E   L   L   A   B   E
223 223 112 312 212 223 312 121 223 121 311 311 131 133 222 122 131
 L   L   A   U   C   L   U   E   L   E   T   T   O   F   I   N   O
212 131 112 223 111 112 233 211 131 233 132 112 311 233 222 212 222
 C   O   A   L   H   A   R   B   O   R   P   A   T   R   I   C   I
112 211 112 323 222 12   dann schwarz
 A   B   A   Y   I   N (?) .............
113 132 131 233 311 212 131 231 331 112 122 213 222 122 221 131 131
 S   P   O   R   T   C   O   M   M   A   N   D   I   N   G   O   O
113 211 112 323 211 121 222 111 112 231 222 223 311 131 122 223
 S   E   B   A   Y   B   E   I   H   A   M   I   L   T   O   N   L
112 211 233 112 213 131 233
 A   B   R   A   D   O   R
LW Verbaende in ....
Prince Rupert Bella Bella Ucluelet Tofino Coal Harbor Patricia Bay....
...... Sport (Support) Command in Goose Bay bei Hamilton Labrador.
```

So brutal haben die Zensoren schwarz übermalt, wenn ihnen etwas nicht paßte!

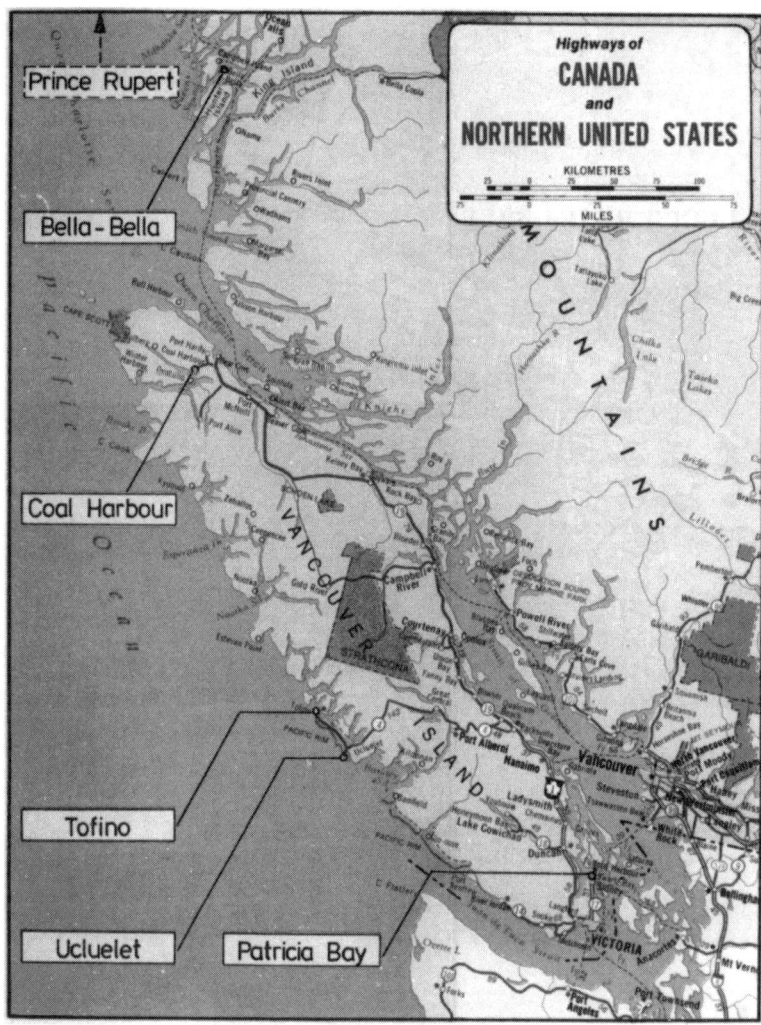

Highways of
CANADA
and
NORTHERN UNITED STATES

KILOMETRES

MILES

Prince Rupert

Bella-Bella

Coal Harbour

Tofino

Ucluelet

Patricia Bay

Trotzdem, wenn die in Torgau „wach" gewesen sind, hätten sie doch etwas herauslesen können. – Übrigens, glaube ich nicht, daß die Zensoren von dieser Art „Schlüssel" Kenntnis
hatten, sonst wären meine Briefe sicher nicht in die Heimat gelangt.

WATER BOMBERS

Even if you're not an antique airplane buff, you'll be awed by the size of these "Martin Mars" water bombers. The tip of the tail above the ground is almost as high as a five-storey building! Operated by Forest Industries Flying Tankers, the Mars are recorded in the Guinness Book of Records. Originally flying the Pacific in the second world war, these aircraft are now on active duty fighting the forest fires of British Columbia from their base which is located on Sproat Lake. In the non-fire fighting season, tours can be arranged by request.

Oktober 1988 fand ich in einem kanadischen Reiseprojekt bestätigt, was 1944 Obltn. Niehoff aus seiner Artikelsammlung geschlossen hatte: Die abgebildeten Flugboote, flogen tatsächlich Überwachung im Pazifik. ... ... Heute dienen sie zur Feuerbekämpfung aus der Luft!

schlüsselter Brief war! – Und jetzt schaute ich mir dieses „ ... INCERU-PERTBELLABELLAAUCLUELETTOF ...“ nochmals an!

Auf Grund der Landkarte, die wir in Britisch Kolumbien zur Fahrt benutzt hatten, verstand ich plötzlich diesen „blödsinnigen“ Text und ergänzte vorne mit zwei Buchstaben:

PR ... INCE RUPERT BELLA BELLA UCLUELET TOFINO COAL HARBOR PATRICIA BAY I....

Und danach kam ich nach der letzten Zensur bald wieder in den Rhythmus: SPORT (SUPPORT) COMMAND IN GOOSE BAY BEI HAMILTON LABRADOR.“

Wenn man sich dazu die Landkarte der pazifischen Küste Kanadas ansieht, dann hätte die deutsche Führung trotz der Zensur auch aus diesem Brief Rückschlüsse ziehen können und diese Information den Japanern weitergeben müssen.

Ob meine „Meldungen“ in Deutschland etwas ausgelöst haben, werde ich wohl nie erfahren. Eine Genugtuung allerdings hatte ich: – Der Aufforderung „Schickt Feindnachrichten“, bin ich im Rahmen meiner Möglichkeiten nachgekommen.

Ist es nicht erstaunlich, was das Schicksal alles fügt? – Auf dieser Wohnmobilreise besuchten wir auch „Vancouver Island“. Dabei haben wir das wunderschöne Hafenstädtchen Ucluelet gesehen und in Tofino die kleinen Seeflugzeuge bewundert, ohne dabei zu bedenken, daß ich vor vielen Jahren, 1943, durchgegeben hatte, daß von hier aus der Pazifik mit großen Flugbooten überwacht worden war!

Die Tatsache, daß wir diesen Teil Kanadas besucht hatten, half mit, daß die „Auflösung“ des Briefes vom 7. Dezember 1943 gelang. – Wie hätte ich sonst glauben können, daß es einen (indianischen) Ort gibt, der tatsächlich Ucluelet heißt.

Zum Abschluß unserer Rundreise auf „Vancouver Island“ – bevor wir mit der Fähre nach Vancouver zurückkehrten – besuchten wir den ehemaligen Mit-POW Eric Artz, nördlich von Victoria. – Er hatte so viele gute Erinnerungen an Kanada, daß er mit seiner Frau Cornelia und zwei kleinen Kindern bald nach dem Kriege dorthin ausgewandert war.

Weder Eric Artz noch Frau Cornelia, dachten an die Rolle, die Patricia Bay im Krieg im Pazifik gespielt hatte, als wir auf der Terrasse ihres schönen Hauses bei Sidney nördlich von Victoria, der Hauptstadt von B.C. saßen.

Der ehemalige Luftwaffen Pilot Artz verwies mit Stolz auf die herrliche Aussicht: – Vor unseren Augen – etwas tiefer – lag der Flugplatz, der „Victoria International Airport“. – Rechts davon die „Swartz Bay“, wo unsere Fähre ablegen würde. – Und am linken Ende fügte sich – gut zu sehen – die „Patricia Bay“ an.

Welch schicksalhafter Kreis sich da geschlossen hatte, wurde mir erst bewußt, als ich „... COAL HARBOR, PATRICIA BAY ..." neun Monate später zu Papier brachte und mir daraufhin die Karte von Britisch Kolumbien und unsere Reiseroute nochmals ansah.

Meine POW-Briefe, nach dem 7. 12. 1943 enthalten keine „geheimen" Texte mehr. Das hat seinen Grund in den besonderen Ereignissen, die im folgenden Kapitel beginnen.

Deutlich erinnere ich mich, daß ich den Code nicht „untergehen" lassen wollte. Mit Sorgfalt suchte ich im Lager einen Nachfolger, der den Schlüssel zur weiteren Benützung übernehmen sollte: Die Benachrichtigung der Heimat, für alle Fälle! – Auch erinnere ich mich, daß von meiner Stube niemand weitermachen wollte. – Wem ich die damit verbundene, penible Arbeit, dann tatsächlich vererbte, weiß ich heute leider nicht mehr.

EIN MENSCH BEGEGNET SEINER GESCHICHTE:
  Im Dezember 1943 hat Ulrich Steinhilper in einer codierten Nachricht berichtet: Aircraft flying out ... Prince Rupert, Bella Bella, Ucluelet, Tofino, Coal Harbor, Patricia Bay ...
  Der gleiche Mann machte 1988 mit seiner Frau eine Wohnmobil Reise in Kanada. Als er Vancouver Island besuchte, bewunderte er die wunderschönen kleinen Seehäfen am Pazifik: Tofino und Ucluelet. – Oben am Pier von Tofino, (Boote und Flugzeuge) unten eine Ansicht dieses hübschen Städtchens.

Sorgen um Deutschland

Die Rede von Göring, die er nach der verlorenen Schlacht von Stalingrad gehalten hatte, die uns im „Schlüsselpäckchen" erreichte, hatte mich sehr bewegt! – Fast noch mehr diese Aufforderung „Schickt Feindnachrichten"! – Daraus zog ich zweierlei Rückschlüsse: Erstens: Ich war in der Heimat als zuverlässiger Soldat anerkannt, offenbar war man zu Hause, bei politischen oder militärischen Dienstsellen, über meine Fluchtversuche informiert. – Aber jetzt die zweite Erkenntnis: Statt mir zu helfen, forderte man meine Hilfe, die Hilfe eines Kriegsgefangenen!

Aus all dem konnte ich nur schließen, daß es um Deutschland schlechter stand als wir hier, als ich bisher angenommen hatte. Zwar berichteten die kanadischen Zeitungen und die amerikanischen Magazine wie Time, Life, Look, die wir immer regelmäßiger im Lager lesen konnten, andauernd über die Siege der Russen, die Erfolge in Nordafrika und auch im Pazifik waren die Japaner auf dem Rückzug, aber konnten wir dies alles glauben? – Zu den Zeiten, wo wir selbst noch aktiv gekämpft hatten, und auf den Kriegsabschnitten, wo die hiesigen Gefangenen aller Wehrmachtsteile noch beim Kampf beteiligt waren, hatte der Feind immer nur gesiegt, wenn oft auch das Gegenteil der Fall gewesen war. – Das kannten wir noch aus eigener Erfahrung! – Nein, da glaubten wir lieber dem täglichen Wehrmachtsbericht aus unserem Radio. Da war zwar auch häufiger von einem „geplanten" Rückzug zur Konsolidierung der Fronten die Rede, aber das war schon eher die Sprache und Version, die wir uns zu eigen machen wollten. – Ja aber! – Dieses „Päckchen mit Inhalt" gab mir zu denken!

Parallel zu meinen Schlüsselbriefen schrieb ich auch ganz normale Post. – Wir hatten ja vor wenigen Wochen die wichtigsten Nachrichten unseren „Heimkehrern" mitgegeben, außerdem hätte meine Zeit gar nicht ausgereicht um alle Post zu verschlüsseln. – Sonst hätte ich das halbe Lager einweihen und Codierungshilfe erbitten müssen.

Eine Karte vom 27. Okt. 43.

Liebe Mutter! Es ist mir wieder mal sehr gut gegangen. Letzte Woche kam das Akkordeon und vorgestern das Paket mit dem Gesälz (schwäbisch für Marmelade!) und dem Gebäck. Es hat keinen Bruch gegeben und alles ist tadellos angekommen. Deine Idee war gut, es hat uns ausgezeichnet geschmeckt. Dir haben gestern abend sicher die Ohren geklungen, denn die Lobpreisungen der Stube wollten kein Ende nehmen. Die Ziehharmonika wurde dabei gleich in Betrieb genommen. Dir dankt herzlich! Dein Uz!

Bloß gut, daß wir damals nicht ahnten, welch schlimme Schicksale unsere gefangenen Kameraden in Rußland durchzumachen hatten. – Von den Siegen wurde in der alliierten Presse berichtet, nicht aber, wie deutsche Soldaten zu tausenden in russischer Gefangenschaft umkamen. – Heute bin ich dankbar, daß ich das damals nicht gewußt habe, wer weiß, zu welchen Verzweiflungstaten ich fähig gewesen wäre.

Karte vom 9. Nov. 43 an die Schwester. Auf der Adresse war die Feldpostnummer zweimal geändert und dann stand: Stabshelferin Trudl Steinhilper, Ostland Lazarett Wilna.

Liebe Trude! Herzlichen Dank für Deinen Brief aus August. Eigentlich könntest mir ruhig etwas öfter schreiben! Das bißchen Zeit mußt Du halt für mich übrig machen. Was glaubst, wieviel ich Dir schreiben würde, wenn mir mehr Raum zur Verfügung stünde. Du kannst Dir gar nicht vorstellen, was Heimatpost für uns bedeutet. Mich interessiert alles, Du bereitest mir mit jeder Kleinigkeit eine Freude. Nun sitze ich ja schon über drei Jahre hier und weiß immer weniger, wie es Euch geht und was Ihr so macht! – Dir ein frohes Weihnachtsfest und im Neuen Jahr guten Erfolg! Dich grüßt herzlichst! Dein Uz!

Der Schwester gegenüber, ließ ich schon mal die schlechte Stimmung durchkommen, bei den Eltern gab ich mich meist zuversichtlicher.

Am Heiligen Abend, dem 24. Dez. 43, schrieb ich 2 Postkarten, eine an den Vater, die andere an die kleine Schwester:

Lieber Vater! Heute abend werden wir alle an die vielen netten Feste zurückdenken, die wir Jahr für Jahr verbringen durften. Sicher wird unsere größte Freude die sein, wenn wir daran denken, daß diese Feierstunden noch in reicherem Maße vor uns liegen. Länger als unsere Trennung schon dauert, wird der jetzige Zustand nicht anhalten und danach wird unsere schöne Zeit anbrechen, wir alle glauben an eine höhere Gerechtigkeit. Dich grüßt! Dein Uli!

Liebe Helga! Heute kommt der Weihnachtsmann! Wenn Du diese Karte in Deinen Fingerchen hältst, ist alles längst hinter Dir und Du freust Dich schon wieder auf den nächsten Heiligen Abend. Vielleicht bin ich beim nächsten, vielleicht erst später bei Euch. Jedenfalls! Auf das Weihnachten, wo Dein Uli wieder dabei ist, sollst Du Dich besonders freuen, da mußt Du mir dann alles sagen, was ich Dir schenken soll. Ich hab ja so viel nachzuholen. Bis dahin sei recht lieb zu Deiner Muttel! Viele Grüße! Dein Uli!

Als Adresse hatte ich geschrieben: An das „kleine Fräulein", Helga Steinhilper, Heutingsheim, – wußte natürlich, daß die Karte von meiner

Mutter vorgelesen wurde. Damit war sichergestellt, daß ich beiden eine kleine Freude machte.

Ob es in der Karte ganz leise herauszulesen ist? – Inzwischen hatte ich mit einer „Wahnsinnstat" begonnen!

Eigentlich habe ich mir sehr lange überlegt, ob ich über diesen Abschnitt in meinem Gefangenenleben überhaupt berichten soll, oder nur froh sein sollte, heil aus diesem „Irrsinn" herausgekommen zu sein. – Ich habe mich entschlossen, darüber zu schreiben; aus den verschiedensten Gründen: – Einmal, weil man in seinem Leben zu dem Stellung nehmen sollte, was man einmal für zulässig hielt, auch wenn man heute anders darüber denkt. – Dann, um andere Menschen – gleichgültig aus welchen Motiven heraus – abzuhalten, ähnliches zu unternehmen. – Vielleicht enthält mein Bericht auch Hinweise für Ärzte und Pflegepersonal, die es mit echten und unechten psychisch Kranken zu tun haben.

Wenn ich heute mit großem Abstand (bei Erscheinen dieses Buches bin ich 72 Jahre alt) aus den Jahren 1944 bis 1945, also von dem Lebensalter zwischen 25 und 26 Jahren berichte, dann mit dem deutlichen Hinweis: In meinem Leben, von der Schule bis zum Krieg, bis zum Abschuß, die Wagnisse der Fluchtversuche, da wünsche ich grundsätzlich nicht, daß ich viel anders gemacht hätte. Aber diesen „Frevel" gegen die Gesundheit – nach dem Erleben, was es heißt, „den Verstand zu verlieren" – würde ich nicht mehr unternehmen.

Im Lager Gravenhurst hatten sich zu dieser Zeit verschiedene Eishockeyteams gebildet, die in abgestuften Güteklassen ihre Punktspiele austrugen. – Da wir Technikstudenten unseren Tag mit Unterricht ausfüllten, aber sich viele begeisterte Spieler in unseren Reihen befanden, bildeten wir ein „Techniker Hockey Team". Das hatte den Vorteil, daß sowohl unser Training, als auch unsere Punktespiele so gelegt wurden, daß sie im Lehrplan eingesetzt werden konnten. – Wir spielten in unserem Technik-Team mit neun Mann – Tormann und Verteidiger ohne Wechsel, während der erste und zweite Sturm wechselte.

Da ich vor der Klassenmannschaft schon in der obersten Liga gespielt hatte, wo vorwiegend Pfundtner und Manhart die „Cracks" waren, wurde ich zum Mannschaftsführer erwählt. Dank eines eifrigen Trainings und großem Ehrgeiz, spielten die „Techniker" bald in der oberen Liga.

Im Winter 1943/44 durften wir auf dem Sportplatz vor dem Lagertor „auf Ehrenwort" einen neuen, großen Hockeyplatz mit passender Bande bauen. – Das war ein gewaltiger Fortschritt gegen die Enge, die vorher auf dem kleinen Platz, dem Tennisplatz, innerhalb des Zaunes geherrscht hatte.

Um auf den äußeren Hockeyplatz zu gelangen, öffneten die Kanadier das große Lagertor, ließen uns durchgehen und zählten dabei Mannschaften und die Zuschauer. Wenn das Match zu Ende war, ging es auf gleiche Weise zurück.

Schon im Winter zuvor, hatte ich beim Eishockeyspiel einen solch schweren Zusammenstoß, daß ich nach dem Zusammenprall aufstand und begann auf das falsche Tor zu spielen. Damals nahm mich Dr. Eitze, unser deutscher Lagerarzt – er war zufällig Zuschauer – sofort vom Eis und steckte mich für ein paar Tage ins Bett. Ich hatte mir eine Gehirnerschütterung zugezogen. – Wir spielten zu dieser Zeit zwar teilweise mit Körperschutz, aber Kopfschutz gab es noch nicht.

Wir „Techniker" – Wildermuth war ein wieselflinker Verteidiger im Team, kämpften oft mit mehr Begeisterung als Technik, ließen es aber auch an der nötigen Härte nicht fehlen! Hannes Strehl, der echte Bajuware, war auch bei uns. – Mit Kampfgeist eroberten wir im Winter 43/44 in der oberen Liga den zweiten Platz.

Noch vor Weihnachten 1943 fand wieder einmal so ein hartes „Punktespiel" statt. Ich war Mittelstürmer und wurde im zweiten Drittel – in vollem Lauf – nach dem Torschuß – mit einen Schläger quer vor die Nase „gefällt". – Ob ich diesmal auch eine leichte Gehirnerschütterung hatte? ... Ich erfaßte die Situation urplötzlich! ... Meine blitzartige Überlegung ging in eine ganz andere Richtung!

Diesen Unfall hatten alle Zuschauer gesehen, die Kameraden und auch die heute zahlreich anwesenden Kanadier! – Das Blut strömte sofort von Stirn und Nase! – Ich blieb bewußt liegen! – Es sollte für alle deutlich sichtbar werden, daß ich am Kopf getroffen und verletzt worden war! – Aus dieser Situation mußte sich doch eine „geistige Störung" machen lassen! Das Spiel wurde abgebrochen. – Auf einer Bahre – blutend, wurde ich durch das Tor getragen, auf das Revier verfrachtet. – Nach der sehr sorgfältigen Befragung und Untersuchung durch Dr. Eitze aber auf die Stube entlassen. – Diesmal handelte es sich nicht um eine Gehirnerschütterung, war seine Diagnose!

Diese Nacht schlief ich schlecht, die Nase war stark geschwollen und schmerzte. Ein Glück war, daß mich der Hockeystock diesmal auf der anderen Nasenseite, als damals beim Boxkampf getroffen hatte. So wurde die Nase wieder einigermaßen in Richtung gebracht.

Ich wälzte mich in meiner Koje hin und her, machte mir viele Gedanken: „War das jetzt nicht die einmalige Möglichkeit für einen Mann, der schon fünf Fluchtversuche auf dem Kerbholz hatte, einen Austauschplatz anzuvisieren? – Wer hatte denn damals genau gewußt, als ich auf das falsche Tor spielte, ob das echt, oder nur markiert war? – Wer also konnte heute nun so eindeutig sagen, ob „mein Bewußtsein" nicht gestört war, nachdem selbst die Kanadier entsetzt waren, über das viele Blut, das ich am Kopf verlor, als ich durch die Wache getragen wurde!

Als die Uhr schon auf 2 Uhr morgens zuging, faßte ich meinen Entschluß: Ich weckte Wildermuth und sagte Ihm. „Eberhard wundere Dich über nichts, ich fange an verrückt zu spielen!"

Ob er überhaupt ganz wach geworden war? – Ich sprach's und verließ nur im Pyjama die Stube, ging barfuß über die kalte Steintreppe hinunter zum hinteren Ausgang. – Dort schaute ich die Tür mit ihrer Glasverkleidung nur kurz an ... Es bedurfte keiner langen Überlegung mehr, ich hatte mir das im Bett genau ausgedacht! Mit dem rechten Arm drückte ich die Scheibe gewaltsam durch, dabei streifte sich der Ärmel der Pyjamajacke zurück ... ein blutiger Lappen Hautgewebe wurde aufgerissen ... aber ich war durch und las auch gleich einige Glassplitter auf. – Ich wollte wirklich „martialisch" aussehen und ritzte mir noch Schläfe und Wangen auf beiden Seiten mit dem Glas. Solche „Schmisse" gab es schließlich auch bei Studenten!

Dermaßen präpariert, watete ich barfuß durch Schnee und Eis und rüttelte brüllend am Wachtor: Deutsch und englisch wechselweise: „Ich habe von der Gefangenschaft die Schnauze voll, ich will nach Hause! – I am fed up! I can no more stand to be a prisoner, I want to go home!" – Ich will nach Hause! – I want to go home!"

Die Wachsoldaten einschließlich dem diensthabenden Sergeant waren so verblüfft, wie ich selbst über meine Einfälle, sie holten mich in ihre warme Wachstube, stillten mein Blut in Gesicht und am Arm und zogen mir warme Socken an! – Und ... es gab Bemerkungen ... daß das doch der fellow sei, der heute mittag den Unfall beim Hockey gehabt hätte.

Es lief also gar nicht so schlecht! – Aber ansonsten wurde ich von ihnen nur erst einmal auf das Lagerrevier gebracht und dort fragte ich gleich nach Dr. Eitze.

Als ich ihm jetzt meinen Vorsatz erläuterte, war er erst einmal sauer. – Vielleicht bekam er aber auch Zweifel an seiner ersten Diagnose? – Auf jeden Fall, jetzt mitten in der Nacht würde er darüber nicht mit mir reden. – Es sei wichtig, daß ich erst mal ausschlafen würde.

Am nächsten Tag ging die Diskussion mit Dr. Eitze weiter. Er hatte auch schon mit Obstltn. Meythaler gesprochen, der natürlich auch von den Vorfällen wußte. – Mein „Fall" war Lagergespräch! Dr. Eitze selbst, auch im Namen von Meythaler, riet dringend von diesem „Unsinn" ab. – Keiner würde in meinem Falle glauben, daß ich „übergeschnappt" sei.

Aber ich brachte meine Argumente: Hatte es nicht schon im ersten Weltkrieg Fälle gegeben, wo die besonders „Freiheitsdurstigen" dem Lagerkoller verfallen waren? – Einer leichten Art „geistiger Krankheit"? – Ich konnte das doch versuchen! – Schließlich gab sich eine so günstige Gelegenheit nicht gleich wieder? – War es nicht in erster Linie mein eigenes Risiko? – Wer wollte mir da gültige Vorschriften machen?

Dr. Eitze war nicht zu beeindrucken. – Vielleicht wollte er aber auch nur Zeit gewinnen, – für mich zum Nachdenken, für sich zur Argumentation?

So wie ich mich jetzt darstellte, würde mir niemand eine solche Erkrankung abnehmen. Dazu sei meine physische Kondition viel zu gut. – Wenn überhaupt, dann müßte der durchtrainierte Sportler Steinhilper Gewicht verlieren, blasses Aussehen zeigen und viel geschwächter durch die Gegend schleichen.

Wir gingen so auseinander: Erst mal würde ich „Pause einlegen" an Gewicht verlieren, dabei den Sport und Unterricht beibehalten. Schließlich würden die jetzigen Vorfälle auch den Kanadiern nicht so leicht aus dem Gedächtnis gehen.

Inzwischen wurden die Fahrten der Gripsholm immer regelmäßiger. Die Abstände des Austauschs pendelten sich allmählich auf einen Rhythmus von 6 bis 8 Wochen ein. Da auch unsere deutschen Ärzte immer in die Vorbereitungen eingeschaltet waren, konnten sie die geplanten Tauschfahrten fast vorausahnen.

Natürlich konnte ich über solche Dinge nicht schreiben, daher ein ganz normaler Brief an meine Schwester vom 30. Dez. 1943.

Liebe Trude! Morgen ist der letzte Tag des Jahres. Wir blicken zurück und schauen voraus. Hinter uns liegt das wohl härteste Kriegsjahr. Wir hier hatten wenig davon zu erdulden, wir mußten nur unser Herz wappnen um die sich überschlagenden Siegesmeldungen des Feindes entsprechend hinnehmen zu können. Kannst Du Dir vorstellen, wie „bescheiden" in solchen Zeiten unser Los ist? Aber wir vertrauen eisern auf Euch zu Hause und wissen vor allem, wer heute Deutschland, man kann wohl schon sagen, Europa führt. *) Ihr werdet eher wissen, was in diesem Jahr alles vorbereitet wurde. Wir können nur darauf hoffen. Das neue Jahr wird es dann zeigen.

Eines wird auch dem letzten Deutschen nun klargeworden sein: Es geht um Sein oder Nichtsein unseres Vaterlandes! – Mit diesem Wissen gehen wir ins Jahr 44 und jeder wird seinen Teil dazu beitragen, um unserem Volke den gerechten Platz zu verdienen. Wir hier können leider unter diesem Gesichtspunkt nur das tun, was unsere Arbeit nach dem Siege wertvoller macht. Dazu versucht fast jeder von uns sein zukünftiges Arbeitsgebiet möglichst richtig abzugrenzen um dann dafür das Entsprechende zu lernen.

---

*) Zu meinen Briefen soll einmal grundsätzlich gesagt werden, daß ich kein „Unverbesserlicher" bin. – Natürlich – nachdem man heute weiß, was die nationalsozialistische Führung alles auf ihrem Gewissen hat, denke ich über viele dieser Dinge realistischer. Damals jedoch – in einer Situation des „Durchhaltens" und der Treue zum Vaterland hat diese Haltung in den POW-Lagern manches Unheil verhindert.

Ich sitze daher heute genau wieder auf der Schulbank, wie vor 7 Jahren. Mathematik, Reißbrett, Werkstoffkunde, Physik etc. sind mein täglicher Zeitvertreib. An Sprachen habe ich früher schon schön was zugelernt. Die Musik, die ich eine zeitlang sehr intensiv betrieb, muß jetzt wieder etwas in den Hintergrund treten. Sportlich bin ich auf der Höhe und werde mich halten soweit es nur möglich ist. Jetzt im Winter spielen wir Eishockey. Übrigens ein schönes Spiel, das Du, wenn Zeit und Gelegenheit vorhanden, unbedingt mal ansehen mußt.

Die schwierigste Seite unseres Daseins ist nach wie vor die Gleichförmigkeit. Stell Dir nur vor, wie Dir zu Mute wäre, wenn Du bloß mal 3 Monate in Deiner damaligen Schule eingesperrt verbringen müßtest, ohne daß Du jemand anderem als Deinen Mitschülerinnen begegnetest. – Sehr langweilig, nicht wahr! Trotz allem ertragbar. Auch das kommende Jahr nichts Unüberwindliches! Herzlichst Dein Uz!

Ein Brief in voller Länge: Er drückt umfassend meine damalige innere Verfassung aus. – Erstaunlich, was man in 24 Zeilen zu Papier bringen kann, wenn man die Druckbuchstaben mit der Tuschfeder pinselt.

Am 25. Januar 1944.

Lieber Vater! Nach langer Zeit kam auch wieder mal ein Brief von Dir .... Wie schade ist nun wieder, daß wir uns nicht das sagen können, was uns wirklich bewegt.

Aber wir wollen trotzdem versuchen uns weiterhin gegenseitig zu verstehen. Manchmal hat man hier die Tendenz das Schreiben ganz aufzugeben, weil all unsere Probleme so alltäglich und nichtig sind, daß man sich leicht als Phrasendrescher vorkommt, wenn man versucht für unser Dasein gewisse Parallelen mit Euch zu ziehen.

Ihr macht und erlebt täglich lebendige Geschichte und wir haben Mühe uns über das ewig Gleichmäßige hinauszuheben, um Euch dann zu beneiden und wieder zurückzufallen. – Muttel fragte nun neulich an, was ich den Tag über treibe, oder ich sollte mal erzählen, was es bei uns in der Kantine gäbe. – So etwas zu schreiben geht mir völlig zuwider, denn meine Briefe sollen Euch wenigstens in etwa vermitteln, was in unserem jetzigen Zustand eine Rolle spielt.

Was hier geschieht oder nicht geschieht, wird von uns deshalb durchgestemmt, weil wir innerlich die Augen auf die Zukunft richten. – Wo kämen wir hin, wenn wir versuchen wollten in dem hiesigen Leben nur die geringste Befriedigung zu finden!

Also 1.) Zum Trübsalblasen reicht es noch lange nicht. 2.) Könnte von mir aus jedes Gefangenenlager eine Volksfestwiese sein: Wenn ich bloß nicht drin wäre!

Du siehst, dieses Thema ist unerfreulich, es wird vor allem vermieden, weil in diesem Zusammenhang bei mir zu viel aufwirbelt und ihr Euch darunter doch nicht das richtige Bild macht. Unsere Briefe aber sollen das enthalten, was zum gegenseitigen Verstehen beiträgt. Da wiederhole ich mich lieber mal, als daß ich mir sonst einen neuen Zwang antue. Ich glaube, daß ich mich auch für Dich verständlich ausgedrückt habe? – Dich grüßt herzlich! Dein Uz.

Am 14. Februar 1944 eine Postkarte.

Lieber Vater! Vorgestern kam Dein Brief vom 10.11.43. Ich freute mich über diesen Brief besonders, denn nun weiß ich, daß Ihr über unser Leben wirklich Bescheid wißt ... Daß unsere Kameraden, die noch vor einem halben Jahr unter uns weilten, bei Euch sind, ist für uns fast ein unglaubwürdiges Märchen! Für Euch hoffe ich, wird es eine gewisse Beruhigung sein. Herzlichst! Dein Uli!

Wie lange hatte ich auf diese gute Nachricht gewartet. – Jetzt endlich konnte mein Vater schreiben und deutlich machen, daß er „informiert" war. – Er hatte zwar nicht direkt geschrieben, daß er mit Hptm. Wilke zusammengetroffen war, aber für mich war sofort klar, daß er mit ihm gesprochen hatte und nun vollständig über die kanadische Gefangenschaft und meine Fluchtversuche informiert war.

Am 28. Februar 1944, für lange, lange Zeit, eine letzte Karte: Liebe Mutter! – Sonntagabend. – Draußen regnet und schneit es abwechselnd. Heute morgen und nachmittag habe ich am Reißbrett gezeichnet und nun fülle ich den Abend mit ein paar Grüßen und lasse die Gedanken mitreisen. – Nur die Gedanken! – Die Gefühle unterschlage ich heute besser. Das Wetter beeindruckt sie zu sehr! Aber das wird auch wieder besser und einmal wird uns allen wieder die gute deutsche Sonne strahlen. Wir haben ja so viel Geduld und können aushalten! Herzlichst! Dein Uli!

Mein Zustand wurde immer unterträglicher. – Ich hungerte, verlor auch etwas Gewicht, sah vielleicht eher wegen meiner schlechten Laune blasser aus, als sonst, – aber das Schlimmste an der ganzen Situation war, daß ich mich immer schwächer fühlte. Zum Eishockey reichte die Kraft sowieso nicht mehr und immer mehr Kameraden fragten, was eigentlich mit mir los sei.

Dr. Eitze riet mir von meinem Vorhaben immer noch ab und ich bekam langsam selbst Zweifel, ob ich diese langsame Tortur des Abnehmens und schwächer werdens überhaupt durchstehen würde. – Es stellte sich mir die Frage, ob mit den physischen Kräften nicht auch der Wille schwand „in ein Irrenhaus" zu gelangen.

Daß ich an keinem Sport mehr teilnehmen konnte, war schon fast unerträglich, aber als ich dann noch spürte, daß das Hungern auch die Teilnahme am Unterricht beeinträchtigte, wußte ich fast nicht mehr ein und aus.

Dr. Eitze wurde langsam einsichtiger, aber er meinte die nächste Fahrt der „Gripshom" wäre zu früh, ich müßte noch weit schlechter aussehen! – Mit Wildermuth sprach ich, ob es sinnvoll wäre, hin und wieder beim Unterricht zu fehlen, legte mich aufs Bett, dann aber plagte mich wieder das Gewissen und ich ging zurück in den Hörsaal. – Hauptmann Kahlenberger, unser Lehrgangsleiter wunderte sich über meine Unstetigkeit. – Und ich konnte doch niemand einweihen, was ich wirklich vorhatte.

Das zog sich so über fast zwei Monate hin, als ich plötzlich und unvermittelt die Schnauze voll hatte. – Es war gegen 11 Uhr vormittags – wir saßen in dem großen Hörsaal mit seiner großen Fensterreihe – Hptm. Kahlenberger dozierte in der Mechanik – die Verteilung der Zug- und Druckkräfte bei einer Brücke.

Kaum konnte ich noch folgen, der Kopf war leer vor Hunger und ich bekam wieder diesen Brummschädel. – Zu Wildermuth sagte ich nur: „Eberhard wundere Dich jetzt über nichts mehr!" – Es ging nicht mehr anders! – Die übrige Menschheit hatte es leicht, mir Ratschäge zu geben, die so nicht mehr durchzustehen waren!

Ich stand auf – schreiend: „Diese Lastverteilung halte ich nicht mehr aus! – Ich will nach Hause!" – Ich glaube, dem guten Hptm. Kahlenberger ist fast das Herz stehen geblieben, als ich auch noch auf den Tisch stieg – über die Nebentische aufrecht zu den Fenstern rannte und mit einem gewaltigen Hechtsprung mitten durch eines der großen Glasfenster sprang. – Es splitterte nach allen Seiten, aber ich hatte mit den Handflächen und Unterarmen die Scheibe fast elegant von meinen Augen weggedrückt! – (Später sollten mich Mitschüler fragen, ob ich das in einem Feuerwehrkurs gelernt hätte).

Draußen fiel ich aus etwa zwei Meter Höhe auf den Boden, gemeinsam mit dem splitternden Glas – blieb fast unverletzt und rannte, wie wild geworden, gegen den Maschenzaun, dorthin, wo wir im letzten Winter den Schneetunnel gebaut hatten. – Wie im Eishockey, beim Bodycheck raste ich gegen den Zaun und fing wieder laut an zu schreien: „Ich will nach Hause! – Ich will nach Hause!" – So lange bis mich die herbeigeeilten Kameraden beruhigten und ins Haus zurückbrachten.

Diesen spektakulären Vorgang hatte ich mir vorher ausgedacht: – So mußte sich ein „echter Lagerkoller" darstellen. – Und ich würde mich von jetzt an, von niemand, aber auch von gar niemand mehr aus dem Konzept bringen lassen, ob dies nun die Lagerleitung oder die Ärzte sein sollten.

Die Kanadier hatten den Vorgang sowohl von den Posten auf den beiden benachbarten Türmen als auch sonst berichtet bekommen. – Dieser „Fenstersturz" machte gewaltigen Eindruck. – Ehe ich mich versah, befand ich mich außerhalb des Lagers in einem kleinen Pavillon in der Nähe der Arrestbaracke. Dort wurde ich erst mal auf ein Bett gelegt und neben mich wurde ein Veteran Guard mit aufgepflanztem Bajonett gestellt.

Diese Situationsveränderung erschien nicht schlecht: Wenigstens mußte ich von jetzt an meinen Lagerkameraden kein „Theater" mehr vorspielen.

In eine andere Welt

Der kanadische Arzt erschien. Er wunderte sich, daß ich kaum Verletzungen davongetragen hatte. – Die Kratzer, die ich mir beim ersten Glaskontakt nachts ins Gesicht geschnitten hatte, waren ohne jegliche Narben verheilt. Diesmal waren nur die Hautfetzen am rechten Arm wieder aufgerissen und mußten neu genäht werden. Aber sonst – wie durch ein Wunder hatte ich von meinem spektakulären „Fenstersturz" keine ernsthaften Verletzungen davongetragen. – Es wunderte mich, er stellte überhaupt keine Fragen, die in die Richtung „geistige Störung" gingen. – Vielleicht war das eben so und er war nur für meinen körperlichen Zustand verantwortlich?

Erst am späteren Abend kam dann der Intelligence Officer, unser „Pferdedieb". – Daß ER kam, wunderte mich sehr! – Bald sollte ich mich noch mehr wundern! – Zögernd fing er an und entschuldigte sein spätes Kommen. – Sowohl er, als auch der Kommandant hätten mehrmals mit Ottawa telephoniert, und das hätte sehr viel Zeit gekostet. – Wieso Ottawa? dachte ich. – Wieso auf so hoher Ebene? – Aber eigentlich konnte das doch nur ein gutes Zeichen sein? – Bald sollte es kommen: – Ganz vorsichtig, dann immer klarer werdend, fragte er sich an mich heran.

Wer mich denn im Lager verfolgt hätte? – Ob ich nur zum Spiel auf der Flucht gewesen sei? – Oder ob mir doch jemand ernsthaft nach dem Leben getrachtet hätte? – Ich verstand zuerst überhaupt nicht was er wollte. – Sein Deutsch war einfach zu schlecht, es wäre viel besser gewesen, der kanadische Kommandant hätte sich selbst mit mir unterhalten. – Das drückte ich auch aus, aber unser Profi – Dolmetscher wollte das nicht so haben und blickte gleich sehr betroffen auf den anwesenden Wachsoldaten.

Wir einigten uns dann schnell in deutscher Sprache und der Soldat wurde vor die Tür des Pavillons gebeten. – Danach kamen wir in englisch schnell zur Sache.

Jetzt wurde er sofort deutlich: – Es hatte in anderen POW Lagern Fälle gegeben, wo deutsche Soldaten verurteilt und sogar durch eigene Kameraden „hingerichtet" worden waren. – Ob meine vielfachen, verzweifelten Fluchtversuche auch von einem Ehrengericht angeordnet worden seien? – Ähnlich wie bei Obltn. Berndt, dem ersten Offizier von U – Boot 570, der in England mit einem solchen Fluchtversuch in den Tod getrieben worden sei? Kapitänleutnant Rahmlow der Kommandant von U – 570 säße ja auch im Lager und sei verurteilt. – Das alles mache Colonel Bradshaw, dem Kommandanten große Sorge.

Als ich das kapiert hatte, fiel ich aus allen Wolken. – Deshalb also war ich so schnell außerhalb des Lagers verbracht worden! – Deshalb hatten sie mit Ottawa telphoniert! – Und diese Lage hatte ich mir selbst – und ausschließlich mir selbst zuzuschreiben!

Als Tschramshenkow mich verließ, war ich erst mal vollständig ratlos. – Der Posten der auch ziemlich verloren neben mir mit seinem Seitengewehr stand, merkte das und versuchte ein Gespräch. Aber darauf wollte ich mich erst recht nicht einlassen. – Wie bloß um Himmelswillen würde ich es schaffen, daß die mich für einen Geisteskranken und nicht für eine Art Verurteilten hielten, der womöglich bereit zum „Überlaufen" war?

Nach langem Überlegen, es war schon lange nach Mitternacht, die Posten wechselten alle zwei Stunden, stand mein Entschluß fest. – Ich hatte gar keine andere Wahl, als unablässig und nachhaltig den „Lagerkoller", die Sehnsucht nach der Heimat, deutlich zu machen.

Der Soldat saß neben mir, inzwischen auf einem Stuhl, das Gewehr mit Bajonett zwischen den Knien und döste so halb vor sich hin. – Ich stand auf – nur im Schlafanzug – schob den Wachposten samt Stuhl und Gewehr zur Seite – alles fiel polternd zu Boden – und fing an laut zu schreien: „You are not going to stop me, I want to go home, I am going home! ... Ich will nach Hause! ... Ich will nach Hause!" (Du kannst und wirst mich nicht aufhalten, ich will nach Hause!).

Danach begann ich mit aller Gewalt die kleinen Fenstergitter in der Eingangstür nach außen zu drücken, um durchzuspringen ... aber nicht die Fenster brachen aus – nein – die ganz Tür krachte aus dem Rahmen, stürzte die kleine hölzerne Vortreppe hinab, und ich fiel hinterher ... Es war eine wirre Mischung von Holz und Scherben in die ich hineingefallen war!

Das brachte auch den Posten voll zu Bewußtsein und er schrie noch lauter als ich um Unterstützung – schließlich stand er oben und ich lag am Fuße der Treppe. – Andere Wachen kamen angestürzt, der Sergeant vom Dienst brachte mich auf die Torwache und der kanadische Arzt kam wieder um mich neu zu verbinden. – Diesmal hatte ich mir Beulen und blutige Kratzer an Kopf und Armen geholt und die Naht am rechten Unterarm, war diesmal so böse aufgerissen, daß er sie nicht mehr nachnähen konnte. – Ich wurde gesalbt und verbunden, konnte auch jedesmal rechtzeitig auf meine Jodempfindlichkeit aufmerksam machen.

Am nächsten Morgen gab es eine Beratung zwischen deutscher und kanadischer Lagerleitung mit ärztlicher Beteiligung, und es wurde beschlossen, mich vorläufig erst mal in einer besonderen Stube des deut-

PAVILLON außerhalb des Zaunes in Gravenhurst: Hier wurde ich nach dem Sprung aus dem Fenster des Klassenzimmers erst einmal abgesondert bewacht. Im Hintergrund die Türenreihe (rechts) waren die Türen der Arrestbaracke.

schen Lagerreviers unterzubringn. – Allerdings, und das war nun die kanadische Vorschrift: Das dort vorhandene große Fenster wurde mit einem Teppich verhängt. Ich wurde an das Eisenbett mit Stricken gefes-selt und zwei Kameraden wurden zu meiner Bewachung eingeteilt, für volle 24 Stunden, Tag und Nacht!

Was für ein Theater! – Daß mir das selbst am meisten zuwider war, brauchte ich in dem kurzen Gespräch mit Obstln. Meythaler nicht beson-ders zu versichern. – Er kam – unterhielt sich mit mir unter vier Augen, wollte wissen, ob ich „echt" sei oder spielte? – Ob er mir wirklich geglaubt hat? – Auf jeden Fall waren wir uns einig, ich sollte alles versu-chen um so schnell wie möglich aus dem Lager heraus in ein Irrenhaus zu kommen. – Den „Freifahrschein" hätte ich ja nun wohl inzwischen. – Und dieses Theater im Lager paßte wohl keinem!

Dr. Eitze ließ sich nicht blicken, ein deutliches Zeichen, daß er mit meinem Verhalten nicht einverstanden war. – Aber was sollte das, es wurde mir immer klarer; eine solche Sache mußte man mit sich selbst abmachen. – Ich war zu aller Härte gegen mich bereit, mehr als draufge-hen, konnte ich auch bei dieser Sache nicht!

Die Bewachung wurde in Absprache mit Meythaler nur von meiner Stube und dem Revierpersonal übernommen. Das hieß gleichzeitig, daß man eher gegen die Kanadier Wache zu stehen hatte, als mich zu hindern wieder durch das verhängte Fenster zu springen. – Es gab ein Vorzimmer, und dort schliefen die „Wachen" bei Nacht – so gut oder so schlecht – wie auch ich. – Von der Stube beteiligten sich die Herren Vater, Theopold, Wildermuth und Döring und vom Revier Strehl und Büsgen.

Es war kein kleiner Personalaufwand, und als sich nach zwei Tagen noch immer keine Verlegung in ein Irrenhaus abzeichnete, stellte ich unserem diensthabenden deutschen Arzt, es war einer vom DAK, die vom Wüstenkrieg her etwas weniger dünn besaitet waren, die Frage: „Was muß oder kann ich noch besonderes tun, um wirklich und endgültig aus dem Lager herauszukommen? – Es ist doch eine große Zumutung für alle Beteiligten hier, mit dem Extra-Zimmer, dem verhängten Fenster und der dauernden Bewachung!"

Seine Antwort kam fast wie aus der Pistole: „Greifen Sie den Arzt, den kanadischen Arzt an, greifen Sie ihn körperlich an, wenn er seine Visite macht! – Sie werden sehen, dann geht es ruck-zuck!"

Ich war platt – daß ich nicht selbst auf die Idee gekommen war? Ich hatte doch meinen „Freifahrschein". – Einmal auf diesem Gleis angelangt, konnten sie mich für so eine Tat nicht mehr in den Arrest stecken. Sie mußten anders reagieren.

Normalerweise kam der kanadische Lagerarzt nicht jeden Tag um Visite im Lagerrevier zu machen. – Aber nun, wo ich Insasse war, mußte er wohl jeden Tag aufkreuzen – immer nur mit faden Fragen und Antworten, die von Tschramchenkow übersetzt wurden!

Das war die Lösung! Gleich für den nächsten Tag wurde die Aktion geplant. – Sobald die Tür zu meinem Extra-Zimmer aufgehen würde, wollte ich versuchen ihm „an die Gurgel" zu springen. – Damit das aber „human" bliebe, würden meine Bewacher Wildermuth und Döring, die Männer mit den guten Nerven – mich bändigen!

Und damit diese Bändigung echt war und auch Spuren hinterließ, würde Döring, der größere meiner Bewacher mir einen solchen Schlag aufs linke Auge verpassen, daß ich mit einem „Veilchen" im Mental Hospital ankommen würde. – Ich wunderte mich! – Er war dazu sogar freiwillig bereit! – Wurde auch Zeit, daß diese Art „Lagertheater" ein Ende fand.

Es war der 15. März 1944: Etwa gegen 11 Uhr ging die Tür zu dem Zimmer auf und wie gewünscht – trat als erster der kanadische Arzt in der Uniform eines Captains in mein „Krankenzimmer"! – Mit einem gellenden Schrei stürzte ich mit ausgestreckten Händen an seinen Hals (Ich konnte deutsch schreien, der Dolmetscher war ja dabei!): „Ich weiß was Sie wollen, Sie wollen mich in den Arrest bringen ... Sie wollen mich in den Keller bringen ... sie wollen mich sieben Meter unter den Boden bringen ... sieben Meter und noch viel tiefer ... Sie wollen mich nicht einsperren ... Sie wollen mich umbringen!"

Ich will es den Lesern ersparen diesen Schlachtruf fortzusetzen. Jedoch hatte ich ihn für dieses Ereignis bereit und lernte ihn gut auswendig um ihn in vielen, folgenden „heiklen" Situationen zu verwenden – mal leiser – mal lauter!

Die Reaktionen waren theaterreif. – Natürlich erschrak der kanadische Captain ganz gewaltig, wich aber wie beim Boxen mit dem Oberkörper zurück, sodaß ich ihn glücklicherweise gar nicht berühren konnte. – Aber nun setzte die Strafe ein! – Wildermuth, auch Boxer, warf mich zu Boden, unser deutscher Arzt half dabei und Döring zielte haarscharf und genau, nicht nur einmal, auf meine linke Augenbraue. Ich spürte keinen Schmerz, dachte aber „Danke Peter, das wird für einige Zeit zu sehen sein!"

Mit vereinten Kräften wurde ich wieder an das Bett gefesselt, nur für die Visite war ich üblicherweise losgebunden. Alle Fachleute, Ärzte, deutsche und kanadische, samt Tschramchenkow, bezogen das Vorzimmer und ich blieb mit meinen Bewachern Döring und Wildermuth zurück – wir konnten das Lachen kaum verbeißen. Das hätte im Film nicht besser laufen können!

Nach kurzer Beratung kam Dr. Gress zurück und machte deutlich, daß ich noch heute verfrachtet würde. – Der Kanadier sei jetzt eigentlich auch froh, daß es gar keine andere Wahl mehr gäbe! Wie und wann – mit Bahn oder Sanka – müsse erst noch geklärt werden, aber sehr wahrscheinlich würde das schon heute nachmittag laufen.

Mein Gott war ich froh! – Eigentlich auch meine Stubenkameraden, denn dieses Wache stehen war keine kleine Belastung für sie! – Es dauerte danach gar nicht lange, da erschien Dr. Eitze und bat um ein Gespräch unter vier Augen. – Da kein Kanadier in der Gegend war, konnte das gleich geschehen.

„Lieber Steinhilper! Ich mag Sie doch eigentlich recht gern!" fing er an: „Sie wissen ja gar nicht, auf was Sie sich da einlassen! – So wie ich Sie kenne, geben Sie nicht nach, bis Sie entweder zu Hause, oder tatsächlich übergeschnappt sind! – Versprechen Sie mir, daß Sie das nicht länger als höchstens sechs Wochen, besser nur vier Wochen machen! – In diesem Zeitraum sollte die Gripsholm fahren! – Machen Sie ja nicht länger! – Sie können ja immer wieder anfangen, jetzt sind Sie ja schon mal auf diesem Gleis! – Da wird Sie so schnell keiner wieder runterholen!"

Das Gespräch war ursprünglich peinlich, aber es gelang mir, einigermaßen zu erkären, warum ich den ganzen Ablauf, ohne sein endgültiges Einverständnis – vom Zaun gebrochen hatte. – Er nahm es nicht tragisch, sondern gab mir in aller Eile noch einige gute Ratschläge. – Noch während unserer Unterhaltung wurde bekannt, daß ich am Nachmittag das Lager verlaßen würde. – Ich würde begleitet von einem kanadischen Arzt – Psychiater – und einem bewaffneten Sergeanten. – Die deutschen Ärzte wurden dazu angehalten, mir zu erklären, daß ich vor dem Transport und unterwegs „beruhigende" Spritzen bekommen würde.

Dr. Eitze konnte mir nur noch schnell sagen, daß geistige Leiden weder sein Fach seien, noch habe er Erfahrung. Aber Gedanken habe er sich schon gemacht: Mein Krankheitsbild, ließe sich am ehesten mit „manisch depressiv" beschreiben. – Dazu würde passen, daß ich weiterhin Gewicht verlieren sollte, so viel und schnell als ich nur ertragen könnte. – Bei der Nahrungsaufnahme sollte ich plötzliche „unsinnige" Einfälle haben, z. B. spontan gewisse Salate, Gemüse mit bestimmten Farben verweigern. – Es würde ins Krankheitsbild passen, wenn ich einmal richtig aufgedreht erschien, dann wieder sehr niedergeschlagen sei. – In einem Fall mit 5 Fluchtversuchen, würden „besondere Anstrengungen" nötig sein!

Was das denn sein könnte, wollte ich wissen? – „Na ja, Sie haben ja gesehen, wie wirkungsvoll Ihr Angriff auf den Arzt heute am Vormittag war, wenn Sie dort, wo sie hinkommen – ab und zu – dem Aufsichtsperson al ähnliche Schwierigkeiten machen! – Oder auch, wenn es Ihre seelische und körperliche Bereitschaft gestattet, machen sie ein oder zweimal pro Woche einen Tobsuchtsanfall. – Was ich da von Ihnen heute morgen hörte – da brauchen Sie nicht mehr viel dazulernen!"

Er sagte auch, daß kaum eine Geisteskrankheit gleiche Symptome und Verlauf aufwiesen. Die Diagnosen seien auch für den Fachmann schwierig. – Und immer wieder die Warnung: „Ja nicht länger als vier Wochen, wenn die Gripsholm nicht fährt, sehen Sie zu, daß Sie wieder zurück ins Lager kommen!"

Ich wußte Bescheid. – Es dauerte auch gar nicht lange, bis der auswärtige junge kanadische Psychiater samt einem Sergeanten – der war aktiver Soldat – kräftig, und für die Aufgabe ausgewählt, erschienen. – Noch in Anwesenheit von Dr. Eitze erhielt ich die erste Spritze und kann eigentlich von der ganzen Reise nicht viel wiedergeben. Dazu war ich immer im leichten Halbschlaf. Wir fuhren mit dem Station Wagon zum Bahnhof in Gravenhurst und fuhren auch nachher, nachdem wir in Toronto umgestiegen waren, in einem für uns reservierten Abteil. – Und immer wieder blätterte der Psychiater in einer grünen Mappe. – Offensichtlich war da mein ganzes Sündenregister verzeichnet! Darüber unterhielt sich dieser Arzt immer wieder mit dem Sergeanten. Fünf Fluchtversuche, auch das Zertrümmern meiner Arrestzelle wurden erwähnt! – Das hörte ich deutlich und freute mich, daß das jetzt doch noch nachträglich ins Bild paßte.

Vor dem Zugwechsel in Toronto bekam ich sicherheitshalber noch eine Extra – Spritze und erinnere mich dumpf, daß wir erst nach Eintritt der

Dunkelheit im Auto vor einem Backsteingebäude mit Freitreppe anhielten. – Später sollte ich erfahren, daß es das Westminster Hospital in London/Ont. war.

Am nächsten Morgen wachte ich in einem kleinen Raum auf – wurde in deutscher Sprache angesprochen. – Das machte mich erst einmal sehr stutzig, hatte ich doch seither mit niemand als unseren deutschen Ärzten normal gesprochen. – Die englischen Sprachkenntnisse zu verlieren, so hatte ich mir vorgenommen, gehörte sowieso zu den Symptomen meines „Leidens".

Aber die Stimme beruhigte mich bald. – Er sei Obltn. Weigel, ob ich mich nicht an ihn aus Bowmanville erinnere? – Natürlich, ich kannte ihn! – Fast im Flüsterton erzählte er von seinem Versuch sich das Leben zu nehmen, – genau so gespielt, wie die daraus resultierende tiefe Depression! – Zu seinem eigenen Schutz sei er hier und warte seit Monaten auf seinen Austausch! – Er sei sich ganz sicher, daß es gelingen werde! – Er strahlte eine geradezu ansteckende Zuversicht aus. – Nur schien mir sein Verhalten gefährlich. – Ich fürchtete, wir würden abgehört.

Ob uns auch wirklich niemand zuhöre? fragte ich misstrauisch. – „Nein Steinhilper, das ist alles nicht mehr so heikel, – wenn man einmal hier ist, muß man nur sehen, daß sie einen nicht mehr ins Lager schicken können, dann bleibt denen doch gar nichts anderes übrig als der Austausch!"

Nach diesem heimlichen Gespräch, sollte sich bald herausstellen, daß mein Fall nicht so einfach war. – Von der Schwester Jenny, die für Arzneiausgabe, Wäsche und Kleiderverwaltung zuständig war, wurde Weigel offiziell zum Dolmetscher ernannt, um mir zu erklären daß ich hier, auf dieser Station, erst einmal meine Uniform und alle Privatsachen – vor allem mein Rasierzeug abzugeben hätte. Hier würde ich in die gleiche Anstaltskleidung gesteckt, die Weigel schon trug. Hier würde ich ein weißes Nachthemd und Unterwäsche erhalten, anschließend käme ich in die C-Ward, einen Stock tiefer, denn ich sei ja im Gegensatz zu allen hiesigen Germans, kein „good boy", „gewalttätig" als „bad boy" sei ich eingestuft. Dabei schaute sie vielsagend in den grünen Ordner, den man ihr offensichtlich zur Einsichtnahme überlassen hatte. – Erst später sollte ich erfahren, daß „bad boy" (gewalttätiger Patient), hier eine bedeutsame Klassifizierung war.

In C-Ward würde man mich erst einmal eine zeitlang beobachten, um beurteilen zu können, was mit mir zu geschehen hätte. – Das klang selbst für Weigel, der meinte die hiesigen Gebräuche zu kennen, wenig verheißungsvoll.

Anschließend an diese Mitteilung waren wir noch einmal für kurze Zeit allein und ich bat ihn, falls er vor mir ausgetauscht würde, meine

Eltern entsprechend zu informieren. – Denn die mußten ja erheblich verunsichert sein, wenn sie plötzlich überhaupt keine Post mehr vor mir bekamen. – Das hat Weigel nicht nur versprochen, sondern auch gehalten. *) Briefe am Ende dieses Kapitels.

Gleich danach – noch ohne Frühstück – erschien der junge Psychiater von gestern. Diesmal war seine Uniform von einem weißen Arztmantel überdeckt. Seit Verlassen des Lager hatte ich nichts mehr gegessen und bekam allmählich großen Hunger.

Er brachte mich in Begleitung von einem „Orderly" – so hießen hier die Wärter – mittels eines Aufzugs einen Stock tiefer. Der Wärter in seinem sauberen weißen Anzug wirkte eigentlich beruhigend.

Unten mußten wir vor der Aufzugtür für wenige Minuten auf den Anstaltsleiter warten. – Es war erschreckend! Dieser erste Eindruck hier unten! – Es wimmelte von Menschen – alle in blauer Kleidung – es waren so viele! – Und sie sahen alle so ähnlich aus! Alle so gekleidet, wie bei uns im „blauen Anton"! – Blaue Leinenhose mit Jacke und graues Hemd darunter!

Aber nicht nur waren es so viele! Und nicht nur sahen alle sehr gleich aus! – Sondern, wie die sich bewegten! – Wie sie, wie die Bienen wimmelten! – An der Wand, in den Gängen, an den Stockbetten, da standen sie, manche die Hände gefaltet, andere sie knetend, andere fuchtelten herum, plappernd der Mund – leer die Augen – kichernd oder auch gänzlich stumm waren sie. – Nicht nur Alte! Auch junge Gesichter waren darunter. – Auf welches Abenteuer hatte ich mich da eingelassen?

Noch bevor der Anstaltsleiter kam, erschien eine hübsche junge Schwester, die uns durch eine schwere Türe führte. Diese eiserne Türe schloß sich gleich wieder hinter uns. Von der Innenseite war sie gleich als Panzertür zu erkennen. – Wir waren in C-Ward, der Abteilung für „bad boys" – für „Gefährliche" angelangt. – Jedoch wurden hier auch undefinierte Neuankömmlinge eingeliefert, wie ich später erfahren sollte.

Noch bevor ich mich umsehen konnte, kam Dr. Rogier. Er wurde als der Direktor, als Anstaltsleiter, meinem Begleitarzt vorgestellt und besprach sich gleich lebhaft mit ihm.

Desinteresse heuchelnd, bekam ich das Gespräch recht gut mit: Mein gestriger Begleiter wollte vor seiner Rückfahrt nur kurz den „grünen Ordner" erläutern, bevor er sich verabschiedete.

Dr. Rogier nickte bei den Erläuterungen lebhaft und sagte zu ihm, daß man hier noch weitere „Germans" in Verwahrung hätte. Das ginge mich aber nichts an, ich sollte keinen Kontakt zu Ihnen bekommen. Ich sei ein „special case", ein Spezialfall! – Das richtete sich schon fast mehr an die Schwester und die Orderlies, von denen nun schon drei um mich herumstanden, als an den Begleitarzt. Dieser war froh, als er sich verabschieden konnte.

Innerlich mußte ich grinsen, der Kontakt zu einem „German" hatte doch schon stattgefunden! Und niemand traute sich, ihm das zu sagen. – Also Vorsicht vor diesem Mann, der war mächtig! Er konnte meinen Begleiter gar nicht schnell genug loswerden. Man merkte gleich: Diese Anstalt war sein Reich, da würde niemand hineinreden!

Jetzt erst wandte er sich mir zu und sprach recht gutes Deutsch – vorher hatte er es vergeblich kurz auf englisch probiert: – „Captain Steinhilper, Sie befinden sich hier in einem mental hospital, Sie werden hier nicht behandelt, nur aufbewahrt, bis wir wissen, was mit Ihnen geschieht! – Ich spreche etwas deutsch, ich war im letzten Krieg in deutscher Gefangenschaft in Silesia, ich glaube Sie sagen dazu Schlesien."

*) ... Mit Poststempel Jagdfliegerheim Bad Wiessee 20. 6. 44 erhielt mein Vater folgenden Brief: Bad Wiessee, 19. 6. 44.

Sehr verehrter Herr Steinhilper!

Ich schreibe Ihnen heute im Auftrag u. auf Bitte Ihres Sohnes, mit dem ich in der letzten Zeit drüben in Canada zusammen war. – Ihrem Sohn geht es gut, nur will er nun nach Hause u. zwar mit dem nächsten Austausch. – Vorausschicken möchte ich, daß Sie diesen Brief für sich allein lesen u. dann erst in entsprechender Form Ihre Gattin unterrichten.

Ich selbst bin im Mai jetzt auch ausgetauscht worden. Ich habe mich durchgemogelt mit einem Selbstmordversuch u. Depression u. habe 4 Monate diese Rolle gespielt u. in einer Nervenheilanstalt zugebracht.

Selbstverständlich darf außer Ihnen Herr Steinhilper von dieser Angelegenheit niemand etwas erfahren. Dazu verpflichte ich Sie u. auch mein Name darf in Briefen nie genannt werden. Überhaupt nichts davon. Auch falls Sie mit anderen Angehörigen von Gefangenen in Verbindung stehen, so erwähnen Sie mich bitte überhaupt nicht. Es darf nicht sein im größten Interesse für Ihren Sohn, wie sie gleich sehen werden.

Ich war früher mit Ihrem Sohn im Lager 30 zusammen u. traf ihn jetzt im März dort in dem Nervenkrankenhaus wieder. – Er war ja inzwischen in einem anderen Lager. – Ihr Sohn hat nun eine Rolle eines Nervenkranken gewählt, die er ganz tadellos durchspielt, um dann mit dem nächsten Austausch nach Hause geschickt zu werden.

Wir haben uns dort gegenseitig geholfen u. über die ganze Sache unterhalten. Ich selbst hatte schon viel früher angefangen und bin nun jetzt schon ausgetauscht worden. Ihr Sohn hat es zu diesem Austausch nicht mehr geschafft, wird aber beim nächsten Mal dabei sein. An und für sich geht es ihm dabei recht gut und irgendwelche Sorgen brauchen Sie sich bestimmt nicht machen. Nachwirkungen werden nicht zurückbleiben. Ich habe es 4 Monate und sogar noch etwas länger gemacht und wirklich nicht den geringsten Schaden davongetragen.

Für Sie ist es nun nur etwas schwer, daß Sie keine Post mehr von ihm bekommen werden. Es paßt nicht in das Krankheitsbild, daß er Ihnen schreibt. Damit müssen Sie sich abfinden und sich darauf freuen, daß Sie Ihren Sohn nun bald, das heißt beim nächsten Austausch zu Hause haben werden.

Es ist selbstverständlich, daß aus Ihren Briefen an Ihren Sohn davon nichts, kein Sterbenswörtchen und auch keine Andeutung vorhanden sein darf. Sie müssen weiter so schreiben, wie bisher und weiter nichts. Selbstverständlich kann aus Ihren Briefen Sorge um ihn sprechen, weil er nichts von sich hören läßt, doch muß diese Sorge eben von Ihnen gespielt sein, denn wirkliche Sorge brauchen Sie sich nicht machen und Ihr Sohn weiß, daß ich Sie genau orientiere, sodaß also auch er weiß, daß Sie sich keine echten Sorgen machen.

Es wäre ratsam, wenn Sie beim Roten Kreuz anfragen nach dem Befinden Ihres Sohnes, da sie keine Nachricht von ihm bekommen, ebenfalls beim Oberkommando der Wehrmacht, Abt. Kriegsgefangene. – Jedoch denken Sie daran, daß niemand außer Ihnen und mir den wirklichen Sachverhalt kennt und auch nicht kennen darf, um das Unternehmen Ihres Sohnes nicht zu gefährden.

Ich habe beim O.K.W. nur gemeldet, daß Ihr Sohn ernstlich krank ist und bei diesem Glauben muß man es auch lassen. – Sie wissen, daß Ihr Sohn krank ist und machen sich Sorgen. Fragen Sie nach seinem Gesundheitszustand usw. Doch lassen Sie sich durch irgendwelche Antworten nicht stören, da sie wissen, es ist nicht echt, sondern gespielt!

Falls Sie doch mal einen Brief von Ihrem Sohn bekommen sollten, so wird er eben so sein, wie ihn ein Nervenkranker schreibt. Machen Sie sich also deshalb keine Gedanken.

Herr Steinhilper – außer Ihrer Frau Gemahlin dürfen Sie sonst NIEMAND in die Angelegenheit einweihen. Sagen und erzählen Sie allen, es sei alles in Ordnung und tun sie so, als wenn Sie wieder normal Post wie früher von Ihrem Sohn bekommen. Es hilft nichts, aber Sie müssen nun, um Ihren Sohn bald wieder zu Hause zu haben, mitspielen. Etwas anderes kommt überhaupt nicht in Frage. So verlangt es Ihr Sohn von Ihnen und Sie werden ihn nicht enttäuschen.

Ihn etwa von der Sache abzubringen, dürfen Sie nicht versuchen. Erstens wäre es völlig ergebnislos und außerdem würde Ihr Sohn das wohl seinen Eltern nie vergessen und sich verraten vorkommen. – Er spielt die Rolle, um nach Hause zu kommen und darauf können Sie sich wirklich freuen, trotz der nicht schönen Zeit, die Sie nun mit Ihrem Sohn im Augenblick durchmachen müssen.

Franz v. Werra ist bald nach seiner Rückkehr gefallen. Wie erging es anderen Heimkehrern?
Photo Sept/Okt. 1944: NJG 6 – Flugplatz Tailfingen Krs. Böblingen, von links: Ltn. Swoboda, Hptm. Böhner, Hptm. Weigel, Ltn. Artus.
EINTRAG im Kriegstagebuch NJG 6 – 5. 3. 1945: Durchflug von etwas 600 Kampfflugzeugen in Richtung Chemnitz. Die IV. Gruppe wird von Kitzingen und Gerolshofen eingesetzt. – Erfolge keine. – Verluste: Um 21.58 eine Ju 88 der IV. Gruppe durch Bodenberührung am Platz zerstört, Hptm. Weigel, Fw. Milord, Fw. Antoni, Uffz. Graf alle tot.

266

Wann mit einem weiteren Austausch zu rechnen ist, weiß ich nicht. – Es sind aber laufend Verhandlungen im Gange.

Ich will nun noch einmal zusammenfassen: Niemand außer Ihnen und Ihrer Frau Gemahlin darf von der Sache wissen, keine Verwandten oder Freunde usw. – So verlangt es Ihr Sohn. – Sie müssen so tun, als sei alles in Ordnung.

Lediglich beim Roten Kreuz und O.K.W. anfragen in großer Sorge nach Ihrem Sohn, weil Sie nicht von ihm hören und WISSEN er sei schwer nervenkrank. Doch meinen Namen dabei nicht erwähnen! Und auch sonst von mir zu keinem Menschen sprechen oder schreiben. An Ihren Sohn weiter schreiben wie bisher, jedoch OHNE Andeutungen oder dergleichen. – Nur kann ruhig Sorge um ihn aus Ihren Briefen sprechen. Nichts von Austausch oder dergleichen schreiben. – Ihr Sohn weiß, daß ich Sie genau orientiere und brauchen Sie ihm das nicht schreiben oder andeuten.

Von mir darf nichts erwähnt werden, weil ich ja theoretisch noch schwer krank bin. Und wenn drüben die Canadier von mir durch die Censur erfahren, so wissen sie, daß ich gespielt habe und würde dadurch natürlich die Lage für Ihren Sohn sehr gefährdet.

Ich verlebe im Augenblick 4 Wochen Urlaub hier in Wiessee im Jagdfliegerheim und lasse es mir gut gehen.

Ich stehe Ihnen Herr Steinhilper selbstverständlich immer mit Rat und Tat zur Verfügung und werde Ihnen alle auftauchenden Fragen beantworten. Schreiben Sie nun an Ihren Sohn nicht sofort, sondern lassen Sie sich die Sache erst ruhig durch den Kopf gehen. Ich bin bis 12. Juli hier: – Obltn. Weigel, Jagdfliegerheim Bad Wiessee – Tegernsee (136). Meine Heimatanschrift ist: Stettin, Werderstr. 7.

Indem ich Ihnen und Ihrer Frau Gemahlin die herzlichsten Grüße Ihres Sohnes übermittle, bleibe ich aufrichtig mit den besten Wünschen! Ihr Kurt Heinz Weigel.

Was für eine Kameradschaft! – Was für ein Einfühlungsvermögen spricht aus diesem Brief!

Offensichtlich folgten meine Eltern präzise den Anweisungen, die in Weigels Brief enthalten waren.

Dafür spricht: Ein Antwortbrief vom Deutschen Roten Kreuz
Präsidium – vom 5.7.44. – Aktenzeichen S.W. II v. Li/Wi
Betr. Hptm. Ulrich Steinhilper
Bez. Auf Ihr Schreiben v. 24. 6.44.

Leider ist die Postverbindung mit den Kriegsgefangenen in Canada sehr unregelmäßig.

Abgesehen davon, daß immer wieder Zeiten kommen, in denen überhaupt keine Post aus Canada eintrifft, kommt es auch vor, daß einige

Familien zeitweise ganz regelmäßig Post erhalten und andere dagegen garnichts von den Kriegsgefangenen hören. Woran diese Unterschiede liegen, ist schwer festzustellen.

Jedenfalls glaubt das Deutsche Rote Kreuz, daß kein Grund zu besonderer Sorge um Ihren Angehörigen besteht, da von sehr vielen Anverwandten der Kriegsgefangenen Klagen über das Ausbleiben von Post aus Canada vorliegen.

Das Deutsche Rote Kreuz ist gemeinsam mit dem Oberkommando der Wehrmacht unablässig darum bemüht, eine Verbesserung der Postverbindung zu erzielen. Heil Hitler! Unterschrift: Der Sonderbeauftragte.

Noch ein Antwortbrief vom D.R.K.Präsidium, Führungsstab.
Berlin SW 61, den 5.9. 1944
Aktz. SW II v. Li/Bck
Betr : Hptm. Ulrich Steinhilper, Ser.Nr. 18310, Lager 20,
Canada. Bez. : Hies. Schrb.v.4.7.44
Frau Paula Steinhilper, Heutingsheim, Krs. Ludwigsburg/Wttbg.

Auf die am 4.7.44 an das Internationale Komitee vom Roten Kreuz in Genf gerichtete Anfrage nach dem Ergehen Ihres Sohne traf heute die Antwort ein.

Das Internationale Komitee teilt mit, daß Ihr Sohn an depressiven Zuständen leidet, sich jedoch einer guten körperlichen Gesundheit erfreut und eine geeignete Behandlung erhält.

Heil Hitler! Unterschrift: Der Sonderbeauftragte.

Der gute Kamerad Obltn. Weigel selbst schrieb noch zweimal an meinen Vater:
Wiessee, 4.7.44
Sehr geehrter Herr Steinhilper!

Ich konnte Sie leider nicht mehr benachrichtigen, da ich für ein paar Tage in den Bergen unterwegs war. – Wie hat Ihnen der Besuch von Tetzlacht gefallen. Ich habe Sorge, daß er Ihnen allerhand unsinniges Zeug erzählt hat.

Der Mann ist nun, abgesehen von dem, was er zum Austausch gemacht hat, wohl in keiner Weise als normal zu bezeichnen. Und halte ich ihn nicht für einen sehr wertvollen Menschen. (Anm. Den Herrn Tetzlacht kannte ich nicht, er muß wohl vor seinem Austausch auch Patient im Westminster Hospital gewesen sein).

Schade, daß Sie neulich von München aus nicht noch einen kleinen Abstecher nach hier gemacht haben. – (Mein Vater diente zu dieser Zeit bei den „Feldjägern" und war oft Eisenbahnstreife).

Ich bin noch bis einschließlich 9.7. hier, falls sich noch einmal die Gelegenheit ergeben sollte. – Ich komme nach Meldung in Berlin viel-

268

leicht wieder nach Süddeutschland, sodaß vielleicht dann noch ein Treffen zwischen uns verabredet werden kann.

Ich bitte um eine Empfehlung an Ihre Frau Gemahlin.

Mit besten Grüßen   Ihr Weigel.

Letzter Brief von ihm: Kitzingen, 3. 9. 44
Sehr geehrter Herr Steinhilper!

Leider war mir ein damaliges Treffen nicht möglich. Ich bin nun in größerer Nähe von Stuttgart, aber wohl nur ein paar Tage. Es ist allerdings möglich, daß ich in der Nähe bleibe. Sobald ich genaues weiß, lasse ich es Sie wissen. Würden Sie mir bitte Nachricht zukommen lassen, ob und was Sie von Ihrem Sohn inzwischen erfahren haben.

Ich hörte, ein weiterer Austausch sei bald geplant und hoffe das Beste! Wahrscheinlich über Schweden diesmal.

Mit besten Grüßen   Ihr Weigel.

Wie sich später herausstellen sollte, lief vor diesem Austausch, der nach September 44 angedeutet war, einer vorher. – Es lag damals häufig nicht am guten Willen der kriegführenden Parteien, ob sie durchgeführt werden konnten.

Wie Kriege es so an sich haben – die politischen Möglichkeiten veränderten sich zu diesen Zeiten fast ständig.

Über das weitere Schicksal von Hptm. Weigel erfuhr ich erst im Jahre 1988, einmal durch ein Photo vom Flugplatz Tailfingen, Krs. Böblingen – woraus ersichtlich ist, daß Weigel 1943 zur Nachtjagd versetzt wurde.

Dann das Ende dieses liebenswerten Kameraden: Die Eintragung im Kriegstagebuch des NJG 6 vom 5. 3. 1945 lautet:

Durchflug von etwa 600 Kampfflugzeugen in Richtung Chemnitz. Die IV. Gruppe wird von Kitzingen und Gerolshofen eingesetzt.

Erfolge: Keine.

Verluste: Um 21.58 eine Ju 88 der IV. Gruppe durch Bodenberührung am Platz zerstört: Hauptmann Weigel, Feldwebel Milord, Feldwebel Antoni, Unteroffizier Graf alle tot.

Nach diesem glücklosen Ende eines Flieger- und POW-Kameraden, der mich vor seinem Austausch im Westminster Hospital eingewiesen hatte, ein weiterer Brief der meine Eltern erreichte, der sich ebenfalls auf den Austausch vom Mai 1944 bezieht.

Obltn. Schnabel, dessen Bericht über Gravenhurst ich früher zitierte, schreibt meinen Eltern: Zwickau, 3.8.44

Geehrte Familie Steinhilper!

Im Mai dieses Jahres wurde ich wegen Krankheit aus kanadischer

Kriegsgefangenschaft ausgetauscht und befinde mich hier zur Ausheilung.

Ich war lange Zeit und bis zum 13. März 44 im Camp 20. Im Auftrage Ihres Sohnes Herrn Hptm. Ulrich Steinhilper und des Lagerführers des Camp 20 Herrn Oberstlt. Meythaler habe ich Ihnen folgende erfreuliche Mitteilung zu machen: Ihr Sohn erfreut sich bester Gesundheit und ist auch geistig auf der Höhe wie bisher. Er versucht nur durch VORTÄUSCHEN von Geistesgestörtheit die Heimat zu erreichen. Die Sache ist natürlich sehr schwierig, aber wie bisher schon gelungene Fälle gezeigt haben, nicht unmöglich. Ich möchte Ihnen nicht unnötige Hoffnung machen, da niemand weiß, wann wieder ein Austausch von kranken und verwundeten Kriegsgefangenen zu Stande kommt. Aber es ist die einzige Möglichkeit aus Kanada vor Kriegsende nach Hause zu kommen.

Seit März 44, kurz vor Verlassen des Lagers läuft die Sache. Sie werden seit der Zeit ungünstige Nachrichten von Ihrem Sohn erhalten haben. Diese sind alle unwahr! Es war dies alles zu seiner Unternehmung notwendig und wird auch weiterhin noch anhalten.

Ich konnte mich persönlich vom völlig gesunden Zustand Ihres Sohnes überzeugen, da ich von Sept. 43 bis März 44 in der Technischen Arbeitsgemeinschaft neben ihm gesessen habe und mit ihm täglich zusammen arbeitete.

Ich bin gern bereit, Fragen über ihn zu beantworten, soweit ich dazu in der Lage bin. Mit Deutschem Gruß, grüßt Sie, Ihr Heinz Schnabel.

Obwohl ich später – die Nachkriegsmonate überschatteten alles andere – mit meinen Eltern nie genau besprechen konnte, was sie sich in diesen Monaten für Gedanken machten, waren sie doch schwierigen „Wechselbädern" ausgesetzt.

Zuerst dieser merkwürdige Stil in meinen Briefen (wegen des Code), dann die Nachricht und Bitte um Fluchthilfe durch Wilke und nun die mehrfache, im Stil unterschiedliche Benachrichtigung über mein plötzliches „Nervenleiden" durch die Herren Weigel, Tetzlacht und Schnabel.

Was aus Schnabel nach seiner Rückkehr geworden ist – dem Escaper der zusammen mit Wappler in England ein Schulflugzeug gestohlen hatte – unterwegs ging ihnen damals leider der Sprit aus – habe ich nie erfahren.

Im gleichen Austauschkontingent befand sich auch unser früherer Lagerführer aus Camp „W", Oberstltn. Hasso v. Wedel, „der letzte Ritter". Sein zerschossenes Bein hatte sich in der kanadischen Gefangenschaft von Jahr zu Jahr verschlechtert.

Auch ihn habe ich nie wiedergesehen, er soll im Endkampf um Berlin im Jahre 1945 gefallen sein.

Es war nicht immer glücklich, was das Schicksal, den damals so beneideten Austausch – Kameraden, in ihr Lebensbuch geschrieben hat.

Aus Gravenhurst wurde auch Obltn. Buhr aus Soltau ausgetauscht. Er hatte sich über lange Zeit selbst gequält und fortgeschrittene Schwerhörigkeit vorgetäuscht. – Im Jahre 1945 wurde er von Fremdarbeitern erschlagen.

Bedauernswerte Menschen

Nach der Einführung von Dr. Rogier und der Erklärung in deutscher Sprache, fing die hübsche Nurse an, meinen Verband am rechten Arm zu entfernen. – Das sah bös aus: War eitrig und so entzündet, daß man die Nähte nur erahnen konnte. – Rogier gab kurze Anweisungen und verschwand.

Kaum war er fort, da kümmerte sich die junge Dame im schicken weißen Schwesternkleid sorgfältig um meine Wunde: Sie nannte mich von Anfang an „Steenie" (Stiini) und nahm herzlichen Anteil an meinem schlimmen Schicksal – von Anfang an bereitete mir das Gewissensbisse.

Zuerst veranlaßte sie, daß ich einen Pyjama bekam. – Die Ärmel des Nachthemdes waren so eng, daß man einen neuen Verband kaum anlegen konnte. – Dazu wurde ich in den Glaskasten der Wärter gebracht, und als ich mich umzog, betrachteten sie meinen Körper: „Look at him – that's a real trained Nazi – look at his muscles! – If he ever goes wild!" (Schau Dir diesen durchtrainierten Nazi an, seine Muskeln! Wenn der je wild wird!) – Meinten sie sorgenvoll. Natürlich, waren meine Box – und Eishockey – Muskeln noch nicht verschwunden.

Dabei hockte ich am Boden, spielte einen unzugänglichen Menschen und neben mir kniete dieses junge hübsche Mädchen und flüsterte vor sich hin, von meiner schlimmen Wunde, davon, daß ich so weit weg von zu Hause sei, daß ich sicher nur „homesick" sei; Heimweh hätte und nun auch noch eine schlimme Wunde! – Ein Glück bei der ganzen Wundbehandlung war: – Offensichtlich gab es in den Begleitpapieren einen Hinweis auf eine Jodempfindlichkeit, nie habe ich Jod gespürt noch gesehen.

Man merkte gleich, diese junge Dame genoß alle Sympathien der Orderlies. – Sie sprachen mit ihr nur als „Sunny", sobald Doktor Rogier oder Chiefnurse Victoria, die gefürchtete Oberschwester nicht mehr um den Weg waren.

Über „Victoria" hörte ich von Chief Orderly Opel, als er einen jungen Kollegen einwies, die Bemerkung: „She is very imperial and you won't get any cooperation from her at all!" – Wobei er „at all" besonders prononciert und spöttisch in King's English aussprach. (Sie ist sehr königlich! Aber Du kannst von ihr nicht eine Bohne von Hilfe erwarten!) – Mit dem Mangel an Kooperation meinte er besonders die Fälle, wo es etwas vor Dr. Rogier, dem Boß zu vertuschen gab.

„Sunny" war wirklich ein „sonniges Wesen", ein Segen für dieses Hospital – für diese triste Umgebung. – War sie besonders gut gelaunt, konnte sie fröhlich – leise vor sich hin – ein kleines Liedchen singen.

Kaum war sie gegangen, da fing für mich der Ernst des Lebens an. Schon beim Verbinden hatte ich mich umgesehen. – Ich steckte in einem langen, schmucklosen Raum mit vergitterten Fenstern auf der einen Seite und etwa 6 Zellentüren auf der anderen.

Am Kopf des Raumes befand sich eine Art Glaszelle für die zwei Wärter, die darin ständig „auf Wache" waren. Gegenüber den Zellen standen vier Betten nebeneinander, dann folgten zwei Nischen mit Einzelbetten, die durch hüfthohe Mauern abgeteilt waren. Die Betonmauern waren lichtgrün gestrichen, die Zellentüren grau.

Beim Eintreten hatte ich entdeckt, daß eines der Betten nicht belegt war und wollte mich schon dorthin bewegen. – Aber gleich hielt mich einer der Wärter am Arm fest, öffnete eine der Zellen und ehe ich mich versah, war ich drinnen. – Auf dem Boden lag eine Art Matratze mit lederartigem Kunststoff überzogen, sonst nichts. – Aber die Tür öffnete sich gleich nochmals und einige Orangen wurden hereingerollt.

Hunger hatte ich, Durst hatte ich, aber ob das nicht ein Trick war? – „Beobachten wollten Sie mich!" – Dafür sprach das kleine Guckloch in der Zellentür – klein und rund – mitten in der kleinen Klappe, die zum Durchreichen zu öffnen war.

Bevor ich die Orangen auch nur anfaßte, sah ich mich erst einmal innen um. – Kahle Wände! Was hatte man da immer von „Gummizellen" gehört? – Hier umgab mich steinharter Beton, an dem man sich, wenn man wollte, nach Belieben den Schädel einrennen konnte. Rückwärts, gegenüber der Tür, unerreichbar vom Boden, ein Gitterfenster, das wie man am Licht erkennen konnte, ebenerdig abschloß. Sonst nichts ... garnichts!

Ich bemerkte, daß das Guckloch besetzt... immer wieder neugierig besetzt war. – Sollten die doch durch den Spion gucken. Ich fing an die erste Orange zu schälen, aß sie, und zerriß die Schalen in kleine Fetzen um sie dann, spielend wie ein Kind, als Buchstaben auf den kalten geplätteten Fußboden zu legen. – Danach nahm ich mir die zweite vor, schälte sie halb – aber weil ich wirklich großen Durst hatte, schälte ich sie nur zur Hälfte und saugte den anderen Teil aus! – Damit hatte ich intuitiv gar nicht schlecht gehandelt. – Später sollte ich lernen, daß die am schlimmsten geschockten Patienten bei ihrer Einlieferung Ihre ganze gute Erziehung so „vergessen" hatten, daß sie die Apfelsinen erst mal, genau wie Äpfel, samt Schale aßen.

Das war der Vorteil an C–Ward: Hier wurden die „Fälle" noch ganz frisch im Schock eingeliefert und ich konnte lernen. – Viele von ihnen hatten als Folge ihrer „geistigen Umnachtung" völlig den zivilisierten Menschen abgelegt und benahmen sich zum Teil „wie Tiere".

Warum es an diesem ersten Tag kein Mittagessen gab, ist mir heute noch unklar, denn sie sorgten eigentlich gut für mich. Sie kamen in die Zelle herein, führten mich auf die Toilette und ließen mich dort Wasser trinken. Gottseidank war es ein ganz normales WC, zwei Zellen, allerdings ohne Türen. In dem Vorraum dazu befand sich eine offene Dusche samt Waschbecken.

Nach einem langweiligen Nachmittag – nur die Sicht aus dem engen Spion verhalf mir zu etwas Durchblick – kam am abend eine Portion Eintopf, die ich mit großem Hunger verschlang.

Nur im Pyjama – ohne Decke – auf der Ledermatratze – konnte ich fast überhaupt nicht schlafen. Ich dachte über Weigel's Aussagen nach. – Aber was sollte es? – Ich war „bad boy" – ich war in die schlimmste Kategorie hier eingestuft!" – Konnte ich auf einem besseren Weg zum Austausch sein?

Am nächsten Morgen nahm ich mir vor „Leben in die Bude" zu bringen! Die Zellentür war nicht schalldicht und man konnte hören, wie die Frühstückstabletts auf einem Wagen angefahren wurden und zuerst vor der Tür, dann Zelle für Zelle verteilt wurden.

Die Tür ging auf, ein neuer Wärter mit Brille – wie ein Kellner in Schulterhöhe balancierend – reichte das Frühstückstablett durch den Türspalt. – Wollte es durchreichen! – „Ich will nicht in den Arrest ... ich will nicht eingesperrt sein ... ich will raus!" – Und schon stieß ich ihm auch noch das Tablett ins Gesicht... Er war nicht nur verdutzt, sondern auch seine Brille zerbrach. – Was jetzt folgte hätte ich nie geahnt!

Der Mann drückte an der Wand, neben der Tür auf einen kleinen Knopf. – Ich war auch nach außen gelangt, aber nur um zu hören, daß mehrere laute Alarmklingeln aufschrillten. – Er griff mich sofort mit geübten Griffen an und ehe ich mich versah, war ich umringt von vielen weißen Gestalten. – Einer zog mich an meinen Armen hinter dem Rücken aufwärts, ein anderer schlug mir mit den Ellbogen in die gestraffte Magengegend. – Da halfen auch die trainierten Bauchmuskeln nichts mehr! – Aber ich wollte doch einen Tobsuchtsanfall darstellen und da durfte man doch keine Schmerzen zeigen!

Wirklich, ich dachte: – „Die schlagen dich tot!" – Brutal und mit aller Gewalt schlugen sie! – In den Magen, in den Rücken, an den Hals, in die Nieren, von allen Seiten. – Innerlich schrie es in mir: „Aufhören... Aufhören!" – Äußerlich gab ich keinen Laut – sollten sie mich umbringen, dann war das halt auch so! – Ich hielt durch!

Ob ich mich absacken ließ, oder niedergestoßen wurde? – Auf jeden Fall, ein besonders bulliger Typ von Wärter trampelte, als ich schon am

Boden lag, noch lange mit seinen Halbschuhen auf mir herum: „There you have it you Bastard! You damned Nazi!" (Da hast Du es, Du Bastard, Du verdammter Nazi!)

Halb ohnmächtig warfen sie mich auf ein Stahlbett , das sie schnell in die Zelle geschoben hatten. Es hatte eine Stahlmatratze und sie banden mich an Händen und Beinen fest. – Soweit ich mich bewegen konnte, stellte ich nach geraumer Zeit fest, daß sie eigentlich recht professionell geschlagen hatten. – Sie hatten mich schmerzhaft getroffen, aber nicht verletzt.

Bei vielen folgenden Fällen – auch bei eingelieferten Kanadiern konnte ich feststellen, das war für sie „Education" (Erziehung). Wie weit die Ärzte von solcher Behandlungsweise wußten? – Für mich stand bald fest: Dieses harte Zuschlagen entsprang zum großen Teil der Angst der Orderlies, selbst verletzt zu werden. – Das Zerschlagen der Brille war dabei eine besonders schwere Missetat. – Immer wenn die Alarmglocke schrillte, ging sofort die Tür zum benachbarten „Lower B–Ward" auf und die dort diensthabenden Wärter eilten ihren Kollegen auf C–Ward zu Hilfe.

Nach diesem Erlebnis hatte ich die Nase voll vom „Toben"! – Schon mit dem Mittags–Tray (Tray = Tablett) erschien „Sunny". Sie war voll informiert und redete auf mich ein. Ich sollte doch das „fighting" (kämpfen) bleiben lassen, ich sei doch sonst ein wohlansehnlicher „goodlooking boy". Und dann wurde klar, warum sie kam: Mein Verband am rechten Arm blutete durch. – Mit großer Sorgfalt entfernte sie die Binde – und bald konnte ich selbst nicht mehr hinsehen. – Beim „Kampf" war die komplette Naht ausgerissen und der ganze Hautlappen seitlich verschoben!

Sie entschied selbst, daß Nähen unmöglich war und brachte den Lappen so weit wie möglich in die richtige Stellung, trug eine Salbe auf und verband mich wieder. „And now Steeny you are a good boy!" So verabschiedete sie sich. – Schade, daß ich nicht sagen konnte, warum ich das alles tat, tun mußte.

Die folgende Nacht war grauenvoll! Kaum konnte ich mir vorstellen, wie ich das hier durchhalten sollte. – Wie konnte man hier nur die Zeit totschlagen? – Und dann hungern, abnehmen, Tobsuchtsanfälle und so geschlagen werden!

Ich hielt durch! – Betätigte mich erst mal mit anderen „blöden" Einfällen. So wischte ich jeden Morgen meinen Porridgetopf mit der Jacke des Schlafanzugs sauber. – Als mir der Bart zu stoppelig wurde, schmierte ich mir den Porridge, wie Rasierschaum um die Backen und verlangte „ein shave" – ein Rasur. – Danach durfte ich mich unter Aufsicht zweimal pro Woche rasieren, wurde aber lange Zeit als „Master–Shaver" gehänselt.

Einmal hatte ich den Einfall, mein Frühstücksbrötchen ans Ohr zu halten, um festzustellen „it ticks" – „es tickt". – Das gab den Wärtern besonderen Anlaß zum Lachen. – Aber solche Dinge trugen bei, daß ich bald als „echt" galt.

Außer meinen Tobsuchtsanfällen, die ich über viele Wochen hinweg „vom Zaun brach" – teils bei Tag, teilweise bei Nacht, wurde das Leben allmählich zur Routine.

Bei diesen Anfällen von Gewalt, achtete ich sorgfältig darauf, daß ich ja keine Brille mehr zerschlug. – Die Schläge waren trotzdem noch hart genug. Im Laufe der Zeit lernte ich auch, daß es besser war, Türen, Fenster oder Betten zu beschimpfen und anzugreifen. Da konnten sie mich festhalten, bevor ich wirklich tätlich wurde.

Eines Tages erschien Dr. Rogier und gab Anweisung – in Englisch an die Wärter, in meiner Gegenwart – daß vom Internationalen Roten Kreuz eine Verfügung erlassen worden sei. Danach gäbe es für POW's keine „Education" mehr. Von nun an sei ich zu „spritzen".

Ob das nun gesünder war oder nicht? – Auf jeden Fall war es mir angenehmer! – Wenn ich jetzt tobte, schlugen sie kaum mehr, sie drehten mir nur noch den Arm um, nahmen mich in den Schwitzkasten bis die Schwester mit der Spritze kam, und anschließend – meist nach etwa zwölf Stunden wachte ich auf der Ledermatratze liegend in der Zelle auf. – Zuerst war ich sehr erstaunt, daß sie mir trotz der Betäubung auch noch einen Ledergürtel angelegt hatten, der vorne zwei Handschlaufen besaß in die meine Hände geschnallt waren. Aber es leuchtete ein: Das sei zu meinem eigenen Schutz!

Jeden Donnerstag wurde geduscht – mit Seife unter Aufsicht – dabei gab es jedesmal eine komplette Garnitur frischgewaschener Kleidung samt Pyjama und man wurde gewogen. Das Gewicht wurde sorgfältig in einer Liste aufgenommen, und ich konnte Woche für Woche verfolgen, wie ich deutlich abnahm.

Vormittags und Nachmittags erschien eine Schwester mit dem kleinen weißen Tablett, auf dem für die „Dauerkunden" immer das gleiche stand: kleine Gläschen mit einer leicht lila gefärbten Flüssigkeit: Es war Bromkali. „Your Cocktail" nannten sie es. Zuerst versuchte ich, es Ray, Harry und Kean, den anderen Dauerkunden nachzumachen und schluckte nicht, sondern spie das Zeug gelegentlich aus. Bald merkte ich aber; das Zeug hatte gar keine so schlechte Wirkung: Damit hatte ich weniger Hunger und konnte besser schlafen.

Die Dauerkunden: Wenn ich eine ruhigere Periode verbrachte, kam ich zu ihnen auf ein Bett in den Saal. Es waren fünf Menschen: „Ray", der immer direkt vor dem Glaskasten der Wärter lag. Er war ehemals amerikanischer Fliegerleutnant gewesen, heute 24 Jahre und komplett „dane-

276

ben". – Nicht immer, manchmal nahm er seine Mahlzeiten ganz normal, unterhielt sich mit allen – dann aber wieder riß er sich jederlei Kleidung in Fetzen vom Leibe, versuchte das auch noch, wenn er an sein Bett gefesselt war. – Sie mußten ihn dann füttern und permanent unter Aufsicht halten, daher stand sein Bett ganz vorne im Saal.

Dann schmierte er sich aber auch mit seinem eigenen Kot ein, und es gab keinen anderen Ausweg, als ihn immer wieder in eine Zelle zu sperren, die dann anschließend mit dem Schlauch – er inklusiv – sauber gespritzt werden mußte. Einmal konnte ich sehen, wie er mit seinen Fingern und seinem Kot „that's life !" (das ist Leben) an die Wand malte. – Dabei sah er aus wie ein Athlet und konnte manchmal so normal sein!

Besonders tragisch war das Geschehen, das sich abspielte, als er wieder einmal gut in Form war. – Seine Mutter wurde verständigt, um ihn zu besuchen, aber die Krankheit war schneller als sie.

Man versuchte ihren Besuch zu verhindern. – Sie traf ein; eine elegante Dame mit Hut sahen wir durchs Fenster. – Sie bestand darauf, Ihren Sohn unbedingt zu sprechen! – Die Reise aus den Staaten sei zu weit gewesen! – Hörte ich am Telephon! – Noch in der Tür von „Lower B" versuchten die Oberschwester Victoria, die für den hohen Besuch anwesend war, und Mr. Opel der Oberwärter, sie abzuhalten! – Ich bekam das genau mit, denn ich lag bei solchen Gelegenheiten „unbeteiligt" aber hellwach, irgendwo in der Nähe auf dem Fußboden.

Als sie eintrat, war Ray brüllend und unbändig dabei, sich den Pyjama vom Leibe zu reißen und sich zu beschmieren. – Liebevoll versuchte sie auf ihn einzureden, – er folgte weder ihren Bitten noch hatte er sie überhaupt erkannt! ... Alle Bemühungen von den Schwestern und Wärtern waren für die Katz! ... Wenige Minuten ... ... laut weinend verläßt sie C-Ward ... Noch während sie flieht, muß Ray wieder an sein Bett gefesselt werden.

Im nächsten Bett lag Leutnant Kean, wie er sich vorstellte. – Er stammte, wie die meisten Patienten im unteren Stock vom letzten Weltkrieg. Er war etwa 45 Jahre alt, rauchte wie ein Schlot und bezog mir gegenüber, soweit die Wärter es zuließen, die Rolle eines Beschützers. – Geoffrey sprach gütlich mit mir, oft seine paar Brocken Deutsch einmischend. – Er legte sich sogar körperlich mit den Orderlies an, wenn sie mich einmal zu hart verdroschen.

Über „Education" unterhielten sich die Wärter ganz offen in meiner Nähe. – Es zahlte sich aus, daß ich so tat als ob ich kein Wort Englisch verstand. – Wenn sie neben anderen Insassen sprachen, waren sie viel vorsichtiger.

Besonders der Wärter, der mich so hart getreten hatte – er war eine höhere Charge – bestand auf seinem Standpunkt: Gerade dann, wenn bei den „Buggern", sein Lieblingswort – „den Saukerlen" – der Widerstand nachließe, dann müßte man „nachfassen", dann müßte man besonders hart schlagen, dann erst würden die „Bugger" das spüren und die „Education" sei wirksam. – Nicht alle Orderlies gaben ihm Recht.

Als gefürchtete Erziehungsmaßnahme und Therapie waren in einem weiß gekachelten Raum, direkt neben C-Ward, mehrere Badewannen aufgestellt. In diese wurden, meist auf ärztliche Verordnung, vorwiegend Patienten von C- und Lower B-Ward gesteckt. – Oft für mehrere Stunden.

Offensichtlich war das Wasser unterkühlt, denn die „Insassen" der Badewannen jammerten oft erheblich, wie sie froren. Allein die Frage, ob sie „ein Bad nehmen" wollten, hieß für „Geoff", „Harry" und andere, daß sie sich plötzlich zu benehmen wußten und die schon erhobene Faust wieder wegsteckten.

Manchmal, wenn sie mich geschlagen hatten, konnte sich Geoff darüber so aufregen, daß er auf die Wärter losging, selbst eine Tracht Prügel bezog, um sich anschließend in der Zelle oder in der Wanne vorzufinden. – Wenn er vor Wut „außer sich" kam, sprang er die Wärter an wie eine Katze, obwohl er groß gewachsen war.

Harry stammte auch aus dem 1. Weltkrieg. – Er erzählte immer wieder von den großen Schlachten und fragte mich mehrmals, ob ich wiklich ein German Officer, ein Captain sei? – Auch bei ihm tat es mir leid, daß ich dem Mann nicht wahrhaftig antworten konnte. – Kopfschüttelnd – oft enttäuscht lief er von mir weg und wandte sich an die Wärter, die mir dann seine besondere Zahl erklären sollten.

Einige der Wärter sprachen gar nicht so schlecht deutsch. Viele von ihnen waren Soldaten im Unteroffiziersrang im letzten Krieg gewesen, hatten in Frankreich gekämpft, und manche waren auch bei der Besatzungsarmee im Rheinland gewesen. Daher sprachen sie etwas deutsch, was sie bei mir anwenden konnten.

Harry war sehr stolz darauf, daß er noch immer die Seriennummer seines Militärgewehrs im Gedächtnis hatte. Er versuchte, wo immer möglich, Verbündete zu finden, die bestätigten, daß er eigentlich gar nicht hierher zu den „crazy" people gehöre. – Ein Mann wie er, der noch immer seine Gewehrnummer kannte. – Aber Harry konnte auch urplötzlich explodieren und zuschlagen.

Natürlich war auch Kean gleicher Meinung. – Er bekam doch – und las täglich seine Zeitung! – Harry wollte davon nichts wissen. Kean war zu stolz, sich an dem täglichen „Bohnern" zu beteiligen, auch Harry nahm nur gelegentlich teil. – Ich jedoch, sobald ich zum ersten Mal aus der Zelle kam, stürzte mich mit Begeisterung auf den größten Bohnerbesen. – Sofort hatte ich erkannt, daß es hier eine gute Gelegenheit gab, sich zu bewegen und die Muskeln, trotz des Hungerns in Übung zu halten.

Jeden Vormittag, mit Ausnahme des Sonntags, wurden nebenan in „B" abenteuerlich aussehende Bohnergeräte ausgeteilt. – Sie waren nur teilweise aus Eisen, normal wie zu Hause. – Die meisten Exemplare waren hölzerne Ausgaben, zu Größen bis 30 cm breit, 75 cm lang und bis zu 25 cm hoch. – Sie besaßen starke Bürsten am Boden, wurden an einem dicken, bis zu zwei Meter langen abgegriffenen, hölzernen Prügel geschoben.

Zum Bohnern wurde das Stahltor zu „Lower B" voll aufgemacht. So entstand innerhalb der beiden Abteilungen ein Weg, der gut 30 Meter lang war. – Als ich zum ersten Mal einen Bohner führte, erlebte ich mit Faszination, wie da bis zu fünfzig Leute gleichzeitig – sich abwechselnd – jeden Vormittag für zwei Stunden in Bewegung gehalten wurden. Ich beteiligte mich und begann solidarisch in der Menge mitzuschieben.

War ich einmal wegen Fütterns, oder Umkleidens zu spät, dann kam es wegen „meinem Bohner" leicht zum Streit, weil der schon von einem anderen geschoben wurde und er ihn nicht abtreten wollte.

Manchmal war ich einsichtig, manchmal entstand daraus eine Prügelei. Der Anlaß zum Streit war sehr verschieden! – Die Folgen waren für Beteiligte gleich hart: – Wir wurden „gebändigt" – nach Zusammensetzung der Orderlies mit viel oder weniger Gewalt. – Ich fand mich anschließend immer in einer Zelle. – Die Kanadier landeten meist in der Badewanne! Es war ein unvergeßlicher Anblick: Diese vielen Männer in ihrer gleichmäßigen Bewegung, fast mit Hingabe die Bohnerbesen durch die Gegend schiebend! – Alle in blauer Anstaltkleidung, auf Kurs und Gegenkurs. – Selten gab es Zusammenstöße! – Diese konnten wieder Anlaß zu kleinen – auch großen Keilereien sein. Die Wärter kannten jedoch „ihre Pappenheimer" und griffen meist rechtzeitig ein. – Man merkte ihnen an: Sie waren am wenigsten interessiert schlagen zu müssen. Im kleinen Kreis beklagten sie oft, daß sie wieder einmal die Hand oder einen Arm gestaucht hatten.

Für mich war das „Bohnern" eine fabelhafte Sache: Nicht nur, daß es mir die Möglichkeit zur Bewegung gab, es half mit, aus mir einen „echten" Patienten zu machen. Es war für die Wärter kaum vorstellbar, daß ein deutscher Offizier, sollte er sein Leiden markieren, Tag für Tag den Bohnerbesen schieben würde.

Die Orderlies unterhielten sich über mich, auch wenn ich ganz in ihrer Nähe lag. – Vor allem später, nachdem ich längere Zeit in „C" verbracht hatte, kam öfters die Feststellung, warum ausgerechnet dieser „poor fellow" (ich armer Kerl) nicht auch ausgetauscht worden sei – während „upstairs" die „smart guys" gefahren seien. („Smart" bedeutete „der spielt", das galt auch für Einheimische).

„Upstairs" war unten in C-Ward ein gewichtiges Wort. Sobald ein frisch eingelieferter Patient – meist jüngere Soldaten von den überseeischen Kriegsschauplätzen – sich gebessert hatte und wieder begann sich wie ein Mensch zu benehmen, wurde ihm angedeutet, daß er bald reif sei, um „upstairs" – die Treppe hoch geschickt zu werden. – „Die „Treppe – hoch" war „Upper B-Ward", wo ich damals angekommen war, wo sich die anderen Deutschen aufhielten.

Einmal bekam ich trotzdem über mich mit: „He is smarter than any of them – pushing the polisher, he keeps fit – better than any of them!" (Der ist raffinierter als alle anderen, der hält sich fit durch Bohnern!) – Der dies sagte, war ein junger Wärter, dem man noch nicht viel glaubte.

Sowohl für Harry als auch für Geoff drehte ich Zigaretten. – Jeder hier bekam eine Ration Tabak und Zigarettenpapier und nachdem ich sah, daß sogar Ray und Jimmy, die verwirrtesten Patienten hier, in guten Zeiten ihre Zigaretten selbst drehten, tat ich es zum Zeitvertreib.

Dazu setzte ich mich auf den Boden und drehte ... 10 Stück ... manchmal zwanzig ... Immer besser konnte ich es – schön den Tabak einlegen, das Papier lecken, nochmals den Tabak glatt streichen, dann zukleben. Bald waren meine Zigaretten im ganzen Saal beliebt, bei Patienten sowohl als auch bei den Wärtern. – Sie waren schön rund, fast wie aus der Packung! – Allerdings die Raucher waren in einem Punkt völlig abhängig: Die „Patients" besaßen keinerlei Feuerzeug oder Streichhölzer, wenn sie nicht „Kette" rauchten, mußten sie die Wärter jedesmal um Feuer bitten.

Manchmal drehte ich eine große Menge und legte sie Häufchen für Häufchen auf den Boden. – Dazwischen allerdings machte ich die Pausen, die ich für meine Selbstgespräche vorsah. – Inzwischen hatte ich vielfach beobachtet: Fast alle Insassen, sprachen mit sich selbst! – Also auch ich! – Ich plapperte aber auch, um mein Hirn zu beschäftigen und zu kontrollieren.

Zuerst fing ich an, das kleine Einmaleins zu repetieren, leise vor mich hinsprechend „Neun mal neun ist einundachtzig – acht mal neun ist zweiundsiebzig". – Vorwärts und rückwärts, bis ich wieder alles wie spielerisch beherrschte. – Schwieriger wurde es beim großen Einmaleins. ... „Zwölf mal zwölf ist hundertvierundvierzig" kennt jeder, auch noch 1 x 11, 2 x 11, etc. etc. aber schon der Zwölfer beanspruchte das Hirn.

Und als ich dann die Zahlen von 11 bis 19 vorwärts und rückwärts „intus" hatte, fing ich an, große Zahlen zu multiplizieren. Zuerst schrieb ich hilfsweise mit einem Steinchen in die Bodenplatten, später rechnete ich nur im Kopf, denn einmal überraschte mich ein Wärter und verkündete gleich „He is calculating!" (Er rechnet!). An und für sich nicht tragisch, denn viele Patienten hatten auf der einen Seite extreme Defizite, dafür in anderen Bereichen ganz besondere Begabungen.

Das war überhaupt das schlimmste an diesem verdammten C-Ward! Keinen Augenblick war man sicher, ob man nicht beobachtet wurde! Das galt sogar für das Guckloch in der Zelle. – Wenn ich da etwas Brei zurückbehalten hatte, um den „Spion" zu verkleistern, dauerte es keine 5 Minuten, bis ein Orderly erschien, um es wieder frei zu machen.

Natürlich konnte ich mir „Fehler" erlauben, das verstand sich, es gab auch unter den hiesigen Profi-Beobachtern niemand, der sich seiner Sache sicher sein konnte. Dazu gab es zu viele Variatonen, vor allem bei den Neuankömmlingen! – Trotzdem! – Je weniger Verdacht auf mich fiel, „smart" zu sein, umso besser!

Immer wenn ich meinte so einen „Fehler" gemacht zu haben, schob ich wenige Tage später einen eindrucksvollen „Tobsuchtsanfall" nach. – Das war zwar jedes Mal eine gewaltige Belastung, damit konnte ich aber jeweils alle Zweifel beheben.

Meinen Geist beschäftigte ich nicht nur mit Zahlen! – Jeden Tag machte ich einen Vierzeiler, so etwa:

Der Sonntag ist jetzt rum,
Die Wärter gucken wieder dumm,
macht gar nichts, es geht weiter,
muß sehen, wie bleib ich heiter.

So machte ich jeden Tag einen Vers, den ich dann am nächsten Tag wiederholte und mit einem neuen ergänzte. Manchmal „schwänzte" ich auch und wiederholte nur.

Das war trotzdem für das Gedächnits ganz schön anstrengend – wie viel ich gegen Schluß in C-Ward zu „Repetieren" hatte, weiß ich nicht mehr. – Mehr als 50 Verse waren es bestimmt! – Es kam die Zeit, wo „Dichten" die Zeit für das Rechnen überwog.

Neben Ray, Geoffry, Harry gab es in „C" noch drei Dauerkunden. Da war ganz am Ende Alex der Russe. Warum der hier war, habe ich nie begriffen. – Er trug auch Anstaltskleidung, genau wie Charly war er Amerikaner. Charly hauste daneben in seiner Abschrankung, und trug immer Schlips und Kragen. – Beide waren über 50 Jahre alt, hatten einen kleinen Tisch in ihrer Koje und benahmen sich eigentlich völlig normal. Sie lasen Zeitung und holten sich ihr Essen selbst bei den Orderlies ab.

„Alex" führte zwar dauernd Selbstgespräche in russisch, wurde aber nie ausfällig. – Nur wenn ich am Boden robbte – in Vorbereitung eines Kriechangriffs auf die hintere Tür – die neben seiner Ecke lag, rief er laut um Hilfe, aus Angst, meine Attacke könnte seinem Reich gelten. Er rauchte nur aus einer silbernen Zigarettenspitze, drehte selbst, hatte wohl einen besseren Tabak und lehnte meine Zigaretten ab.

Auch Charly gehörte nicht zu meinen Kunden. Er war so gut situiert, daß er Navy-Cut-Zigaretten bezog. Er bekam manchmal sogar Erlaubnis zum Ausgang. Bevor er dann von solchen Ausflügen zurückkehrte, lief er auffällig an den Fenstern von C-Ward vorbei. Wenn wir ihn so „in Freiheit" nicht bemerkten, klopfte er bei Kean von außen ans Fenster und winkte.

Charly hatte einen Haß gegen „Women" (die Weiber). – Nicht oft, aber wenn es ihn überkam, dann legte er los gegen alles was mit Frauen zu tun hatte. – Offenbar hatte er sich mit der „Eigenen" bei der Scheidung so gewalttätig gestritten, daß er hier für immer festsaß – wohl zahlte sie dafür. – Wenn er auf das Thema kam, konnte er so ins Schreien und Brüllen geraten, daß er durch nichts und niemand mehr zu bremsen war. – Manchmal kündigte sich bei warmem Wetter so ein Anfall rechtzeitig an, und er bekam dann öfters „Cocktails" – manchmal wurde der große starke Mann aber so bösartig, daß auch er in die Zelle mußte. – Er kam nie in die Badewanne. Vermutlich waren der Russe und Charly Privatpatienten. – Sie waren die Ausnahme, denn sowohl „Jimmy", der andere Dauerkunde, als auch alle „Neuen" waren Soldaten.

Jimmy war fast so ein trauriger Fall wie Ray. – Er war etwa 22, mußte geistig normal gewesen sein, ihn hatte es beim Dienst, bei der Ausbildung in der kanadischen Army erwischt. Er stammte aus Alberta, war angeblich deutscher Abstammung, wie ich hörte.

Jimmy zog sich nicht an, aß nicht, mußte gefüttert werden. – Es war ein tief trauriges Bild, wenn er morgens nach dem Wecken, im langen, weißen Nachthemd stand, aufrecht mit völlig leerem Blick. Wenn ihm der Wärter dann aufmunternd einen Socken in die Hand gab, dann schwenkte er diesen kreisförmig, wie einen halben Propeller, sonst nichts ... gar nichts. Er wurde gewaschen, angezogen und gefüttert, wobei er beim Essen manchmal recht störrisch werden konnte.

Kean kümmerte sich auch um ihn und half oft beim Füttern. Auch ich – an meinen guten Tagen – fütterte Jimmy öfters. – Einmal allerdings fast mit bösen Folgen ... Er kam mir an diesem Tag auch überhaupt nicht entgegen, und als ich ihm bei den roten Beeten gut zuredete, schaute er zuerst böse ... riß mir den Löffel aus der Hand und stieß ihn mir ins Gesicht. – Fast traf er mich ins Auge.

Wie fast alles, wurde natürlich auch das Dr. Rogier berichtet und für gewisse Zeit wurde mir „Füttern" untersagt, doch bei anderen, neuen Patienten wurde es später wieder erlaubt.

Jimmy variierte nicht so stark wie Ray. Er kam kaum jemals richtig zu Besinnung, wurde auf sanftere Art bockig und störrisch. Bei ihm gab es kaum Zeichen der Besserung. – Ray wurde nach etwa drei Monaten, wohl auf Wunsch seiner Mutter, in ein amerikanisches Hospital verlegt.

In steigendem Maße wurden junge, neue Patienten eingeliefert. Immer wenn Verdacht auf Gewalttätigkeit bestand, kamen sie zuerst auf C-Ward – Dazu öffnete sich die hintere ebenerdige Tür, und ein Kraftwagen fuhr vor – nicht immer ein Sanka – die Jungs kamen in Begleitung, wurden auch oft ohne Bewußtsein auf einer Bahre hereingetragen. – War eine Zelle leer, dann wurden diese „Neuen" immer zuerst so untergebracht und beobachtet.

War keine Zelle frei – was selten war – dann wurde bei uns nur mal ein Bett dazwischen geschoben. Fast ausnahmslos, nach wenigen Tagen kamen sie dann nach Upper-B-Ward.

Einmal war es ein amerikanischer Flieger, Captain und Pilot, der auf der Bahre ankam. – Ohne Bett, nur mit der Matratze kam er in die Zelle. Kaum kam er zu Bewußtsein – bei Nacht –, weckte er die ganze Abteilung: „Turkey is your target boys ... tak, tak, tak ... turkey is your target boys ... tak tak tak ... off the land ... off the air ... off the sea ...!" (Die Türkei ist Euer Ziel Jungs, von Land aus, aus der Luft, vom Meer!)

Das ging so ununterbrochen Tag und Nacht: – Laut genug drang es durch die Zellentür und als die Wärter tagsüber für den armen Kerl die Tür offen ließen, konnte man sehen, wie er in der Ecke der Zelle am Boden hockte und daß das rhythmische Klatschen – tak tak tak – von seinen Händen stammte, mit denen er beidseitig schallend auf den Boden klatschte.

Wo der Mann nur die Kraft hernahm? Jegliche Nahrung verweigerte er für Tage. – Nur ab und zu griff er sich vom Essenstablett eine große Tasse, stürzte in die Toilette und goß sich Wasser in den Hals. – Und einmal plötzlich auf dem Rückweg, schlug er die schwere Tasse dem ihn begleitenden Wärter voll ins Gesicht.

Ein Großalarm kam fast zu spät! – Der große, schlanke Captain entwickelte Riesenkräfte und es dauerte lange bis sie ihn am Boden hatten! – Als er dort am Boden lag, kam noch mein „Bugger" Freund dazu. – Und ehe ihn die anderen Wärter hindern konnten, stieß der den Kopf des amerikanischen Offiziers so lange auf den harten Steinboden, bis unerwartet ein Rinnsal von Blut aus dem Ohr am Boden strömte und den Boden verfärbte.

Nun war erst mal guter Rat teuer – sie holten telefonisch die Schwester – und hatten Glück – es war Sunny, die Dienst hatte.

Sie kniete neben ihn und sah sich die Geschichte an. Dann blieb sie so lange, bis sich der Captain langsam wieder erholte. – Er hatte gar nicht mitbekommen, daß er getobt hatte, verlangte mehr Wasser und kehrte friedlich in seine Zelle zurück.

Ich hatte wirklich Angst um ihn. Aber diese „Education" hatte ihm – oh Wunder – nicht geschadet. Am nächsten Tag, bei der Visite erzählte

LONDON Psychiatric Hospital. – Als ich im März 1944 eingeliefert wurde, hieß es London Westminster Hospital – ein Militärhospital für psychisch Kranke. Zum Zeitpunkt der Photos (5-5-87) sahen die alten Gebäude noch genau so aus, wie bei meinem Aufenthalt.

niemand auch nur ein Sterbenswörtchen und wenige Tage später kam auch dieser Patient auf „Upper-B". – Nochmals gut gegangen!

Ein anderer junger Offizier, ein kanadischer Fliegerleutnant, kam ungefähr zur gleichen Zeit. – Er war noch keine zwei Stunden anwesend, da wußte ich: Das ist ein Simulant! – Eigentlich konnte mir das ja egal sein, aber als der Bursche bei Nacht, auch noch in völlig lächerlicher Weise, im Bettlaken, wie ein Geist und Nachtgespenst durch den Gang und über die Betten, auch meines, hüpfte, ließ ich mir das in der zweiten Nacht nicht mehr gefallen.

Tief schlief die Nachtwache hinter dem Glasfenster und ich konnte mir den Leutnant schnappen: „I am a German Prisoner of War, you certainly know, why I am here. (Er hatte mich tagsüber genau beobachtet, wie ich ihn auch!) – You are a Canadian officer and I know, why you are here! (Der Drückeberger) – If you ever jump over my bed once more – you had it!" sagte ich ihm ganz eindeutig in meinem bestem Englisch. – Ich war mir ganz sicher – bei dem hatte ich keinen Verrat zu fürchten! Ich hatte ihm gesagt: Ich bin deutscher Kriegsgefangener und Du weißt, warum ich hier bin! – Du bist kanadischer Offizier und ich weiß, warum Du hier bist! – Wenn Du nur noch einmal über mein Bett hüpfst, bist Du dran!

Er sprang nie mehr über mein Bett! – Er machte einen großen Bogen, wenn er mich nur sah. – Auch später noch in Upper-B.

Verdammt nochmal, es war jetzt Sommer geworden, warum fuhr die „Gripshom" nicht. Seit Juli öffneten sie sogar nachmittags für ein paar Stunden die hintere Tür und wir durften ins Freie in einen gut abgesicherten Hof.

EHEMALIGES HAUPTGEBÄUDE des Westminster Hospital: Durch die weiße Türe im unteren Bild wurde ich am 15. 3. 1944 eingeliefert und nach „Upstairs" gebracht.

OBEN werden die „sunrooms" von Upper und Lower B gezeigt, in denen sich die geschloßen gehaltenen Patienten ergehen konnten. Die unteren dunklen Fenster im Keller-geschoß gehörten zu „C-Ward".

UNTEN: Die Rückseite von „C" mit Tür, durch die bei gutem Wetter auch die „C-Ward" Patienten ins Freie durften – in eine abgesperrte Umzäunung. Hinter den unteren, vergit-terten Fenstern befanden sich die Einzelzellen. – Bei der Dachrinne in der hinteren dunklen Ecke versteckte ich im Herbst 1944 vier Wochen lang einen gefalteten 20 Dollar Schein. Dieser Teil der Anlage sah 1987 noch sehr ähnlich aus wie 1945.

... und Gott lenkt!

Vor einigen Tagen war ein kanadischer General zur Besichtigung in die Anstalt gekommen. Ausdrücklich wollte er auch C-Ward und die Zellen sehen. Sogar die Türen ließ er aufschließen, auch die meine. – Ich „saß" mal wieder ein und ließ bei der Gelegenheit einige verstörte Worte auf den General los. – Er war beeindruckt! Im Weggehen fragte er, was denn mit mir geschehen würde. – Und was hörte ich? – Es klang wie von Engelszungen was Dr. Rogier ihm sagte: „We will send him home, a Swedish boat soon is going to take him home to Germany for treatment there."

Was hatte er gesagt? – „Wir werden ihn nach Hause schicken, ein schwedisches Schiff wird ihn bald nach Deutschland bringen!" – Beinahe hätte ich jetzt vor Freude getobt. – Aber dazu war ich allmählich zu schwach geworden. – Woche für Woche nahm ich etwa 2 kg ab. – Immer wieder verweigerte ich die Nahrung komplett, oder behauptete spontan, daß ich farbiges Gemüse nicht vertrage. Inzwischen bekam ich vor dem Wiegen auch noch Abführmittel, weil ich kaum mehr Stuhlgang hatte.

Ab jetzt wurde ich ungeduldig, warum – verdammt nochmal fuhr die Gripshom nicht? Er hatte doch gesagt, sie würde bald fahren! – Und ewig konnte ich das hier so allein auf „C" nicht aushalten! – Was hatte Dr. Eitze gesagt? – Machen Sie ja nicht länger als 6 Wochen. Jetzt war ich schon über drei Monate hier! – Und immer allein, ohne mit jemand ein vernünftiges Wort zu wechseln, ohne zu lesen. Nur Radio, die Nachrichten konnte ich manchmal mithören, wenn ich auf dem Boden, direkt vor der Kabine der Wärter lag und die News eingeschaltet waren.

Und was da an Nachrichten, von Italien und Rußland durchkam, war auch beinahe zum Verzweifeln. – Zu guter letzt mußte ich auch noch hören, daß den Alliierten die Landung in der Normandie gelungen war. – Ob das womöglich mit der „Gripsholm" zu tun hatte? –

Schwach war ich geworden, mein Gewicht war inzwischen unter 130 lb (kanad. Pfund = 454g) gesunken – ich wog nur noch 58 kg. Mit 82 kg war ich eingeliefert worden, trotzdem hungerte ich weiter, ich würde sie zwingen, mich auszutauschen! – Und ich wollte noch eins draufsetzen.

Seit Mitte Juni, immer wenn das Wetter schön war, wurden wir am Nachmittag ins Freie gelassen, in den abgegrenzten Hof, der hinter den Zellenfenstern lag. – Dort legte ich mich meist an die Wand, wo eine kleine Fläche nicht von Gras bedeckt war. – Dort konnte ich in der Erde endlich ungestört mit großen Zahlen rechnen. – Wenn ein Wärter kam, um zu sehen, was ich tat, konnte ich meine Zahlen vorher mit Gelassenheit verwischen.

Eines Tages fand ich dort an der Mauer einen Glassplitter. Die Gelegenheit wollte ich nutzen. Wegen nachlassender körperlicher Kräfte konnte ich keine „Anfälle" mehr vortäuschen. – Jetzt würde ich auf andere Weise nachhelfen. – Ich würde mir hier und sofort, am Handgelenk die Pulsader aufritzen.

Das war aber leichter gesagt, als getan. – Ich erfühlte meine Pulsader und ritzte dort ... aber ich traf kein Blut ... alles war sehnig und knochig. – Immer noch an der linken Hand ritzte ich dann noch an zwei anderen Stellen, aber immer noch ohne Erfolg. – Ob es die falsche Seite war? Nun probierte ich an der rechten Hand ... wieder wo ich den Puls fühlte ... zweimal an verschiedenen Stellen ... Aber nun hatte mich ein Wärter entdeckt. – Er kam noch zu früh, – aber die Wirkung blieb fast die gleiche. Das bißchen Blut, das da an beiden Handgelenken herabsickerte verursachte fast einen Großalarm. – Eigentlich gar nicht schlecht, daß das so gelaufen war, so blieb mir erspart, mich auffällig zu benehmen, falls ich wirklich die Pulsader geöffnet hätte.

Ich wurde verbunden. Sunny war untröstlich; „Poor Steenie now he doesn't even know, what it is all about". sagte sie „Keep it up, soon you will go home!" – Also auch sie wußte, daß ich fahren sollte. (Jetzt weiß der arme Kerl überhaupt nicht mehr aus und ein, halte durch Steenie, bald fährst Du heim). – Unangenehm war, daß ich für viele Tage vom Auslauf ausgeschlossen wurde.

Und es dauerte und dauerte – (später sollte ich erfahren, daß die Gripsholm wegen einem Schaden im Trockendock lag) – und auch die Kanadier, die Schwestern, die Wärter und Dr. Rogier machten sich Sorgen um mich. – Als erste Maßnahme wurde beschlossen, daß ich kein Bromid mehr bekam. Man vermutete, daß es am Gewichtsverlust mitschuldig war.

Zuerst dachte ich: „Das kann Dir gleich recht sein!" – Aber weit gefehlt: Ich bekam Entzugserscheinungen, spürte den Hunger viel stärker und konnte kaum mehr schlafen, während ich vorher auch tagsüber ganz schön vor mich hindösen konnte. – Also was tun? – Zuerst würde ich anfangen, besser zu essen, um wieder etwas zu Kräften zu kommen. – Aber auch wenn ich mich zwang, ich hatte keinen Appetit mehr.

Genau zu dieser Zeit bekam ich plötzlich überraschend ein Päckchen zugestellt. – Nie vorher, nie später – erreichte mich im Hospital irgendwelche Post und nun, vor den Augen der anderen Patienten und zwei neugierigen Wärtern, warfen sie mir das weiße Päckchen zu, mitten auf den Flur! Und zu meinem Entsetzen sah ich; da war ja deutlich ein grünes Kreuz (wie mit Wilke vereinbart) aufgemalt!

Was sollte das? – Stellten die mir jetzt noch eine letzte Falle? Oder was sonst? – „Go on! Open it!" (Los! Mach auf!) Schon wurden die Orderlies ungeduldig. Es blieb gar keine Wahl, als hier ganz öffentlich auszupacken, hier in „C" gab es keine heimliche Ecke.

Ich machte es, wie es sich gehörte und riß die Verpackung in Fetzen ab. – Es sah so aus, als ob das Päckchen auf dem Weg ins Hospital, vorher von keinem Zensor geprüft worden war. Also was war mit dem grünen Kreuz? – Gebäck von meiner Mutter, etwas Schokolade und eine Sporthose waren darin! Die Hose wurde gleich von den Wärtern weggenommen, und solange sie damit beschäftigt waren, öffnete ich die letzte innere Schachtel: – Sie enthielt WALNÜSSE! Wie da jetzt rankommen? – Mit Begeisterung verteilte ich alles Essbare an andere Patienten und dann schoß mir die Lösung durch den Kopf: Schnell knackte ich zwei Nüsse hier am Boden und griff mir danach sorgfältig eine Handvoll heraus, bei denen ich am Falz vermutete, daß sie geklebt sein könnten. – Ich grabschte sie wie gierig!

Und jetzt trat etwas ein, was niemand vorhersehen konnte: „Look at him, he gets the nuts! He gets the nuts first! – really he is not only crazy he is „nuts"!" riefen die Wärter sich zu und schlugen sich dabei vor Freude auf die Schenkel. – Sie hatten sich, um besser zusehen zu können, auf mein Bett gesetzt. – „Nuts" ist so zu erklären: Seht ihn an, er nimmt die Nüsse! Die Nüsse zuerst! – Der ist nicht nur verrückt, der ist „nuts". „Nuts" bedeuted im amerikanischen Englisch „Totaler Idiot".

Die Gelegenheit war günstig: Ich rannte mit meinen Nüssen aufs Clo, während sie sich vor Lachen bogen. – Dort schlug ich mit der Hand gleich die erste verdächtige Nuß auf ... und siehe da ... eine 20 US Dollar Note war darin ... Noch blieb mir etwas Zeit – immer noch hörte ich sie lachen und kletterte hinter der Brause hoch. Dort hatte ich eine Muffe gesehen, die das Wasserrohr hielt. Darin konnte ich den klein gefalteten Schein in Sicherheit bringen. – Neben der Brause fand immer der wöchentliche Kleiderwechsel statt, also bei Bedarf konnte ich so immer zugreifen. Dann öffnete ich im WC alle mitgeführten Nüsse, fast mit Genuß, alle weiteren ohne besonderen Inhalt. – Das Paket hatte kein Buch enthalten, also mußte ich auch nicht noch nach falschen Papieren suchen. – Brauchte ich ja überhaupt nicht mehr! – Ich fuhr doch nach Hause!

Vielfach noch am nächsten Tag wurde die Geschichte mit den und dem „nuts" erzählt und erzielte auch bei Dr. Rogier ein vergnügtes Schmunzeln – da würde man diesmal einen heimschicken, der war bestimmt nicht „smart".

Kaum war diese Aufregung glücklich über die Bühne gegangen, da nahte neues Unheil: – Dr. Rogier sagte in seinem gebrochenen Deutsch zu mir: „Morgen Captain, werden Sie bekommen Besuch, Schweizer, ein

Herr von rotes Kreuz Sie wird besuchen!" – Das hatte gerade noch gefehlt! Jetzt wo alle überzeugt waren, würde mich womöglich dieser Besuch noch in Verlegenheit bringen!

Schon während der vorhergehenden Nacht zeigte ich „Unruhe", bat mehrmals um Wasser und ging dazu auf die Toilette. – Noch nicht einmal am Bohnern nahm ich teil – sondern drehte Zigaretten und brummelte vor mich hin.

Es war noch Vormittag, als mein Besuch kam. – Er kam herein, sehr freundlich, ähnlich wie damals Ray's Mutter. – Dr. Rogier hatte die Visite so gelegt, daß er begleiten konnte, zeigte in meine Richtung. – Ich hatte ein schönes Häufchen Zigaretten gedreht, murmelte und war gar nicht erfreut, wie mich jemand, sehr freundlich deutsch ansprach: Ich fuhr hoch und fing an: „Ich weiß was ihr wollt, ihr wollt mich in den Arrest bringen ... ihr wollt mich unter den Boden bringen ... 7 Meter unter den Boden ... etc. etc. – Diesen unsinnigen Sermon konnte ich inzwischen völlig automatisch loslassen – hatte ich doch mit diesem gellenden Ruf fast alle meine „Anfälle" eingeleitet. – Aber wie gern hätte ich normal mit diesem Mann gesprochen, ihn gefragt, ob er etwas von meinen Eltern wisse? – Ob es unter der jetzigen Kriegslage noch eine Chance für einen Austausch gäbe? – Denn wer wußte denn, ob die mich hier alle anlogen? – Mich nur hinhielten?

Entsetzt schrak er zurück. Er verließ C-Ward fast so schnell, wie damals die Mutter von Ray. „So etwas kann ich nicht aushalten und auch noch zusehen!" sagte er im Weggehen zu Rogier.

Auch diese Gafahr war an mir vorüber gegangen. Aber in mir nagte es! – Wenn mein Austausch so sicher war, warum kam da noch einer vom roten Kreuz und auch noch ein Schweizer?

Ohne die zweimaligen täglichen Bromcocktails vergingen die Tage immer langsamer, es wurden Wochen daraus, und trotz besseren Essens nahm ich immer noch langsam ab. – Was war denn los mit mir? – Hatte Dr. Eitze nicht gesagt. „Machen Sie ja nicht länger als vier Wochen – höchstens sechs!" – Jetzt war ich schon über vier Monate hier. Wir hatten jetzt Ende Juli und am 15. März war ich eingeliefert worden.

An einem Sonntag, dem 6. August 1944 (rekonstruiert), wollte ich voll essen, denn wieder mal fühlte ich mich verdammt elend, körperlich und geistig. – War ich denn überhaupt noch normal? – Über viereinhalb Monate hatte ich mit keinem Menschen einen normalen Satz gewechselt, zwar konnte ich rechnen, konnte immer noch meine „Gedichte" repetieren, aber war ich wirklich noch normal? – Und als ich dann beim Mittagessen am Boden, der Teller stand neben mir, sehen mußte, wie meine Hand so zitterte, daß ich den Löffel kaum halbvoll zum Mund brachte, da dachte ich nochmals nach!

Was hatte das denn für einen Wert, wenn ich als menschliches Wrack, ein halbes war ich schon, nach Hause kam. – Beim letzten Wiegen am Donnerstag, hatte ich es gerade noch auf 120 lbs (54kg) gebracht. – Wer wußte denn, ob ich mich nicht schon so kaputt gemacht hatte, daß es aus diesem Zustand keine Erholung mehr gab? – Nein, ich mußte etwas unternehmen, was mich wenigstens zu den anderen Deutschen auf Upper-B brachte. – Dort angelangt, konnte ich dann im Gespräch mit ihnen überprüfen, wie es mit mir wirklich aussah! – Und wenn notwendig, konnte ich immer wieder einen Zahn zulegen!

Überhaupt – wie lange hatten die jetzt vom Austausch erzählt! – Das ging schon über zwei Monate und nichts Offizielles war geschehen! – Die Radionachrichten brachten so viele alliierte Siegesmeldungen aus Frankreich, daß man zweifeln konnte, ob da überhaupt noch jemand an Austausch dachte.

Gedacht – getan! – Gleich am nächsten Tag – montags führte Dr. Rogier immer die Visite – sprach ich ihn an. Ich hatte mir das genau überlegt. – Wußte ich doch, daß alle Patienten, die ich beobachtet hatte, ihre „lichten Momente" hatten. Zum ersten Male in gutem Englisch sagte ich : „I am a German Officer, I am a Prisoner of War, it is not right, to keep me in a mental hospital, just because I had an accident in an Ice-Hockey-Game. You should send me to a Prisoner of War Camp!"

Selten vorher und auch nachher, habe ich Dr. Rogier so seltsam hintergründig schmunzeln sehen! – Da stimmte was nicht! – „I am just so glad, that you Captain Steinhilper, just this very moment are getting better. – However we cannot immediately send you to a POW Camp, we first have to make sure, that you are real well. But tomorrow, you will go to another Ward, there you will find some more Germans!".

Übersetzt: „Ich bin Deutscher Offizier, es ist nicht recht, mich in einem Irrenhaus aufzubewahren, nur weil ich beim Eishockey einen Unfall hatte. Sie sollten mich in ein POW-Lager schicken!" – „Ich freue mich sehr Hptm. Steinhilper, daß es Ihnen gerade jetzt, in diesem Moment, besser geht. Jedoch können wir sie nicht sofort in ein POW-Lager senden, wir müssen zuerst sicherstellen, daß es Ihnen wirklich gut geht. Morgen kommen sie in eine andere Abteilung, wo Sie weitere Deutsche vorfinden!"

Eigentlich hätte ich zufrieden sein können! – Das war doch genau, was ich wollte. Aber da war dieses tiefgründige, plötzlich auftauchende Blinken in seinen Augen gewesen! – Und warum hatte er so betont „gerade jetzt! In diesem Moment!" – ? ? ?

An diesem Montag nachmittag war das Wetter schön, also durften wir ins Freie. Und da dieser Freigang immer angekündigt wurde, konnte ich meine besonderen Vorbereitungen treffen.

Schon seit einigen Wochen, wurde eingeführt, daß an manchen Tagen, wenige besonders eingeteilte Patienten von „Upper-B", den gleichen Rasen benutzen durften, der für uns C-Ward Patienten umzäunt war. Zu diesen ausgewählten B-Patienten gehörten auch die „German boys". Das hatte ich bei den Wärtern erlauscht.

Da es möglichst keinen Kontakt zwischen C- und B-Patienten geben sollte, z. T. aus Angst vor Streit, z. T. auch wegen mir, wurden die Zeiten so gelegt, daß es keine Überschneidung gab.

Aber !! – Auch wenn ich in „Upper B" an die Luft kam, konnte ich mich neben die gleiche Dachrinne legen, neben der ich jetzt gelegentlich „rechnete". Sie lag in einer dunkeln Ecke.

Gleich nach dem Mittagessen ging's aufs WC – da ich mich benahm, folgte mir derzeit niemand – und ich holte in aller Ruhe meine 20 US Dollars. Den Schein steckte ich sorgfältig in die Brusttasche im grauen Hemd, wohl versteckt unter der blauen Jacke.

Für die halbe Stunde, die es dauerte, bis wir ins Freie kamen, war die 20 $ Note da gut aufgehoben. – Kaum draußen, setzte ich mich in meine düstere Ecke und spielte mit der Erde. – Diesmal nicht um zu rechnen, sondern ich paßte so lange auf den Wärter auf, bis der anderweitig beschäftigt war. Dann fand der gefaltete Schein schnell einen trockenen Platz unter der Klampe, mit der die Dachrinne an der Mauer befestigt war. – Sollte ich nicht selbst dorthin gelangen, die Stelle konnte auch gut beschrieben werden!

Diese „erfolgreiche" Tätigkeit beruhigte meine Nerven, die sich noch lange mit dem seltsamen Aufleuchten in Dr. Rogier's Augen beschäftigten.

Am nächsten Tag bekam ich noch Frühstück auf C und stieg mit Spannung über die Treppe nach oben. – Oben ging es gleich links in einen Gang, der auf halber Länge ein Zimmer ohne Türe hatte. Dort wurde ich von Mr. Opel, dem Chief-Orderly eingeführt und dem Major v. Casimir vorgestellt. – Den kannte ich aus Bowmanville, hatte aber keine Ahnung, was er hier machte. – Entsprechend seiner Rolle, würdigte er mich erst mal keines Blickes. – Dann war da noch ein Oberfeldwebel Hein, Flugzeugführer, und ein Obersteward, von einem Passagierschiff, Herr Gehrke. – Da ich meine „guten Tage" hatte, begrüßte ich alle „Germans", soweit sie sich herabließen.

Kaum war Opel fort – kaum war „die Luft rein"! gab es hier oben gute Chancen, zu sprechen ohne beobachtet zu werden. V. Casimir – „the Major" – wie die Kanadier ihn nannten – fing wie aus der Pistole geschossen an: „Mensch Steinhilper, daß wir Sie doch noch sehen. – Wir dachten alle schon, daß Sie direkt von C-Ward reisen würden! – Nun kommen Sie doch noch zu uns! – Morgen früh fahren vier von hier! – Sie und noch drei Handels-Seeleute! – Gestern wurde hier namentlich informiert!

Er brauchte gar nicht mehr weiter erzählen – ich wußte Bescheid – das war also dieses Aufleuchten in den Augen. – Gleich brach es aus mir heraus: „Verdammte Scheiße! – Viereinhalb Monate! – Und nun einen Tag zu früh! – Typisch wieder dieses Pech! – Ich habe einfach kein Glück! – Wieder im letzten Augenblick!"

Casimir und Hein, beide konnten zuerst gar nicht verstehen: „Was wollen Sie denn, Ihr Name steht bestimmt auf der Liste, wir haben sie gelesen!" Sollte ich noch hoffen? – Es dauerte keine Stunde bis Liste und Benachrichtigung geändert wurden: – Steinhilper wurde gestrichen, an seiner Stelle fuhr ein weiterer Seemann – zwei seien „echt", zwei davon simulierten, wurde mir erzählt.

Aber das interessierte mich überhaupt nicht mehr. – Gerade noch wurde ich Zeuge wie „Hans" (mit Ofw. Hans Hein machte ich gleich Du) seine starken Tabletten unter der Zunge verdrückte, da griff ich nach einer zweifelhaften Hilfe: – Schon vor der „Runde", bei der die Schwester Medikamente austeilte, hatte Hein mir eine Sammlung von starken braunen Kapseln gezeigt, die er zweimal täglich „einnahm!" – Unter die Zunge, um sie gleich danach aus dem Mund zu holen. – Er hatte sie in einem Versteck gesammelt!

„Mensch Hans, die brauche ich jetzt! – Wieviele kann man davon vertragen?" – Hein hatte anfänglich erfahren, daß sie ihn stark betäubten. – „Nimm mal vier!" – Ich nahm sie und haute ab, in einen der großen Schlafsäle, wo es von Patienten wimmelte, es sollte mir egal sein, was die Wärter für Arbeit mit mir hatten!

Nicht viel! Mitten in der Nacht von Dienstag auf Mittwoch, dem 8./9. August 1944, wachte ich auf, und ging in den Waschraum! – Das war hier viel lockerer als auf C – nahm nochmals vier Tabletten, Hein hatte mir einen „Vorrat" mitgegeben und schlief weiter auf dem Boden, unter dem Bett eines anderen im Schlafsaal.

Erst am Nachmittag kam ich richtig zu mir: Das waren nun die Tatsachen: – Am 7. August, nach 4 3/4 Monaten C-Ward, hatte ich den Mund aufgemacht – heute morgen wäre ich gefahren, hätte nur noch zwei Tage im alten Stil weitermachen müssen. Nun hatten sie mich gestrichen und an meiner Stelle war ein anderer gefahren, heute morgen!

Wenigstens war ich ausgeschlafen, als ich auf das Zimmer ging, in dem mein Bett wartete. – V. Casimir und Hein versuchten zu trösten: Sie selbst seien ja auch zurückgeblieben! Es sei doch nicht alles verloren, die „Gripshom" würde ja wieder fahren! – Das war leicht gesagt – was hatten die für eine Ahnung, was ich auf „C" alles mitgemacht und angestellt hatte!

Es half alles nichts, ich mußte mich in Geduld fassen, mich erholen und so weitermachen, wie es hier oben üblich war. Auf der anderen Seite der Abteilung, gab es ein ähnliches Zimmer. In dem waren noch drei weitere deutsche Handelsseeleute übrig geblieben.

Der Schiffsjunge Freddy, ca. 18 Jahre, der mimte. Ein Seemann, der eine schwere Syphilis hinter sich hatte. Bei ihm „kribbelte" es im Kopf. Dann der „Allrounder", der schwäbische Landsmann Seifried. – Er war „Hans Dampf in allen Gassen", konnte auf Wunsch „Schaum vor dem Mund" erzeugen und sprach dann allerlei Blödsinn vor sich hin. – Bei seinem „Pidgin Englisch" war das auch gar nicht weiter schwierig.

Er war bei allen beliebt, bei uns Deutschen, aber genau so bei den Kanadiern. – Da er schon längere Zeit hier einsaß, hatte er sich gut „eingearbeitet" – in jeder Beziehung! – Er half bei der Arzneiverteilung, er sortierte vor allem die Wäsche als Gehilfe von Sister Jenny, die ich bei der Einlieferung gesehen hatte.

Sie hatte im Haus eine wichtige Funktion: Wäsche, die Bekleidung der Patienten und des Personals verwaltete sie, einschließlich der Ausgabe und Reinigung. Ebenso war sie für die Arzneimittel – auch die Spritzen verantwortlich. – Das mußte ihr besonders wichtig sein, sie war morphiumsüchtig! Wie wir von Seifried erfuhren. Er hatte über die ganze Zeit ein intimes Liebesverhältnis mit ihr.

Diesem Verhältnis kam es besonders zugute, daß die Räume, in denen die Wäsche und die Arzneimittel aufbewahrt wurden, sowohl von außen als auch von innen abschließbar waren! – Natürlich spritzte sich Jenny ganz „im geheimen"! Aber auch die Orderlies zwinkerten, wenn ihre Augen diesen ganz besonderen Glanz ausweisen.

Wie ich später erfahren sollte, konnten diese es nicht wagen, sie beim Boß oder gar bei der Oberschwester zu „verpfeifen". – Die Herren Orderlies standen nämlich auf anderem Gebiet bei ihr schwer in der Kreide!

Bald ließ sie Seifried gegenüber die Maske fallen. Sie lehrte ihn, wie er ihr die Spritzen geben konnte. – Für uns Deutsche bedeutete dieses Verhältnis, daß wir allmählich alles erfuhren, was Jenny über uns und Vorgänge wußte, die uns betrafen. – Zuerst traute sich Seifried kaum zu fragen, aber im Laufe der Zeit wurde sie fast zu unserem geheimen Verbündeten.

Upper-B war in keiner Weise mit „C" zu vergleichen. Hier gab es tagsüber nur zwei Wärter, die auch die beiden Zimmer mit uns „Germans" zu überwachen hatten, aber die meiste Arbeit hatten sie mit den etwa 60 kanadischen Patienten, die in zwei großen Sälen schliefen. Im Unterschied zu „B" unten gab es hier keine „Doppeldecker", sondern ordentliche Einzelbetten.

Neben unseren Zimmern befanden sich auf einer Seite die WC's, auf der anderen Seite die Waschräume. Diese waren zum ständigen Gebrauch geöffnet und standen Tag und Nacht zur Verfügung. – Bald stellte ich fest, daß mir Bewegung fehlte. Jedoch hier waren die Aufgaben in fester Hand. So wie Seifried bei Wäsche und Arznei tätig war, gab es längerdienende Patienten, die sich beim Putzen der Fenster, beim Bohnern und der Reinigung von Toiletten und Waschraum verdient machten.

Wie schon angedeutet, gab es in dem anderen Zimmer „Freddy", den netten, wiefen Schiffsjungen, mit dem ich mich bald gut verstand. – Er hatte in der Anstalt das Teppichknüpfen gelernt und suchte auch sonst, je nach Bedarf, nach Gelegenheitsjobs. Da er keinen Sold, wie die Erwachsenen bekam – selbst die Seeleute bekamen eine Art Taschengeld – war er auf die gelegentlichen „Entlohnungen" der Schwestern und Orderlies angewiesen, um sich etwas in der Kantine leisten zu können.

Ich hätte ihm gerne etwas von meinem „Konto" abgezweigt, aber ich wollte mich nicht zu weit in die Normalität vorwagen, um hier einzukaufen, oder womöglich Geld zu disponieren. – Vielleicht war es besser, wenigstens in dieser Hinsicht, so apathisch wie nur möglich zu sein. – Hans Hein kaufte Zigaretten, während v. Casimir diesbezüglich auch in seiner allgemeinen Lethargie blieb. – Er spielte „schwer-depressiv"! – Hein war so etwas ähnliches wie ich, hatte hier aber noch keine „Gewalttätigkeit" gezeigt. – Vor ihm fürchteten sich die Orderlies besonders. Er war ein Hüne, etwa ein Meter neunzig groß. – Deshalb bekam er dauernd diese starken Tabletten, die er klugerweise fast immer zerdrückte. – Wer weiß, was aus ihm geworden wäre, wenn er das alles geschluckt hätte!

Gehrke, der mit uns im Zimmer war, litt unter Verfolgungswahn. Ein bedauernswerter Mann! Er ahnte immer und von überall her nur Böses. Besonders wenn wir über unsere Heimlichkeiten sprachen, hob er seinen Zeigefinger: „Machen Sie das ja nicht! – Das geht schief! – Die Kanadier warten nur darauf! – Sie werden sehen!"

Wenn wir dann wissen wollten, was denn und wann etwas geschehen würde – keine Antwort. – Er war echt krank und es war ein Jammer, ansehen zu müssen, wie ihn eine ständige Angst plagte. – Warum ihn die Kanadier nicht heimschickten? – Entweder sie ahnten, daß so ein Mann im 3. Reich nicht lange gelebt hätte, oder aber er verhielt sich einfach zu normal im Verhältnis zu uns.

Ein kanadischer Psychiater hatte keine Chance bei ihm! Entweder konnte er nur wenig englisch, oder er wollte einfach nicht mit ihnen sprechen. – Sonst war er blitzsauber, wusch und rasierte sich, als ob er jeden Tag Ausgang hätte. Allerdings Rasierapparate wurden auch hier „verwaltet".

Bezüglich Vertraulichkeit war man bei Gehrke hundertprozentig sicher. Er würde niemand und nichts den Kanadiern verraten. Nicht so sicher waren wir da bei dem Mann, den sie hier wegen der Syphilis mit Fieberbehandlung auskurierten. – Warum er im Gegensatz zu den anderen Deutschen eine so aufwendige Therapie bekam, konnten wir nicht in Erfahrung bringen, wunderten uns nur. – Allerdings war er vor dieser Behandlung um seine persönliche Zustimmung gebeten worden.

In größeren Abständen wurde der kräftige, dunkelhaarige Mann, er hätte Südeuropäer sein können, zur Behandlung in einen anderen Teil des weitläufigen Hospitals gebracht.

Wenn er zurückkam, lag er in einem sargähnlichen Behälter, der immer noch dampfte, wenn er zurückkam. – Von ihm selbst und Seifried hörten wir, daß er in diesem „Sarg" künstlich auf hohe Temperaturen erwärmt wurde – über 40 Grad Celsius – damit die letzten verbliebenen Erreger im Hirn besiegt würden. – Obwohl er auf der anderen Stube wohnte, wurde der Wagen mit dem Sarg oft zur Auskühlung zu uns in das Zimmer geschoben.

Schiffsjunge Freddy hatte die allmorgendliche Reinigung des Wasch- und Brauseraums übernommen. – Für ihn war das aber keine einträgliche Beschäftigung, dafür wurde nichts bezahlt! – Ich hingegen witterte hier bald meine Chance und übernahm diese Arbeit von ihm. – Erstens waren die Reihen mit den weißen Waschbecken auf der einer Seite und den Brausen auf der anderen Seite sauber und in gutem Zustand und dann ergab sich bei dieser Arbeit die Chance, sich zu bewegen! – Aber noch besser: Ich konnte die Tür von innen verschließen, und darin Gymnastik machen. – Zuerst wollten die Wärter nicht gestatten, daß ich mich einschloß, als ich dann aber die Arbeit verweigerte, ließen sie es doch zu. – Damit niemand durch das Schlüsselloch sehen konnte, verstopfte ich es für die Dauer meiner Reinigung mit Toilettenpapier. – Für das Putzen und meine Gymnastik konnte ich mir jeden Morgen für etwa zwei Stunden die Zeit vertreiben.

Die Zeit verlief zwar auch hier langsam, aber alles war doch viel besser als unten. – Sogar lesen durfte man, es gab Bücher, Zeitschriften, sogar Tageszeitungen. – V. Casimir und Hein lasen ganz öffentlich. – So weit wollte ich es wiederum nicht treiben. Wenn ich las, legte ich mich in einem der großen Schlafräume unter ein leeres Bett, mußte nur aufpassen, wenn sich schwarze Schuhe mit weißen Hosen näherten. – Aber das gelang immer!

Einmal, als alle anderen Patienten beim Essen waren – nur wir Deutschen bekamen unser Essen auf dem Tablett in die Abteilung geliefert – lag ich wieder einmal unter dem Bett, bis ich bemerkte, daß sich von beiden Seiten weiße Hosen näherten.

Ich hatte noch Zeit um vorsichtshalber meine Zeitung von unten zwischen Matratze und Stahlrost zu schieben, da setzten sich schon zwei Wärter auf das Bett über mir. – Sie merkten nichts, hatten keine Ahnung daß da jemand lag und zuhörte.

Bald wurde klar, um was es sich handelte: Der Mann der stand, war Mr. Opel, der Chief. Er hatte sowohl in „C+B" unten wie hier oben in „B" die Gesamtaufsicht. – Die beiden Orderlies waren von hier oben: „Damn it! You must be more careful!" fauchte er die beiden gleich halblaut an!

„Verdammt nochmal! Ihr müßt vorsichtiger sein!" – Und schon kam es heraus: Die beiden Wärter nahmen „schwere Fälle", die nicht ganz, oder überhaupt nicht bei Besinnung waren, bei der Einliefrung in ihre „Betreuung". – Sie halfen beim Ausziehen der Uniform, genau wie bei mir und versorgten diese Neuen mit Anstaltskleidung, bevor diese nach unten „zum Aufwachen" in eine Zelle kamen.

Zu ihren Pflichten gehörte zusätzlich, daß sie nicht nur für die Uniform zuständig waren, sondern auch für die Verwahrung der Wertsachen, einschließlich der Geldbörsen. – Für beides hatte Schwester Jenny sowohl Garderoben-, als auch Schließfächer bereit.

„Verdammt nochmal!" Beschwerte sich Opel, jetzt sei es schon zum zweiten Mal in kurzer Zeit vorgekommen, daß Patienten nach dem Aufwachen nach ihrem Geld fragten und es hätte gefehlt. Erst gestern hätte wieder einer in der Kantine Zigaretten kaufen wollen, und nach seinem Geld gefragt! – Der hätte genau gewußt, daß sich in seinem Geldbeutel 44 Dollars befunden hatten. – Da das Geld aber bereits vorher „verteilt" worden sei, hätte man diesem Patienten nur sagen können, ob er nicht wisse warum er hier sei? Daraufhin sei der Patient wütend geworden, hätte geschlagen und getobt. – Man hätte ihn zwar in die Zelle gesteckt, aber er hätte sich bei Dr. Rogier beschwert und der wolle nun Aufklärung, von ihm, dem Chief-Orderly und der Schwester Jenny.

„I will take care of her! – But in the future you better be more careful! – „Jenny werde ich Bescheid stoßen! – Aber in Zukunft seid vorsichtiger!" Meinte Mr. Opel. Mir blieb fast das Blut in den Adern stehen! Kaum mehr wagte ich zu atmen! – Wenn die mich erwischten! – Ob ich dann überhaupt noch irgend eine Lebenschance hätte?

Sie bemerkten mich nicht. Sie verabredeten – bei der Teilung durch drei zu bleiben – wenn sie sich ihrer Sache nicht ganz sicher wären, wollten sie aber die „wallets" die Geldbörsen, in Zukunft nicht ganz ausräumen.

Ein wahres Horror-Zimmer befand sich zwischen Treppenhaus und Waschraum. – Hin und wieder war die Tür dazu offen und ich konnte hineinsehen. Da stand etwas, das wie ein elektrischer Stuhl zur Hinrichtung aussah. – Über die Lehne hing eine Art Haube, mit kupfernem Kopfband und ledernen Riemen. Für die Arme sowohl, als auch für die Beine waren weitere Kupferbänder vorgesehen.

Auch darüber wußte Seifried Bescheid. – Das war der Stuhl, der für Elektroschocks bereit stand. – Aber die Methode befände sich im Versuchstadion und würde nur mit Zustimmung der Angehörigen Anwendung finden. – Jedoch hätte man bei dieser Behandlung auch schon wahre Wunder erlebt. – „Mein Gott!" dachte ich, „wenn die je auf die Idee kommen und dich da hineinsetzen!" – Mein Vorsatz war klar: Ich würde sofort melden, daß ich „markiere"! – Aber ob sie das wohl glauben würden? – Seifried beruhigte, diese Methode sei ausdrücklich für Kriegsgefangene und Internierte noch nicht freigegeben.

Einmal konnte ich die Wirkung der Elektroschocks erleben. – Es handelte sich um „Frankie" – einen schlanken Jungen, kaum 18 Jahre alt, der schwer depressiv war. – Andere Patienten, meist jüngere Soldaten, die sich schnell erholten und bald wieder auf dem Weg in die Freiheit waren, verwöhnten Frankie wo immer sie konnten.

Er ließ sich fast wie eine erwachsene Puppe behandeln. – Gaben sie ihm eine Zigarette, schüttelte er dazu manchmal den Kopf, doch gelegentlich ließ er sich eine anzünden, manchmal rauchte er sie ganz normal. – Auch Schokolade aß er mal, dann mal wieder gar nicht. – Sie versuchten ihm jeden Wunsch von den Augen abzulesen, weil er immer so traurig und apathisch war. – Zum Essen wollte er oft nicht einmal mitgehen. Dann trugen sie ihn entweder über den Schultern, oder er wurde „Hoppe, hoppe, Reiter!", wie ein Kind Richtung Speisesaal getragen.

Eines Tages erschienen seine Eltern auf der Abteilung – man sah, wie sie sich mit Dr. Rogier und einem Spezialisten unterhielten. – Da fiel wohl die Entscheidung: Frankie bekam dosiert, in gewissen Abständen, mehrere Schocks.

Es war wahnsinnig, beobachten zu müssen, was sich da bei ihm nacheinander so alles entwickelte: – Eines Tages, nach dem ersten Schock, war er der fröhlichste Mensch und die ganz Station feierte Frankie. Er war lustig und obenauf! – Einige Tage später: – Wieder der Alte! – Fast noch schlechter als vorher! – Nichts aber auch gar nichts wollte er mehr wissen! – Es war tieftraurig! – So ging es einige Male auf und ab.

Nach längerer Zeit wurde er völlig apathisch, verweigerte nun jegliche Nahrung, sodaß er auf die Pflegestation gebracht werden mußte und Seifried erzählte, daß er dort bald gestorben sei.

Von Jenny hörten wir, daß es wegen der Invasion der Alliierten in Frankreich Schwierigkeiten mit dem Austausch über Lissabon gäbe, aber man würde jetzt planen die „Gripsholm" nach Schweden fahren zu lassen.

Weihnachten kam, und es war wohl das traurigste, das ich erlebt habe. – Schlechte Kriegsnachrichten von allen Fronten: Frankreich, Rußland, Italien und auch die Amerikaner holten sich im Pazifik eine Insel nach der anderen von den Japanern zurück. – Und wir: Da hockten wir auf unserer Stube im Irrenhaus: – Gutes Essen, „Turkey" Truthahn gab es am 25. Dezember 1944, aber das war für uns kein Genuß.

Informiert wurden wir in dieser Zeit immer besser: – Da gab es besonders zwei Patienten, die uns deutsche POW's in ihr Herz geschlossen hatten. – „Tom" kam vom Krieg in Nordafrika und war hier, weil er nachts in seinem Zelt zwei Kameraden erschossen hatte. – „Die Stimme Gottes" hatte es ihm befohlen! – Tom erschien in seinen Unterhaltungen mit uns, völlig nomal. – Nur wenn wir auf „das Thema" kamen! – Warum er seine Kameraden umgebracht hätte? – Da wurde er leidenschaftlich und war tödlich beleidigt: „Von wegen umgebracht! – Ich habe ihnen zu Gott verholfen! Sie sind im Himmel und von allen ihren irdischen Leiden erlöst! – Versteht Ihr denn nicht? – Ich habe ausdrücklich auf Gottes Befehl gehandelt! – Ich habe seine Stimme ganz deutlich gehört!"

Darüber ließ er nicht mit sich reden! – Aber sonst durchsuchte er alle Zeitungen nach Meldungen über die Gripsholm und alles was auch nur irgendwie mit Kriegsgefangenen und Austausch zu tun hatte. – Von den Wärtern bekamen wir angedeutet, daß „ein Fall" wir er, kaum eine Chance bekäme, wieder in die offene Gesellschaft zurückzukehren.

Auf ganz andere Art wurden wir von dem anderen Patienten „Peter" betreut und informiert. – Er war ein Baum von einem Mann, wohl etwa zwei Meter groß und athletisch gebaut. – Er selbst erzählte uns, daß er deutscher Abstammung sei, aus Alberta von einer großen Farm stamme. – Er sei Panzerfahrer gewesen und hätte bei der Invasion in Nordfrankreich einen Volltreffer erhalten und jetzt leide er unter den Folgen. Er habe aber nur einen Schock erlitten, gehöre eigentlich nicht hierher in ein mental hospital zu „all the crazy people" – unter die Verrückten.

Sein Leiden stellte sich so dar, daß er wie nach einem Zeitplan in den „sunrooms", den Sonnenräumen an beiden Enden der Abteilung auf und abmarschierte wie ein Soldat, militärisch „kehrt" machte, um plötzlich stehen zu bleiben und die Arme auszubreiten.

Dann „telephonierte" und „funkte" er, sowohl in Sprache, als auch im Morse Code mit „Piepsen". – Vor allem war er beschäftigt, zu erfahren, wie es in diesem Krieg nun weitergehen würde. – Dazu sprach und funkte er mit Roosevelt, Stalin, Churchill, von der einen Seite und mit Hitler und Mussolini von der anderen.

Offensichtlich kümmerte er sich bei diesen Funkverbindungen auch um uns, die deutschen Kriegsgefangenen. – Immer wieder erschien er auf unserem Zimmer und überbrachte Nachrichten: – Auf völlig normale Art erzählte er, welche Art von Austausch, oder welche Sonderbehandlung uns bald wiederfahren würde. – Auch erfuhr er auf seine Weise, wie der Krieg weiter gehen würde und wann welche Schlacht zu Ende sei. – Dabei war er immer aktuell, es war klar, daß er sein Wissen aus den Zeitungen hatte.

An einem Sonntag – an Sonntagen beobachtete ich mit Vorliebe die Kirchenbesucher, die auch von außerhalb kamen, um den Gottesdienst in der hübschen Anstaltskirche zu feiern, die man vom „Sonnenzimmer" aus sehen konnte.

Dabei bekam ich mit, daß Peter heute wichtigen Besuch bekommen würde. – Der Besuch sei seine Frau, die die weite Reise von Alberta auf sich genommen hätte, um ihrem Mann das Baby zu zeigen, das sie inzwischen auf die Welt gebracht hatte. – Der Besuch sei so wichtig, daß Dr. Rogier trotz des Feiertages anwesend sein wollte.

Man konnte vom vorderen Sunroom sehen, wie die junge Frau mit der Taxe am Haupteingang vorgefahren wurde. Kurze Zeit später erschien sie strahlend, mit dem Baby auf den Armen – es lag auf einem prächtigen weißen Spitzenkissen, bei uns in der Abteilung.

Im Sonnenraum war das Treffen mit Peter arrangiert! – Er mußte fast herbeigeführt werden, war von Anfang an mürrisch, störrisch! – Die junge Frau schaute ihn entsetzt an – äußerlich wirkte er doch so gesund und normal!? – Aber Peter wurde sofort brutal, fast hätte er sie geschlagen: „Verschwinde Du Hure!" – Schrie er sie an: „Das Kind, dieser Bastard ist nicht von mir! – Ich habe das alles genau im Funk und in den Nachrichten gehört!" Das Treffen dauerte kaum eine Minute! – Mit Mühe bändigten die Wärter den baumstarken Mann, der sich auf seine Frau stürzen wollte. – Sofort ging es mit ihm ab nach C-Ward, in eine Zelle.

Tränenüberströmt wurde die junge Frau von Dr. Rogier und der Schwester zum Taxi geleitet – man konnte nur sehen, wie sie völlig aufgelöst wieder einstieg. – Glücklicherweise, befanden sich in ihrer Begleitung mehrere Leute, die wohl Verwandte waren.

Es dauerte lange bis Peter wieder von C-Ward zurückkehrte. – Er wirkte angeschlagen!

Die Gedanken schlugen bei mir zu! – So also sah die Welt der echten Patienten aus! Und damit „spielten" wir! – War das nicht Frevel? War das nicht Frevel gegen Gott und sich selbst?

Die Lage wird schwierig ... verzweifelt?

In Deutschland war um diese Zeit bei meiner Mutter ein Brief von Gerhard Hog, Schiffsoffizier, Danzig, Danziger Werft eingetroffen:

Danzig, den 26. Sept.

Verehrte gnädige Frau Steinhilper.

Ich gestatte mir, mich Ihnen vorzustellen. Meine Name ist Hog, ich hatte die Ehre, Ihren Sohn Rudi (so schrieb er, wir hatten uns ja nur kurz auf „upper B" gesehen) in Kanada kennenzulernen.

Wir waren beide in einer Nervenheilanstalt untergebracht, mit der Absicht von hier aus einen Austausch zu ermöglichen. Ich habe nun das Glück gehabt (Hog war an meiner Stelle in letzter Minute auf die Liste gekommen) und bin am 10. September d. J. in Deutschland zurückgekehrt. Ihr Herr Sohn, genau wie 10 andere Deutsche, waren durch markieren einer Geisteskrankheit in einer Anstalt in Kanada untergebracht, von wo aus ein Austausch nach Deutschland möglich erschien.

Leider haben wir nur mit 4 Kameraden das große Glück gehabt. Die anderen darunter auch Ihr Sohn befinden sich heute noch dort. Ich kann und SOLL Ihnen nun folgendes schreiben.

Ihr Sohn ist seit dem 15. März d.J. dort, er ist vollkommen gesund und geistig voll auf der Höhe. Leider ist es mit seinem „Krankheitsbild" (welches er den Kanadiern vortäuscht) nicht möglich zu schreiben. Bitte verstehen sie es richtig „vortäuscht"!

Es ist nämlich der einzige Weg für einen gesunden Menschen nach Hause zu kommen. Er hat dort weitere deutsche Kameraden, u. a. einen Major von Casimir, der daselbe treibt. Es besteht wirklich keine Gefahr für Ihren Sohn. Ich habe dasselbe gespielt und Glück gehabt, durfte auch nicht schreiben noch lesen und bin nun völlig gesund ausgetauscht worden. – Wenn Ihr Sohn bei der jetzigen internationalen Ärztekommission Glück hat, ist er im nächsten Jahr zu Hause, zwischen Januar und Februar.

Ich möchte hier nicht näher auf die Einzelheiten einer solchen Anstalt eingehen, bin aber gerne bereit Ihnen genauestens alles mitzuteilen, wenn Sie dafür interessiert sind.

Bitte schreiben Sie Ihrem Sohn nach wie vor, aber erwähnen Sie niemals etwas von diesem Brief auch nicht von Ihrer Kenntnis seines Aufenthaltes. – Jeder Brief aus der Heimat für Ihren Sohn wird besonders jetzt genauestens zensiert und könnte sehr nachteilig für ihn sein. Mit deutschem Gruß. Gerhard Hog.

Ob es nach diesem Brief weitere Kontakte mit dem Handelschiffs-Offizier Gerhard Hog gegeben hat, weiß ich nicht! – Auch ihn habe ich nach dem Kriege nicht wiedersehen können! – Wer weiß, was ihm in Danzig passiert ist?

Im November, mit Datum vom 8.11.1944 erhielt mein Vater aus Berlin vom Präsidium des DRK Anwort auf seine offizielle Anfrage an das Internationale rote Kreuz:

Herrn Wilhelm Steinhilper,
Houtingsheim b. Ludwigsburg i. Württ.

Der Delegierte des Internationalen Komitees vom Roten Kreuz in Canada bat, Ihnen folgenden Gesundheitsbericht zu übermitteln:

Den 7.8.44   Lieber Herr Steinhilper!

Ich habe Ihren Sohn, Herrn Hauptmann Steinhilper, am 11. 7. in der Nervenheilanstalt Westminster bei London (Ontario), Kanada besucht und muß Ihnen leider mitteilen, daß sein Zustand eine geregelte Ausspra-che zwischen uns nicht gestattete. Ihr Sohn leidet an einem Verfolgungs-wahn und glaubt, daß jedermann der sich um ihn kümmert, nur Böses für ihn im Schilde führe.

Der körperliche Gesundheitszustand des Patienten ist gut. – Es tut mir sehr leid, Ihnen keine bessere Nachricht geben zu können, aber ich glau-be, annehmen zu dürfen, daß es eine Befriedigung für Sie ist, daß ich tatsächlich mit Ihrem Sohn gesprochen habe und daß seine Behandlung den Umständen entsprechend durchaus korrekt ist."

Das Deutsche Rote Kreuz bedauert außerordentlich, Ihnen eine so wenig günstige Nachricht übermitteln zu müssen.

Der Sonderbeauftragte .... i.A .... Kücher.

Wie mir meine Eltern nach dem Kriege sagten, war besonders diese Benachrichtigung, Anlaß zu großer Sorge um mich, vor allem weil sie danach für lange Zeit von niemand mehr etwas über mich hörten, noch war von einem weiteren Austausch die Rede!

Nachträglich stimmt mich das Betrachten des obigen Datums noch nachdenklich! – Zum Zeitpunkt des Besuches des Rotkreuz Delegierten bei mir in C-Ward, am 11. Juli 44, war ich dort drei Monate und drei Wochen untergebracht, war allein unter psychisch Schwerkranken. Trotz-dem, hatte ich der Versuchung widerstanden, mit dem Schweizer deutsch und normal zu sprechen!

Am 7. August, genau an dem Tag, an dem dieser Besuchsbericht in Ottawa verfaßt wird – also etwa einen Monat später, melde ich mich „dummerweise", nach sorgfältiger eigener Überlegung – exakt zwei Tage zu früh, beim Anstaltsleiter Dr. Rogier aus „geistiger Umnachtung" zurück. – So vermasselte ich den eigenen Austausch im August 1944 nur wegen dieser zwei Tage! – War das „dummerweise" oder Weisung des Schicksals? – Was wäre aus dem Hauptmann der Luftwaffe Steinhilper geworden, wenn er im September 1944 nach Hause gekommen wäre?

Der Winter im Irrenhaus war schlimmer, als jeder andere zuvor, auch die kanadischen Patienten litten darunter. Im Sommer wurden sie auf die Farm geschickt, die zum Hospital gehörte. Dort konnten sie in der Landwirtschaft arbeiten und sich körperlich erholen.

Aus den Abteilungen für fortgeschrittene Patienten, wurden sie auf diese Farm geschickt und zur „Angewöhnung" auf Ausgang in den Ort gelassen! – Immer wurden sie ermahnt: „Don't escape!" – „Haut nicht ab!" – Für viele der jungen Soldaten jedoch, war diese Art Erholung von ihren Nervenleiden, einfach zu langweilig. Sie fuhren nach eigenem Gutdünken nach Hause! – Jetzt, besonders während der Wintermonate war das häufig der Fall.

So ging das aber nicht! – Sie wurden entweder schon unterwegs, spätestens zu Hause aufgegriffen und kamen wieder zurück! – Nur wenn sie bei der Festnahme gewalttätig wurden, landeten sie in „C", sonst kamen sie zu uns nach „upper B" zurück, um nochmals gründlich ermahnt zu werden: – Ohne offiziellen Entlassungsschein ginge es wirklich nicht! – Darüber waren manche so wütend, und begehrten so auf, daß sie deswegen zur „Abkühlung" nochmals nach unten in die Badewanne kamen! – Nur mit Geduld war die endgültige Entlassung zu schaffen! – Im Sommer schien das leichter als im Winter.

Im Februar 45 erfuhren wir über Jenny, daß wieder eine neutrale Austauschkommission in Kanada unterwegs sei. Sie würde auch einige Fälle hier im Hospital begutachten. – Nun schlug aber das eigene Gewissen, hatte ich es mir inzwischen nicht zu leicht gemacht? – Hatte ich „alter Escaper" so nicht meine Chancen verspielt! – Aber wir wollten Abhilfe schaffen ... besondere „Vorsorge" treffen.

Sowohl bei Hein, wie bei mir, gehörte gelegentliche Gewalt zum Leiden. – Das wollten wir „dokumentieren" – und damit es diesmal besonders echt aussah, würden die Germans untereinander tätlich werden!

Natürlich nicht mit einer öffentlicher Schlägerei! – Hans Hein und ich waren uns schnell einig, daß wir es vor allem darauf anlegen wollten, hinterher mit einem „blauen Veilchen" am Auge versehen zu sein.

Wir würden das auf unserer Stube veranstalten, möglichst ohne viele Zuschauer. – Seifried würde an der Stubentür Wache stehen, Gehrke und v. Casimir würden es nicht vermeiden können, Zeuge zu sein. Die „Schlägerei" sollte so verlaufen, daß wir uns gegenseitig Boxschläge an die Augenbrauen setzen wollten. – Gezielt, aber als Streifschlag, der von der

Nase zur Schläfe abgleiten sollte. Aber ein blaues Auge sollte schon entstehen! – Dauerhaft! – Und vor allem sichtbar für die Kommission!

Die Frage stellte sich – wer schlägt zuerst? – Der mit den besseren Nerven sollte als Zweiter schlagen, war die eindeutige und gemeinsame Entscheidung! – Auch Seifried, und v. Casimir wirkten als Berater. Allerdings als es dann zur Tat kam, hätte Gehrke beinahe vorher Alarm geschlagen!

Ich hätte die besseren Nerven – wurde nicht nur von den Beratern beschieden. – Hans selbst sagte, daß er oft nervös und zittrig sei, von dem langen Aufenthalt hier in der Anstalt, außerdem spüre er seine Raucherei.

Er wolle daher zuerst ran, ich sollte als zweiter schlagen, ich hätte Boxunterricht gehabt und Erfahrung! – Sie trauten mir zu, auch nachdem ich getroffen war, noch präzise zuschlagen zu können!

Eines Vormittags ging es los! In der Stubentür stand Seifried, winkte die Kanadier im Gang vorbei – schon kam der erste Schlag: Hans landete einen wunderbaren Treffer! Bei mir platzte die rechte Augenbraue und das Blut rannte. Sofort stauten sich einige der kanadischen Patienten im Gang! – Seifried wurde sie nicht mehr los! – Jetzt war ich dran! – Mit Wucht, aber präzise, zielte ich auf Hans – auf seine rechte Augenbraue! – Aber ich sah es schon vorher seinen Augen an! ... Konnte aber nicht mehr bremsen! ... Er zuckte zurück – kam dabei hoch und ich traf ihn mitten ins Gesicht, mit voller Wucht auf die Nase! – Mit der blanken Faust!

Die jungen Kanadier in der Tür, im Gang, in ihren blauen Anzügen stoben wie wild davon. „The Germans are fighting! – Die Deutschen kämpfen!" hallte es durch den Flur – im Nu erschienen die Wärter auf der Stube!

Als sie Hein, seine zertrümmerte Nase und das viele Blut sahen, gaben sie gleich Großalarm und es kamen weitere Wärter von C-Ward gerannt. – Aha! – Den kannten sie schon! – Ehe ich mich versah, wurde ich einen Stock tiefer verfrachtet und befand mich in einer der altbekannten Zellen.

Auch diesmal wurde ich wie in alten Zeiten gespritzt und fand mich mitten in der Nacht, nachdem ich aufgewacht war, auf der altbekannten Ledermatratze wieder. – Durch das Guckloch konnte ich beim Lampenschimmer erkennen, daß C-Ward gut belegt war. – Das kam mir in den nächsten Tagen zugute. Ich blieb in der Zelle, weil draußen kein Bett frei war. Sie schoben mir ein Bett herein.

Eigentlich gut so, denn Harry und Ltn. Kean versuchten mit mir den alten Kontakt herzustellen, aber das war in der Zelle nicht leicht für sie. Auch konnnte ich am Bohnern nicht teilnehmen, aber das war mir auch so recht: – Das ganze Leben auf „C" kam mir auf einmal so unheimlich vor, daß ich mich nicht mehr einleben wollte. – Die Wärter sprachen mich häufig an und stellten fest, wie gut ich inzwischen aussehe und wie sehr ich doch wieder an Gewicht zugenommen hätte.

Nach wenigen Tagen war ich wieder oben in der Stube, im gleichen Bett. – Die Kommission sei dagewesen, hätte ihre Listen schnell geprüft und man hätte gehört, daß wir deutschen Patienten so bald als möglich alle ausgetauscht werden sollten. – Mich hätten sie gar nicht in Augenschein nehmen wollen, die Röntgenaufnahme von Hein's Nase hätte genügt.

Mein körperlicher Zustand hatte sich inzwischen tatsächlich stark verbessert. – Fast ging mir die Gewichtszunahme zu rasch. Aber kam es darauf überhaupt noch an? – Zwar kam über Schwester Jenny im März 45 noch einmal die Meldung, daß der Impfstoff für uns alle eingetroffen sei, wir würden in den nächsten Tagen vor dem Austausch geimpft. – Aber war das jetzt überhaupt noch wichtig?

Die Kriegsnachrichten, die uns hier aus „vollem Rohr", mittels Radio, Zeitungen und den U.S. Magazinen erreichten, wurden immer eindeutiger. – Zwar gab es auch Meldungen über die „Wunderwaffen", die V2 und V1. – Aber ob die noch helfen konnten? – Ob wir selbst noch etwas ändern könnten, sollten wir doch noch ausgetauscht werden?

Da wurden nur Niederlagen berichtet! – Die Ardennenoffensive war gestoppt, die Amerikaner hatten den Rhein bei Remagen überquert. In Rußland folgte ein Rückzug dem anderen und Oberitalien wurde immer mehr von den Amerikanern erobert. – Da interessierte kaum noch, was im Pazifik geschah. In diesen Reigen schlechter Nachrichten paßte auch noch die offizielle Mitteilung durch Dr. Rogier, daß der kürzlich geplante Austausch nicht mehr stattfinden könne. – Keine neutrale Macht sei mehr in der Lage die Sicherheit für einen beiderseitigen Tausch zu garantieren, so sehr die Alliierten dies auch ihrerseits wünschten.

Wir beratschlagten immer häufiger gemeinsam, so vertraulich, wie es eben ging: In der Situation, wo eine Niederlage Deutschlands immer wahrscheinlicher wurde, durfte es keinesfalls passieren, daß man uns nachweisen konnte, wir hätten simuliert!

Vorläufig blieb nichts anderes übrig, als abzuwarten. – Dabei allerdings darauf achtend, daß wir uns gesundheitlich nicht weiter schädigten. – Ich machte mir meine besonderen Sorgen – hatte ich doch mehrmals erlebt, wie die Orderlies auf mich deuteten und sagten, daß „der da" in die Kategorie gehöre, die nie mehr mit einer Entlassung rechnen könnten! – Besonders die „Nase" von Hans Hein stand erschwerend in meinen Akten. – Sie war geröntgt worden, als ich in „C" war und der Beweis für meine gefährliche Unberechenbarkeit war so festgehalten.

Hans hat mir übrigens diesen „Volltreffer" nie übelgenommen! – Nicht nur die Zeugen, auch er selbst waren sich bewußt, daß ich nur deswegen beim Schlagen voll getroffen und nicht abgleiten konnte, weil er zurückgewichen war. Natürlich hatte ich versucht nach Rückkehr auf die Stube, meine Entschuldigung anzubringen, er winkte aber gründlich ab.

Manchmal war ich wegen der vertrackten Lage so verzweifelt, daß ich mir überlegte, ob jetzt nicht die Zeit gekommen sei, rein aus Überlebensgründen einen Ausbruch zu wagen. – Die 20 Dollar, hatte ich schon im vergangenen Herbst gleich wieder hinter der Dachrinne geholt. Ich verwahrte sie sorfältig in einer Tapetenritze auf der Stube. Damit konnte ich vielleicht im Lande erst mal Fuß fassen.

Selbst in solche Pläne bezog ich inzwischen Seifried ein. – Er besetzte allerdings auch immer mehr die Schlüsselrolle in unserer deutschen Clique. – Sein Verhältnis zu Jenny erzielte nebenbei den Erfolg, daß ihr Verbrauch an Rauschgift nachließ und sie Hoffnung hegte, damit ganz aufhören zu können. – Als die Kriegsnachrichten für sie immer positiver wurden, ließ sie fast alle Vorsicht fallen und händigte Seifried heimlich einen Schlüssel für die Feuertreppe aus.

Mit diesem Schlüssel gelangte Seifried über den Hinterausgang von „upper B" auf eine Eisentreppe, die direkt ins Freie führte.

An gewissen Tagen erwartete ihn Jenny mit ihrem Auto, er zog sich bei ihr zu Hause um, und sie gingen sogar aus zum Essen, in öffentliche Lokale. Schließlich hatten die kanadischen Patienten auch Ausgang – Jenny fuhr volles Risiko!

Ob ich zustimmte oder nicht, Jenny war bald auch in alle meine Pläne eingeweiht. Denn auch Seifried stellte sich immer mehr auf ein gegenseitig ehrliches Verhälnis mit ihr ein. Damit war auch klar, daß diese Schwester uns alle in der Hand hatte! – Aber war es umgekehrt nicht genau so? – Beiderseits sollte es nie zu einem Verrat kommen! – Auch unsere wirklich kranken deutschen Patienten hielten dicht.

Jenny riet eindeutig von einem Fluchtversuch ab – auch wenn das mit Hilfe des Schlüssels eine Kleinigkeit gewesen wäre. – Sie hätte das auch nicht gescheut, Seifried hätte uns hinauslassen und selbst zurückbleiben können. Aber sie war sich sicher, daß wir alle wieder ergriffen würden, schaffte es doch kaum einmal ein kanadischer Patient, mehr als eine Woche unterwegs zu sein, bevor er wieder eingeliefert wurde!

Es fiel auch gar nicht schwer, ihr Recht zu geben, denn was hätten wir draußen auch anfangen sollen? – Und v. Casimir sagte mir zu, falls tatsächlich der Fall eintreten sollte, daß ich hier festgesetzt werden sollte, dann könne er nach seiner Rückkehr in ein POW-Lager, bestimmt die deutsche Lagerleitung und das Rote Kreuz alarmieren. Um ihren guten Willen zu dokumentieren: Jenny wäre sogar bereit gewesen, meine 20 US $ noch mit einigen kanadischen aufzubessern. – Aber ich ließ mich belehren, wir wollten die kommenden Ereignisse erst einmal abwarten.

Es war der 8. Mai 1945, als in einer Art feierlicher Prozession, alle Patienten von „Upper B", an einem großen gelben Plakat vorbei geführt wurden: – In großen fett gedruckten Buchstaben stand da in der Mitte:

UNCONDITIONAL SURRENDER

... darüber und darunter gab es weitere Paragraphen, aber die wollte und brauchte ich gar nicht zu lesen! – Was „bedingungslose Übergabe" hieß, konnte ich mir auch selbst vorstellen und damit unser Schicksal ausrechnen!

Man kann über Offizierstugenden geteilter Meinung sein, aber in dieser Situation haben wir uns bewährt! – V. Casimir und ich! Wir hielten „Die Germans" als verschworene Gemeinschaft zusammen und berieten gemeinsam alle jetzt entstehenden Fragen! Und wir kamen zu Beschlüssen, wie wir die zu erwartenden Probleme der Reihe nach angehen wollten. – Oberstes Gesetz: – Jetzt ja nicht durchdrehen! – Zwar befanden wir uns wohl in der blödesten Lage, in der man sich am Ende eines verloren Krieges befinden konnte – in einem Irrenhaus des Gegners, – aber was soll das!? – Es würde weitergehen!

Keiner würde zugeben, daß er gespielt hatte, um so vielleicht schneller als die anderen in sein Lager zurückzukommen. – Wahrscheinlich hätten die Internierten und Seeleute die beste Chance, zuerst nach Hause zu kommen. Seeleute seien jetzt am ehesten gefragt, dachten wir. Danach kämen vielleicht die Unteroffiziere an die Reihe, beispielsweise Oberfeldwebel Hein. – Mit uns, den beiden Offizieren, stand es sowieso schlecht, seit geraumer Zeit wurde in Amerika der „Morgenthau Plan" debattiert und in den Zeitungen kommentiert!

Nach diesem Plan sollte gerade die deutsche „Intelligenz" vor allem auch die Offiziere, ein für allemal „ausgeschaltet" werden, selbst eine Kastrierung wurde in Erwägung gezogen. – Auf alle Fälle sollten sie erst mal möglichst lange in Gefangenschaft verwahrt werden, bis man zu einer Entscheidung kommen konnte, was mit ihnen endgültig zu geschehen hatte.

Klar war damals aus diesen Absichten herauszulesen, daß ehemalige deutsche Offiziere nicht zum Studium zugelassen werden sollten, daß sie nur noch in manueller Arbeit, vorwiegend in der Landwirtschaft beschäftigt werden sollten. – Überhaupt wurde sehr ernsthaft debattiert, wie aus Deutschland ein reiner Agrarstaat zu machen sei.

Also wenn es jemand gab, der erst einmal „Warteposition" zu beziehen hatte, dann waren es Major v. Casimir und der Hauptmann Steinhilper. – Daher konnten wir uns völlig darauf konzentrieren, den anderen Insassen Ratschläge zu geben, auch aktiv zu helfen.

Es war der Chief-Orderly Opel, von dem die besten Ratschläge kamen. – Sie waren allerdings sehr eigennützig! – Sie galten aber sowohl für die vielen kanadischen, als auch für die paar deutschen Patienten. – „Wer kooperativ ist, wer das Hospital durch aktive Arbeit unterstützt, der kommt hier schneller raus, als andere!" – Das war die Losung.

Dabei bekamen wir Deutschen nebenher die Beihilfe, daß immer mehr Nervenpatienten von Übersee eingeliefert wurden, deren Rücktransport aus Europa sich verzögert hatte! – Schon vorher war mir das in „C" aufgefallen. Jetzt wurde auch hier oben jedes Bett besetzt und neue Kojen wurden in die Säle geschoben, die Kanadier brauchten jeden Platz!

Aber erst mal waren wir „kooperativ" und arbeiteten. – Nur der Major, der bis zuletzt nicht von seinem Bett gewichen war, wollte nicht so schnell „genesen". – Wir anderen Germans – ich glaube, es ging allen so wie mir – stürzten uns geradezu mit Lust auf die Arbeit: – Wir hängten die Fenster samt den Gittern aus, wuschen sie gründlich, strichen die Rahmen und nachdem sie wieder eingehängt waren, strahlten sie wie neu! – Wir strichen die Wände, schliffen den Boden mit Stahlspänen und wienerten auch ihn. Die Jahreszeit hätte dazu nicht günstiger sein können! – Unsere Arbeit war so gut, daß Dr. Rogier persönlich erschien, um sich zu bedanken!

Ich leitete ein gemischtes Team von deutschen und kanadischen Patienten und fast unglaublich aber wahr, ein zweites Team, nur aus Kanadiern bestehend, wurde von „Freddy", angeführt. Obwohl der Bursche noch keine 20 Jahre alt war, kam seine umsichtige Art so gut bei den meist älteren ehemaligen Soldaten an, daß sie gerne und freiwillig seinen Anweisungen folgten.

Vielleicht war bei uns auch das Gefühl beteiligt, daß man so ein wenig „Wiedergutmachung" für begangene Sünden erleben konnte!

Auf jeden Fall dauerte es gar nicht lange – nachdem wir beide sunrooms in „upper B" in Schuß gebracht hatten, daß die Seeleute sich der Reihe nach verabschieden konnten. Dabei war der Abschied für Seifried von Jenny besonders schwer. – Das war beidseitig und sie faßten den Vorsatz, sich baldmöglichst zu treffen, sollte Seifried irgendwie freikommen, oder gar einwandern können. – Ob daraus je etwas geworden ist?

Hans Hein und v. Casimir folgten später nach und ich blieb nun tatsächlich allein zurück. – Sollte ich mir groß Gedanken machen? – Half doch nichts! – Nachdem es nun kein deutsches Arbeitsteam mehr gab, wurde ich von allen Seiten, dem Doktor, den Orderlies und sogar von der „unnahbaren" Oberschwester Victoria ermutigt, weiterhin einen Teamleader abzugeben, ich hätte das doch so gut gemacht! – Und vielleicht konnte ich so tatsächlich etwas für meine Entlastung und Entlassung tun? – Nach kurzer Zeit, leitete ich eine Gruppe von etwa 12 kanadischen Patienten, mit denen ich der Reihe nach, in den Waschräumen und unseren kleinen Zimmern den Früjahrsputz und anschließend die gröberen Streicharbeiten vornehmen konnte.

Inzwischen war es Juni 1945 geworden. Mehr als ein Monat war seit der totalen Unterwerfung Deutschlands verstrichen und ich fand mich hier alleingelassen mit der Frage, ob ich jetzt doch eine Flucht aus dieser ausweglosen Situation wagen mußte. – Die US Dollars, auch einige zusätzliche kanadische $ hatten mir die Seeleute hinterlassen. Und tatsächlich konnte Seifried mir den Zweitschlüssel für den Notausgang hinterlassen. Er hatte ihn vor seinem Abschied von Jenny für mich bekommen.

Jedoch wollte ich mit einer Flucht warten, bis der Sommer noch weiter fortgeschritten war, jetzt würde es im Wald erst wenige Beeren geben, um sich für eine gewiße Übergangzeit verstecken und ernähren zu können.

Zu irgendwelchen entscheidenden Gesprächen, hatte ich keinen Partner mehr, wenn auch Schwester Jenny dazu ansprechbar gewesen wäre. – Mit „Tom", dem Mann, der seine Kameraden erschossen hatte, konnte ich eigentlich über alles reden, wir sprachen sogar über den Morgenthau Plan! – Er sagte, es sei schrecklich was da alles geplant sei, dazu würden sich aber die Amerikaner und erst recht nicht die Engländer gewinnen lassen, ich solle mir da nicht zu viele Sorgen machen! – Erstaunlich, welche Bildung dieser Mann besaß, und dann dieses völlige Aussetzen bei dem Befehl die ihm „Gottes Stimme" erteilt hatte.

In der späteren Phase hatte ich allerdings den Eindruck, daß er dieses Thema, wenn ihm möglich – ausklammerte. – Das war wohl der Grund, warum er zu dieser Zeit häufiger mit einem Arbeitskommando auf die Farm geschickt wurde. Vielleicht bekam er doch noch seine Chance! – Aber über Flucht oder Rückkehr in ein POW-Lager wollte ich natürlich nicht mit ihm sprechen.

„Peter", der Panzerfahrer und deutsche Farmer aus Alberta war bis zu seiner Verlegung in ein anderes Hospital, das im Westen von Kanada liegen sollte, gleich geblieben: Nach wie vor marschierte die hünenhafte Gestalt in beiden „sunroom`s" auf und ab, und erstaunlich, er „funkte" nicht mehr mit Mussolini und Hitler, sondern mit Hirohito, dem japanischen Kaiser.

Hatte er im einen Raum seine „Aufgabe" beendet, dann marschierte er in soldatischer Haltung durch den Mittelgang und wiederholte seine Prozedur im anderen Sonnenraum. – Auf und ab – Kehrtwendung, Position in der Mitte, Arme ausgestreckt – und so sprach und funkte er mit den Führern dieser Welt, Stalin, Roosevelt, Churchill und Kaiser Hirohito.

Besonders in seinem Fall hätte ich mich über eine Besserung gefreut, – seine Frau und das Baby gingen mir nie mehr aus dem Sinn! – Die Verlegung in den Westen sollte ihn näher an seine Familie bringen – man hoffte, daß wiederholte Kontakte ihn vielleicht „zurückrufen" könnten.

Geheilt? ... Entlassen in eine neue Welt!

Es war Mitte Juni, als Dr. Rogier mir die gute Nachricht selbst überbrachte: Ich hätte mich so gebessert, vor allem meine gute Cooperation hätten ihn dazu ermutigt, mich „auf Bewährung" in ein Offizierslager zu entlassen.

Dort sollte ich aber nicht wieder „dumme Sachen" machen, sonst würde ich womöglich selbst meine Rückführung nach Deutschland gefährden.

Daß dieser Ankündigung bald die Tat folgen würde, zeigte sich, als mir Schwester Jenny meine Uniformen und auch alle meine „Wertgegenstände" zeigte. – Fast war ich gerührt, hatte sich da nicht nur mein Fliegerkäppchen, sondern auch zwei Hosen, eine Fliegerbluse, ein Uniformrock samt Wäsche, Hemden und Schlips angesammelt. – Die Stubenkameraden waren der Nachsendung mehr als gerecht geworden.

Am meisten staunte ich darüber, daß sich bei meinen Wertsachen die gute Armbanduhr wiederfand, die mir in England im ersten Verhörlager abgenommen worden war. – Das hatte ich damals, Ende Oktober 1940, nach meinem Fallschirmabsprung in der „Battle of Britain", den englischen Verhöroffizieren besonders übel genommen.

Sie hatten mich damals nackt ausziehen lassen. – Zwecks „Überprüfung meiner Gesundheit!" – Unter bedrohlichen Umständen – mußte ich sogar meine Armbanduhr ablegen. – Daß die Uhr ein wertvolles Geburtstagsgeschenk meiner Freundin Gretl gewesen war, spielte dabei die kleinere Rolle.

Während des Ausziehens standen Soldaten mit Gewehr und aufgepflanztem Bajonett bereit. – Bevor ich mich wieder anziehen durfte, wurde ich nochmals nachdrücklich gefragt, ob ich nun nicht endlich aussagen wollte. – Mein wiederholtes „Nein", löste dann die Erlaubnis aus, daß ich mich wieder anziehen konnte. Danach war mir ziemlich wurscht, daß ich meine Uhr nicht mehr zurück bekam. – Gewundert hatte ich mich doch sehr – war das englische Fairneß?

Jetzt, nach fast 5 Jahren hatte das gute Stück wieder zu mir gefunden. – War das nicht ein gutes Omen? – Auf welchem Weg wohl? – Sonst, nach jedem Fluchtversuch, bei dem mir außer der nötigsten Bekleidung, alles abgenommen wurde, erhielt ich meist mit gewissen Zeitabstand; Tragtasche, Schuhe, Rasierzeug, das Taschenmesser, auch die Taschenuhr wieder zurück. – Daß jetzt überraschend diese gute Uhr auftauchte, freute mich besonders. – Das fing schon mal gut an! – Also: Der Krieg ist verloren, aber damit ist er auch zu Ende! Vielleicht hört auch die Gefangenschaft einmal auf? – Auf jeden Fall komme ich erst mal aus diesen sehr beschränkten Verhältnissen heraus. Die Angst war vorbei, hier jahrelang festgehalten zu werden – als Patient und nicht als Kriegsgefangener. – Warum also sollte mein Herz nicht höher schlagen? Beim Anprobieren stellte ich schnell fest, daß, obwohl ich wieder erheblich an Gewicht zugelegt hatte, die Uniform geradezu an mir „schlackerte"! So entschied ich mich für die Fliegerbluse, sie war enger geschnitten.

Ohne großes Zermoniell konnte ich mich bei Schwester Jenny umkleiden, packte meine restlichen Sachen in einen Pappkarton und wurde von einem Orderly zur Freitreppe gebracht, wo mich ein junger Offizier der Army in Empfang nahm. – Dort allerdings ließ „Sunny" es sich nicht nehmen mich zu verabschieden um „Steeny" alles Gute zu wünschen, besonders eine gesunde Rückkreise nach Germany.

Es war ihr anzumerken, daß Sie sich echt freute, mich so wohlauf zu sehen! – Die alten Gewissenbisse kamen wieder hoch! – Wie sie wohl erfahren hatte, daß ich entlassen wurde?

Per Station-Wagon ging es zum Bahnhof von London/Ont. und wir fuhren inmitten der anderen Reisenden zuerst mal bis Hamilton und weiter nach Toronto. – Wie ich das genoß! – Diesmal war kein Krieg mehr! – Was für ein Land durch das wir fuhren: – In Sonne gebadet lag die Landschaft draußen, jetzt im Juni grüne Wiesen, blühende Bäume, Viehherden auf der Weide, später der See auf der rechten Seite.

Es fiel mir gar nicht so schwer mich neu einzustellen. – Ja den Krieg hatten wir verloren, aber sollte es nicht auch für uns Gefangene, für mich, einen Neuanfang geben. – Wann? – Wie lange noch? – Was würde der Morgenthau Plan bedeuten? – Alles nicht so schlimm sagte ich mir, als ich durch diese Landschaft fuhr. – Ich war jung, und doch; was hatte ich in den vergangenen Jahren schon alles hinter mich gebracht. – Die Unfälle bei der fliegerischen Ausbildung, den Zusammenstoß in der Luft mit Siggi Voss, die vielen Einsätze gegen England, die „knappe" Landung mit dem Fallschirm – die Verhöre – die gewagten Fluchtversuche! – Und das schlimmste war auch vorbei, das „Irrenhaus"! – Alles andere hatte ich nicht zu bedauern, aber das hätte ich nicht tun sollen!

Jetzt war ich auch da wieder raus! Den großen Fehler konnte ich bedauern, aber es hieß nun wieder vorauszudenken! – Was hatte ich alles durchgemacht. – Welche Anforderungen hatte mein Geist und Körper hingenommen? – War ich nicht gewappnet für eine neue Zukunft – so schwer sie auch sein sollte? – Ich wollte mich stellen – nicht verzweifeln! – Als alter Flieger – auch „ohne Flügel" würde ich die Übersicht schon behalten!

Erstaunlich, daß sich niemand – auch nicht mein Begleitoffizier an den Hakenkreuzen störte, die sich an drei Stellen meiner Uniform befanden: Auf dem Emblem am Käppi, auf der rechten Brust, dem Hoheitszeichen und dem aufgenähten Flugzeugführerabzeichen.

Als wir im Hauptbahnhof von Toronto, der Union Station, in einer Cafeteria saßen und auf den Anschluß nach Gravenhurst warteten, näherte sich uns dann doch ein Offizier der RCAF, der kanadischen Flieger und machte auf meine Hakenkreuze aufmerksam. – Er tat das sehr freundlich, meinte aber, ich sollte sie abnehmen, damit wir keine Schwierigkeiten mit „gewissen Leuten" bekämen.

Mein begleitender Army Offizier war jedoch der Meinung; wenn ich alles abmachen würde, sähe ich wie ein „Zivilist" aus. Daher: – Das Emblem am Käppi sollte bleiben, das Flugzeugführerabzeichen und natürlich die Schulterstücke bedeuteten weiterhin, daß da ein Hauptmann und ehemaliger deutscher Pilot begleitet wurde! – Schließlich, hatte mein Begleiter nicht jeden Tag Gelegenheit, so eine besondere Person herumzuführen.

Er gab mir sein Taschenmesser und auf der Toilette trennte ich das Hoheitszeichen auf der rechten Brustseite ab. – Mehr nicht! – Hatte er mir ausdrücklich gesagt. – Das Käppi würde ich hier in geschlossenen Räumen sowieso nicht tragen!

Es war überhaupt alles ganz anders. – Er hatte keinerlei Angst, daß ich entwetzen würde, ließ mich sogar allein auf die Toilette gehen und außer ihm gab es keine weitere Bewachung. – Keine zusätzlichen Soldaten, wie sonst.

Verschiedentlich kamen wir ins Gespräch mit anwesenden Zivil- und Militärpersonen. Alle waren eigentlich recht freundlich, als sie hörten, daß ich auf dem Rückweg von einem Hospital in ein POW-Lager sei. – Sie wünschten mir häufig sogar eine gute Rückkehr nach Deutschland.

Aber bis dahin sollte es noch ein weiter Weg sein. – Erst mal kam ich wieder in Gravenhurst an. – Selbst auf der alten Stube war noch Platz für mich.

Die Stubenkameraden wollten es fast nicht glauben, daß ich tatsächlich noch „normal" sei. – Das ganze Lager war inzwischen der Meinung, daß ich es trotz der Warnung von Dr. Eitze zu weit getrieben hätte und tatsächlich „übergeschnappt" sei. – Dieser Eindruck war noch verstärkt worden, als der Bericht des Rote Kreuz Vertreters im Lager verlesen worden war, der Bericht, der auch meine Eltern erreichte.

Obwohl er nicht mehr Lagerführer war, wollte mich Oberstleutnant Meythaler sofort sprechen. – Es kam zum Gespräch, und er war dann doch sehr erleichtert, als ich nicht nur versicherte, sondern er im Verlauf immer mehr den Eindruck bekam, daß ich tatsächlich „normal" sei. – Er gab mir den dringenden Rat, niemand von der Täuschung zu berichten, sondern von Heilung zu sprechen, die Verhältnisse im Lager hätten sich ganz wesentlich geändert! – Anschließend sah ich auch gleich noch Dr. Eitze, – dem war besonders anzumerken, wie froh er war! – Mein Gott, wie hatte ich auch hier die Menschen belastet! – Auch er wollte nicht viel wissen, – gut daß es so ausgegangen war!

Tatsächlich es war ganz anders. – Eigentlich waren fast alle sehr bedrückt. Das Schlimmste – die meisten hatten ihre gute Zuversicht verloren und trauten sich auch gegenseitig nicht mehr!

Die Stubenkameraden Döring, Wildermuth und Theopold stellten vor allen anderen Dingen erst mal fest, daß ich furchtbar schlecht aussehe und abgemagert sei. – Dagegen müsse etwas getan werden, und da die Verpflegung, trotz „Zukost" aus der eigenen Lagerfarm nicht mehr so üppig war wie früher, beschloßen sie zu helfen, indem sie aus ihren eigenen Rationen für mich sparten und mich mit Hilfe des „Zerstörers" ab und zu in die Küche schleusten!

Mir ging es viel besser als dem Durchschnitt: Wie froh war ich doch ... so unglaublich froh! ... Erst einmal aus dem Irrenhaus herausgekommen zu sein und Kameraden zu erleben! – Natürlich waren einige Dinge fremd. – An meiner Armbanduhr war das Zifferglas schon auf der Fahrt zerbrochen, wie sollte das repariert werden? – Erstaunlich: – Im Lager gab es jetzt einen Luftwaffenoberleutnant, der sich als „Uhrmacher" spezialisierte – jedoch verlangte dieser frühere Escaperkollege für diese Reparatur jetzt eine größere Zigarettenration von mir. – Das war neu!

Dr. Huppert schildert die damalige Lage so: „Neben dem Lager-Kommandanten waren unsere Ansprechpartner Captain Karr, der kanadische Schweizer Hausmann, und der Exil-Russe Tschramschenko.

Als Post-Offizier hatte ich mit Hausmann zu tun, der reserviert aber nicht unfreundlich war. Als Kantinen-Offizier ab Frühjahr 1945 hatte ich mit Captain Karr zu verhandeln. Er war zunächst sehr unfreundlich, da er im ersten Weltkrieg in deutscher Gefangenschaft war und es ihm, wie auch unseren Landsleuten, in der Ernährung nicht gut ging.

Es gelang aber, ihn durch höfliche Wertschätzung zu wandeln. Da ich immer als Letzter durch die Zählung ging, um seine zeitliche Verabredung in Kantinen-Angelegenheiten zu erfahren, war mein höflicher Gruß „Morning Sir" und er antwortete „Morning Doc". So gelang es auch durch kleine Weihnachtsgeschenke 1945 in Form einer gebastelten Olympia Jolle in Mahagoniholz sein Wohlwollen zu erringen, was sich in Lieferung von Wurst, Eiern und Schuhen usw. ausdrückte.

Zum Abschied in seiner Baracke schenkte er mir eine Kiste Zigarren und ein Foto von sich. Dies war sehr außergewöhnlich. Später habe ich von ihm ein Zeugnis über meine Kantinen–Tätigkeit bekommen, was ich noch gerne in meinem Besitz habe. Durch Karr gelang es mir auch, das gesamte Geldvermögen des Lagers nach England zu transferieren, wo es allerdings kassiert wurde. Herr Hausmann führte Sommer 1945 die Vernehmungen zur „Entnazifierung" durch.

Es gab drei Gruppen:

Gruppe 1 (weiß): Nazigegner; im Lager 20 nur einer, der kürzlich gestorben ist und sich dazu noch in kanadischen Schutz begeben hatte. Er blieb zunächst außerhalb des Lagers in einer Baracke.

In kanadischen Schutz begab sich auch ein Stabsoffizier, der mit uns nach England fuhr und von uns, besonders den „Afrikanern" geschnitten wurde.

Gruppe 2 (grau): Junge aktive Offiziere, die keine „Parteigenossen" waren usw. – Diese wurden teilweise in andere Lager, die schlechter waren, verlegt.

Gruppe 3 (schwarz): „Parteigenossen", Angehörige von Partei – Organisationen wie HJ, SA usw. – Diese Gruppe hatte es eigentlich am besten, sie blieb in unserem guten Lager, wo sich die Verpflegung laufend verbesserte, wozu auch Captain Karr beitrug.

In England, im Lager Sheffield, gab es neue Vernehmungen, die zum Teil von verbitterten polnischen Offizieren (Free Poland) durchgeführt wurden.

Gruppe A: Wie oben weiß.

Gruppe B: Wie oben grau.

Gruppe C: Wurden eingefroren (frozen in) und kamen
in Lager nach Schottland.

Hierunter waren auch Spezialisten, wie einige Flieger, Marine-Offiziere (U-Boot) und Ingenieur-Offiziere, da die Spannungen mit Rußland begannen. (Diese wurden alle 1948, vor dem Beginn der Olympischen Spiele in England, entlassen).

Ich hatte das Glück, nach Vernehmung durch einen britischen Hauptmann mit „B minus" „entlassen zu werden!"

Soweit dieser Bericht. – Mir fiel im Lager Gravenhurst besonders auf, daß ein „Obernazi", der uns 1943 durch seine persönlichen „Greuelberichte" aus Polen geschockt hatte, den Kanadiern bereits so fortschrittlich „demokratisch" erschien, daß er von ihnen für unsere „re-education" – unsere Umschulung auserwählt worden war. – So waren sie, diese Typen:

Bei den Nazis dabei, war er in Polen als schwarzer SS-Mann bald Kreisleiter geworden und erzählte uns in Gefangenschaft erstmalig stolz, wie unter seiner Leitung Juden und Polen innerhalb von zwei Stunden mit 20 kg Gepäck antreten mußten, um dann in die Arbeitslager abtransportiert zu werden.

Und jetzt, nach dem verlorenen Krieg, genau so schnell: Immer schon waren sie dagegen gewesen, endlich konnten sie sich frei äußern ... und schon waren sie auf dem Weg, um vor allem den „Schwarzen" wahre Demokratie zu vermitteln. – Die Auswahl dieser „Elite" war einer der größten Fehler, den die Kanadier, gemeinsam mit den Engländern gemacht haben.

Natürlich berührte das auch mich zutiefst, aber was tun? – Außer bei den Verhören wurde die Meinung der loyalen Offizierssoldaten weder gehört, noch erforscht. – Außerdem: Der „Morgenthau Plan", und dessen Theorien beschäftigte alle Gemüter viel mehr, die Zeitungen standen voll davon.

Nicht nur die Offiziere, tatsächlich die gesamte deutsche Intelligenz, sollte eingefroren – „frozen" – werden. Die Frage lautete nur noch wie? – Kastration wurde ernsthaft diskutiert – aber wie nun genau sollte unterschieden werden, wer Intelligenz war, und wer nicht? – Auf jeden Fall zählen die Offiziere erst einmal dazu! Auf jeden Fall sollten sie erst mal festgehalten werden. Sollten sie jemals Deutschland wieder erreichen, würde ihnen nur noch Handarbeit zugeteilt werden.

Ein Wunder, daß da nur wenige „durchdrehten", insgesamt in ganz Kanada nur wenige POWs Selbstmord begingen. In dieser Situation war es gut, daß ich Schlimmes erlebt und hinter mich gebracht hatte! – Von mir aus! – Nur Handarbeit! – Wenn es nur wieder einmal eine sinnvolle Arbeit sein würde!

Nur am Rande hörte ich, daß Manni mit meiner Zange*) schon vor vielen Monaten herausgekommen war. Es gab nur Gerüchte, daß er eine zeitlang in einem Interniertenlager verpflegt worden sei, über sein endgültiges Schicksal wußte niemand Bescheid.

Ehe ich mich richtig eingelebt hatte, kam schon wieder die Nachricht, daß ich in ein anderes Lager verlegt würde.

Das war zu diesen Zeiten nichts Besonderes. Einige kamen in das „Demokratie"-Lager um dort zu lernen, wie die anderen, die „hartgesottenen Nazis" umzuschulen seien. Andere wurden zum längeren Verbleib – wie es hieß – in den weiten Westen Kanadas zum Holzfällen geschickt. Ich sah der Sache also mit Gelassenheit entgegen.

Wieder fuhr ich in Begleitung eines einzelnen kanadischen Captains mit der Bahn. – Allmählich kannte ich die Strecke nach Toronto fast schon auswendig. – Diesmal gab es natürlich keine Hakenkreuze mehr an der Uniform, inzwischen hatten wir gelernt, wie sie zu entfernen waren, ohne die Uniform zu beschädigen.

---

*) Diese „berühmte Zwickzange" wurde mit einer eleganten, roten Stoffschleife versehen, beim Abschied aus dem Lager, dem letzten kanadischen Kommandanten des Lagers Gravenhurst als „Souvenir" an die „Escaper" feierlich überreicht.

General v. Ravenstein.
Deutscher Lagerführer,
Grande Ligne, Camp „44".

Auch diesmal saßen wir in Toronto auf dem Bahnhof in der gleichen „Snack Bar", die ich inzwischen schon kannnte, und wir warteten auf den Anschlußzug, der uns Richtung Montreal bringen sollte. Mein Captain genoß die Situation fast noch mehr als ich. Diesen gefangenen deutschen Fliegeroffizier zu begleiten, erregte gerade jetzt, erst zwei Monate nach Kriegsende, in Kanada besonderes Aufsehen. – An der Bar konnte ich gar nicht alles zu mir nehmen, was er und die anderen Reisenden für mich ausgeben wollten.

Wir reisten Richtung Montreal, nach Grande Ligne, ein für mich völlig unbekanntes Lager, es lag südlich Montreal in der Nähe des Lake Champlain. – Mit besonderem Genuß fuhr ich diesmal die weite Strecke entlang des Ontario Sees: Oshawa – Belleville – Kingston (Fort Henry) – Brockville, das waren alles Namen, mit denen mich besondere Erinnerungen verbanden. – Aber wie völlig verändert sah inzwischen die Situation für mich aus.

Obwohl der kalte Winter, bei den Fluchtversuchen damals, dem Körper alles abverlangte, hatte man noch an eine gute Zukunft geglaubt. Und jetzt? – Jetzt fuhr man zwar bequem, wußte aber, daß man nie mehr flie-

318

gen würde! – Ob man überhaupt seine Heimat wiedersehen würde? – Deutschland war so weit! – So weit weg!

Es war Nacht, als wir ankamen und ich verbrachte die erste Nacht auf dem Krankenrevier. – Gleich am nächsten Tag wurde ich von dem deutschen Arzt Dr. Drees untersucht, und staunte über die gute Ausstattung dieses Lagerreviers.

Dieser Arzt äußerte sich erst einmal besorgt über meine körperliche Verfassung, und riet mir, ich sollte erst mal mit Spaziergängen und leichtem Sport beginnen, um die physische Kondition zu verbessern. – Von meiner normalen geistigen Verfassung war er – zumindest tat er so – bald überzeugt, obwohl er mir gleich erzählte, daß sich im Lager ein schwer geisteskranker Fallschirmjäger-Hauptmann aufgehalten hatte, der ihm nicht wenige Schwierigkeiten gemacht hätte, bevor er endlich in ein Mental Hospital gekommen sei.

Danach ging es gleich weiter zu dem deutschen Lagerführer, General Hans v. Ravenstein. Dieser unterhielt sich gründlich mit mir. Er zeigte echte menschliche Anteilnahme an meinem Schicksal, vor allem als ich ihm erzählte, daß ich meine Fluchtversuche nie zu bereuen hätte, aber die Geschichte mit dem Irrenhaus, das würde ich heute schon erkennen, das sei „Frevel" gewesen.

Er war ein vorsichtiger Mensch, das war gleich zu merken: Er gab mir den dringenden Rat, niemand – gar niemand mitzuteilen, daß ich simuliert hätte. – Auch er selbst wolle nicht zum Mitwisser werden, auch für ihn sei ich ein Fall von geistiger Umnachtung gewesen, der auf wundersame Weise geheilt worden sei. – Besonders mit diesem letzten Hinweis wurde mir klar, wie es im Inneren dieses Lagerführers aussah und wie ich mich in einem neuen Lager, wo ich fast niemand kannte, zu verhalten hatte.

Das Lager machte einen prima Eindruck: Das Hauptgebäude, war dreistockig, in langestreckter U–Form gehalten und solide aus Steinblöcken gemauert. – Das Zimmer in das ich eingewiesen wurde, lag im 3. Stock und die neuen Stubengenossen waren erst einmal von meinem Erscheinen nicht begeistert. Aus einer Zweierstube, sollte nun eine Dreiergemeinschaft werden. – Gemeinschaft? – Meine neuen Stubenkameraden, waren nach geltenden Maßstäben um einiges älter als ich. Der eine, Ernst „Ernesto" wie er sich gerne nennen ließ, Breiler, war ein für damalige Verhältnisse sehr erfahrener Pilot, der vor dem Kriege bei der Avianca, einer Tochter der Lufthansa in Kolumbien, als Flugkapitän geflogen war.

Er war dem Ruf des Vaterlandes gefolgt, nach Deutschland zurückgekehrt und als Reserveoffizier hatte es ihn dann recht früh erwischt. – Den anderen, Oberleutnant der Luftwaffe kannte ich und erinnerte mich an ihn sofort. Es war Erich Grote, der 1937 in Werder auf der Luftkriegsschule 1937 bei unserem zweiten, dem fliegerischen Lehrgang in der Nachbargruppe ziviler Fluglehrer war.

Obwohl ich, ein in Gefangenschaft „junggebackener" Hauptmann, bei ihnen gleich merkte, daß sie in mir den Grünschnabel sahen, wurden wir schnell „warm". Vor allem mit Ernesto verband mich bald ein herzliches Verhältnis, als er merkte, daß mir ein höherer militärischer Rang in der Stubengemeinschaft nichts bedeutete.

Grote, dessen Heimat in Südtirol lag, war sehr bedrückt und nur mit Mühe konnte man ihn etwas optimistischer stimmen. Ganz anders „Ernesto". Er war voller Zuversicht und Plänen. – Er würde ganz bestimmt wieder fliegen, sagte er. – Mit einem guten Gehalt als Flugkapitän bei der Avianca hatte er sich in Kolumbien eine große Farm erworben, und war so vorausschauend gewesen, sie einem Kolumbier zu übertragen. – Allerdings mit dem Risiko, daß dieser in der jetzigen Situation sich den Besitz selbst „unter den Nagel" reißen konnte.**)

„Früher oder später werde ich wieder in Kolumbien sein!" – Das war die feste Überzeugung von Breiler und er verstand es mit seiner Zuversicht, im Lager weitere Kameraden davon zu überzeugen, um sich auf einen neuen Anfang in Kolumbien vorzubereiten, wenn Deutschland wirklich so am Boden gehalten würde, wie es jetzt aus den Zeitungen zu entnehmen war. – Er brauche „Fachleute" für seine „Finca", die Farm, und Mechaniker für seine Flugzeuge, die er sich dort eines Tages wieder kaufen wollte.

Ernesto selbst hatte in Grande Ligne viel auf der dortigen „Ehrenwortfarm" gearbeitet und dabei Landwirtschaft gelernt. Mich inspirierte er zu lernen, wie man deutsche Wurst macht. – Das sei in Kolumbien ganz bestimmt gefragt! – Und außerdem, wenn ich nicht mehr selbst zum Fliegen kommen würde, einen schlechten Mechaniker würde ich auch nicht abgeben! – Bald stellte sich heraus, daß wir im Lager in der Küche einen ausgezeichneten westfälischen Metzger hatten, der es verstand selbst mit den vorhandenen Mitteln eine hervorragende westfälische Wurstqualität herzustellen. – Dort ging ich in die „Lehre"!

Auf lustige Art machte ich Bekanntschaft mit Landsleuten aus der engeren Heimat. – Faustball, war die erste Sportart, die ich zur physischen Rehabilitierung mitmachen konnte. – Mit Begeisterung spielte ich in verschiedenen Mannschaften, wo immer sich eine Gelegenheit für mich ergab.

**) „Ernesto" Breiler ist auf abenteuerliche Weise tatsächlich nach Kolumbien gelangt. – Er konnte seine Finca wieder in Besitz nehmen, hat in Bogota ein Air-Taxi Unternehmen aufgebaut, das zum Höchststand 16 Kleinflugzeuge umfaßte. Seinen Lebensabend verbringt er aber in Deutschland.

*Das Lager Grande Ligne, dargestellt in einem Aquarell des LW Obltn. Hubert Tscheplak. –
Auf dem Weg, der auf den Beschauer zuführt, verließen wir am 10. Dez. 1945 das Lager, um
nach 200 Metern im Blizzard hängen zu bleiben.*

Meine bevorzugte Stellung war rechter Hintermann. In einem Spiel hatte ich einmal einen schwierigen dritten Schlag, der mit Wucht die andere Seite gezielt treffen mußte. Den Ball begleitete ich mit dem Ruf: „Und der kommt von Ludwigsburg!" – Kaum geschehen, kam der Ball zurück mit dem Schrei: „Und der von Neckarweihingen!

Einem Vorort von Ludwigsburg! – Dieses „Spiel" ging weiter. Den nächsten Schlag begleitete ich mit „und der von Heutingsheim" – mein tatsächlicher Heimatort, auch Vorort von Ludwigsburg – der nächste Gegenschlag von dem Vordermann des Gegenteams wurde uns hineingedroschen mit dem Ausruf: „Und der sitzt! – Und der kommt au von Neckarweihinga!" In echtem schwäbisch! – So klein war doch die Welt, auch für den POW in Kanada.

Auf diese Art und Weise lernte ich die beiden Landsleute Gerhard Schweizer und Richard Wagenhals aus dem Kreis Ludwigsburg kennen, die beide beim Afrikakorps in Gefangenschaft gekommen waren. Bald gesellten sich zu diesem kleinen Kreis noch weitere Schwaben: Hannes Sinn, der obwohl ehemaliger aktiver Stukaoffizier, die Lagerschreinerei leitete, der Chemiker Dr.Kurt Löchner der aus einer Lederfabrik in Backnang stammte. Später als die „Hungerzeit" vorbei war, erhielten wir von dem Obergefreiten Eduard Wahl, Landwirt aus Buhlbronn im Remstal „Küchenhilfe" und wir feierten manch fröhliches Fest, bei dem mir dann

Kaum geschehen kam der Ball zurück: „Und der aus Neckarweihingen!" Das Bild stammt allerdings aus Bowmanville mit Gerhard Schweizer (siehe auch Abiturzeugenis aus Bowmanville), 2. von links als Panzerleutnant. In der Mitte, Anton Stangl (heute Dr. der Psychologie). Ganz rechts, „Higgins" Rösler, Konstrukteur von schwerem Bergwerksgerät, bekannt vor allem als „POW-Dichter".

zum 27. Geburtstag sogar ein wunderschön geschnitztes Schwabenszepter überreicht wurde.

Bei mir entwickelte sich zu dieser Zeit ein ausgeprägter Sinn für die engere Heimat und ich trug zu den Kochkünsten wieder mit Experimenten bei. – So machte ich auf dem Leimofen der Schreinerei handgeschabte Spätzle für über 12 Personen, zu denen Ogfr. Wahl aus der Küche Sauerbraten lieferte. – „Sauerbraten mit Spätzle", das war schon was! – Zu meinem Geburtstagskaffee, sollte es einen „Hefe-Kranz" geben, auch das probierte ich.

Selbst Mehl konnte man zu dieser Zeit in der Kantine kaufen, und Eipulver, das wohl am offenen Markt kaum zu verkaufen war, weil es nach Fischmehl schmeckte, gab es in Hülle und Fülle. – Und da ich dank der langen Zeit im Irrenhaus kein Geld ausgegeben hatte, besaß ich ein dickes Konto, konnte mir alles leisten. Auch reichlich Bier, soweit es die Rationen der jeweils Eingeladenen erlaubten.

Den Teig mit Hefe, angerührter Milch mit Eipulver und Weißmehl stellte ich in die Sonne auf unsere Fensterbank im dritten Stock und er ging dort herrlich auf. – Nur das Flechten schien ein Problem. – Aber nachdem ich lange genug mit drei Wollfäden geübt hatte, flocht ich auch meinen „Zopf" aus Teig und legte ihn im Kreis auf das Blech. – Eduard Wahl in der Küche buk ihn zu einem herrlichen, goldenen Braun und alle Eingeladenen genossen meinen „Hefekranz". Durch solche und ähnliche Aktionen hatte ich mir wohl mein „Schwabenszepter" verdient.

Zu unserem schwäbischen Kreis gehörte auch Stabsarzt Dr. v. Rauch, im Zivilberuf Frauenarzt in Heilbronn a. N., der auf besondere Art im Lager „berühmt" wurde.

Schon bald nachdem ich in Grande Ligne eingetroffen war, führten die Kanadier Sonderaktionen durch, die überhaupt nichts mehr mit der Genfer Konvention zu tun hatten. – Man merkte unseren Bewachern zwar an, daß es ihnen bei diesen Aktionen nicht wohl war, sie entschuldigten sich vom Lagerkommandanten bis herunter zum einfachen Veteran Guard, damit, daß das einfach Anordnungen „von oben" seien, aber Befehl sei Befehl.

Die Anordnungen, betrafen auch die Weiterführung unserer Farm. Das Gelände durfte noch begangen werden, aber unser Tierbestand wurde aufgelöst, zum Teil von Kanadiern verkauft, zum Teil durch unseren eigenen Lagermetzger geschlachtet und dieses Fleisch wurde auf die abgemagerte POW–Verpflegung angerechnet.

Zur Schweinezucht gehörte ein Prachtexemplar von Eber, „Fritz" genannt. Da es ohne Aufzucht sinnlos war, einen Eber zu halten, wurde Fritz in den „Schlachtplan" eingereiht. – Als Lehrling bei der Küchenfleischerei, war ich natürlich eingeweiht, und erfuhr, daß der Eber kastriert werden sollte, damit er nach einer gewissen Zeit den widerwärtigen Geruch nach Bock verlieren würde.

Guter Rat war teuer, unser Metzger konnte schlachten, aber wie kastrieren? – Was auf dem Lande bei den Ferkeln, die Bauersfrauen mit einer Rasierklinge durchführen, war für uns ein großes Problem. – War das aber nicht eine Art Operation – fiel diese Aufgabe nicht etwa in den medizinischen Bereich? – Ob er wollte oder nicht, dem früheren (und späteren) Frauenarzt Dr. v. Rauch wurde die Aufgabe zuteil, den Eber zu kastrieren.

Bei der „Operation" war ich nicht zugegen, wurde aber später auf das Schlachtfeld gerufen: – Der Eber wurde ursprünglich gefesselt, festgehalten, mit Äther betäubt ... wehrte sich ... wehrte sich lange ... bis er endlich geschnitten werden konnte. Bis der massige, über fünf Zentner schwere Kerl endlich „ruhig" war, hatten die aufgeregten Helfer wieder und wieder Äther nachgeleert! – Ob es die Aufregung, oder die Überdosis Äther war? – Der Eber Fritz ist nicht mehr aufgewacht! – Sofort wurden die Maßnahmen für eine nachträgliche Notschlachtung eingeleitet.

Als ich dazukam, hing ein halber Eber bereits an Seil und Haken und es war ungeheuer beeindruckend, wie sich der Ablagetisch bis zum Boden durchbog, als man das halbe Tier abließ. Es drückte mehr als das doppelte Gewicht üblicher Schweinehälften auf die Tischplatte!

Das Fett war überhaupt nicht genießbar, das Fleisch aber fand seine besondere Verwendung. – Es wurde über eine Woche in eine Essig-Beize gelegt, und als es (auch noch in der „Hungerszeit") zum Mittagessen „sauren Rehbraten" gab, schnalzte die Mehrzahl der Offizierssoldaten mit der Zunge – auch noch so einen echten „Gout" hatte dieses Wild! – Die Küchenmannschaft allerdings, übte bei diesem Mahl erstaunliche Zurückhaltung.

Nicht wenige Stories machten über die Kastrierung des „Fritz", des riesigen Ebers die Runde im Lager. Es wurde natürlich immer wieder versucht Dr. v. Rauch zu hänseln, aber mit einem souveränen Humor, stand er ganz über der Sache. Sicher hat er zu späteren Zeiten manchmal selbst über den abenteuerlichen Operationsverlauf geschmunzelt.

Den Krieg verloren – wo bleibt die Genfer Konvention?

Wir wurden „zwangsweise" in den Filmvorführraum gebracht, um dort die Filmszenen aus den befreiten Konzentrationslagern zu sehen. – Unheimlich beeindruckt waren wir davon! Es war also doch wahr, was die hiesigen Zeitungen über Jahre hinweg berichtet hatten. – Für mich bestätigte sich nun endgültig, daß der frühere Kreisleiter aus Polen nicht übertrieben hatte (solche Leute waren das! – und jetzt waren sie schon wieder am Drücker). Was wir zu sehen bekamen war schlimmer, als wir uns je vorstellen konnten.

Große Schuldgefühle befielen einen, wenn man das zu sehen bekam. Der Obergefreite Wahl kam zu mir, und fragte mich, ob man das denn glauben könne, oder ob das nun „Propaganda" von der anderen Seite sei? – Wir mußten uns diesen Schuh schon anziehen, wenn es auch sehr schwer fiel, nur soviel stand fest: – Keiner von uns hatte an solche Missetaten gedacht, als wir einmal in diesen Krieg gezogen waren.

Die dürren, toten Leiber, die wir in diesen Filmen zu sehen bekamen, waren für die Kanadier Anlaß uns zu erklären, daß wir hier in diesem Lande des Wohlstands, nun auch am eigenen Leibe verspüren sollten, wie sich Hunger ertragen ließe. – Hinweise unserer Lagerführung, wie das denn nun mit der Genfer Konvention verträglich sei, fruchteten überhaupt nicht mehr. – Wir ernteten nur Hohnlächeln, die Gefangenen der Alliierten waren alle befreit, es gab keine Angst mehr vor Repressalien.

Vor den Lagertoren wurde das für uns bisher reichlich dotierte Weißbrot verbrannt und auch alle anderen Zuteilungen, die bisher der kanadischen Truppenverpflegung gleichkamen, wurden stark gekürzt.

Auch die Lagerfarm (auf Ehrenwort), die hier in Grande Ligne an unser Lager anschloß, wurde uns aufgekündigt. Anfänglich konnte die Ernte und der Tierbestand der Farm noch als Zubrot zur Verpflegung verwendet werden, später wurde es immer bedrohlicher mit dem „Hungern".

Mir und unserer Stube ging es etwas besser als den anderen Kameraden: Als sich die Hungeraktion ankündigte, zog ich mit den beiden Stubenkameraden auf die abgeernteten Kartoffeläcker und wir sammelten die kleinen und größeren Kartoffeln, die nach dem Ernten im Boden geblieben waren – wir „stupfelten" genauso, wie damals nach dem 1. Weltkrieg zusammen mit meiner Mutter auf dem kargen Boden der Schwäbischen Alb. Nach wenigen Tagen hatten wir einen Sack mit etwa 40 kg in einer Stubenecke stehen.

Und als der Hunger dann am größten wurde, fanden wir auch noch das Öl mit dem wir braten konnnten! – Für mich zahlte sich jetzt besonders aus, daß ich gut bei Kasse war. – In der Kantine wurde von den Kanadiern alles im Verkauf gestrichen, was als Zusatzverpflegung hätte gekauft werden können. – Wer dachte dabei schon an Haaröl, das reichlich in den Regalen stand: Mit Veilchen- Flieder- oder auch Rosenduft, wie es auf den Etiketten der Fläschchen zu lesen war.

Auf der Stube hatte Ernesto einen Elektrokocher aus den dünneren Drahtfedern der Bettverspannung gebastelt. – Eine Pfanne konnte man sich in der Küche ausleihen und erstaunlich: Die Basis dieser Haaröle war gutes Olivenöl. Zwar stanken heißes Veilchen, Flieder oder Rosen erbärmlich, bis der „Duft" beim Erhitzen verflogen war, aber dann blieb gutes Olivenöl in der Pfanne und wir rösteten Bratkartoffeln.

Bald stellten wir vor dem eigentlichen Braten, den Kocher auf den Fenstersimsen, damit der süße Gestank uns nicht den Appetit verdarb, aber je nach Wind beschwerten sich dann die Nachbarn und wurden so unserer „Sonderverpflegung" gewahr, was großen Neid hervorrief.

Als Delikatesse geradezu, konnte ich auch noch Honig beisteuern, denn schon gleich nach Eintreffen in Grande Ligne hatte ich mich als „Aktionär" bei Obltn. Simon bei dessen Bienenzucht beteiligt. Simon hatte sich durch Lektüre ein Wissen über Bienen angeeignet und konnte mit Erlaubnis der Kanadier mehrere Bienenvölker für die Lagerfarm kaufen und aufstellen. – Da er selbst nicht genügend „Kapital" besaß, brauchte er Aktionäre, die sich beteiligten: Die Dividende wurde in Honig ausbezahlt. – Erstaunlich für deutsche Verhältnisse, der Honigertrag in Kanada war etwa dreimal höher als in Deutschland – wegen der vielen Sonnen- damit Flugtage.

Simon war erfinderisch und machte Honigwein aus dem Wasser, mit dem er die schon geschleuderten Bienenwaben reinigte. Er verdünnte in den verschiedensten Mischungen, was dann nach der Vergärung eine Palette vom trockenen bis zum süßen Dessertwein ergab.

Auch als „Heilstätte" fand die Bienenanlage Verwendung. Unser Arzt Dr. Drees, nicht nur aus Mangel an Arzneien, liebte eine Art Naturheilkunde. – Klagte ein Lagerinsasse über starkes Rheuma, dann wurde ihm ein „Bienenstich" verordnet. – Es war schon humorig, ansehen zu können, wie so mancher Patient tagelang den Bienenstand umrundete um sich seinen Stich zu holen. Bienengift sollte nämlich laut Dr. Drees eine große Heilwirkung bei Rheuma haben. Diejenigen Patienten, die sich nicht nahe genug herantrauten, wurden auch nicht gestochen – wurden aber auch so auf wundersame Art geheilt – meist suchten sie wegen Rheuma keinen weiteren Arzt mehr auf.

Aber so humorvoll wie sich das liest, war das Hungern nicht. Ich hatte da wirklich besonderes Glück. Einmal war ich alle 8 Tage an der Wurstproduktion (über Nacht in der Küche) beteiligt. Dort gab es jeweils zum Ende am frühen Morgen als Lohn für die „Fleischer" die gebratenen Schweinefilets vom gelernten Metzger Bertram. Sonst konnte aber in der nächtelangen Arbeit nicht viel genossen werden, dazu hätten wir ein Stückchen Brot gebraucht – alles war viel zu fett – und Brot war streng rationiert.

Nur die kleinen Scheibchen Filet aßen wir ohne Brot. Aß man von den fettigen Wurstfüllungen, schlug sich das sofort auf den Magen. Meist war ich mit dem Abbinden von Leberwürsten oder anderer kurzer Würste beschäftigt, dabei wurde die Haut an den Fingern so weich, daß sie sich beim Knüpfen ablöste und sehr schmerzhafte rohe Stellen hinterließ. Diese heilten meist nicht ab, bevor die nächste nächtliche Schlachtrunde fällig wurde. Nach einer gewissen Zeit lernte ich, die Finger mit Isolierband zu schützen.

Überhaupt Brot: Als der Hunger immer größer wurde, so nach sechs Wochen, wollte ich mir auch einmal ein extra Stückchen Anschnitt ergattern. – Unsere Küchenmannschaft schnitt nämlich immer schon am Vorabend das Schwarzbrot für den folgenden Tag auf und Punkt 19 Uhr öffnete sich die Hintertür der Küche und drei Mann der „Backschafter" trugen auf bastgeflochtenen Brotkörben, die Brotanschnitte in das untere Treppenhaus: Dort stürzte sich dann eine versammelte Offiziersmeute auf diese Reste, die dort frei „gegrabscht" werden konnten.

Nur einmal war ich dort unten: Es war fürchterlich, was sich da abspielte! Selbst höhere Stabsoffiziere, ließen jegliche Würde fallen und rißen und stießen gierig nach den Brotstückchen auf den Bastkörben, noch solange sie über den Köpfen hereingetragen wurden. – Dabei wurde so rücksichtslos zugegriffen, das man sich gegenseitig die Handrücken blutig riß. – Nur einmal war ich dort, schon das Zusehen genügte. – Die Stubenkameraden hatten mich gewarnt.

Schon morgens ging der Futterneid los: Jeweils an einem der 8er oder 12er Tische zeichnete ein Kamerad schmale Striche auf die Butterportion, die für den ganzen Tisch bestimmt war und dann verteilte er die kleinen Stückchen mit penibler Genauigkeit. – Wehe wenn auch nur etwas fehlte! – Gab es Eintopf – zu dieser Zeit sehr häufig! – war es schon eingeführtes „Privileg", daß die höheren Ränge zuerst „schöpften". – Bis der jüngste Leutnant dran war, konnte er nicht mehr viele Brocken fischen!

Oft stank der australische Hammel schon lange vor der Mittagszeit durch das ganze Gebäude und trotz ihres Hungers gab es Kameraden, die das Zeug nicht schlucken konnten.

Hohn war es schon, als die Kanadier den Erfolg ihrer Maßnahmen zu messen begannen. So etwa nach 30 Tagen wurde ein wöchentliches Wiegen unter Aufsicht des kanadischen Lagerarztes veranstaltet. In einer Liste wurde alphabetisch und namentlich festgehalten, wieviel Gewicht der jeweilige POW–Offizier am „Wiegetag" zur Waage brachte. – Erst als der Lagerdurchschnitt 16 Kilogramm abgenommen hatte – etwa nach 3 Monaten – gab es wieder normale Rationen!

Auch frieren sollten wir. In den schon kälteren September- und Oktobernächten wurde die Zentralheizung des Lagers nur spärlich angestellt. Auch dagegen wußte der findige POW guten Rat: Breiler war wieder schnell dabei! Diesmal aus den dickeren Bettfedern! – baute er elektrische Heizspiralen für unsere Stube!

Aber da sich auch dieses, wie alles andere, schnell im Lager herumsprach, hielten die Sicherungen nicht. Als auch diese von uns überbrückt wurden, brach manchmal das gesamte Lagernetz zusammen, was für die Kanadier besonders nachts sehr unliebsam war, denn da ursprünglich alles an einem Netz hing, erlosch bei solchen Gelegenheiten auch die Zaunbeleuchtung.

Aber unsere Bewacher waren auch erfinderisch: Eine zeitlang wurde besser geheizt, während dieser Zeit wurden die deutschen Elektriker gegen Strafandrohung angewiesen, die Zaunbeleuchtung in einen separaten Stromkreis zu legen und abzusichern. – Danach zeigten sie uns für eine ganze Weile, was frieren heißt.

Nur unsere österreichischen Kameraden hatten das Glück, von diesen Schikanen verschont zu bleiben, die Alliierten und damit auch unser „Gewahrsamsstaat" besannen sich darauf, daß die Österreicher ja eigentlich einmal von uns überfallen und zu diesem Krieg gezwungen worden waren. – Die österr. Offiziere wurden abgesondert und hatten bald Hoffnung, daß sie vorzeitig nach Hause entlassen würden. – Diese Hoffnung wurde nicht enttäuscht. Schon im Sommer 1945 wurden viele von ihnen nach Europa und dann in die Heimat transportiert.

Manche Kameraden wollten sich bei uns entschuldigen und sogar auf die „Sonderbehandlung" verzichten, aber wir erklärten ihnen, wie unklug solch ein Verhalten sei, diese Solidarität würde jetzt niemand mehr etwas nützen.

Natürlich gab es auf beiden Seiten Ausnahmen: Einige österr. Offiziere entdeckten plötzlich, wie sie tatsächlich von den Deutschen gegen ihren Willen in den Krieg gezwungen worden waren und wollten darüber sogar Vorträge im Rahmen der Umschulung halten. – Genau so gab es einige deutsche Offiziere, denen gar das Wort „Verräter" über die Lippen kam. – Das waren aber Ausnahmen. – Wie die damalige deutsch-österreichische Offiziers-Kameradschaft tatsächlich empfunden wurde, kann man heute noch jedes Jahr erleben, wenn sich beim österr. „Kanadiertreffen" die ehemaligen Insassen der kanadischen Offizierslager treffen. – Aus den heutigen Ansprachen erkennt man, wie es damals tatsächlich mit der gegenseitigen Treue bestellt war.

In dieser Zeit wurden im Lager viele „Umschulungsvorträge" gehalten. Weil am Eingang zu diesen Veranstaltungen regelmäßig diejenigen kanadischen Offiziere standen, die auch „Verhöre" durchführten, die zur politischen Einstufung führten, wurde man den Eindruck nicht los, daß hier noch eine heimliche Strichliste geführt wurde, die Klassifizierungen, wie schwarz, grau oder weiß noch zusätzlich untermauern sollte.

Allerdings muß ich bekennen, daß mir in einem Vortrag „über den Kapitalismus", in den ich mit großer Skepsis gegangen war, viele neue Erkenntnisse vermittelt wurden. – Der ältere kanadische Offizier der Reserve, im Zivilberuf Bankier, machte erst einmal deutlich, wie falsch es im Kommunismus jetzt noch sei, und im 3. Reich war, den „Kapitalismus" zu verdammen.

Der Mann führte sehr anschaulich aus, daß man ohne persönliches Eigentum, nie frei sein könnte. Erst wenn man „besitze", und der Staat zu der Verpflichtung stehe, dieses Eigentum dem Bürger auch dann zu bewahren und zu schützen, wenn dieser, – obwohl „Untertan" – sich gegen diesen Staat auflehnen sollte. – Er überzeugte besonders, weil er die Geschichte von dem Preußenkönig Friedrich dem Großen kannte, der dem Müller von Sanssouci das Mahlen, auch im Prozeß nicht verbieten konnte, obwohl das Rattern der Mahlsteine und das Klappern der Windflügel den benachbarten König im Schloß ganz erheblich störte.

Vor allem deswegen begriff ich rasch: Was nützte mir mein volles Konto in der Gefangenschaft, wenn ich nicht das Recht hatte, frei darüber zu verfügen. – Kapital, so lernte ich damals, war Besitz. Ob es Geld, Aktien, sonstige Anlagen, oder auch Immobilien waren, machten unabhängig von Unterdrückung, wenn man in einem Staat lebte, der sich zum Gesetz machte, dieses Eigentum und die freie Verfügung darüber seinen Staatsbürgern zu garantieren.

Mein POW-Konto war noch immer gut gefüllt. Mit dem wenigen das man kaufen konnte, nahm es nur langsam ab, auch wenn ich nach der Hungerzeit, so manche „Party" veranstaltete. – Erst, als es mir gelang eine kleine Remington–Reiseschreibmaschine bei Eaton zu beziehen, verringerte sich der Bestand, aber noch immer hatte ich mehr als 300 $ zur „nicht ganz" freien Verfügung.

Fast wurde es bei mir zur Manie, solche geselligen Veranstaltungen zu schmeißen – aber war das ein Wunder nach dem langen Aufenthalt im Irrenhaus. Vor allem Breiler sagte mir einmal, ich sollte mir wohl überlegen, ob meine Gäste wirkliche Freunde seien, oder nur deswegen zu mir stünden weil sie „frei gehalten" würden.

Damit hatte er gar nicht so ganz unrecht. In dieser Zeit konnte man vom POW-Konto auf private Konten von amerikanischen Verwandten soviele Lager–Dollars transferieren wie man sich leisten konnte. Diese Verwandten wurden dann gebeten, in der Größenordnung dieser Beträge, „Care" Pakete an Angehörige nach Deutschland zu schicken. Da ich keine Verwandten mehr in USA hatte, übertrug ich manchem Kameraden meine Lagerdollars, damit seine US–Verwandten an die eigene Familie, aber auch an meine Eltern Pakete schickten.

Es waren größere Beträge, die ich so übertrug. – Meine Eltern erhielten nur wenige Pakete aus dieser Aktion und später zurück in Deutschland, erhielt ich selten den versprochenen Gegenwert, auch wenn es sich um Kameraden handelte, deren Eltern z. T. große Vermögen und Besitz gerettet hatten. – Gedankenlos, oder bewußt? – Der persönliche Vorteil wich langsam der früher geübten Kameradschaft. – War das nun die Kehrseite des Kapitalismus?

Vorläufig wurde erst einmal weitergehungert, der Hunger nach Brot war besonders groß. – Da es bei den „Schnapsbrennern" im heimlichen Tausch mit den Kanadiern, Weizenkörner immer noch sackweise gab, war es eine überfällige Intelligenzleistung, daß der Oberfähnrich Graf v. Schwerin – mit dem Afrika Korps in Gefangenschaft geraten – eine Methode fand, „Vollkornbrot" selbst zu backen. Für sich und einige Kameraden.

Er hatte sich auf seinem Gartenbeet – kleine Grundstücke waren vor dem „Hungern", wie Schrebergärten zugeteilt – einen kleinen Backofen aus Lehm gebaut. – Von den Schnapsbrennern tauschte er das Getreide ein, zerstieß es in einem selbstgebauten Mörser, setzte Hefe daran und buk ein Vollkornbrot, zu dem man zwar gute Zähne brauchte, aber es war Nahrung. – Für ihn und als Tauschgut reichte es, aber eine echte Hilfe für viele konnte diese Methode nicht sein.

Obwohl ich selbst kein einziges Kilo abnahm – immer schon war ich ein guter Futterverwerter – ging ich einmal ein Risiko ein, das manche Kameraden heftig kritisierten. – Mit Gerhard Schweizer machte ich – Hunger oder nicht – zur körperlichen Ertüchtigung häufig Spaziergänge im Farmgelände. – Noch immer hatte ich viel nachzuholen, um mich physisch zu erholen.

Im Herbst, zur größten Hungerszeit fielen uns dabei gelbe Pilze auf, im Wald, der zum Farmgelände gehörte. – Sie sahen ähnlich aus wie Pfifferlinge, waren aber nicht von dieser edlen Sorte. Wir nahmen einige Exemplare mit ins Lager und erkundigten uns bei den „Kennern" nach der Genießbarkeit.

Niemand konnte sie eindeutig indentifizieren. Dabei waren sie so zahlreich und sahen so schön aus. – Obwohl alle, einschließlich der Stubenkameraden abrieten, machte ich die Probe und genoß eine kleine Menge, nachdem sie abgekocht waren. Am nächsten Tag dann aß ich eine gute Portion, und als ich mich immer noch wohl fühlte, ging sowohl die Stube Schweizer als auch unsere an die Ernte. – Aber so etwas gelang immer nur einmal – sofort sprach sich die neue Nahrungsquelle im Lager herum und am nächsten Tag war der Wald ratzekahl leergefegt.

Großen Kummer bereiteten mir meine Allergien, unter denen ich schon zur Schulzeit in manchen Schwimmbädern zu leiden hatte. Es mußte mit der totalen Umstellung von der körperlichen Unfähigkeit im Irrenhaus, im Gegensatz zu der jetzt bewußt aktiven physischen Betätigung zu tun haben. Immer wieder bekam ich am ganzen Körper einen Ausschlag, der die Haut wie Blattern befiel. – Glücklicherweise nie näßend, aber der Juckreiz war kaum auszuhalten. – Im Verlauf der Zeit lernte Dr. Drees, womit er mich spritzen konnte, um abzuhelfen. Aber wenn es nachts passierte – der Ausschlag überfiel mich meist ganz plötzlich – mußte ich mir solange selbst helfen, bis der Morgen graute und unser Revier besetzt war. – Da blieb nichts anderes, als über den Verbindungsgang hinüber zur Sporthalle zu gehen, um mich dort am Sandsack solange mit Boxen auszutoben, bis das Jucken nachließ.

Einmal wurde ich dabei von einem kanadischen Innenposten erwischt und beinahe hatte ich wieder „einen Zacken" weg. Aber Dr. Drees klärte auf und ich bekam für mein nächtliches Tun sogar eine offizielle Erlaubnis.

Aus den Postkarten dieser Zeit geht die Stimmung ganz gut hervor, nur über den „Kohldampf" konnte man nicht berichten. – Noch einmal war ein Brief zugelassen, sonst durften wir nur noch Postkarten schreiben. – An die Mutter (sie vermutete ich zu Recht zu Hause). Nur Auszüge folgen: 30. Juni 45: „Nun sollst Du endlich von mir hören (1. Karte nach vielen Monaten Hospital) ... Hier bin ich im gleichen Lager wie Schweizer und Wagenhals aus Neckarweihingen. Um Euch mache ich mir keine Sorgen..." 13. Juli: „.... Solange allerdings das Wetter gut ist, gehe ich meist ins Farmgelände und arbeite in der Landwirtschaft oder im Garten ... Der Wilhelmshof oder das Schloßgut (in Heutingsheim) werden wahrscheinlich schon eine gute Arbeitskraft gebrauchen können ... "

30. Agust: „Wie sehnlich ich auf ein Lebenszeichen von Euch warte! In ähnlicher Lage habt Ihr Euch wohl bei meiner Vermißtmeldung befunden ... "

21. September: „Noch keine Post ... Nun wird schon das erste Lebenszeichen eine Erlösung sein. Mir geht es gesundheitlich gut. Mit Energie habe ich mich wieder körperlich und geistig aufgebaut ... „ 8. Oktober:

„Schon hatten wir den ersten Schnee! Die Gedanken gehen nun wieder auf Weihnachten zu. Ob wir es gemeinsam erleben? Ein Wunder wäre nötig ... Dr. Löchner aus Backnang hat nun schon 2 Briefe. Vielleicht höre ich nun bald auch etwas von Euch; oder Wagenhals; oder Schweizer aus Neckarweihingen bekommen Post. Man möchte sich doch eine kleine Vorstellung von der Zukunft machen."

29. Oktober: „ ... wenn man nur irgendwie zum praktischen Arbeitseinsatz kommen könnte, aber da sieht es noch immer schlecht aus. Wir werden wohl noch bis zum Schluß hinter Stacheldraht sitzen bleiben ... Wie werdet Ihr diesen Winter überstehen?"

5. November: Meine Kameraden Schweizer und Wagenhals aus Neckarweihingen haben kurze Nachricht erhalten, daß bei ihnen zu Hause der Krieg wenig verwüstet hat. Nun hoffe ich, daß es bei uns auch so ist. Bis Weihnachten werde ich schon erfahren, was los ist. Wenn Vater noch bis Schluß in Karlsruhe war, wird es bei ihm nicht so glatt gegangen sein. Ich habe mir jetzt eine kleine Reiseschreibmaschine zugelegt und lerne schreiben. Man kann nie wissen! ..."

28. November: „... Was denkt und tut Ihr? ... Wenn doch bloß ein Lebenszeichen von Euch käme!"

Ob mit oder ohne Genfer Konvention: – Die eingetretene „totale Abgeschiedenheit", absichtlich oder nicht, in einem westlichen Land, das in seinen Nachrichtenverbindungen völlig intakt geblieben war, wirkte sich für uns Kriegsgefangene sehr demoralisierend aus.

Natürlich war das in Rußland alles viel schlimmer, aber wie man weiß, konnten die Russen das für sich selbst nicht besser. – War das hier „im Westen" nötig?

Wenn man bedenkt, wie wir Männer unter der Ungewißheit litten: Leben sie noch? – Die Schwester zuletzt im Baltikum – der Vater als Soldat im „Endkampf" – in den Zeitungen, in allen Variatonen immer wieder ausgemalt! – Die Hungersnot in Deutschland! – Wie mußten sich da die Frauen zu Hause alleingelassen vorkommen, was hatten die im Vergleich zu uns durchzustehen! Viele Gedanken, die uns plagten. – Es war noch viel schwieriger für sie! – Noch wußte ich es nicht – mein Vater war inzwischen auch eingesperrt: – Aus dem „Internment Camp 71 Ludwigsburg – also 6 Kilometer von zu Hause entfernt, schrieb er an seine Frau:

13. 12. 45. Liebste Mutti, Trude und Helga! Ich bin gesund ... habt Ihr Euer täglich Brot? Ist Mutti im Schuldienst? Hat Trude eine Arbeit? Geht Helga in die Mittelschule? Habt Ihr Nachricht von Uli (mir) und welche? – Brauchen könnte ich: Feuerzeug und Steine, ohne Benzin, die gestrickten Handschuhe, 1 Buch für Englisch, 1 Federhalter, 1 Bleistifthalter. Verboten sind: Besuche, Gesuche, Schicken von Lebensmitteln, Tabakwaren.

Sorgt Euch nicht um mich, es läßt sich alles ertragen ... Ich wünsche Euch frohe Weihnachten ... !

Nur ein Brief im Monat war ihnen erlaubt, also mußte er jetzt schon schriftlich frohe Weihnachten wünschen, obwohl ganz in der Nähe. (Besuche nicht erlaubt) Ging das noch grausamer? – Das war die „totale Niederlage – unconditional surrender!"

Von diesen Vorgängen hatten wir zu diesem Zeitpunkt im Lager Grand Ligne keinerlei Vorstellungen. – Wir sorgten uns um den Morgenthau Plan, wir wurden politischen Verhören ausgesetzt, aber daß in der Heimat von den zivilisierten Amerikanern so vorgegangen wurde, das hätte sich damals niemand vorgestellt.

Jedoch, wenn man heute auf diese Nachkriegszeit zurückblickt und die unmenschliche Grausamkeit in den Hungerlagern in Deutschland und Frankreich vor Augen hat, dann muß man froh sein, daß Menschen wie mein Vater, mit seinen 53 Jahren dieser Hölle von Hunger, Verhör und Prügel, auch bis zum Tode, lebendig entkommen sind.

Nicht nur, daß ich viele Geschichten aus den amerikanischen und französischen Massenlagern bei Heilbronn, dem Rheinwiesenlager bei Sinzig gehört habe, am besten liest man James Bacque im Ullstein Verlag: „Der geplante Tod". – Oder auf Englisch „Other Losses" im Verlag Stoddard, Toronto. James Bacque, geboren 1929 in Toronto, Studium der Geschichte an der University of Toronto schildert, wie in amerikanischen und französischen Lagern nach Kriegsende 1945 zwischen 800 000 und 1 Million deutsche Gefangene umkamen, meist verhungert sind. – Dabei unterstellt er dem General Eisenhower ausgeprägten Deutschenhaß.

Alles wurde damals über einen Kamm geschert, sowohl von den „Besatzern", die schnell den kämpfenden amerikanischen Truppen – beispielhaft General Patton – nachfolgten, um sich chauvinistisch auszutoben. – Die deutschen Helfershelfer übertrafen sich darin, ihre deutschen Landsleute auszubeuten, um opportunistisch den eigenen Vorteil zu suchen. Ob nun als Lageraufseher oder als „offizielle Vertreter" der Besatzungsmacht. – Es sollte seine Zeit kosten, bis hier die Spreu vom Weizen getrennt wurde.

Also hatte auch eine Frau wie meine Mutter mit ihren 54 Jahren, die über den ganzen Krieg eine Volksschule geleitet, selbst Schule gehalten hatte, jetzt mit einer 12 und 25 jährigen Tochter um das Dasein kämpfte, keine andere Chance, als auf die Zähne zu beißen. – Auch sie war eine der „Trümmerfrauen" denen Deutschland nach dem Kriege so viel zu verdanken hat.

Haben wir noch Chancen? – Zu Hause? – Oder wo?

Als die Hungerszeit vorüber war, ließen wir es uns so gut gehen, wie es die Umstände erlaubten. – Die „Schnapsbrenner" waren eine Gilde, die half, das Leben erträglicher zu machen. Einmal weil ihre Erzeugnisse sowohl den Lagerinsassen schmeckten, als auch weil sie mit ihrem Tauschhandel „das Warenangebot" mehr als die Kantine bereicherten. Seit Kriegsende hielten sich die kanadischen Mannschaften, weniger als früher, an ihre Befehle. Der Kornschnaps war billig aber gut, schließlich wurde er von Fachleuten gebrannt. Die Fachleute: Der Bierbrauer Bernhard Schels, der in Tirschenreuth eine eigene Brauerei besaß, und dazu unser Chemiker, Dr. Löchner. Der eine wußte wie man Maische herstellt und brennt, der andere verfeinerte den jungen Schnaps mit Zusätzen und tauschte die Essenzen ein, die man zusetzen mußte, um das gewisse Williams- Zwetschgen- oder auch Whisky-Aroma zu erzeugen. Betrunkene gab es im Lager kaum, und die Kanadier tranken auch nicht alles selbst. Der Handel muß im ganzen Umkreis des Lagers floriert haben.

Maische wurde aus Weizen gemacht, den man auf einer Holzplatte, etwa 3 cm hoch aufschüttete, begoß, und solange in der Sonne sprießen ließ, bis die Keimlinge wenige Zentimeter lang waren. Dann wurde dieses Gewölle durch einen Küchenwolf gedreht (langwierig) und in einem großen Porridgetopf (ca 80 Liter) mit Wasser angesetzt.

In einem Erhitzungsprozeß, bei dem mit Lackmuspapier das „Umkippen" der Stärke in Zucker geprüft wurde, entstand die süße Maische, die nur wenige Tage zum Vergären brauchte. – Gebrannt wurde über Nacht, sowohl in der Küche, als auch auf dem Leimofen der Schreinerei. – Eine Kühlschlange aus Kupfer und der nötige Gegenstrom mit kaltem Wasser, waren für unsere „Handwerker" kein Problem. – Alles ging natürlich nur, weil die kanadischen Innenposten beide Augen zudrückten – schließlich wußten sie ja warum!

In diese Zeit fällt die plötzliche Benachrichtigung durch Dr. Drees: „Steinhilper, in wenigen Tagen kommt hier eine Kommission von Ärzten durch, die sich alle Fälle im Lager ansehen will, die im Frühjahr nicht mehr ausgetauscht werden konnten, weil es keine Möglichkeit mehr gab. – Die wollen auch Sie sehen!" – „Mein Gott, Doktor!" sagte ich „So gern ich heimfahren würde, aber ich bin so froh, daß ich die ganze Sache ungeschoren hinter mich gebracht habe, lassen sie mich damit in Ruhe, sagen sie denen, daß ich völlig gesund sei und bei der Untersuchung nicht erscheinen wolle!" – „Ihre Sache!" sagte er.

Der Tag kam, die Kommission schaute sich außerhalb des Zaunes Fall für Fall an. – Zur Mittagszeit erschien Dr. Drees bei mir: „Hilft alles nichts! – Die haben Ihre Papiere dabei und wollen Sie unbedingt sehen, diesen Nachmittag!" – „Mein Gott!" sagte ich nochmal – „so gerne ich fahren würde, aber was soll ich machen? – Ich kann doch nicht wieder anfangen zu spinnen? – Und sehen Sie doch, wie fit, körperlich im Schuß ich wieder bin!"

„Machen Sie genau das" sagte der in aller Seelenruhe, „was alle aus dem Irrenhaus Entlassenen tun – beschweren Sie sich darüber, daß Sie überhaupt dort eingeliefert wurden!" – Das klang gar nicht so schlecht!

Etwa gegen drei Uhr am Nachmittag, wurde ich aus dem Lager eskortiert und den Ärzten vorgestellt. Die Kommission bestand aus einem Schweizer, einem Engländer und 2 oder 3 kanadischen Ärzten. Der Engländer fragte mich, wie es mir ginge, wie ich mich fühle, wieder lag der bekannte grüne Ordner auf dem Tisch: – Gleich legte ich los: „Es sei schon eine Zumutung mich hier vorzuladen, ob sie nicht sehen könnten, wie gut es mir ginge, körperlich und geistig! Ob sie nicht feststellen könnten, daß ich gutes Englisch spräche! – Weil ich einmal beim Eishockey einen Unfall gehabt hätte – eine gewiße Zeit nur Deutsch sprechen konnte, sei doch kein Grund gewesen um mich monatelang in ein „mental hospital" ein Irrenhaus zu sperren!" – Unglaublich, dieses süffisante Lächeln der gesamten mich umgebenden Runde, Ärzte und Lageroffiziere, „ der arme Kerl! der war echt! – der hat wirklich sein Macke weg!" – Es gab nicht eine einzige weitere Frage, ich konnte abtreten.

Abends kam Dr. Drees auf mich zu, ganz trocken sagte er: „Sie fahren!" – Kaum wollte ich es glauben, aber zusammen mit anderen zehn „Übriggebliebenen" fing ich an, mich immer mehr auf meine Heimreise zu freuen. – Hatten sich die Qualen doch noch gelohnt? – Ganz wohl war mir bei der Sache nicht – aber da die „Tauschfälle" der anderen Seite sowieso schon alle „befreit" waren, sollte ich mich da noch sträuben?

Der Abreisetag war der 10. Dezember 1945. – Ein Lazarettzug, sollte im Westen Kanadas beginnend, aus den Lagern in Alberta, Ontario, Quebec und zum Schluß in New Brunswick, alle Kranken einsammeln, die dieses Frühjahr nicht mehr ausgetauscht werden konnten. – In Halifax stand die bewährte Gripshom bereit und würde alle nach Europa transportieren. – Immer hieß es Europa, man wußte vorher nie, wohin die Reise wirklich gehen sollte.

Am 9. abends veranstaltete das Lager Grand Ligne für die elf glücklichen Heimkehrer ein Riesenfest, mit großem Lagerorchester und vielen

Ansagen. – „Glückliche Reise – viele Grüße und kleine Mitbringsel" hatten wir im Kopf und dem erlaubten großen Reisegepäck.

Zu dieser Zeit standen unsere POW–Lagerorchester in Kanada im Zenith ihrer „Kulturreife". Poser, mit seinem Symphonieorchester in Bowmanville, spielte des öfteren im kanadischen Rundfunk. Also auch unser Abschiedsabend in Grand Ligne hatte Stil!

Schon an den Tagen zuvor, hatte ich mein Konto geplündert und großzügige Beträge den Freunden übertragen. – Ein guter Teil des übrigen Lagergeldes wurde zu Bier, ehe der Abend zu Ende ging. Den Rest verschenkte ich mit Grandezza. – Das erzählen mir heute noch die Kameraden.

Am 10. morgens überließen Breiler und Grote mir die Stube; ob sie mich nur beim Packen nicht stören wollten, oder ob zuviel Wehmut hochgekommen ist? – Zum Schluß wollte ich die Stube sauber verlassen – aller Dreck am Boden wurde zusammengekehrt, zusammen mit den Abfällen auf der Fensterbank trug ich den Kehricht in den Hof und verbrannte alles im Müllofen. – Als ich dann auf unsere Stube zurückkam um meine gute Armbanduhr anzuziehen, lag sie nicht mehr auf dem Fenstersims. In meinem Eifer hatte auch sie den Weg in den Müllofen gefunden. – Ein schneller Rettungsversuch – in der Glut zu suchen, war umsonst, das Feuer brannte lichterloh.

Schon war es auch Zeit zur Gepäckdurchsuchung. – Ab 10 Uhr, auf langen Tischen im Hof, durchsuchten die Wachmannschaften unser Gepäck, Stück um Stück und dann wurde es auf einen kanadischen Doppelachser, einen Army-LKW verladen. – Es war viel, viel Gepäck! Erstaunlich, welche Menge die Kanadier uns erlaubt hatten: Da waren Zucker, Kaffee, Tee, Zigaretten, Bücher, Kleidung verstaut, alles mögliche was man sich nur denken kann. – Für uns selbst und die Angehörigen der Freunde in Koffern und Seesäcken! – Der „2 1/2 ton truck" – wie sie hießen – wurde bis unter die Plane für uns elf Leute vollgepackt.

Schon gegen Ende der Durchsuchung, die im Freien stattfand, fing es an zu schneien, fast wurde der Schneefall schneller als die Kanadier! Gegen Schluß brach fast Panik aus: „Ein Blizzard" sei im Anmarsch! – Sollte hier in letzter Minute tatsächlich schon wieder was passieren? schoß es mir durch das Hirn! – Ein weiterer Zweinhalb Tonner – mit Schneeschaufel vorne – fuhr aus dem Lager. Er würde die zwei Kilometer Straße zur Bahnstation freihalten. – Endlich, um die Mittagszeit konnten wir auf unseren Truck aufsitzen und allradangetrieben aus dem Lagertor fahren, begleitet vom Jubel und dem Abschiedswinken der Kameraden.

Gleich außerhalb, auf der Straße, die parallel zum Lager und schnurgerade zu den Bahngeleisen und der Station führte, sah es schlimm aus. – Unglaublich! – Wie schnell so ein Blizzard die Situation vollständig veränderte! – Die Straßengräben waren zugeweht, die Schneewächten, quer über die Fahrbahn, bauten sich in Minutenschnelle auf, – Der Räumtruck kam zurück und es hieß, er würde direkt vor uns herfahren, dann der Gepäcktruck und wir auf unserem Truck mit den Sitzbänken zum Schluß. Aber gerade, als der Lastwagen mit der Schneeschaufel vor uns kehrt machte, lag der Gepäckwagen schon völlig schief im Graben. – „Los laßt das Gepäck zurück!" hieß es. – Aber auch dafür war es schon zu spät. Die Schneeschaufel war ein Zwerg gegen die heranhetzenden Schneemassen, die mit über 100 Stundenkilometern daherrasten.

Auch unser LKW wurde in den Straßengraben getrieben und auf den Befehl der kanadischen Begleitmannschaft – nur 200 m vom Lager ent fernt – versuchten wir auf der linken Seite ein Farmhaus zu erreichen, das nur 20 Meter seitwärts im Felde stand. – Auf dem eisigen Boden wurden wir von dem Sturm gefällt und erreichten schlitternd, auf allen vieren kriechend, das schützende Haus. Einer unserer Verwundeten, ein Beinamputierter wurde am Boden hinweggeblasen, nur mit letztem Einsatz der kanadischen Mannschaft wurde er eingefangen und in das Farmhaus gezogen.

Drinnen wurde gut geheizt: Es gab eine telefonische Verbindung zum Lager – bald wurde es zur Gewißheit – etwa gegen 14 Uhr war der Lazarettzug durchgekommen, hatte kurz gehalten und war gleich weitergefahren. – Da waren hunderte an Bord, – schwere Fälle, – was wollte man in dieser Situation machen? – Der Sturm blies mit unverminderter Stärke weiter.

Bis abends um 17 Uhr blieben wir in der Geborgenheit des Farmhauses – und dann – dann wurde ein kleines, ganz trauriges Häuflein zurück in das Lager gefahren, das es noch vor wenigen Stunden so hochgestimmt verlassen hatte.

Die Stube mußte wieder von zwei auf drei umgerüstet werden und gerade die „besten" Freunde vertraten beim Geld den Standpunkt: „Geschenkt ist geschenkt!" – Andererseits wurde angeboten und ich bekam so viele Dollars zurück, daß mein Konto wieder einen normalen Stand auswies.

Die Postkarten – alle an meine Mutter – geben am besten die Gedanken der Folgezeit wieder:

25. Dez.1945: „Nun ist Weihnachten gekommen, und ich weiß noch immer nichts von Dir, oder von Vater oder von den Schorndorfern. (Onkel Karl Bay in Schorndorf war immer Gegner des 3. Reiches) – Trotzdem lasse ich den Mut nicht sinken und suche einen neuen Lebensweg ... "

Der nächste Brief, vom Januar 1946, war vermutlich wegen der Erwähnung der gescheiterten „Heimfahrt" liegen geblieben. Er trägt den kanad. Poststempel vom 25. März 46: „Heute kam Dein Brief vom 19. 4. 45, aus den Tagen der Kampfhandlungen. Wenn ich Dir bloß irgendwie helfen könnte. Das Schicksal ist allgewaltig: Letzten Monat sollte ich wegen meines lange zurückliegenden Nervenleidens auf einem Lazarettschiff nach Deutschland fahren. Alles war schon verstaut, der Lastwagen verließ mit uns das Tor – 200 m weiter blieben wir im Blizzard stecken – versäumten Zug, Schiff und ... Vielleicht hat alles doch einen Sinn, das Leben geht eben seine eigenen Wege. Warten wir ruhig weiter. Die Nerven werden schon halten!.

23.Jan.46: „Wie froh bin ich, und wie sich meine Gemütsverfassung geändert hat, kannst Du Dir gar nicht vorstellen. Deine Rot-Kreuz-Karte vom 27. Juli wirkte wie eine Erlösung. Es ist alles so gekommen, wie ich in meinen optimistischen Stunden gehofft habe. Trude hat sicher eine Menge mitgemacht (hatte sich im strengen Winter mit fliehenden Truppen aus Ostpreußen durchgeschlagen, und war von Schleswig Holstein bis Stuttgart zu Fuß getrampt) ... Beim Lesen der Zeitungen kann man das Grausen kriegen ... aber wir schaffen es schon!"

31.März: „Ich bedanke mich für Deinen Brief vom 26.3.45. Er hat sich unterwegs Zeit gelassen ... Hoffentlich bleibt Euch vorläufig wenigstens die Wohnung im Schulhaus ... man hofft gleichmäßig weiter, ob schwarz oder weiß sich abzeichnet! ..."

21.April: „Große Freude über Eure 2 Karten vom Februar 46! Da kann ich doch wenigstens einigermaßen beruhigt sein ... Andererseits empfinde ich nun doppelt schmerzlich, daß mich der Schneesturm festgehalten hat. Ihr könntet meine Hilfe, gleich welcher Art, sicher gut gebrauchen. – Dafür haben wir wieder mal das Lager gewechselt. – Bitte erkundigt Euch mal nach den Eltern von Oberfähnrich Mann, Oberpaur (Modehaus) Ludwigsburg; er ist sehr beunruhigt, daß er keine Post bekommt ..."

16.Mai: Wenn nicht alle Zeichen trügen verlassen wir in wenigen Tagen diesen Kontinent. Man weiß nur daß unser nächster Bestimmungsort „Europa" ist. Was wird das bedeuten? Hier ist die aktuellste Frage, ob man nicht gleich jetzt, als Kriegsgefangener versuchen soll, hier im Lande eine zukünftige Existenz vorzubereiten ... Oft gewinnt man aus Briefen und Zeitungen den Eindruck, daß Deutschland für uns keinen Platz hat ... habt keine Angst, seitdem ich Post von Euch habe, steht fest, daß wir Zukunftspläne vorbereiten, wenn wir sie vorher besprochen haben. Hoffentlich bleibt Vatel nicht mehr allzulange in Gefangenschaft. Für Euch Frauen muß es ja schlimm sein, immer allein, ohne männliche Unterstützung im Leben zu stehen. Auf jeden Fall hoffe ich, daß unser Gewahrsamstaat auch die Härte sieht und glaube, daß ich bald bei Euch sein werde. Dann werden wir endlich anfangen wieder zu leben ... "

So plötzlich war das alles gegangen. – Die letzten beiden Postkarten stammen bereits aus dem Lager 40, Farnham, in der Nähe von Grand Ligne. – Eigentlich hätte ich schon in der ersten Postkarte, „wieder mal das Lager gewechselt", aufmerkssam machen können, daß dieser Wechsel ein ganz bedeutendes Ereignis war. Farnham war zu diesem Zeitpunkt die letzte „Schleuse" vor der Abreise in Kanada. Aber mit meinem fast schon sprichwörtlichen „Pech" machte ich diese Andeutung erst wenige Tage vor der tatsächlichen Abreise nach „Europa".

Selbst in Farnham konnte es in Einzelfällen noch schiefgehen: Immer wieder wurden Kameraden abgesondert und fuhren ohne weitere Angaben nicht Richtung Halifax, sondern in den entfernten Westen Kanadas, wo eine willkürliche Sammlung von „schwarzen" und „grauen" POWs im Lager Seebe mit Holzfällen beschäftigt wurde. Offensichtlich hatte ich in diesem Punkte großes Glück, infolge meiner „Krankheit" wurde ich weder verhört noch „eingestuft".

Die Andeutung „ hier im Lande" eine Existenz vorzubereiten, hatte bei nicht wenigen, konkrete Formen angenommen. Vor allem bei den Kameraden, die inzwischen die traurige Bestätigung hatten, daß ihre Angehörigen in Deutschland umgekommen waren, oder aber, deren Heimat jetzt russische Zone war.

Da meine Heimatnachricht erst zum 23. Jan. eintraf, war ich auch unter den „Applikanten" für die Einwanderung nach Kanada. Am 18. Dezember, acht Tage, nach der verunglückten Heimkehr, hatte ich angesucht um eine „permission, to remain in Canada", nach meiner Freilassung aus dem Status des Kriegsgefangenen. – Am 14. Januar 1946 folgte dann ein weiteres Gesuch, für die „eventuality of repatriation" – für den Fall der Repatriierung. Inzwischen war nämlich bekannt, daß sowohl kanadische, als auch US-Gesetze nicht gestatteten, einzuwandern, ohne die vorherige Rückkehr nach Deutschland. – Aber man konnte nie wissen, ob so ein Gesetz nicht doch geändert würde! – Auf jeden Fall ließ ich beide Gesuche, vom kanadischen Zensor abstempeln.

Seit ich wußte, daß meine Angehörigen lebten, war klar, daß ich mich dem Thema „Auswanderung" erst endgültig widmen konnte, wenn das auch im Sinne der Familie war. – Die spätere Praxis bestätigte tatsächlich, daß eine Einwanderung nach Kanada nur möglich war, wenn der Antrag in Deutschland gestellt wurde. In Farnham war „mein Fall" von Anfang an glasklar. Ich richtete mich in meiner Baracke nur provisorisch ein und packte meinen dicken schweren Seesack nur teilweise aus. In den Wochen, die wir dort warteten, wurden wir vielfach geimpft, fast bekam man den Eindruck, daß Deutschland ein böses Seuchennest sein mußte.

Gegen Malaria, Gelbfieber, Typhus, Cholera, Pocken und was es sonst noch alles gibt, wurden wir geimpft. Das Beste an der ganzen Fürsorge waren jedoch vier junge kanadische Zahnärzte, die mit unermüdlichem Eifer unsere Zähne reparierten, bevor es nach „Europa" ging.

Meine Zähne hatten im „mental hospital" besonders gelitten, hatte ich mir doch in den 4 1/2 Monaten auf C-Ward, keine Zähne geputzt. Dem jungen kanadischen Zahnarzt, der bei mir die Plomben setzte, die Zähne zog, sogar eine goldene Brücke eingepaßt und eingesetzt hat, mache ich heute noch – nach vielen Jahren – ein großes Kompliment! Selbst mein deutscher Zahnarzt, der diese Brücke nach über 30 Jahren entfernte, war voll des Lobes. – Das Besondere an der guten Behandlung: – Bezahlt wurde nur das Material – in meinem Falle das Gold. – Glücklicherweise erlaubte mein Konto diese Behandlung, aber zum Abschied von Kanada war ich blank.

Zur Situation zu Hause; Auszüge aus den Briefen meines Vaters, weiterhin Internment Camp 71, Ludwigsburg:

10.1.46 „... Uli wird vor mir heimkommen. (meine Mutter hatte ihm berichtet) ... Ich gönns ihm vom Herzen ... Wir dürfen jetzt Lebensmittelpakete schicken lassen ... nicht zu viel ... Mein größter Wunsch: Ein Laib gutes Schwarzbrot, um mich mal richtig daran satt zu essen. Dann, wenn es die Witterung erlaubt, lang entbehrtes Obst und sonst Entbehrliches ... Ihr dürft immer schreiben, wir einmal im Monat. Besuche und Lagerannäherung verboten. Gesuche auf Entlassung verboten ..."

8.2. „....Ich bin trotz meiner 99 Pfund gesund, habe sogar 300 g zugenommen. Ulis Berufswahl (Landwirt oder Gärtner) ist wohl nicht endgültig ... Ich baue vor ... Dein Dienst (Schuldienst) ist schwer. Hoffentlich hältst Du durch ... Werden wir uns nochmals trennen müssen? ... Wie sieht die Zukunft aus? ..."

1.3. „Trotz einer 8 tägigen Grippe wiege ich jetzt rund 104 Pfund ... Wie geht es Uli? Ist er gesund? Wann die letzte Nachricht? ... Die Kameradschaft hilft über vieles hinweg. Wir haben gute Tischsitten und Umgangsformen, helfen uns gegenseitig ... Vor 14 Tagen habe ich meinen Entlassungsantrag gestellt. Obs was nützt? Irgend eine Arbeit werde ich schon finden. Wie gerne würde ich Hefte korrigieren!" (Wie ungern hatte er das früher getan!)

3.4. „.... Über den Garten bin ich nun im Bilde. Wie gerne hätte ich Euch die Arbeit abgenommen, oder wenigstens die Schwerarbeit gemacht ... Mein Antrag ist ... befürwortend behandelt worden. Es ist also nur noch eine Frage der Zeit. Warten haben wir gelernt. ... Wir haben unsere landwirtschaftl. Schule abgeschlossen und ungefähr den Stand einer 2 jährigen Winterschule erreicht. Nun beginnt die Praxis bei den Bauern ... ich denke daß ich es durchstehe, denn ich fühle mich gesund und wiege rund 109 Pfund. Viele Arbeiten kenne ich von früher, mit Pferden und Vieh bin ich vertraut ... Schreibt auch Uli regelmäßig und viele Grüße ... "

AQUITANIA. Mit diesem 42 000 Tonner wurden wir in schneller Fahrt von Halifax zurück nach Europa, – nach Southhampton gebracht.

Das sollte der letzte Brief meines Vaters aus dem „Internment Camp 71" sein. – Bald sollte sich bei seiner Verwendung Vernunft einstellen. Er hatte viele Fürsprecher, vor allem im Gemeinderat von Heutingsheim. Aber „Strafe mußte sein", verfügte die obere Schulbehörde. Vater war – wie alle anderen Lehrer – PG (Parteigenosse) gewesen. Obwohl es da sehr besondere Hintergründe gab, Buße mußte sein:

Über ein Jahr sollte er in die benachbarte Gemeinde Eglosheim „pendeln" – meist marschierte er die 6 km zu Fuß – aber danach durfte er wieder in seiner Heimatgemeinde unterrichten. Wäre wohl ein schlechter Scherz gewesen, wo zu dieser Zeit gute Lehrkräfte eine Seltenheit waren.

Natürlich kannte ich zu dieser Zeit von diesen Vorgängen nur Bruchstücke, wußte nur, daß meine Arbeitskraft zu Hause bessere Verwendung gefunden hätte, als hier zum Nichtstun verurteilt zu sein.

Aber es sollten bald wichtige Ereignisse eintreten: – Mein Brief vom 2. Juni 1946 trägt bereits den Absendeort: Das No. 17 POW Camp, Lodge (Moor), Sheffield 10, Yorkshire, Great Britain. „Den 2. Juni 1946. Liebe Mutter! Der erste Brief seit langem: (in Kanada hatten wir nur noch Postkarten schreiben dürfen) – Aus England! – Vor 5 1/2 Jahren etwa ging es über den Ozean. ... Am 22. Mai sind wir im Lager „40" (Farnham) losgefahren, hatten eine sehr ruhige Überfahrt und kamen hier in Mittelengland morgens am 30. Mai an. Weihnachten hoffe ich also nun zu Hause zu

341

sein. Der erste Schritt der Heimreise ist getan. – Hier im Lager habe ich neue Landsleute getroffen. Einer, Ltn. Lutz aus Beihingen hat Vater sogar noch März 1945 in Crailsheim gesehen. – Da gibt es natürlich viel zu erzählen und zu wundern. Eines muß ich nochmals sagen, daß der Krieg solche Formen angenommen hat, haben wir in Kanada nicht mitbekommen. Wie bin ich doch froh, daß ich Euch habe, und daß wir, wie durch ein Wunder hoffen können uns wiederzusehen. Wir sind einen geraden Weg gegangen, und werden es weiter tun ... Besonders jetzt ist es für Euch zu Hause schwer, unter dieser seelischen Belastung durchzuhalten ... Ich vertraue in dieser Beziehung dem guten Willen unseres Gewahrsamstaates und hoffe bald in der Heimat Euch Frauen die Arbeit abnehmen zu können ... denkt daran, daß uns nur noch 1500 Kilometer trennen. Vielleicht geht es doch noch schneller als man denkt ..."

Nur ein Szenenwechsel? – Nein, es war einfach alles zu schnell, zu glatt gegangen. – Wir stiegen in den Zug, bestiegen in großer Zahl: Offiziere, Mannschaften, Unteroffiziere, Afrika – Korps, Flieger, U-Bootler, Normandie-Gefangene, alles bunt durcheinander, die riesige „Aquitania" (42 000 to) und fuhren in wenigen Tagen über den Atlantik. Viel schneller als wir gekommen waren, zick-zack fahren war jetzt nicht mehr nötig!

Unterwegs schloß ich mich enger mit Wildermuth zusammen. Er hatte es auch auf dieses Schiff geschafft. Gemeinsame Landsmannschaft trat immer mehr in den Vordergrund, man wußte nur zu gut, daß man einmal „zu Hause", gegenseitige Hilfe nötig brauchen würde.

Insgesamt wurde ich mit „deutlicher Distanz" behandelt. – Mein „Fall" war wohl in allen Offizierslagern bekannt, und wer hielt mich nach 15 Monaten Irrenhaus noch für normal? – Mir war das gar nicht unlieb, nach dem verlorenen Krieg war der Ruf des „Angeschlagenen" dem des „Escapers", des Draufgängers erst mal vorzuziehen.

Spannend wurde es, als wir das erste Land in Sicht bekamen. Als Bestimmungsort kannten wir nur „Europa" – warum eigentlich immer noch diese Geheimnistuerei? – Wir fuhren offensichtlich nicht durch die Irische See, – bald erkannten sowohl die „Bomber" als auch die „Marineleute", daß wir direkt in den Kanal einfuhren.

Es war ein herrlicher Anblick, wie wir bald danach mit unserem Riesenpott an einem schönen Sonnentag, elegant in den Hafen von Southhampton hineingeleitet wurden.

Ohne Verzögerung wurde ausgeladen. Vor allem die Engländer staunten über unsere riesigen, prall gefüllten Seesäcke. – Uns kamen im Vergleich zu den komfortablen Pullman- und Expreßzug-Wagen in Kanada diese kleinen englischen Fracht- und Personenwaggons, fast wie Spielzeug vor.

342

Nach wenigen Stunden Fahrt erreichten wir ein Lager, das aus Reihen von Nissenhütten, Wellblechbaracken bestand. Wir befanden uns in Lodge Moor bei Sheffield. Nach unserer Ankunft tat sich erst einmal nichts. – Nur im daneben liegenden „Compound", einer Nachbarabteilung, die von uns durch sehr hohe Stacheldrahtzäune getrennt war, spielte sich furchtbares Elend ab. – Dorthin hatten die Engländer – Hut ab vor ihnen – aus Belgien deutsche POWs gebracht, um sie vor dem Tod zu retten.

Mittels Gesprächen über und durch die Zäune erfuhren wir von den zerlumpten Gestalten, wie sie in Belgien zu Tausenden im Schmutz zusammengepfercht gewesen waren: Hunger, Seuchen, Kälte, hätten die Kameraden zu hunderten hingerafft. – Was immer wir an Verpflegung übrig machen konnten und geeignet war, über die Zäune geworfen zu werden, flog hinüber. – Wir hatten auch nicht viel, aber bei uns war keiner am Verhungern. – Für die da drüben war jeder Brotlaib, der im Diskuswurf angeflogen kam, Rettung in der Not. – Für sie war es kaum faßbar, daß wir in so guter Uniform und Aufmachung durchgekommen waren.

Das alles fiel aber auch in eine Zeit, wo ein englischer Major zu einem ehemaligen deutschen Panzeroffizier sagte: – „Soon we will join shoulders!" – Womit er meinte, daß wir womöglich bald zusammen gegen die Russen kämpfen wurden. – Wieviel geschichtliche Wahrheit an dieser Vermutung war? – Persönliche Meinungen gingen zu dieser Zeit vielfach in diese Richtung.

Am Ende des Kapitels noch ein passender Brief:

21. Juni 1946: „... Mit dem Heimkommen kann ich Dir leider nicht viel neue Hoffnungen machen. Die neueste Meldung lautet, daß es uns in Bälde möglich sein wird, den Stacheldraht so zu überwinden, daß wir uns zum Einsatz in die Landwirtschaft melden können ...

Nun mal meine Zukunftspläne: Unser alter Plan ist ja eigenen Boden zu besitzen. Dazu muß ich nach Lage der Dinge auswandern ... Wenn Kanada mich nicht hereinläßt, kommt Südamerika in Frage ... So das ist der Plan! ..."

Da war er immer noch, der Gedanke an Columbien, an „Ernesto"!

Verlassen? – Vergessen? – Heimkehr?

Der damalige Oberfähnrich Herbert Mann (siehe Modehaus Oberpaur) berichtet über den Beginn der Heimkehr: „Ich war in Kanada nur im Lager Gravenhurst, gehörte zu den letzten, die es am 10.6.46 Richtung England verließen. Man hatte mich bei der nach Kriegsende durchgeführten politischen Klassifizierung in die Gruppe der „Schwarzen" (Unbelehrbaren) eingestuft, weil ich die Frage, ob Hitler ein Verbrecher gewesen sei, nicht ohne Beweise bejahen wollte.

Wir wurden mit der Eisenbahn über Montreal nach Halifax befördert ... das Schiff, mit dem wir nach Southhampton fuhren, war sehr groß, könnte „Aquitania" geheißen haben. – Auch ich fand die Eisenbahnwagen, mit denen wir nach Sheffield fuhren, sehr klein.

Das Lager Sheffield war in jeder Hinsicht schlechter als das von Gravenhurst. Wir wurden von den dort angetroffenen Kameraden wegen unseres umfangreichen Gepäcks als „reich" beneidet, unterschieden uns von ihnen besonders dadurch, daß wir nicht den Zusammenbruch der Wehrmacht und des Reiches unmittelbar selbst miterlebt hatten und versuchten, eine gewisse soldatische Grundhaltung beibehalten zu können.

Bei der ersten politischen Fragebogenaktion der Engländer waren wir daher nicht bereit, klein beizugeben. Mich brachte besonders die Frage in Harnisch, ob es den Völkern Europas besser ergangen wäre, wenn Deutschland den Krieg gewonnen hätte. Darauf antwortete ich mit der Gegenfrage, ob ich ein Hellseher sei. – Ich wurde deshalb mit vielen widerspenstigen Kameraden in ein dreckiges Gehege verbracht. Dort erschien alsbald einer der Generale, die schon vor uns im Lager waren und uns dadurch auffielen, daß sie bereits in schlampiger Montur herumliefen. Der Herr General rief uns zusammen und wollte uns „zur Vernunft bringen" – mit dem Hinweis, daß er schon immer gegen das NS-Regime gewesen sei. Wir schrieen ihm die Frage entgegen, wieso er dann überhaupt General habe werden können. Er zog sich daraufhin zurück.

Die Engländer schwenkten um. Bei einer neuen, mündlichen Befragung erklärte mir der englische Offizier, er wolle das Vergangene auf sich beruhen lassen und von mir nur wissen, wie ich mir die Zukunft Deutschlands vorstelle. Ich verwies darauf, daß Deutschland nur die Wahl hätte zwischen Kommunismus und Demokratie, daß es sich für letztere entscheiden und sich den Westmächten anschließen müsse. Für mich sei die

Demokratie nichts Fremdes, da in meiner Heimat – der Pfalz – durch die französische Revolution und durch das Hambacher Fest (1832) eine demokratische Grundlage längst geschaffen sei. Ergebnis: Ich wurde „grau" d. h. belehrbar." Soviel von Herbert Mann. Später hören wir nochmals von ihm.

Mir selbst schien nun doch das Irrenhaus anhängig zu werden: 7.Juli. „... Noch immer warte ich auf Post ... persönlich mußte ich letzte Woche eine neue Enttäuschung erleben. Ich wurde zu einem Arzt gefahren, der etwa 20 Minuten mit mir sprach. Ich bat ihn dafür zu sorgen, daß ich zum landwirtschaftlichen Einsatz käme, weil das meinen Nerven zuträglich sei. Doch er lehnte ab.

Meine hinter mir liegende Krankheit sei noch immer nicht ganz überwunden. Ich müßte noch einige Monate warten ... sonst gibt es hier die merkwürdigsten Zufälle. Hinter Draht haben sich hier schon Schwiegersohn und Schwiegervater kennengelernt .... Meinen Gedanken über voraussichtliche Heimkehr, kann ich nichts Neues hinzufügen. Da kann man nur hoffen!"

Tatsächlich hatte ich einen Antrag ausgefüllt, außerhalb des Lagers in der Landwirtschaft arbeiten zu dürfen – Folge: Von einem engl. Sergeant begleitet, fuhren wir mit dem Zug nach Manchester, wo ich von einem Psychiater begutachtet wurde. Nach dem Studium des berühmten „grünen Ordners", der wieder vorlag, beschied er wie oben beschrieben. – Mußte ich mir nun allmählich Sorge machen, daß mir das Irrenhaus auch noch in Deutschland anhängig wurde?

Ansonsten sollte man bei diesen Briefen immer auch „zwischen den Zeilen" lesen: – Unsere Briefe wurden immer noch zensiert – mit Sorgfalt durchgelesen – vielleicht zog der „Gewahrsamstaat" doch eigene Rückschlüsse aus unseren Zeilen?

Den 10. Juli 1946. „Liebe Mutter! Gestern kam Trudes Brief vom 21.6. Ich freue mich, daß Vater aus der Gefangenschaft entlassen wurde. Ich würde gerne selbst von ihm hören. Obwohl er vorläufig nicht in seinem Beruf ist, wird er sich doch freuen, daß er nun in der Landwirtschaft produktive Arbeit leisten kann ... Ich habe mich in dieser Woche zum Kohlenbergwerk gemeldet. Wenn daraus etwas würde, kämen wir ins Ruhrgebiet und könnten dort unsere Arbeitskraft besser verwenden, als hier hinter Draht. Ob die Sache allerdings für Offiziere genehmigt wird und ob mir meine zurückliegende Krankheit nicht auch hier noch einen Strich durch die Rechnung macht, bleibt abzuwarten ..."

Den 7. August. „Meine Lieben! Es geht in den Landeinsatz. Ich bin froh, wenn es mich körperlich so anstrengt, daß ich einigermaßen ausgelastet bin. Man muß bei der Sache eben Glück haben. Wir werden dazu in ein Arbeitslager verschickt, von wo wir eingesetzt werden. Hinterher, wird es dann wieder nach hier zurückgehen ..." (zurück nach Lodge Moor)

13. August: „ ... Ihr sträubt Euch gegen meine Siedlungspläne! Wir werden ja sehen auf was es hinausläuft, wenn man einmal darüber sprechen kann ... Nach sechs Jahren theoretischem Leben möchte man gerne in die Praxis des Lebens steigen ... Ihr meint also ich käme bald. Aber für 2 – 3 Monate ist jetzt schon sicher nicht daran zu denken. Aber wenn Ihr mir in der Zwischenzeit eine gute Uhr, etwas Schreiner- und Schlosserwerkzeug anschaffen könnt bin ich für den Anfang schon ausgerüstet. Wenn ich bis zum Frühjahr noch nicht da bin, müßt Ihr zu Euren Hasen noch Bienen zulegen. ... Ihr sollt sehen, einmal zu Hause, werde ich mich schon zurechtfinden! ... "

15. August: „Nun bin ich genau acht Tage im Arbeitslager und kann Euch berichten, daß mir das Leben hier um ein vielfaches besser gefällt. Wir stehen vorläufig zwar noch in einem ziemlichen Masseneinsatz (50 Mann auf einem Flachsfeld zu raufen und binden) aber Arbeit die man gern macht, macht man leicht. Vielleicht tun sich auch noch bessere Möglichkeiten auf, bei denen man weniger empfindet, daß man Masse ist. Schön ist vor allem die Umgebung des Lagers, die mich sehr an die rauhe Alb errinnert ... Eberhard Wildermuth und Lutz wohnen zusammen mit mir. Wenn Du einmal Frau Wildermuth einladen könntest, so wäre das nett ... sehe jetzt, daß ich auch bei körperlicher Arbeit soviel leiste wie andere ... Die Frage des Heimkommens könnt Ihr am besten den Zeitungen entnehmen ... Bitter aber wahr, es wird sicher noch einige Zeit vergehen!"

8. September: „ ... zur Zeit arbeite ich als Elektriker ... Das wird genommen wie es kommt ... Ihr meint immer noch, ich sollte studieren. Aber wer sagt mir denn, daß ich nach Abschluß eines Studiums, den erwählten Beruf auch ausüben kann? Wo sich in Europa die Verhältnisse noch immer nicht beruhigen ... Insgesamt rate ich, die Freiheit des Handelns zu nützen. – Aber hoffentlich laßt Ihr Euch von meiner theoretischen Aktivität nicht verunsichern ... Welch schöne Zeit haben wir zusammen erlebt. Genau so wird es auch diesmal wieder werden ... "

Inzwischen war der Arbeitseinsatz verändert worden, und wir, Wildermuth und ich fanden „Arbeit" auf dem RAF Flugplatz in Finningley. Dort arbeiteten wir unter Aufsicht des Sergeanten Dong Bostock, eines reizenden Menschen, der so unglücklich war, wie wir selbst, daß wir noch nicht nach Hause entlassen worden waren. – Er war für die Instandhaltung der „batteries", d. h. aller Akkumulatoren des ganzen Flugplatzes verantwortlich, ob groß oder klein.

In unseren Werkstattraum, in einer Flugzeughalle, wurden die Batterien angeliefert. – Bald völlig selbständig, wurden sie von den POWs, Captain

Wildermuth und Capt. Steinhilper überprüft, Säure nachgefüllt und aufgeladen, je nach Bedarf. Jeden Morgen und Abend wurden wir per RAF Omnibus zwischen Camp und Flugplatz transportiert. Die Arbeit machte Spaß und die Verpflegung reichte.

Den 15. September 1946: „... Gestern wurde ich 28 Jahre alt! Letztes Jahr sagte ich, so – das ist nun endgültig „der letzte" Geburtstag hinter Draht (wie oft war er das nicht schon!), und dieses Jahr bin ich wieder Pessimist ... Hoffentlich bringt der amerikanische Außenminister (Marshall-Plan) tatsächlich einige Besserungen in die wirtschaftliche Lage ... "

Den 1. Okt: „... Bei Vater habe ich mich sehr über seine politische Einstellung gefreut. Ich habe mir vorgenommen, daß ich nur einmal in meinem Leben so mit Propaganda an der Nase herumgeführt werde. In Zukunft werde ich weniger „glauben", sondern nüchterne Kritik an eine politische Führung anlegen. ... Zum Problem von Muttel: Sie hofft bald auf Ablösung (als Lehrerin und in der Schulleitung). Das wird wohl für die nächste Zeit das Hauptproblem sein ... sie will mir auch noch zu Hause das Leben so leicht wie möglich machen ... aber das geht zu weit! Glaubt mir, daß es keines Lockmittels bedarf um mich aus der Gefangenschaft herauszulocken. Ich würde auf der Stelle zu Fuß gehen, wenn ich könnte ... Für einen „Alten POW" gibt es nichts Schlimmeres als Nichtstun! ... Ich werde so früh zu Hause sein, wie man mich nur irgendwie läßt! – Mein Arbeitseinsatz ist noch immer „Elektriker". Die Sache behagt mir vor allem, weil ich beim Sprechen (Englisch) zulerne ... Unsere Verpflegung ist durchaus ausreichend. Ich bin ja ein so guter Futterverwerter; wenn andere anfangen zu jammern, reicht es mir immer noch. Ihr habt mir schon ein gehörig Stück Gesundheit mit in die Wiege gelegt!"

Und nun kommt mit großem Ausrufungszeichen mein letzter Brief aus der Gefangenschaft. – Als ich ihn geschrieben habe, wußte ich noch lange nicht, daß es mein letzter POW-Brief sein würde !!! – Diesem Brief war eine wichtige Veränderung vorausgegangen. – Wir waren inzwischen im „wirklichen Landeinsatz": Bei der Kartoffelernte.

Den 19. Oktober 1946: „Meine Lieben! Herzlichen Dank für Eure Briefe vom 24. September. Die Stimmung ist da ja nicht so gut: Das ist wohl in erster Linie auf Vatels Beurteilung (politische vom Internierten Lager) zurückzuführen. Aber er darf da nicht locker lassen, er hat eine absolut klare Linie hinter sich und hat von sich aus früher schon genug getan um üblen Elementen ihr Tun zu verwehren. Nun darf er sich heute nicht unterkriegen lassen, wo man ihn doch damals beinahe aus dem Amt gedrückt hat (der NSDAP Ortsgruppenleiter vor dem Kriege, war auch Lehrer und hatte 1937 versucht, meinen Vater zu denunzieren). Und wenn es eine Rolle spielen soll, daß er Offizier war, dann würde ich ruhig zur

Sprache bringen, daß die einzige Opposition gegen die Herren Ortsgruppen- und Kreisleiter (NSDAP) möglich war, wenn man als Offizier eine gewisse Rückendeckung hatte. – So war es, und nach diesen Tatsachen muß heute verfahren werden ... Ihr glaubt vielleicht, ich wüßte nicht was ich wollte ... wenn ich zu Hause vor der Berufswahl stehe ... dann ist das nur eine Frage, wieweit die äußeren Umstände eine Annäherung an das Ziel erlauben ... Hier bin ich jetzt fest bei der Kartoffelernte eingespannt. Lernen kann man dabei nicht viel, man muß es eben als körperliche Ertüchtigung auffassen ... Leider hat man jetzt kaum Zeit seine Sachen sauber zu halten!"

Diese Kartoffelernte werde ich in meinem Leben nie vergessen, nicht wegen der schweren Arbeit, sondern vor allem wegen des Dauerregens. Es regnete tagelang und die englischen Farmersleute, für die wir jeweils im Einsatz waren, boten uns oft an Pause zu machen, wenn wir im Schlamm mit klammen Fingern nach den Kartoffeln wühlten, die vom Schaufelrad des Traktors ausgeworfen worden waren.

Die Bauern hielten ständig einen dicken, süßen „Tea" mit Milch für uns bereit und er schmeckte herrlich. – Wenn es nur irgendwie ging, wollten wir Kartoffeln klauben, – Nichtstun war für uns „Altgefangene" ein Greuel. Endlich konnten wir zum Wohle der Menschheit wieder etwas tun, und wenn es auch nur Kartoffellesen im Dauerregen war.

Das schlimmste war aber das Säubern von Körper und Kleidung. Wir fuhren morgens noch bei Dunkelheit auf dem LKW aus dem Lager, die Klamotten waren klamm und naß und abends war es auch schon wieder Nacht, wenn wir zurückkamen.

Es gab in diesem Arbeitslager nur Reihen von Wasserhahnen im Freien, die wenigstens überdacht waren. – Kein warmes Wasser war vorhanden. – Zuerst wusch man Hände und Stiefel und dann folgte die blaue Arbeitskleidung. Wir waren so von Lehm bedeckt, daß es keine andere Wahl gab, als sich bis auf die Unterwäsche auszuziehen. Dann wurde die Jacke und Hose kalt gewaschen und danach kam die Unterwäsche. – Der Pyjama für die Nacht im Zelt wurde auch nie richtig trocken. Am Morgen schlüpfte man dann wieder in die Klamotten, die über Nacht im Zelt kaum getrocknet waren. Aber da es anschließend auf dem Kartoffelfeld sowieso schon regnete, war die nasse Kleidung der Normalzustand. Gefroren haben wir meistens nur auf der Hin- und Herfahrt auf dem LKW. Erstaunlich wie wenig Erkältungskrankheiten es gab! – Vielleicht lag es daran, daß man es geradezu genoß, endlich wieder eine sinnvolle Arbeit leisten zu dürfen.

Vor meiner eigenen Schilderung der Heimkehr, vorab einige Eindrücke, wie sie mir von Kameraden berichtet wurden:

Herbert Mann nochmals: „Von Sheffield wurde ich mit anderen Kameraden in das Lager Abergenny in Süd-Wales verlegt. Dort begann die Vorbereitung auf die Repatriierung. Es ging besonders um die Wahl der Besatzungszone, in die man entlassen werden wollte ... Auch hier war die Verpflegung sehr knapp. Tagsüber durften wir die Baracken nicht heizen, weil dies auch der englischen Heimatarmee nicht gestattet sei und wir nach der Genfer Konvention wie diese zu behandeln seien.

Anfang November 1946 wurden wir mit der Bahn nach Hull befördert und von dort ging es mit dem Schiff nach Cuxhaven, mit der Bahn weiter über Hamburg nach Munster-Lager. Ich gehörte zu denen, die trotz der uns schon in England mitgeteilten Gefahr, von den Franzosen festgehalten zu werden, sich für die französische Zone entschieden. Ich muß es den Engländern hoch anrechnen, daß sie uns nicht nur auf diese Gefahr aufmerksam gemacht hatten, sondern sogar dafür gesorgt haben, daß uns die Franzosen in ihrem berüchtigten Lager Bretzenheim bei Bingen noch am Tage unserer Ankunft freiließen. Sie gaben uns eine Begleitmannschaft mit, die angewiesen war, erst dann zurückzukehren, wenn wir von den Franzosen aus der Gefangenschaft entlassen waren. Das Lager Bretzenheim, das zunächst nur aus einem eingezäunten Feld bestand und in dem viele Tausende verhungert waren, bot auch damals, im November 1946, noch ein schreckliches Bild.

So kehrte ich Mitte November 46 glücklich heim. Welches Glück ich hatte, wurde mir klar, als mich eine Frau ansprach, die mit der Lage unter der französischen Besatzung vertraut war: „Ei, daß Du noch do bischt...!" Daß ich noch „da" war, verdankte ich nicht zuletzt der Tatsache, daß ich in Kanada mein Französisch so aufpoliert hatte, daß ich mich mit dem bei meinen Eltern einquartierten französischen Capitaine verständigen konnte ... "

„Tönnes" Stangl, heute Doktor der Psychologie kehrte erst drei Monate nach mir heim, aber sein Bericht schildert Stimmung und Situation zutreffend: „Bei meinem Transport Mitte März 1947 von Munsterlager nach Dachau hat mich in Munsterlager mein früher entlassener Bruder Konrad besucht. Er war Major i. G. und Adjutant von Gen. Oberst Stumpff gewesen, und deshalb bei der Unterzeichnung in Reims und Pankow dabei. Er kam von Kiel wo er „illegal" Jura studierte. Er telefonierte mit meinem anderen Bruder in Karlstadt/Main, der dort Pfarrer war. (Von 1957–1979 war er Bischof v. Würzburg) und avisierte unsere ungefähre Durchfahrtszeit. Der Pfarrer – mein Bruder Josef – organisierte fünf kräftige Jungs auf den Bahnsteig. Wir „schenkten" dem Lok-Führer Zigaretten, damit er auf dem Bahnhof von Karlstadt kurz anhalte. Ebenfalls hatte mein Bruder Josef den Bahnhofsvorstand beredet, die Signale für den Lok-Führer entsprechend zu stellen.

Von diesen Vorbereitungen konnte ich etwa zehn weitere Kameraden unterrichten, die alle wie der Teufel bei dem kurzen Halt des Zuges ihr Gepäck auf den Bahnsteig hinausbrachten oder warfen, wo die Jungs und mein Bruder alles auf einige Gepäckwagen sammelten.

Dabei stand meine alte Mutter als einziger Mensch neben den herumwetzenden Männern auf dem Bahnsteig und schwenkte beim langsam vorbeifahrenden Zug ein großes weißes Taschentuch hin und her. – Die Fenster des Zuges waren voll mit neugierigen POWs, die den Grund des Haltes wissen wollten. – Es war ein rührendes Bild, und manchem kamen die Tränen in die Augen. So auch mir, der ich meine Mutter nach gut 7 Jahren zum ersten Mal wiedersah.

Das alles ging sehr schnell. Die Kameraden holten dann später nach der Entlassung in Dachau ihr Gepäck im Pfarrhaus, wo es sicher verwahrt worden war ... "

Zusammen mit Wildermuth kam ich erst einmal zurück ins Lager Sheffield, wo wir unsere prall gefüllten Seesäcke wohlbehalten vorfanden. – Wir schulterten sie, um erst einmal in die „verkehrte Richtung" nämlich Richtung Abergenny in Wales verlegt zu werden. – Wenn ich je in einem Lager Kohldampf geschoben und gefroren habe, dann dort. Gottseidank war es eine trockene Kälte. – Tatsächlich war dieses Camp nur eine „Schleuse" – wir fuhren bald mit der Bahn zurück in den Fährhafen Hull an der Südostküste von England.

Die Überfahrt von Hull nach Cuxhafen erfolgte in einem kleineren Schiff, auf dem ich mich rechtzeitig als Küchenhilfe melden konnte. Der Dienst in der Kombüse war sehr gefragt, konnte man sich doch dabei ordentlich satt essen. Das war gut so, denn danach im Munster-Lager, dem Durchgangs- und Entlassungslager in der englischen Zone, war das Essen wieder sehr knapp.

Die Fahrt von Cuxhafen per Eisenbahn nach Munsterlager war ein schaurig schönes Erlebnis. – Zwar fuhren wir meist nur an Häuserfronten vorbei, die den Geleisen zugewandt waren, aber die Bevölkerung hatte doch spitz bekommen, daß da Kriegsgefangene heimkehrten. – Sie winkten uns und schwenkten Tücher. – Aber wie diese Häuserfronten, diese Hinterhöfe aussahen! – Trümmer- und Schutthaufen! – So schlimm hatten wir uns das – trotz der drastischen Schilderungen – der englisch/amerikanischen Presse, nicht vorgestellt! – Ob das wieder aufgebaut werden konnte? – Und schlimmer noch die Tatsache: Wir kamen als Gefangene ins eigene Land – und dafür hatte ich fünf Fluchtversuche gemacht und war 15 Monate im Irrenhaus gesessen!

In Munsterlager war für mich ein trauriges Erlebnis, daß wir von jungen deutschen Frauen beschimpft wurden, weil wir noch immer Uniform trugen. – Erstaunlich doch; manche der Kameraden trennten das Hoheits-

350

abzeichen am Uniformrock erst dort im Lager ab. – Die Kontakte mit der Bevölkerung entstanden nur über den Zaun hinweg, beim Tauschhandel. Wir hatten ja allerhand zu bieten, meist waren es Zigaretten, Kaffee, oder Tee, was wir gegen Brot über den Zaun hinweg eintauschten – Etwa zwei Wochen sollten wir dort bleiben, bis es für die „Süddeutschen" mit der Bahn in die „amerikanische Zone" weiterging. – Das war unser Vaterland! – „Zonen!"

Die Fahrt führte über Würzburg, wo wir kurz Aufenthalt hatten und uns umschauen konnten. – Unglaublich wie diese ehrwürdige Stadt zugerichtet war, die ich früher gut gekannt hatte. – Mein Vater hatte von Creglingen die Konfirmandenausflüge immer nach Würzburg gemacht. Als junger Schulerbub durfte ich dabei mehrmals mitfahren. – Rings um den Bahnhof – Trümmer nichts als Trümmer! Nur auf der Höhe thronte stolz, unversehrt und erhaben, die Marienburg! – Als wir dann bis Ochsenfurt den Main entlang fuhren, wollten die amerikanischen Lastwagen mit ihrem weißen Stern so ganz und gar nicht in die Landschaft passen: Wenn das dem jungen Schulerbuben einmal einer prophezeit hätte – amerikanische Militär-Lastwagen als Besatzung am Ufer des Mains bei Ochsenfurt!

Genau wie Tönnes nachher, hatten wir auch die Idee, unsere wertvollen Seesäcke „in Sicherheit" zu bringen. – Die Gerüchte, daß man in Dachau „gefilzt" würde, waren zahlreich! – Wir hofften im voraus, daß Dachau unser letztes Lager sein würde; letztes Lager? – vielleicht Entlassungslager?

Unsere amerikanischen Bewacher, waren farbige Soldaten, die uns immer wieder großzügig gestatteten, zur Station zu gehen, wenn der Zug kurz anhielt, um dort Wasser zu trinken. – Aber auch anderes fiel uns ein: Wir hatten erkannt, daß das deutsche Bahnsystem schon wieder funktionierte. Auf einer Station holte ich eine Anzahl Expreßgutscheine beim Bahnbeamten und fragte, was man mit unseren Seesäcken machen könnte. – Ganz normal sagte der: „Einfach heimschicken!" – Deutsches Geld und auch „Tauschware" hatten wir genügend! – Wir klebten Versandpapiere auf unser „Gepäck" und Station nach Station wurde „Expreßgut" aufgegeben. Gerhard Schweizer telefonierte sogar nach Hause, um die ungefähre Ankunft der wertvollen Fracht zu avisieren. – Die Bahnbeamten waren kameradschaftlich und hilfsbereit, nicht nur wegen der Camel, Lucky Strike oder Chesterfield. – Unsere Bewacher betrachteten den Vorgang mit Vergnügen: Sie waren froh, wenn der eine oder andere Seesack im Gepäcknetz verschwand und es mehr Platz im vollen Waggon gab.

Nicht alle Kameraden waren so glücklich wie wir, unsere Fahrt ging über Crailsheim, Aalen, Ellwangen und da gab es natürlich gute Querverbindungen nach Stuttgart, Backnang, Ludwigsburg. – Und später sollte sich herausstellen, daß diese „Fracht" noch vor uns zu Hause ankam und abgeholt wurde – dank des Telefonates von Gerhard Schweizer.

In München fuhren wir am frühen Morgen in einen riesigen Verschiebe- und Rangierbahnhof ein. Ich war gerade dabei mir die Augen zu reiben, als ein Ruf an unserem langen Zug entlang wanderte. – „Steinhilper" – „Steinhilper" – immer wieder! – Auch noch „Uli!" – „Uli Steinhilper" – Was sollte das denn? – Rechts und links von uns standen andere Personen- und Güterzüge. Eigentlich hätte man hier auch aussteigen und abhauen können, aber das machte keinen Sinn, inzwischen wußte man, hatte das von den Bahnbeamten gehört: Ohne „Entlassungsschein" geht nichts. Man wird geschnappt, erst eingelocht, und kommt dann zur Zwangsarbeit wer weiß wo!

Eine Tür ging vorne im Waggon auf und jetzt erkannte ich die Stimme: „Uli wo bist Du denn?" – Es war mein Vater. – Andere Kameraden hatten ihn zu meinem Waggon gebracht. – Wir fielen uns um den Hals und eine kurze gegenseitige Befragung setzte ein: „Wie geht es?" – Gottseidank beiden gut! – „Bist du hungrig?" fragte mein Vater, der so mager und dünn aussah, daß ich den kleinen Rucksack, den er mir in die Hand drückte erst gar nicht annehmen wollte. Aber: „Nimm es und verteil es auch an Deine Kameraden!" – er bestand darauf: „Ihr kommt ins Lager Dachau!" sagte er, „da wißt Ihr gar nicht was Euch noch bevorsteht!" – Und schon setzte sich unser Zug wieder in Bewegung – tatsächlich Richtung Dachau? – Jetzt wurde es auch dem farbigen Soldaten allmählich zu lang und er drängte meinen Vater auszusteigen. Noch konnte ich fragen: „Wie hast Du überhaupt herausbekommen, wann und wo wir ankommen?" – „Vergiß nicht, ich habe Dienst als „Bahnkontrolle" gemacht, da weiß man Bescheid!" konnte er noch sagen, und bei mir reichte es gerade noch: „Grüße alle zu Hause, macht Euch keine Sorgen, habt noch etwas Geduld es wird schon vollends klappen!"

Und beinahe schon aus dem fahrenden Zug mußte mein dünn gewordener aber drahtiger Vater vom Trittbrett springen. Aber man merkte es; das konnte er. – Viele der Kameraden beglückwünschten mich zu meinem so „findigen" Vater, und gleichzeitig packten wir den Rucksack aus. Brot, Rauschfleisch und Hartwurst waren der Inhalt. – Wir aßen gleich alles zusammen auf. – Die beste Art, um es in Sicherheit zu bringen bevor wir in Dachau durchs Lagertor marschierten, um wieder einmal durchsucht zu werden und DDT Pulver in die Hosen geblasen zu bekommen.

Entlassung – Rückblick – Ausblick

Das Lager Dachau – tatsächlich das Gelände des ehemaligen Konzentrationslagers, hatten wir uns grausam vorgestellt. Es stellte sich dann als ganz normales Barackenlager dar, das sich auf einem leicht ansteigenden Gelände präsentierte. – Unser Teil lag vorne. Weiter hinten und oben, durch Stacheldraht von uns getrennt, sollten die Vernichtungsanlagen sein. – Wir hatten eigentlich erwartet, daß wir hier noch einmal gründlich mit unserer „Vergangenheit" konfrontiert würden, nichts derartiges stellte sich ein. Die amerikanischen Soldaten als Bewacher waren in geringer Zahl und machten sich kaum bemerkbar. – Wir waren in hohem Maße uns selbst überlassen, wie wir es noch nie in einem Lager erlebt hatten.

Verpflegung war karg, aber besser als in Munsterlager. Alles mußte selbst organisiert werden. – Wolldecken verteilen, Kochen, Barackenbelegung, wir waren wohl der erste, oder einer der ersten Transporte, die hier zur Entlassung kamen. – Wir bildeten wieder eine eigene Lagerführung, nur ganz lose! – Was sollte das denn noch? – Wir waren doch zu Hause, wann würden wir endlich entlassen werden?

Wir fragten die amerikanischen Soldaten, Offiziere ließen sich kaum blicken – sie mieden jede Festlegung, offensichtlich hatten sie über den weiteren Fortgang – unser Geschick – genau so wenig Ahnung wie wir. – Und beim Fragen waren wir sehr, sehr vorsichtig. Gerüchte wollten wissen, daß hier nochmals „gesiebt" würde, wer „durchfiel" käme für Jahre ins Arbeitslager zur Wiedergutmachung in Frankreich.

Erschreckend die Tatsache, aber rührend von den Amerikanern: Abends öffneten sie das Lagertor um eine Art „Jugendbande" zu uns ins Lager zu lassen: Zum Übernachten und zur Beköstigung. – Viel unterhalten wollten sich die Burschen und Mädchen mit uns früheren Offizieren kaum. – Sie waren ein bunter Haufen im Alter von 6 bis 16 Jahren, offensichtlich alles Kriegswaisen aus verschiedenen Teilen Deutschlands. – Noch eineinhalb Jahre nach Kriegsende streunten sie in Land und Stadt herum. Sie fühlten sich dabei offensichtlich ganz wohl. Zu Essen hatten sie eigentlich immer, Schulpflicht oder etwas ähnliches wußten sie zu vermeiden, gelegentlich brüsteten sie sich, wenn sie irgendwo gute Beute gemacht hatten! – Ob ihre Verpflegung von unserer Ration abging? Uns interessierte das nicht, wir waren knapp aber es reichte.

Schon über zehn Tage waren wir im Lager; jeden Tag wurden einige entlassen, man konnte das beobachten: – Vorne am Zaun, vor dem Lagertor mußten sie in langer Reihe antreten, und wie bei einem Kleiderappell die Sachen vor sich auf dem Boden ausbreiten. Wer noch einen Seesack hatte, mußte diesen nach Aufforderung zur Inspektion öffnen. – Und manche waren doch tatsächlich so dumm, daß sie aus dem Lager noch eine gute Ami–Wolldecke mitlaufen lassen wollten. – Mit dem Erfolg, daß sie zurückgewiesen und in einen speziellen Bereich abgesondert wurden. – Was mit ihnen endgültig passierte, konnte ich nicht verfolgen. – Aber konnte man so dumm sein! – Wenn auch damals eine Jacke, geschneidert aus „Amidecke" zu den besseren Kleidungstücken gehörte.

Jeden Tag verließen etwa 30 Mann das Lager, und wir konnten bald ausrechnen, daß wir bei diesem Tempo wochenlang warten mußten. Teilweise ging es wohl nach dem Alphabet. Aber manchmal kam auch ein neuer Trupp ins Lager, der privilegiert abgefertig wurde.

Wie es dazu kam, weiß wohl keiner! – Eines Tages durften wir POWs bei dem Ausfüllen der Entlassungspapiere helfen. Eine einzige Schreibmaschine im Lager war der Engpaß. An der durfte ich plötzlich schreiben, nicht umsonst hatte ich das Zehnfingersystem auf meiner kleinen Reiseschreibmaschine gelernt. – Allerdings, die war nicht mehr verfügbar, sie war im Seesack als Expreßgut schon zu Hause.

Als die Amerikaner merkten, daß wir zuverlässig arbeiteten, durften die Entlassungpapiere sogar „in Druckschrift", von Hand ausgefüllt werden. – So ein Witz, die Zahl der Entlassungen verdoppelte sich und täglich marschierten über 50 Mann durch das Lagertor.

Als ich mit meiner ärztlichen Untersuchung fertig war, so um den 3. Dezember herum, konnte ich jeden Tag „drankommen"! – Tatsächlich – am Abend des 5. Dezember erfuhren Gerhard Schweizer, Hannes Sinn und ich, alles Namen mit Anfangsbuchstaben „S", daß wir morgen zur Entlassung antreten sollten. – Für mich gab es nur eine kurze Überlegung, ob ich die Wolldecke, die ich in Kanada tatsächlich gekauft hatte, mitnehmen wollte. – Nein das Risiko, daß mir vorgehalten würde, ich hätte geklaut, war mir zu hoch. – Keiner der Amerikaner hätte geglaubt, daß ich die Decke ins Lager mitgebracht hatte, also blieb sie hier. Ich schenkte sie einem Kameraden, der meinte, er könne sie noch schnell im Lager umarbeiten.

Vormittags gegen 9 Uhr war der Appell, das Gepäck lag auf dem Kiesboden vor uns – wir wurden gemustert. – Tatsächlich; wieder fielen einige durch; wegen ihrer Papiere, oder ihrem Gepäck. Sie wurden einfach zurückgehalten, zu Recht oder zu Unrecht, darüber ließen die Amerikaner überhaupt keine Debatte zu. Vielleicht hatten sie auch nur eine bestimmte Quote zu erfüllen?

Wie froh waren wir; Schweizer, Sinn und ich, daß wir nicht noch in letzter Minute einem dummen Zufall zum Opfer fielen. – Als wir alle

Drei durchs Tor marschierten und unseren Entlassungschein in der Tasche
wußten – fühlten wir uns nach über sechs Jahren wie die Könige. – Wir
waren freie Menschen und konnten unternehmen, was wir selbst für vernünftig hielten.

Im Lager hatten wir noch Lebensmittelmarken für drei Tage und 80
Reichsmark als Entlassungsgeld bekommen. – Wir fuhren in die Mitte der
Stadt München, und konnten vor lauter Schutt und Trümmerhaufen kaum
den Bahnhof finden. Aber den gab es noch, oder schon wieder? Wir
erkundigten uns nach einem Zug nach Stuttgart. – Erstaunlich wie die
Bahn schon wieder funktionierte! Sogar den Anschluß nach Ludwigsburg
konnten wir erfragen und Gerhard Schweizer telefonierte nach Hause und
avisierte seine Ankunft. – Seine Schwester Marianne würde am Bahnhof in
Ludwigsburg sein, und uns erwarten.

Das war einfach toll! – Die Trümmer um den Hauptbahnhof von München waren gewaltig, aber für uns nicht niederschmetternd. Es war ein
kalter Sonnentag im Dezember und die Menschen waren alle so hilfsbereit zu uns. Überall wurden wir als Kriegsgefangene erkannt, und wenn es
zum Gespräch kam: „Auch noch aus Kanada!"

Wir wurden auf ein Speiselokal hingewiesen, das zwischen die Trümmer hineingebaut war, ohne Hilfe hätten wir es nicht gefunden. – Es gab
Bier dort, sogar mehrere Speisen zur Auswahl, und „nein!" Von neu entlassenen Kriegsgefangenen würde man Verpflegungsmarken nicht annehmen.
– Unsere Zuversicht stieg von Stunde zu Stunde. Bei so viel Hilfsbereitschaft und Zusammenhalt sah unsere Zukunft schon viel besser aus.

Der Zug fuhr langsam mit vielen Stops über Ulm nach Stuttgart. Dort
konnten wir, obwohl es schon dunkel war, den Anschluß nach Ludwigsburg besteigen und gegen 22 Uhr Nachts kamen wir dort an. Es erwartete
uns tatsächlich Marianne Schweizer, die Schwester von Gerhard. Sie
informierte, daß es nach Öhringen (wo Sinn herstammte) heute Nacht
keine Verbindung mehr gäbe, auch nach Heutingsheim, meinem Ziel gäbe
es nur noch den Fußmarsch. – Das war kein Problem, die 6 km würde ich
leicht vor Mitternacht schaffen.

An der Abzweigung nach Neckarweihingen, beim Favoritepark in Ludwigsburg, trennten sich unsere Wege. Sinn hatte beschloßen über Nacht
bei Schweizers zu bleiben. So marschierte ich allein weiter durch die
Dunkelheit, froh darüber, daß ich nur noch „kleines Gepäck" hatte. – Welche Gedanken! – Wieviel Dankbarkeit ging durch meinen Kopf!

Vor Mitternacht erreichte ich das alte Schulgebäude in Heutingsheim,
gegenüber der Kirche. – Vater und Mutter waren wach, sie waren informiert – irgendwie, – daß ich diese Nacht kommen würde. Was für ein
Wiedersehen! – Schön! – Daß wir es mitten in der Nacht, nur unter uns
erlebten!

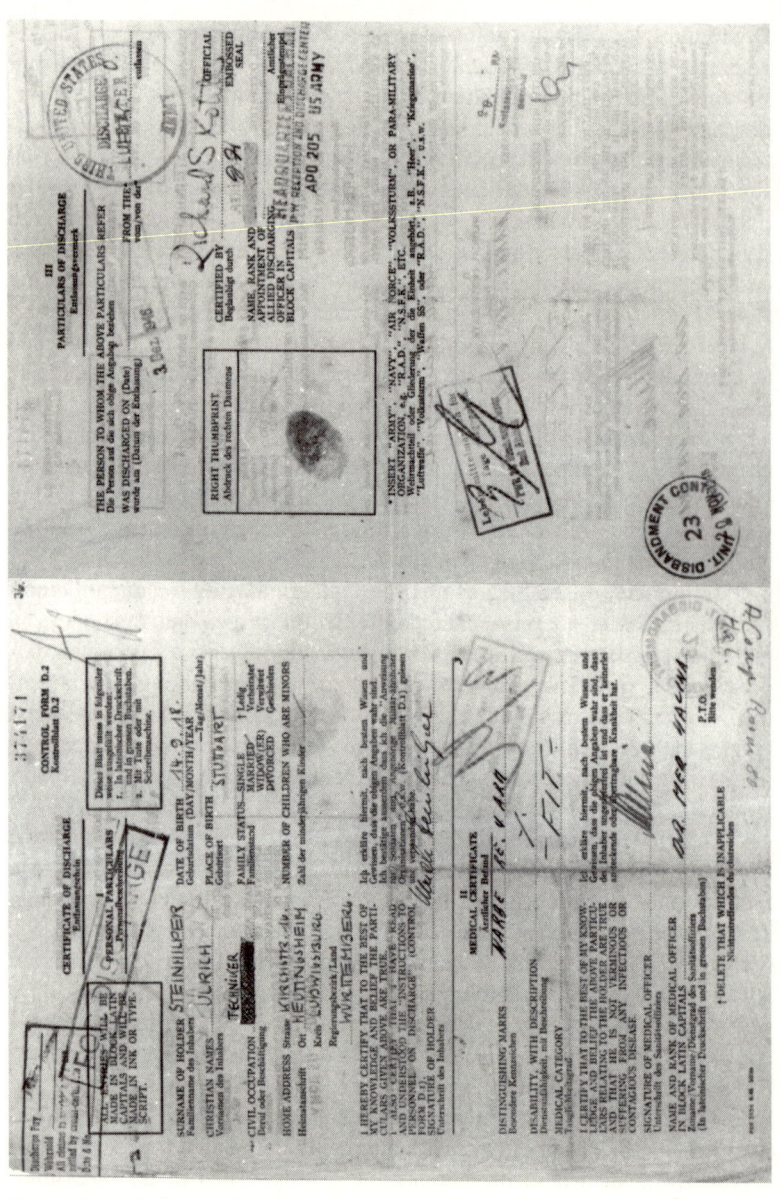

Das wichtigste Dokument der ganzen Gefangenschaft: Der ENTLASSUNGSSCHEIN. Ausgestellt von der Third United States Army, Disbandment Unit 23. – Dachau ist nicht erwähnt. – Entlassungsgeld und Lebensmittelkarten für 3 Tage ausgehändigt. Das war das Ende einer langen Odyssee!

Viel Zeit zum Feiern gab es nicht. – Die Wohnung der Eltern im alten Schulhaus war voll von Flüchtlingen. Es gab kein Zimmer mehr für mich. „Wohnungsberechtigung" erhielt man erst, wenn man eine Arbeit gefunden hatte. – Daher konnte ich nicht wählerisch sein; Samstag in der Nacht war ich angekommen, schon am Montagabend, zwei Tage später, saß ich am Steuer eines amerikanischen Lastwagens und fuhr Ausrüstung für die US Army nach Nürnberg.

Vielleicht war dieser bescheidene Anfang bedestimmend für mein weiteres Leben. Es war erfüllt von Arbeit. Ich hatte meist Freude an meinen Aufgaben. – Auf verschiedensten Ebenen habe ich gearbeitet. Angefangen bei der US Army als Fahrer: LKW, Bus, und Jeep.

Beim „Aufbau" konnte ich auch helfen. Obwohl ich nur POW-Kurse absolviert hatte, erhielt ich dank guter Sprachkenntnisse, bald die Leitung einer Art Planungsbüro: Zusammen mit Architekten und Dipl. Ingenieuren wurde das benötigte Baumaterial für große amerikanische Baustellen veranschlagt. Darunter waren Projekte, wie die damals noch requirierte Hauptverwaltung der GDF Wüstenrot, die Fabriken ähnlichen Werkstätten zur Generalüberholung von US Fahrzeugen in Schwäbisch Gmünd und Böblingen. (meinem ehemaliger Flugplatz). Da die Bauausführung in den Händen wieder erstandener deutscher Baufirmen lag, war die Zuweisung von Baumaterial aller Art eine wichtige Sache, konnte man dieses Material ja auch für private oder gar „schwarze" Baustellen abzweigen. – Zu dieser Zeit mußte ich nicht wenigen Bestechungsversuchen widerstehen. Bestechen ließ ich mich nie – war damit niemand ausgeliefert – was möglich war um „deutsche" Projekte zu fördern, wurde verantwortet.

Genau zum Zeitpunkt der Währungsreform, war ich Praktikant und Lagerarbeiter bei Franck und Kathreiner in Ludwigsburg. Mit einem Stundenlohn von einer Mark, konnte man zum Start der D-Mark keine großen Sprünge machen. Dafür streiften wir von der Laderampe aus, von vorbeifahrenden Kohlezügen wertvolles Heizmaterial. Bei Pan American Airways war ich in Stuttgart erster deutscher Mitarbeiter, als diese Fluggesellschaft im Oktober 1948 anfing, mit einer DC 3 die Strecke Frankfurt – Stuttgart – München – Wien und zurück zu befliegen.

Januar 1953 trat ich dann bei IBM Deutschland als Vertreter für elektrische Schreibmaschinen ein. Das war eine der schwierigsten Aufgaben, die ich in meinem zivilen Leben übernommen hatte. Dabei war alles gefordert, was ich in den sechs Jahren als POW erworben hatte: Entschlußkraft, Selbstvertrauen, Planung der Vorhaben, Umgang mit Menschen, Einfallsreichtum, nicht zuletzt der Mut „neue Türen aufzumachen"!

Zuerst weniger zum geschäftlichen Erfolg, anfänglich eher mehr als „Hobby", faßte ich den Gedanken, den verbreiteten Begriff „Data

Processing" (Datenverarbeitung), mit der Idee von „Word Processing" (der Textverarbeitung) zu ergänzen. Wordprocessing später Deutsch; TV = Textverarbeitung wurde ursprünglich von mir so formuliert: „Denken hörbar machen, sichtbar machen, und damit zur Verteilung vorbereiten.

Auf Englisch habe ich als deutscher Gastredner in Miami dies 1966 einmal auf einer weltweiten IBM-Tagung so definiert: „Word processing can be defined as: Making a thought audible, visible and distributable."

Mein Leben ist erfüllt von Ereignissen und Anerkennung, wenn auch die private Seite sich nicht immer so gestalten ließ, wie es in den POW–Briefen noch Wunschdenken war. – Darüber ein weiteres Buch zu schreiben, fehlt die Kraft. Das nachträgliche, nochmalige Erleben der Fluchtversuche, das Irrenhaus waren Belastungen, die mich ausreichend beschäftigt haben.

Die Idee „das Büro" neu zu gestalten, stieß anfänglich auf großen Widerstand. – Im Büro wurde „gedacht", wie sollten da Maschinen zum Einsatz kommen?

Jedoch aus meiner Vision wurde immer mehr Wirklichkeit; Im Gedankenaustausch mit dem IBM-Entwicklungschef Bud Beatty, zuständig für Lexington/Kentucky und Austin/Texas und der tatkräftigen Unterstützung von Produktionschef Claire Vaugh gelang es, neue Produkte zu entwickeln, die in die Konzeption Textverarbeitung paßten.

Da entstanden Maschinen, wie Magnetband- und Magnetkarten-Maschinen, um Texte zu speichern. Ink-Jet (Tintenspritz) Drucker entstanden. Nicht nur Maschinen, dank fortschrittlicher Kunden und guter IBM-Mitarbeiter entwickelten wir neue Organisationen im Büro und passende Laufbahnstrukturen.

Im Jahre 1969 war ich Gast der IBM in Südamerika, und konnte dort meine Gedanken über „Word Processing" entwickeln. Als ich diese Rede auch noch in Spanisch vortrug, das ich einmal für meine Fluchtversuche gelernt hatte, war die Begeisterung groß. Obwohl die Landessprache in Brasilien portugiesisch ist, zählten fast alle Anwesenden zu einem spanischen Sprachgebiet. Die anwesenden Amerikaner waren fast beschämt. – Da kam ein Deutscher und machte sich die Mühe „einheimisch" zu sprechen.

Das alles war für IBM so erfreulich, daß meiner Frau und mir 1972 eine „Reise um die Welt" als besondere Auszeichnung gewährt wurde.

Im Jahre 1973 war ich eingeladen als „Keynote Speaker" zum großen Internationalen „Word Processing Synoptican", Boston/Mass. Dort, vor über 600 fachkundigen Teilnehmern, konnte ich die Entstehung meiner Gedanken über Textverarbeitung vortragen und Pläne für die Zukunft entwickeln. Gedanken die richtungsweisend waren.

Vor meiner Pensionierung habe ich wertvolle Erfahrungen in dem Buch „ABC der Textverarbeitung" (ISBN 3-921439-05-1) festgehalten. Aber in der IBM-USA wurden meine Gedanken nie voll akzeptiert. Nach meiner Meinung gibt es dafür zwei Gründe: Einmal gab es den „NIH" – Faktor (Not invented here – nicht hier erfunden) und dann den großen Bruder Datenverarbeitung. Zum Schaden für die Firma wollte er Textverarbeitung nie „gleichwertig" anerkennen. – Noch im Jahre 1988, bei einem privaten Besuch in USA, verkündigte mir ein „großer Bruder" stolz: In IBM we eliminated the term „Word Processing"! (Wir haben den Begriff Textverabeitung eliminiert).

Das persönliche Engagement brachten mir Erfolg. Bei IBM „D" kam ich in leitende Funktion. Internationale Anerkennung erfuhr ich zum Schluß. Zusammen mit meiner Frau besuchten wir die IBM - Gesellschaften in Skandinavien, England, Frankreich, Benelux, USA, Mexiko, Venezuela, Spanien, Italien, Österreich, um an einem „gefährlichen" Punkt aufzuhören; in Teheran. Dort fingen gerade die Unruhen an. Vorher waren wir in Singapur, Australien und Japan gewesen. – Zweck der Reise: Zu prüfen, wie die eigenen IBM Gesellschaften die „Medizin", Textverarbeitung im eigenen Hause zur Anwendung bringen.

Einen sorgfältiger Bericht, mit vielen wertvollen Anregungen aus allen Ländern brachte ich zu Papier, nur um wieder zu verspüren: „Not invented here – nicht hier erfunden"!

Die versäumten Chancen lassen sich ertragen – wie in den Erlebnissen der Gefangenschaft: „Und Gott lenkt!"

NACHLESE

Nach der Pensionierung konnte ich im Jahre 1987 in Kanada und USA alte „Jagdgründe" im Wohnmobil abfahren. – Dabei traf ich auch den Polizisten BillMcIntyre, der uns 1942 in Watertown/NY wieder geschnappt hatte. Er war Deputy Chief of Police geworden und in Watertown pensioniert. – Seine Frau und er waren über unser „Wiedersehen" nach 45 Jahren hocherfreut! Inzwischen ist er gestorben. Mit seiner Frau korrespondieren wir.

Was gehört alles in unser Leben! – Für meinen Teil finde ich erst heute die rechte Wertung. – So unglücklich ich einmal war, fünfmal wieder geschnappt zu werden, so sehr weiß ich heute, wieviel Glück ich hatte, daß diese Versuche nicht gelungen sind! – Zum Irresein nur die Feststellung; das hätte nicht sein müssen.

Tatsächlich sind ehemalige POW Kameraden nach Kanada ausgewandert. Ekkehard Priebe, als Obltn. im J.G. 77 geflogen, lebt heute in West – Vancouver. Er hat geheime Berichte der Royal Canadian Mounted Police, die jetzt freigegeben wurden, besorgt. – Geradezu eine „Fundgrube" für meine Leser und mich.

Auf Seite 371 von „Buffalo" (ISBN 3-7628-0465-6) schildere ich, wie laut Manhart die „Puppen" ab Samstag, 21. Februar 1942 abgezogen wurden und damit der „Suchalarm" an der kanadisch/amerikanischen Grenze ausgelöst wurde. – Wohl ein Gedächtnisfehler von Manni – die Puppen wurden zur Zählung am Abend des 20.2. abgezogen.

Wir waren damals am 18. mittags über den Zaun gestiegen. – Laut dem Bericht der RCMP vom 21. 2. 1942 weiß ich jetzt, daß sowohl die kanadische als auch die amerikanische Polizei am frühen Morgen dieses Samstags nach uns suchten. Royal Canadian Mounted Police, Detachment Kingston/Ontario 21-2-42. – Re Ulrich STEINHILPER and Alfred WALLER, Escaped P.O.Ws, Bowmanville.

1. Nach telefonischer Instruktion, die er heute 3.30 a.m. von Insp. R.S.S. Wilson erhielt, begab sich der Unterzeichnende zur Dienststelle, wo er die vollständige Personenbeschreibung der angeführten Gefangenen von der Abteilung „O" um 4.15 (frühmorgens) erhielt.

2. Dienststelle Belleville wurde von uns nicht alarmiert, da Toronto dies selbst erledigt hatte. Jedoch wurden die örtliche Eisenbahn- Stadt- und Provinzial- Polizei um 4.30 über die zwei entsprungenen POWs informiert.

AUF DEM WEG ZUR OFFIZIERSMESSE: ... Genau unterhalb des Fensters eines heraus-lehnenden Postens verließen wir den Zaun, trotteten durch das offene kleine Tal Richtung Brücke und stiegen bereits den Gegenhang zum kanad. Offizierskasino hoch ... (Buffalo S 281)
Etwa 10 m vor mir, wo ich im Mai 1987 stehe, verlief 1942 der hohe, doppelte Zaun. Nach unserer Anstreicherei im Februar 1942, gingen wir auf dem geschwungenen Weg über die Brücke, dann links durch die Wiese, die Gebäude auf der rechten Seite (Kasino) umgehend. Ungefähr 100 m links von hier, rannte ich bei meiner 1. Flucht (Stäbchen) über die zemen-tierte Straße bis ich das Tälchen im Hintergrund erreichte.

3. Brockville wurde um 4.35 angerufen, sie versprachen sofort ihren Funkstreifen Wagen einzusetzen ... sie würden alle nach Osten fahrenden Züge kontrollieren ... das Detachment Cornwall, insbesonders Sgt. Sma-ridge wollte alle Straßen und die Flußufer kontrollieren, während Consta-ble Sinnema die örtlichen Kontrollen übernahm ...

4. Schreiber kontaktierte Inspektor Cousins, der Provinzpolizei um 4.40 und um 4.50 Inspektor Benjamin der U.S. Immigration Border Patrol, Ogdensburg, U.S.A. (Wie exakt meine Aufzeichnungen – siehe Seite 367 „Boß" – in „Buffalo".) Er wurde genau informiert und ver-sprach, daß er sofort seine Funkstreifen alarmieren würde. (Also suchten sie uns in Amerika schon seit dem frühen Samstagmorgen!)

5. Jeder Verkehr Richtung Osten, ob Laster oder Personenwagen, wurde von unserer Abteilung an der LaSalle Hauptstraße in Kingston von 3.55 morgens bis 9 Uhr abends kontrolliert ... manche Fahrer vermelde-ten, daß sie seit 5 Uhr morgens zwischen Bowmanville und Kingston bis

ERREICHEN DER AMERIKANISCHEN SEITE des St. Lorenz: – Wie man auf heutigen Karten erkennt, war der Fluß an der von uns gewählten Stelle ca 4 km breit ... – ...Schon konnten wir am amerikanischen Ufer einen Bootssteg (im Hintergrund), einen umgedrehten Kahn und das zugehörige Häuschen vermuten, da traten neue erschwerende Bedingungen ein ... (Buffalo S 309).

zu 3 mal angehalten und durchsucht wurden. Was beweist, daß wir die Strecke im Griff haben.

Beide Polizisten der örtlichen Polizei versprachen den # 2 Highway (wohlbekannt) beidseitig von Kingston abzuschirmen, denn es wird für möglich gehalten, daß STEINHILPER versuchen will, die USA via des gefrorenen St. Lawrence River zu erreichen, dessen Zustand er genau kennt. (Wie die das so treffsicher vermuten konnten? – waren aber 3 Tage zu spät!) Uferkontrollen sind ab jetzt in Kraft. – Signed C.W. Bishop Cpl., Reg. No. 10734. – Received Ottawa 25-2-42.

Dieser „geheime" Bericht ist heute nicht nur wegen der Suche nach Waller und mir interessant. Er zeigt deutlich, welch ein „Großalarm" ausgelöst wurde, wenn deutsche POWs „unterwegs" waren.

Ein ausführliches Protokoll, vom 23. 2., stammt von der RCMP Brockville. Es schildert genauestens die „Rückgabe" von USA nach Prescott/Canada und wie wir in Brockville eingelocht wurden. (2. Kapitel dieses Buches) – Selbst Ltn. CHINN kommt darin vor.

... um 8.45 abends kam Lieut. CHINN mit seiner Eskorte aus Bowmanville. Die Gefangenen wurden übergeben, eine Quittung dafür ausge-

362

MORRISTOWN: (20.00, 9. Feb. 1942 – S 320/21) ... noch immer keine Spur von Morristown? ... Bei der nächsten Straßenkreuzung: Rechts um – an der Straßenkeuzung stand sogar ein Wegzeiger. – Alles stimmte: „Watertown via Hammond"!
Auf diesem Sträßchen, damals viel schmäler, waren Hinnerk und ich 1942 in nördlicher Richtung marschiert, bis wir obiges Straßenschild fanden. 1987 war die Eisenbahn vollständig verschwunden (McIntyre bestätigte, daß sie in den 60iger Jahren komplett abgebaut worden war), dafür waren Straßen und Beschilderung viel besser als damals. (Photos Mai 1987).

stellt, die beiliegt. Die Gefangenen wurden von uns zum Essen eingeladen, die Kosten sind auf Form 93 aufgeführt.

... Die Gefangenen wollten über ihren Ausbruch nicht sprechen, auch nicht sagen, wo sie den Fluß überquerten ... Sie seien während drei Tagen im Staate New York gewesen ... Sie wurden mehrmals gefragt, wann sie Bowmanville verließen, darüber verweigerten sie die Aussage ...

Vom 24.4. gibt es einen weiteren Bericht von Brockville: ... nach der Festnahme der Männer, erfuhr Insp. Benjamin, daß am Freitag abend, zwei Männer, auf die obige Beschreibung paßt, 10 Meilen innerhalb der amerikanischen Seite (Lorenz Strom) von einem Schuljungen gesehen wurden ... Der Junge erzählte dies seinem Vater ... aber da es zu dieser Zeit keine Suchmeldung gab, schlug dieser das Thema bis zum folgenden Tag aus.

Als er von der Flucht hörte, informierte er die Polizei, die nicht viel davon hielten, weil die Gefangenen seit Samstag früh – so kurz unterwegs – keinen so weiten Weg zurücklegen könnten ...

... Nachforschungen von dem Punkt aus, wo der Junge die Beiden gesehen hatte ergaben ... daß zwei ähnlich beschriebene Männer am Samstag Vormittag, von einem Lastwagen mitgenommen worden waren, der sie an der Stadtgrenze von Watertown abgesetzt hatte ... (hierzu „Junge" Seite 334, „Lieferwagen" Seite 342 in Buffalo") ... Eines steht für mich fest: Entweder hatte der Fahrer des Lieferwagens absichtlich den falschen Termin – Vormittag anstelle von nachts angegeben, oder aber der Polizist war „gnädig". Die Männer hätten uns niemals mitnehmen dürfen – wie ich 1987 von McIntyre erfuhr.

Wie ernsthaft die Frage der Hilfe „von außerhalb des Lagers" untersucht wurde, geht aus dem Bericht der Intelligence Branch der Mounted Police in Toronto vom 10. 3. 1942 hervor: Mit Datum 3.3.42 bezieht er sich wieder auf die „Escaped German POWs, Steinhilper and Waller". Unterschrieben von H.J. Spanton, D/A/Sgt.

1. ... in Begleitung von Insp. McClellan, wurde im Lager 30, Bowmanville bezüglich der Ausweise (Schweiz) und Arbeitsnachweise der oben erwähnten POWs recherchiert, die diese zum Zeitpunkt ihrer Wiederergreifung bei sich führten.

Als Ergebnis einer sorgfältigen Prüfung der Dokumente und Vergleichen mit Schriftproben der im Lager vorhandenen Schreibmaschinen, gibt es keinen Zweifel, daß die Dokumente Fälschungen sind, die auf einer Underwood Breitwagen und einer Underwood Reiseschreibmaschine hergestellt wurden, die den POWs für Gehaltslisten und ähnliches zur Verfügung stehen.

2. Es steht fest, daß die Gefangenen viel Zeit mit Schnitzen verbrachten, um die Stempel auf Linoleum herzustellen, die auf den Fälschungen Verwendung fanden.

3. Wie es kam, daß die Gefangenen die Unterschrift des Camp – Kommandanten nachmachen konnten, um sie damit als Arbeiter, mit Arbeitsauftrag innerhalb des Lagers auszuweisen, wurde lange Zeit mit dem Lagerkommandanten Lt .Col. Bliss diskutiert. Aber er schloß aus, daß die Flucht über das Lagertor erfolgte, da alle Personen, die das Lager betreten und verlassen, sich am Tor an- und abzumelden hätten.

Da Steinhilper und Waller Arbeitsklamotten trugen, wobei ein Anzug sehr „grob" gemacht war (meiner) und eine Schürze, wie sie von Zimmerleuten getragen wird, schließt der Verfasser diese Fluchtart nicht ganz aus ... Es erscheint durchaus möglich, daß die Gefangenen als Arbeiter verkleidet, mit ihren falschen Papieren die Wache täuschten und das Lager verließen ... es besteht durchaus die Möglichkeit, daß die Wachen sich nicht trauten, sie aufzuhalten, wo sie doch einen Brief mit der Unterschrift des Lagerkommandanten bei sich führten. Womöglich geschah das zu später Nachtstunde.

Die Tatsache, daß die Kleidung der POWs keinerlei Spuren von Schmutz oder Rissen aufwies, schließt die Möglichkeit aus, daß sie mittels Tunnel oder Zaunübersteigen geflohen sind. (Hier kann ich mir nicht verkneifen! – Die Idee mußte man erst haben. Als Maler anstreichen UND GLEICHZEITIG den Zaun übersteigen !!!)

Die Tatsache, daß alle Fahrzeuge, die das Lager verlassen, unter der strengen Aufsicht eines Offiziers stehen, läßt vermuten, daß oben genannte „Individuals", eine geistreiche (ingenious) Methode erfunden haben, um ihre Freiheit zu gewinnen. (Nachträglich mein Kompliment an Sgt. Spanton – aber trotzdem! – Nach uns hat das noch zwei weitere Male geklappt!)

Wohl wegen der Vermutung, daß wir durchs Tor „gelassen" wurden, mußte der Wachoffizier des „vermuteten" Fluchttages seine Strafe hinnehmen. (Letzte Seite „Buffalo")

Alle Kleidungsstücke von Steinhilper und Waller wurden genau durchsucht ... es ist ziemlich klar, daß alles im Lager gefertigt wurde ... klar auch, kein Schmutz, noch Risse ... jedoch überall wurden Spuren von Heu und Stroh gefunden ... sodaß es glaubhaft erscheint, daß sie in Scheunen geschlafen haben.

5. ... Der Overall von Steinhilper war eindeutig aus POW Kleidung gemacht ... Die rote Markierung an den Beinen war entfernt und anderer Stoff eingefügt ... Beide Overalls hatten vorne ähnliche Flecken um wohl den Eindruck zu erwecken, sie seien Arbeiter, die von der Drehbank kommen ... Der Zimmermannsschurz gibt keinen anderen Sinn, als den der Tarnung. (Kompliment: Auch das stimmt).

6. Als die POWs festgenommen wurden, hatten sie nur wenig kanadisches Geld bei sich, ungefähr zwei Dollar ... Da keinerlei Anzeichen gegeben sind, daß sie diese im Tauschhandel mit den Wachen erzielten, ist es nur möglich, daß sie diesen Betrag beiläufig erwarben, als sie nach der Flucht in Kontakt mit anderen Personen waren. Diese Erklärung bietet sich an, hätten sie Kontakt gefunden, der an Fürsorge interessiert war, hätten sie sicher eine größeren Summe besessen.

7. Da die Fluchtmethode der Männer nicht entdeckt werden konnte, sollte sorgfältig geprüft werden, ob unsere Empfehlung in 3.) nicht doch eine Möglichkeit ist. Besondere Vorkehrungen sollten getroffen werden, damit die Unterschrift des Kommandanten und anderer Dienstgrade der militärischen Wache nicht wieder gefälscht werden können ....

Besonders aus diesem letzten Bericht läßt sich herauslesen, daß sowohl dem Kommanadanten als auch dem Wachoffizier Schuld zugeschoben wird. – Und wie das so üblich: Schuldige werden immer gefunden. – In diesem Fall wurden die Falschen ausgesucht und bestraft.

Bald nach unserer „Abschiebung" in das Lager Gravenhurst, fand unter der Aufsicht, des wieder eingesetzten Kommandanten Lieut. Col. Bull eine große Lagerdurchsuchung in Bowmanville statt. – Darüber gibt es einen zweiseitigen Bericht mit einem 3seitigen Befehl, wie diese Durchsuchung auszuführen war. – Dabei finde ich aufgeführt, daß „Captain McCuaig" („Buffalo" Seite 280) die search party #2 anführte.

In diesem Bericht vom 30. Mai 1942 kommt Col. Bull zu der Feststellung: ... Die Durchsuchung war ungewöhnlich erfolgreich, unter anderem fanden wir drei Radios ... Vorlagen, die dazu dienten Stempel eines öffentlichen Notars in Boston anzufertigen ... viel Zivilkleidung ... und eine Maske, die vorbereitet war, um eine neue „Puppe" herzustellen ...

Die POWs waren über den Erfolg der Druchsuchung wütend und weigerten sich letzte Nacht zur Zählung um 22.15 anzutreten ...

... Ohne Zweifel wird diese ganze Angelegenheit (der Durchsuchung) Gegenstand einer Beschwerde an die Schutzmacht sein ... So schließt dieser Bericht.

Vom Abschuß bis zur Heimkehr – Rückblick – Ausblick, das alles ist nun in zwei Büchern enthalten. – Viele Menschen erzählen, daß die Gefangenschaft in Kanada ein „Honigschlecken" war. Im Vergleich mit Rußland und den Zuständen in den meisten alliierten Lagern, auch noch als der Krieg zu Ende ging, war unser Leben besser. – Trotzdem möchte ich deutlich zum Ausdruck bringen: Auch „ein goldener Käfig ist immer noch ein Käfig!" – Wer meint, daß die kanadischen POWs, nach dem Abschuß, der Rettung aus dem kalten Wasser, oder sonst dem Tode entronnen waren, sich vorwiegend „in Sicherheit" wähnten, darf darüber noch einmal nachdenken.

IN REPLY
PLEASE QUOTE
t.o.................................

Ottawa, December 24, 1940.

The District Officers Commanding,
Military Districts 2, 3, 4, 7, 10 and 13.

Notes on Prevention of Escapes

          The following notes on escapes are published for the information of those concerned with the custody of interned persons, and it is suggested that they be studied by all concerned. Sufficient copies are enclosed for reasonable distribution.

          The whole question of safe custody of prisoners must depend on the constant alertness of each and every member of the staff and guard. No amount of mechanical equipment, no matter how efficient, will prevent escapes, if the individual guard is not constantly and at all times on the alert. If one gets in the habit of assuming that the fence is unclimbable, that the rocky nature of the ground or the frost will prevent tunnelling or that perfect illumination by flood and pistol-grip searchlights makes escape practically impossible, then escapes will occur.

          Mechanical equipment which lulls the guards into a sense of security is dangerous. The prisoners will find the weak spot in the equipment and the guard, and will take advantage of it.

          The troops employed in connection with prisoners, whether as sentries, provost police or escorts for working parties, should be made to realize that the prisoners are always studying their habits and trying to discover their weaknesses, and any person connected with an Internment Camp who becomes apathetic in his duties is a menace to the security of the Camp.

H. Stethem,
Colonel,
Director of Internment Operations.

3-2

Generelle Anweisung aus Ottawa an die Wachmannschaften der PWO-Lager in Kanada.

367

Division File No. 42 T 1318/3

ROYAL CANADIAN MOUNTED POLICE

Division "O" Province Ontario	Intelligence Branch, Toronto
	March 10, 1942

SECRET   Re: Ulrich STEINHILPER and Albert H. WALLER,
            Escaped German Prisoners of War,
            Camp Bowmanville, Ont.

3-3-42

42 D 1318-4-
E-3

1. On this date, accompanied by Insp. McClellan, inquiries were conducted at Internment Camp 30, Bowmanville, Ont., in respect to the alleged certificates of identity (Swiss) and Certificate of Employment in the possession of the captionally named Prisoners of War, at the time of their capture by U.S. Border Patrol Officers. As the result of a careful examination of the documents in question and comparison with samples of typewriters used within the compound, for the purpose of compiling pay sheets, etc., it was established beyond a question of doubt that the documents were forgeries and were actually produced on two typewriters, one Underwood long carriage and one Underwood Portable, loaned to the Prisoners for the aforementioned purpose. "Form I.O.20" on which the certificate of identity held by WALLER was typed, is the requisition number of stationery supplied prisoners for correspondence.

2. It was ascertained that the prisoners spend considerable time carving and it is obvious that the seals stamped on the forgeries were produced from linoleum. The only article which could not be identified was the date stamp used on the certificate of identity bearing the name of "Sumser" held by WALLER. However, it is known by Camp Officials that supplies of this nature were obtained by nefarious means prior to the prisoners' arrival at their present location.

3. The possibility of prisoners forging the signature of the Camp Commandant on faked documents describing the holder as a labourer employed on plumbing, etc., within the compound and allowing him egress from the Camp on completion of the task was discussed with Lt.Col. Bliss, Officer Commanding, to some length, but it was claimed that in view of regulations requiring all persons entering the compound to sign in and out, this possibility was considered negligible. However, as both STEINHILPER and WALLER wore workman's coveralls, one pair crudely made, and an apron, similar to that worn by a carpenter, the possibility cannot, in the writer's opinion, be totally disregarded when consideration is given to the fact that the guard is changed at various hours, and the prisoners masquerading as workmen and armed with a false pass deluded the guard into allowing them to proceed from the compound. The prisoners would have very little to lose from attempting such an act and as they had gone to some considerable trouble in preparing the documents previously described, it is not beyond the bounds of possibility that they took into consideration the fact that the guards might hesitate to question a letter bearing the signature of the Camp Commandant, especially at a late hour of the night. The fact that the clothing worn by the prisoners showed no traces of mud or tear precludes the possibility of their having escaped by means of

Geheimer Bericht der Royal Canadian Mounted Police über die Flucht von Steinhilper und Waller vom Februar 1942.

Re: Ulrich STEINHILPER and Albert H. WALLER,
<u>Escaped German Prisoners of War, Bowmanville</u>

that the above named individuals must have devised some
ingenious method to obtain their freedom. Therefore, the
foregoing is submitted as a suggestion. If this method
was employed, the guard or guards responsible might
hesitate to inform their superiors of the occurrence for
fear of whatever action might be taken against them.

4. All clothing and articles in the possession of
STEINHILPER and WALLER were carefully examined and
identified as being obtainable within the compound, with
the possible exception of one dark blue check overcoat,
described as "Magnet", manufactured by M.D.Co.Ltd. It is
probable this garment was obtained in England or presented
to the prisoners, who, in a number of instances, were without
warm clothing when captured, prior to their departure for
Canada. They have been permitted to keep this clothing
in their possession, owing to the lack of suitable uniform
apparel. As previously stated, there were no traces of mud
or tears noted but all garments had bits of hay and grain
attached, thus substantiating the admission contained in
para. 6 of Cpl. Ferguson's report dated 23-2-42, to the
effect that they (STEINHILPER and WALLER) had slept in barns.

5. One pair of blue coveralls, believed to have been worn
by WALLER, bore a broad arrow mark inside the letter "C" on
the left button side at the waist. Government or military
artisans usually, as far as the writer is aware, are issued
with khaki. Therefore, the origination of this garment cannot
be determined locally and senior officers at Camp "30" are
unable to identify the article. The overalls worn by STEIN-
HILPER were made from trousers issued to Prisoners of War and
the top bib from a blue shirt. The red markings on the legs
of the trousers had been removed and another piece sewn in.
This garment was quite crude. Both articles had similar
stains in the front at the waist, which appear to have been
intentionally added to give the impression that the wearers
were bench mechanics. The carpenter's apron previously men-
tioned would, in the writer's opinion, be of no value, only
as a disguise.

6. The prisoners, when re-captured, had a small amount of
Canadian money. about two dollars in their possession. As
there is no indication whatever of trading with the guards,
it is possible that they acquired this sum unwittingly from
persons with whom they came in contact following their escape.
This explanation is offered in view of the assumption that,
had they made a contact interested in their welfare, they
would have possessed a larger amount.

7. As the method used by these men to effect their escape
in this instance has not been discovered, some consideration
may be given to the possibility expressed in para. 3 and pre-
cautions taken to avoid the forging of signatures of Camp
Commandants and other ranks in the Military Guard.

8. There is no Company in Toronto operating under the name
stated in para. 4 and the trade mark "Magnet" is unknown.

9. The documents referred to in para. 1 and plain piece of
paper bearing the handwriting of STEINHILPER and WALLER, are
appended hereto.

Ulrich Steinhilper: **Noch zehn Minuten bis Buffalo**
– Meine Flucht aus kanadischen Lagern – 375 Seiten, Efalin, DM 38,–

In diesem Buch erzählt Ulrich Steinhilper die abenteuerliche Geschichte seiner Fluchtversuche in Kanada. Er war 1940 als Flieger über England abgeschossen worden und in Kriegsgefangenschaft geraten. Nach Aufenthalt und Verhören in englischen Lagern wurde er in kanadischen Gewahrsam gebracht. Fluchtversuche der Lagerinsassen gehörten zum Lageralltag, sie waren fast zu einem Sport geworden, einem Katz-und-Maus-Spiel zwischen den Bewachern und den deutschen Gefangenen. Das Verhältnis zwischen beiden Seiten war keineswegs immer von Haß geprägt, sondern eher von gegenseitiger Achtung und Humor. Neben den spannenden Fluchtereignissen ist das Buch daher auch interessant durch die Schilderung der Lagersituation und der Mentalität der englischen und kanadischen Bewacher. Erstaunlich, welche grotesken Verwicklungen im Schatten der großen, tragischen Weltereignisse auch entstehen konnten!

Ulrich Steinhilper, geboren 1918 in Stuttgart, machte nach dem Abitur seine Offiziersausbildung bei der Luftwaffe bis 1938.
Sofort nach Kriegsausbruch wurde er an der Front als Pilot auf der Me 109 eingesetzt. Nach dem Abschuß über England verbrachte er die restlichen Kriegsjahre in englischer Gefangenschaft. Am 5. Dezember 1946 kehrte er nach Deutschland heim. 25 Jahre arbeitete er bei IBM, zuletzt als Geschäftsführer. Ulrich Steinhilper lebt derzeit in Stuttgart.

Ulrich Steinhilper

Noch zehn Minuten bis Buffalo

Meine Flucht aus
kanadischen Lagern
Bechtle

SPITFIRE ON MY TAIL

ULRICH STEINHILPER & PETER OSBORNE

Non-Fiction   **Illustrated**

December 1989   ISBN: 1 85421 063 7   UK Price: £ 14.95

In 1990 we see the fiftieth anniversary of **The Battle of Britain.** Interest in this classic air-battle has always remained high and has produced a plethora of novels, biographies and analysis over the intervening years. Most of these, however, have been written by British authors and have, for the most part, covered well-trodden and documented ground. There are few publications from the German side and very little has reached print which details their side of the battle.

SPITFIRE ON MY TAIL is the detailed account of how one German grew up and joined the Luftwaffe as a career officer and airman. It is written by Ulrich Steinhilper who was an Oberleutnant with the 52nd Fighter Wing based in Calais throughout the Battle of Britain. He flew over 150 combat missions and saw his Group of thirty-six experienced fighter pilots whittled down to just a handful by the closing stages.

This is a very personal and human story of the naivity of youth being shaped by the forces of war. Poignant lessons learned by tragic accidents counterbalanced by the anger towards those who saw the war as a means of personal advancement and self aggrandisement.

There is no doubt that there is, today, a move towards a more balanced understanding of events and SPITFIRE ON MY TAIL will present a rare opportunity for students of this classic air engagement to see the View From The Other Side. In a market where new books on the subject and some re-issues of classics will offer a wide choice in 1990 SPITFIRE ON MY TAIL will be in a class of its own.

Much media interest has already been shown in Ulrich Steinhilper's story and it is very likely coverage during 1990 by radio and television will include interviews with him. This again will focus attention on this important book.

SPITFIRE ON MY TAIL

MY TAIL

A VIEW FROM THE OTHER SIDE

Ulrich Steinhilper
&
Peter Osborne